广西文物保护与考古研究所学术丛书

WILEY

最早的岛民

岛屿东南亚史前史及人类迁徙

FIRST ISLANDERS

Prehistory and Human
Migration in Island
Southeast Asia

［澳］彼得·贝尔伍德　著
Peter Bellwood

陈洪波　谢光茂　杜芳芳　等　译

上海古籍出版社

图书在版编目（CIP）数据

最早的岛民：岛屿东南亚史前史及人类迁徙 /（澳）彼得·贝尔伍德著；陈洪波等译. —上海：上海古籍出版社，2023.3（2024.1重印）
（广西文物保护与考古研究所学术丛书）
ISBN 978 - 7 - 5732 - 0594 - 0

Ⅰ.①最… Ⅱ.①彼…②陈… Ⅲ.①东南亚-人口迁移-历史②太平洋-人口迁移-历史 Ⅳ.①C922.33②C922.6

中国国家版本馆 CIP 数据核字（2023）第 010011 号

FIRST ISLANDERS Prehistory and Human Migration in Island Southeast Asia
ISBN：978 - 1 - 119 - 25155 - 2
Copyright ©2017 by Peter Bellwood
BLACKERLL PUBLISHING

最早的岛民
——岛屿东南亚史前史及人类迁徙

【澳】彼得·贝尔伍德　著

陈洪波　谢光茂　杜芳芳　等　译

上海古籍出版社出版发行

（上海市闵行区号景路 159 弄 1-5 号 A 座 5F　邮政编码 201101）

（1）网址：www. guji. com. cn
（2）E-mail：guji1 @ guji. com. cn
（3）易文网网址：www. ewen. co

常熟市文化印刷有限公司印刷

开本 635 × 965　1/16　印张 35.25　插页 3　字数 439,000
2023 年 3 月第 1 版　2024 年 1 月第 2 次印刷
印数：2,301—3,100
ISBN 978 - 7 - 5732 - 0594 - 0 / K · 3326

审图号：GS（2022）5267 号　定价：150.00 元
如有质量问题，请与承印公司联系

中 文 版 序

　　《最早的岛民》英文版出版于2017年，到今天中译本面世，已经过去了6年。如果要说6年来东南亚史前史领域有何最重要的进展，那应该是古人类DNA方面的研究了，自2018年以来，有大量的成果发表（如，Bellwood 2018; Lipson et al. 2018; McColl et al. 2018; Yang et al. 2020; Pugach et al. 2021; Wang et al. 2021; Carlhoff et al. 2022; Liu et al. 2022; Oliveira et al. 2022）。这些成果进一步巩固了我们的认识，即东南亚新石器人群来自中国南方，南岛语族群是从中国南部出发，经由台湾岛和菲律宾群岛，迁徙到岛屿东南亚和太平洋群岛的。过去根据对当代人群DNA（特别是线粒体DNA）的研究，曾经得出了一些令人困惑的结果，现在的古DNA研究则提供了一剂良药，有助于解决以往的问题。新的全基因组研究，基于对古人类头骨颞骨岩部核DNA的分析，成为驱散2015年之前笼罩在遗传学领域迷雾的一盏明灯。

　　在这篇序言中，我将按照正文的章节顺序，从远古人类开始，简要介绍近年来岛屿东南亚史前史研究方面的一些重要进展。

　　关于智人之前的古人类，一项重要成果是将在菲律宾北部吕宋岛卡亚俄洞穴中发现的矮小型人骨确定为一个新人种，称之为吕宋人（*Homo luzonensis*）——与印度尼西亚弗洛里斯岛上的弗洛里斯人（*floresiensis*）同属于晚更新世（Détroit 2019）。卡加延谷地另一处遗址出土了中更新世石器，与剑齿虎、鹿和犀牛骨骼共存，表明该人种可能早在距今70万年就出现在了吕宋岛（Ingicco et al. 2018）。对卡亚俄洞穴矮小古人类的解释，就像当初对弗洛里斯人一样，也是众说纷纭（Argue 2022）。

新的研究表明爪哇直立人到达岛屿东南亚是在距今130万年（Matsu'ura et al. 2020），到距今10万年时在索伦河谷的昂栋遗址消失（Rizal et al. 2020）。不过，我个人觉得，要证明某支古人类是在某个具体时间点灭绝的，可能比表面看起来困难得多。

智人到达岛屿东南亚的年代近来也有新的研究。基于对尼格利陀人和巴布亚人基因组比较所做的分子钟推算，该事件发生在距今6.4～4.5万年之间（Pedro et al. 2020; Larena et al. 2021a）。对苏门答腊岛洞穴出土的智人牙齿间接断代，年代也在距今7.3～6.3万年之间（Westaway et al. 2017）。

关于晚更新世岛屿东南亚的智人，菲律宾群岛的尼格利陀人显然比其他地方的尼格利陀人吸收了更多的丹尼索瓦血统（Jinam et al. 2017; Larena et al. 2021a）。台湾岛东南部小马洞的全新世中期人骨遗存证实，在中国南方的新石器人群到来之前，这里就生活着尼格利陀人（Hung et al. 2022a）。在文化方面，也许最令人震惊的发现是印度尼西亚南苏拉威西岩厦石灰岩壁上精美的旧石器时代岩画。这在2017年已经报道过，现在对两处岩厦覆盖在岩画之上的碳酸钙层进行铀系法测年，发现距今达4.5万年，由此成为目前所知全世界最早的人兽形象岩画艺术之一（Aubert et al. 2019; Brumm et al. 2021）。

在遗传学（Purnomo et al. 2021）和考古学（Maloney et al. 2018; Langley et al. 2021）方面，都发现了可靠的新证据，表明在末次冰期之后至全新世早期的数千年间（大约从距今1.4万年到距今8 000年），印度尼西亚东部出现了较大规模的人口流动和技术创新。证据包括蚌壳鱼钩、齿缘马洛斯尖状器的制作，岛屿之间的黑曜石贸易（Kealy et al. 2020; Suryatman et al. 2019）。在本书2017年版中我认为马洛斯尖状器属于新石器时代，但很明显，这一观点可能需要修改，它应该源于新石器时代之前。

新石器人群从中国南部经台湾岛和菲律宾群岛进入岛屿东南亚，这一观点在多个领域发现了新的证据。如松村博文等人，对东亚和东南亚的古代头骨做了更深入的颅面分析，强化了"两层（two-layer）人种"假说。该假说认为，在来自东亚的新石器时代移民之下，存在一层旧石器时代土著居民，形态上与澳巴人群有亲缘关系（Matsumura et al. 2018, 2019, 2021）。目前从中国南部和岛屿东南亚获得的古代DNA的离散状态证实了这一观察结果（Yang et al. 2020; Wang et al. 2021），但是我们仍然不知道移民到底来自中国南部哪个地方。最近两项对岛屿东南亚当代人群DNA的研究表明，他们的新石器时代祖先是来自长江流域和中国南方的土著人群，其基因已经分化（Choin et al. 2021; Huang et al. 2022）。在新石器时代及其之后，从黄河流域和中原地区移民到中国南方所造成的人种覆盖造成这里的基因组和颅面形态十分复杂（Okazaki et al. 2021）。

对岛屿东南亚人群基因组的分析结果，普遍支持南岛人是从中国南部经台湾岛进入菲律宾群岛等地的（Hudjashov et al. 2017; Sun et al. 2021; Tatte et al. 2021）。也有些分析结果（如Larena et al. 2021b）与考古语言学的推断不一致，令人困惑。然而，台湾岛东部是原始马来—波利尼西亚语系的直接来源地，这一观点得到了越来越多的支持（Blust 2019; Chen et al. 2022）。由考古资料可知，这些移民凭借先进的新石器时代物质文化，携带水稻种植技术，从中国南方出发，经过台湾岛和菲律宾群岛，进入印度尼西亚（Tsang et al. 2017; Carson and Hung 2018; Deng et al. 2017, 2020a, 2022a; Kuo 2019; Bellwood 2022; Rispoli 2022）。认定台湾岛是原始南岛语和南岛人的故乡的另一条线索是对台湾岛雌性构树基因克隆驯化的研究，这种树一直伴随南岛人迁徙（Olivares et al. 2019）。

距今大约 5 000 年前，全新世早期长江和黄河流域稻和粟种植传统的继承者从福建或广东越过海峡到达台湾岛，成为这里最早的新石器时代开拓者，这一点被中国南方越来越多的植物考古研究成果所证实（Deng et al. 2020b, 2022b; Dodson et al. 2021; Huan et al. 2021; Ma Ting et al. 2018; Ma Yongchao et al. 2018; Zuo et al. 2022）。但是，东南亚稻作农业史一直是一部新品种不断增加的历史，因此产生了今天如此复杂的状况（Gutaker et al. 2020; Alam et al. 2021）。东南亚今天繁杂的水稻种类构成并不能直接反映水稻在新石器时代之初传播到台湾岛和岛屿东南亚的情况。

关于岛屿东南亚新石器时代到早期历史时期的考古资料，我向读者推荐一些最新论著（Bellwood ed. 2019; Bellwood 2022; Bellwood and Hiscock 2023, Hung et al. 2022b; Changmai et al. 2022; Leppard et al. 2022）。有一种观点认为，岛屿东南亚的考古资料也反映了大陆东南亚新石器人群的到来，他们的迁徙与南岛人经由台湾岛和菲律宾群岛的迁徙不是同一条路径（例如，Simanjuntak 2017），这种观点部分得到了古 DNA 研究的支持（Oliveira et al. 2022）。然而，先前声称在西婆罗洲砂拉越栳叶洞（Gua Sireh）发现公元前 2300 年左右水稻遗存的说法已经被否定（Barron et al. 2020）。我目前的看法是，新石器人群向岛屿东南亚的扩张主要是来自台湾岛的南岛语系族群的迁徙，南亚语系在大陆东南亚和尼科巴群岛之外都不存在，也变相支持了这一观点。然而，最近的一项研究表明，鸡是在新石器时代的泰国被驯化的，这一点很有趣（Peters et al. 2022）。很可能，鸡是通过社群之间的接触和交换而非人类迁徙传播而来的。

对于中国读者来说，了解到广泛分布在东南亚和太平洋群岛上众多人口的起源和扩散与中国有关意义非凡，但我们应该知道，这些移民与今天的汉族并没有直接关系。中国人的祖先可能从仰韶时代开始，就从黄河流域和中原地区向中国南部（长江以南）扩散。这一过程中，他们与南岛语系、南亚语系、苗瑶语系和壮侗语系（台—卡岱语系）人群的祖先等许多南方族群发生了互动，并深深地影响了他们。在某些情况下，这些迁徙运动引起的多米诺骨牌效应可能促发了新石器时代向岛屿东南亚和大陆东南亚的移民，主要发生在公元前3000/前2500年之后。

最后，仍然要强调的是，当代世界民族语言和人群的分布反映了数千年来的人类迁徙，如果没有考古学、遗传学、语言学和人类学等学科的重大贡献，我们无法轻易从中获知一部完整的人类史前史（Reich 2018: xv）。

彼得·贝尔伍德（Peter Bellwood）

2022年10月

参考文献：

Alam, O. et al. 2021. Genome analysis traces regional dispersal of rice in Taiwan and Southeast Asia, *Molecular Biology and Evolution* 38: 4832–4846.

Argue, D. 2022. *Little Species, Big Mystery*. Melbourne University Press.

Aubert, M. et al. 2019. Earliest hunting scene in prehistoric art. *Nature* 576: 442–446.

Bellwood, P. 2018. The search for ancient DNA heads east. *Science* 361: 31–32.

Barron, A. et al. 2020. Sherds as archaeobotanical assemblages: Gua Sireh reconsidered. *Antiquity* 94: 1325–1336.

Bellwood, P. (ed.) 2019. *Archaeology in the Spice Islands*. Canberra: ANU Press,

Terra Australis volume 50.

Bellwood, P. 2022. The expansion of farmers into Island Southeast Asia. In C. Higham and N. Kim (eds), *The Oxford Handbook of Early Southeast Asia*, pp. 376–395. Oxford University Press.

Bellwood, P. and Hiscock, P. 2022. Australia and the Pacific Islands. In C. Scarre (ed.), *The Human Past*, fifth edition (forthcoming). London: Thames and Hudson.

Blust, R. 2019. The Austronesian homeland and dispersal. *Annual Review of Linguistics* 5: 417–434.

Brumm, A. et al. 2021. Oldest cave art found in Sulawesi. *Science Advances* 7: eabd4648.

Carlhoff, S. et al. 2022. Genome of a middle Holocene hunter-gatherer from Wallacea. *Nature* 596: 543–547.

Carson, M. and Hung, H-c. 2018. Learning from paleo-landscapes. *Current Anthropology* 59: 790–813.

Chen, V. et al. 2022. Is Malayo-Polynesian a primary branch of Austronesian? A view from morphosyntax. *Diachronica* 39: 449–489.

Changmai, P. et al. 2022. Indian genetic heritage in Southeast Asian populations. *PLoS Genetics* 18(2): e1010036.

Choin J. et al. 2021. Genomic insights into population history and biological adaptation in Oceania, *Nature* 592: 583–589.

Deng, Z. et al. 2017. The first discovery of Neolithic rice remains in eastern Taiwan: phytolith evidence from the Chaolaiqiao site. *Archaeological and Anthropological Sciences* 10: 1477–1484.

Deng, Z. 2020a. Validating earliest rice farming in the Indonesian Archipelago. *Scientific Reports* 10: 10984.

Deng, Z et al. 2020b. Bridging the gap on the southward dispersal of agriculture in China, *Archaeological and Anthropological Sciences* 12: 151.

Deng, Z. et al. 2022a. Early Austronesians cultivating rice and millet together: tracing Taiwan's Neolithic crops. *Frontiers in Plant Science* 13: 962073.

Deng, Z. et al. 2022b. First farmers in the South China coast. *Frontiers in Earth*

Science 10: 858492.

Détroit, F. et al. 2019. A new species of *Homo* from the Late Pleistocene of the Philippines, *Nature* 568: 181–186.

Dodson, J. et al. 2021. The probably critical role of early Holocene monsoon activity in siting the origins of rice agriculture in China. *Frontiers in Earth Science* 9: 666846.

Gutaker, R. et al. 2020. Genomic history and ecology of the geographic spread of rice, *Nature Plants* 6: 492502.

Huan, X. et al. 2021. Spatial and temporal pattern of rice domestication during the early Holocene in the lower Yangtze region, *The Holocene* 31: 1366–1375.

Huang, X. 2022. Genomic insights into the demographic history of the southern Chinese. *Frontiers in Ecology and Evolution* 10: 853391.

Hudjashov, G. et al. 2017. Complex patterns of admixture across the Indonesian Archipelago. *Molecular Biology and Evolution* 34: 2439–2452.

Hung, H-C. et al. 2022a. Negritos in Taiwan and the wider prehistory of Southeast Asia. *World Archaeology* https://doi.org/10.1080/00438243.2022.2121315.

Hung, H-C. et al. 2022b. Preceramic riverside hunter-gatherers and the arrival of Neolithic farmers in northern Luzon, Philippines. *Antiquity* 96: 848–867.

Ingicco, T. et al. 2018. Oldest known hominin activity in the Philippines by 709,000 years ago. *Nature* 557: 232–237.

Jinam, T. et al. 2017. Discerning the origin of the Negritos, first Sundaland people. *Genome Biology and Evolution* 9: 2013–2022.

Kealy, S. et al. 2020. Forty-thousand years of maritime subsistence near a changing shoreline on Alor Island. *Quaternary Science Reviews* 249: 106599.

Kuo, S-C. 2019. *New Frontiers in the Neolithic Archaeology of Taiwan*. Springer.

Langley, M. 2021. Fishhooks, lures, and sinkers: intensive manufacture of marine technology from the Terminal Pleistocene at Makpan Cave, Alor Island, Indonesia. *Journal of Island and Coastal Archaeology*, DOI: 10.1080/15564894.2020.1868631.

Larena, M. et al. 2021a. Philippine Ayta possess the highest level of Denisovan ancestry in the world. Current Biology 31: 4219–4230.e10.

Larena, M. et al. 2021b. Multiple migrations to the Philippines during the last 50,000 years. *Proceedings of the National Academy of Sciences* 118: e2026132118.

Leppard, T. et al. 2022. Global patterns of island colonizaton during the Holocene. *Journal of World Prehistory* 35: 163–232.

Lipson, M. et al. 2018. Ancient genomes document multiple waves of migration in Southeast Asian prehistory. *Science* 361: 92–95.

Liu, Y-C. 2022. Ancient DNA reveals five streams of migration and matrilocality in early Pacific settlers. *Science* 377: 72–79.

Ma, Ting et al. 2020. Holocene coastal evolution preceded the expansion of paddy field rice farming, *PNAS* 117: 24138–24143.

Ma, Yongchao et al. 2018. Multiple indicators of rice remains and the process of rice domestication, *PLoS ONE:* 0208104.

McColl, H. et al. 2018. The prehistoric peopling of Southeast Asia. *Science* 361: 88–92.

Maloney, T. et al. 2018. Specialised lithic terminology of terminal Pleistocene maritime peoples of Wallacea. *Archaeological Research in Asia* 16: 78–87.

Matsumura, H. et al.2018. Cranio-morphometric and aDNA corroboration of the Austronesian dispersal model in ancient Island Southeast Asia: support from Gua Harimau, Indonesia. *PLoS ONE* 13(6): e0198689.

Matsumura, H. et al. 2019. Craniometrics reveal two layers of prehistoric human dispersal in eastern Eurasia. *Scientific Reports* 9: 1451.

Matsumura, H. et al. 2021. Female craniometrics support the "two-layer model" of human dispersal in eastern Eurasia. *Scientific Reports* 11: 20830.

Matsu'ura, S. et al. 2020. Age control of the first appearance datum for Javanese *Homo erectus* in the Sangiran area. *Science* 367: 210–214.

Okazaki, K. et al. 2021. Cranial morphometric analysis of early wet-rice farmers in the Yangtze River Delta of China. *Anthropological Science* 129: 203–222.

Olivares, G. et al. 2019. Human mediated translocation of Pacific paper mulberry. *PLoS ONE* 14(6): e0217107.

Oliveira, S. et al. 2022. Ancient genomes from the last three millennia support multiple human dispersals into Wallacea. *Nature Ecology and Evolution* 6: 1024–1034.

Pedro, N. et al. 2020. Papuan mitochondrial genomes and the settlement of Sahul. *Journal of Human Genetics* 65: 875–887.

Peters, J. et al. 2022. The biocultural origins and dispersal of domestic chickens. *Proc. National Academy of Sciences* 119: e2121978119.

Pugach, I. et al. 2021. Ancient DNA from Guam and the peopling of the Pacific. *Proc. National Academy of Sciences* 118, No. 1: e2022112118.

Purnomo, G. et al. 2021. Mitogenomes reveal two major influxes of Papuan ancestry across Wallacea. *Genes* 12, article 965.

Reich, D. 2018. *Who We Are and How We Got Here.* Oxford University Press.

Rispoli, F. 2022. The expansion of rice and millet farmers into Southeast Asia. In C. Higham and N. Kim (eds), *The Oxford Handbook of Early Southeast Asia*, pp. 339–359. Oxford University Press.

Rizal, Y. et al. 2020. Last appearance of *Homo erectus* at Ngandong, Java, 117,000–108,000 years ago. *Nature* 577: 381–385.

Simanjuntak, T. 2017. The western route migration: a second probable Neolithic diffusion to Indonesia. In P. Piper et al. (eds) *New Perspectives in Southeast Asian and Pacific Prehistory*, pp. 201–211. Canberra, ANU Press, Terra Australis volume 45.

Sun, J. et al. 2021. Shared paternal ancestry of Han, Tai-Kadai-speaking and Austronesian-speaking populations. *American J. Biological Anthropology* 174: 686–700.

Suryatman et al. 2019. Artefak batu preneolitik situs Leang Jarie. *Amerta* 37: 117 (in Indonesian).

Tatte, K. et al. 2021. The Ami and Yami aborigines of Taiwan and their genetic relationship to East Asian and Pacific populations. *European J. Human Genetics* 29: 1092–1102.

Tsang, C. et al. 2017. Broomcorn and foxtail millet were cultivated in Taiwan about 5000 years ago. *Botanical Studies* 58: article no. 3.

Wang, C. et al. 2021. Genomic insights into the formation of human populations in East Asia. *Nature* 591: 413–419.

Westaway, K. et al. 2017. An early modern human presence in Sumatra 73,000–63,000 years ago. *Nature* 548: 322–326.

Yang, M. et al. 2020. Ancient DNA indicates human population shifts and admixture in northern and southern China. *Science* 369: 282–288.

Zuo, X. et al. 2022. Microfossil evidence of rice cultivation on the southeast China coast 7500 years ago. *Science China Earth Sciences* 65, https://doi.org/10.1007/s11430–022–9995–3.

目　　录

插 图 目 录

表 格 目 录

图 版 目 录

特 邀 撰 稿 人

黛比·阿格（Debbie Argue）

澳大利亚国立大学考古与人类学学院，澳大利亚堪培拉

白乐思（Robert Blust）

夏威夷大学马诺阿（Manoa）分校语言学系，美国火奴鲁鲁

迈克 T. 卡森（Mike T. Carson）

关岛大学密克罗尼西亚地区研究中心，美国关岛曼吉劳（Mangilao）

默里·考克斯（Murray Cox）

梅西（Massey）大学基础科学研究所，新西兰北帕默斯顿（Palmerston North）

科林·格罗夫斯（Colin Groves）

澳大利亚国立大学考古与人类学学院，澳大利亚堪培拉

洪晓纯（Hsiao-chun Hung）

澳大利亚国立大学亚洲及太平洋学院考古学与自然史研究所，澳大利亚堪培拉

松村博文（Hirofumi Matsumura）

札幌医科大学健康科学学院，日本札幌

马克·奥克森汉姆（Marc Oxenham）

澳大利亚国立大学考古与人类学学院，澳大利亚堪培拉

菲利普 J. 派珀（Philip J. Piper）

澳大利亚国立大学考古与人类学学院，澳大利亚堪培拉

杜鲁门·西曼朱塔克
（Truman Simanjuntak）

印度尼西亚国家考古研究中心，雅加达佩贾顿巴拉特（Pejaten Barat）

达乌德·阿瑞斯·塔努迪乔
（Daud Aris Tanudiijo）

印度尼西亚加贾马达大学，日惹布拉克苏穆尔（Bulaksumur）

山形真理子（Mariko Yamagata）

金泽大学文化资源研究中心，日本金泽

致　谢

　　感谢本书所有的特邀撰稿人，他们都认真阅读了相关章节，并贡献了论文加以评述。感谢许多同行提供并授权使用他们的图片，具体如各幅插图说明所示。威利·布莱克威尔（Wiley-Blackwell）出版公司将书稿发给了四位匿名审稿人，他们提出了不少有价值的意见。我的妻子克劳迪娅·莫里斯（Claudia Morris）通读了全书并提出看法。感谢澳大利亚国立大学提供的校园资源，让我这样一位退休教授享受到很多超常的写作便利。

　　还要感谢威利出版公司的多位编辑，在他们的帮助下这本书得以面世。感谢威利前编辑马克·格兰尼（Mark Graney），2015年9月给我发来了出版合同；感谢文本编辑乔安娜·派克（Joanna Pyke），纠正了文稿中的所有舛误；感谢现任编辑、威利牛津办公室的塔尼亚·麦克马林（Tanya McMullin），以及威利印度清奈（Chennai）办公室的制作编辑维马利·约瑟夫（Vimali Joseph）和项目编辑马尼什·卢斯拉（Manish Luthra）。

　　最后，我还必须强调，中国台湾、越南、菲律宾和印度尼西亚的考古学者对认识岛屿东南亚的人类历史做出了越来越大的贡献。我的书架上摆满了中文、越南文和印尼文（当然还有菲律宾英语）的论著，数量之多几乎要把书架压垮。这些国家和地区的许多考古学者来到堪培拉的澳大利亚国立大学，随我攻读考古学硕士和博士学位。我希望这本书能为岛屿东南亚的土著居民、学者和普通公众了解自己的过去做出贡献。对自己祖先的自豪感，如果处理得当，也许会激起大家了解和尊重其他人群祖先历史的愿望，由此给这个动荡的世界带来一些和平。

第一章 导　言

　　东南亚的岛屿地区——从苏门答腊到摩鹿加（the Moluccas），从台湾岛到帝汶（图1.1）——为史前学家们提供了一个难得的机遇来研究人类与海洋最早的互动。过去150万年间，这个地区经历了巨大的地理构造变化，其间登场了现已灭绝的古人类，以及延续至今的智人。陆桥与海侵交替出现，构造活动频繁推动地壳运动，并造成了地球史上最大的火山喷发事件。各种各样的热带野生动物（包括古人类自身！）来来往往，有些通过陆桥来到此地，还有一些走得更远，跨过了地球上最重要的生物地理界线之一，即著名的"华莱士线（Wallace Line）"。这条线是华莱士生物地理区的西部边界，从婆罗洲和巴厘岛一直延伸到新几内亚和澳洲大陆架。由于海上航道艰险，华莱士区一直将亚洲和澳洲大陆阻隔开来，使得猪和牛从未与袋鼠和袋熊相遇，直到人类到来，才开始打破这个局面。

　　就海洋航行而言，大约在100万年前，或者更早的时候，古人类至少通过两条海上路线到达了弗洛里斯岛（Flores）。在5万年前，现代人的祖先沿着多条航线到达了澳洲和新几内亚。在过去的5 000年里，东南亚岛屿孕育了人类史前史上最大规模的海上移民运动，也就是南岛语系人群的迁徙。他们驾驶独木舟，令人难以置信地到达了关岛、马达加斯加、复活节岛、新西兰、夏威夷，甚至南美洲等地。如果我们以台湾岛进入新石器时代为起点，以毛利人在新西兰定居为终点，那么这些航行的年代发生在公元前3000

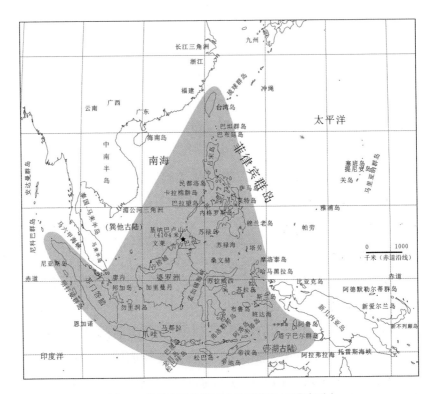

图1.1　岛屿东南亚的基本地理范围（阴影部分）

来源：底图由澳大利亚国立大学多媒体服务部（Multimedia Services; ANU）提供，具体信息由作者添加

年到公元1250年之间，跨越了4 000多年的时间。这一巨大的成就理应受到全人类的高度关注，它也确实激励了我在1967年从英国移居到新西兰，目的就是研究波利尼西亚人的起源和波利尼西亚考古学（Bellwood 1978a, 1978b, 1987）。

不得不承认，在我的考古职业生涯中，我一直认为人类的起源和迁徙属于史前史中最有趣的部分，无论这些人种业已灭绝还是繁衍至今。本书使用多学科方法，重建了岛屿东南亚居民在过去150万年间的生物和文化迁徙过程。大迁徙结束于岛屿东南亚印度教和伊斯兰教王国形成的前夕，年代在公元500至1500年之间。

本书以人类迁徙为重点，与我之前在威利·布莱克威尔出版公司（Wiley Blackwell）出版的另外三本书——《最早的农人》（*First Farmers*, 2005）、《最早的移民》（*First Migrants*, 2013）和《全球人类迁徙史前史》（*The Global Prehistory of Human Migration*, 2015）有密切关系。相对于以上三本书，《最早的岛民》关注的地理范围要小得多，尽管有时我不得不把视野扩大到中国大陆的长江流域、大陆东南亚、澳洲和大洋洲群岛，以便能从更宽广的角度来看待每件事物。

　　和许多读者一样，我在职业生涯中也曾多次到岛屿东南亚旅行，所观察到的一个普遍存在的现象一直让我很感兴趣。在岛屿东南亚，爪哇岛的众多印度教和佛教寺庙，巴厘岛的印度教文化遗迹，印尼和马来很多地方的伊斯兰文化，以及菲律宾和东印尼部分地区基督教的流行，旅行者即使见多识广也会印象深刻。现代岛屿东南亚这些文化和宗教传统在史前时期并不存在，它们源于东南亚之外，即使外来宗教有时会与本地信仰融合在一起，它们仍然主要反映了远方社会文化和宗教对东南亚的渗透。但令我感到惊奇的是，在生物和语言方面，现代东南亚岛民则完全是本地土著，并且在国际贸易和帝国时代发生之前早就如此。这些人不会讲也从未讲过梵语、阿拉伯语、西班牙语或荷兰语，尽管他们从这些外来语中借用了大量词汇（通常是专有名词）。他们的 DNA 完全是本土的，只是在历史时期融入了少量外来男性基因。

　　但凡读过阿尔弗雷德·克罗斯比（Alfred Crosby）《生态帝国主义》（*Ecological Imperialism*, 1986）的人，都会明白为什么会发生这种情况。在 2 000 年前，岛屿东南亚就已经密集居住着大量本地人口，这里的热带环境不适合西方的欧亚居民生存，包括后者在新月沃地驯养的动植物在这里也难以存活。一系列疾病也保护了东南亚土著，温带地区很多跃跃欲试的入侵者都病死在了征途中。

与美洲和澳洲殖民地那些不幸的土著同侪不同，岛屿东南亚距离欧亚大陆足够近，因此当地人受移民传染病的影响很小，他们对这些疾病有足够的免疫力。相反，他们自身的热带疾病却总是会扭转乾坤，岛屿东南亚大量早期欧洲墓葬的存在可能就是这方面的例证。

换句话说，从生物和语言起源来看，至少在2 000年前，岛屿东南亚的人口面貌就已经和今天大致一样了。虽然从那时起，整个岛屿东南亚发生了大规模的人口混合现象，鉴于该地区在贸易、商业和海上交流方面一直活跃，这是在意料之中的。但是，假如我们能坐上时光机重回公元前500年，登上各个岛屿，我们看到的那些热情洋溢的脸孔可能和今天没有多大差别。

关 于 本 书

本书的前身——《印度—马来群岛史前史》（*Prehistory of the Indo-Malaysian Archipelago*）于1985年在悉尼的学术出版社（Academic Press）首次出版。1997年，火奴鲁鲁的夏威夷大学出版社出版了一个修订版。2000年，雅加达的首席图书出版集团（PT Gramedia Pustaka Utama）将修订版翻译成印尼语，书名为 *Prasejarah Kepulawan Indo-Malaysia*。2007年，澳大利亚国立大学电子出版社（ANU E Press）（即现在的澳大利亚国立大学出版社）将修订版作为第三版推出，但只是增加了一个前言，主要内容和1997年版完全一样。这个第三版仍在销售中，并且可以在澳大利亚国立大学出版社的网站上免费下载电子版（下载地址：http://press.anu.edu.au/titles/prehistory-of-the-indo-malaysian-archipelago/）。第三版反映的仍是20世纪90年代中期对于该地区的认识，而现在大家读到的是一本建立在《印度—马来群岛史前史》基础上的新书，它经过了改写和增补，书名和章节结构都是全新的。

为什么要撰写这样一本新书？主要是因为《印度—马来群岛史前史》现在已经过时了，只做简单修订已然不够。现在到了从一个新的角度看待问题的时候了，不仅对于我是如此，对于众多同行也是如此，大家所面对的研究领域正在变得日益复杂，因此，单靠一个人的力量已经无法全盘掌握。例如，从1995年《印度—马来群岛史前史》第二版问世以来，岛屿东南亚史前史一些重要领域的资料和诠释已经发生了根本性的改变：

1. 与20年前相比，人们现在对于岛屿东南亚更新世时期生物地理状况的认识更加清楚，尤其是过去10万年间海平面、气温和降雨量在冰期和冰后期之间的变化。当然，许多新的研究都是由当代对厄尔尼诺气候现象和人为因素造成全球变暖危机的关注所推动的。

2. 在人类化石方面，东南亚也有新发现。2003年在印尼东部弗洛里斯岛新发现一种古人类的骨骼，也就是弗洛里斯小矮人（the tiny *Homo floresiensis*）；2016年在菲律宾吕宋岛北部发现了一些小型古人类遗存，年代大约距今7万年。对出自晚更新世地层的很多早期现代人（智人）遗存进行的头骨测量分析和测年工作也取得了巨大进展。

3. 遗传学家、体质人类学家和考古学家现在普遍认为，在距今10万年到5万年之间，原始智人并未在整个旧世界范围内"多地区"进化，而是在非洲进化并扩散到非洲以外的地区。例如，现在很少有人会赞同存在从爪哇岛的直立人到印尼和澳洲/新几内亚现代土著这样一条连续的本土进化路线。然而，现代人和业已灭绝的古人类之间存在一定程度的混合，例如欧亚大陆西部的尼安德特人和东南亚所谓的"丹尼索瓦人"（Denisovans）。这些问题在

1995年都还未完全搞清楚,虽然当时我也倾向于认为欧亚大陆的智人是"走出非洲(Out of Africa)"而非多地区演化的结果。

4. 在过去10年中,对人类基因组的生化研究取得了革命性的进展,研究对象既包括现代人也包括古人类。1995年时,除了线粒体DNA、血型和血清蛋白的研究之外,遗传学对了解深层次的人类历史几乎没什么贡献,因为当时还没有开展系统的基因组和古DNA研究。今天,遗传学家可以对人类基因组进行完整的扫描和比较,甚至还能从30万年前的人骨遗存中提取DNA(在欧洲可以做到,但目前在东南亚还不行!)。关于人类起源和人类祖先基因研究的突破是惊人的,国际学术界相关的出版物将会越来越多。

5. 对史前墓葬中死者颅面变量的最新统计分析也非常重要,它证实了一支具有亚洲新石器时代基因和表型的人群,在大约公元前3500年,从台湾岛出发,抵达了岛屿东南亚的大部分地区。该族群与当地原有居民澳洲—巴布亚人群(Australo-Papuan populations)相混合,后者在新石器时代以前的分布范围最北到了中国南部和台湾岛。今天,在印尼南部和东部地区的很多人群中仍然可以看到二者融合的结果。

6. 中国中部地区的粟、稻农业是如何开始的?拥有稻、猪和狗的新石器时代农耕人群后来是如何扩散到中国南部、台湾岛、菲律宾和越南的?这些问题的研究最近几年取得了巨大进展。在中国台湾、菲律宾和印尼也有一些大型考古课题,为了解新石器时代的整个移民过程提供了清晰的年表和路线。

7. 我邀请了一些同行在本书中发表他们的观点,他们提供的证据表明,存在一次非常重要的新石器时代迁徙运动。这支迁徙人群从台湾岛出发到达了菲律宾群岛,携带南岛语和新石器时代物质文化,包括水稻种植。迁徙开始于公元前2500～前2000年之间,经过巴丹群岛到达了吕宋岛北部。虽然这个南岛人"走出台湾"假说仍然存在争议,但在我看来,在解释早期南岛祖先起源方面,其他假说都不像本假说这样能够得到一系列多学科案例的支持。《印度—马来群岛史前史》早已清晰地表述了"走出台湾"假说的主要观点,现在支持这一观点的多学科证据更加铁证如山。

8. 在公元前2200年到公元1200年之间的多个时期,南岛人在地球表面大片区域上演了进一步的迁徙。他们的定居点遍布菲律宾和印尼的很多地方;出现在所罗门群岛以东所有太平洋岛屿上;向西进入马来半岛、越南,直到马达加斯加。因此,我们有机会前所未有地开展对世界史前时期第一批真正的长途旅行者的观察,例如马里亚纳群岛查莫罗人的祖先,以及美拉尼西亚和西波利尼西亚拉皮塔陶器的制作者。公元前1500年左右,南岛人从菲律宾到马里亚纳的迁徙,标志着他们远洋航行的开端。这次远航跨越了2 300公里的大洋海域。公元前900年左右,带有亚洲新石器时代基因的人群进行了从美拉尼西亚到西波利尼西亚的"拉皮塔运动(The Lapita movement)"。此次迁徙是南岛扩散的延续,最终导致地球表面上最偏远的岛屿都有了人类定居。

9. 本书并未详细论述新几内亚,因为一般认为它不属于岛屿东南亚,但是,新几内亚高地考古研究的重要成果表明,在全新世中期,该地区在食物生产经济方面有自己的起源和发展,可能影响了岛屿东南亚东部和美拉尼西亚的史前史。

$\frac{5}{6}$

10. 岛屿东南亚的后新石器时代考古(post-Neolithic archaeology)已经取得了重大进展,尤其是台湾玉耳饰在环南海地区的交换方面。通过发掘2 000年前泰国南部和巴厘岛的聚落,以及了解公元前500年左右源于大陆东南亚的青铜制作传统对印尼西部早期金属时代社会的影响,现在对于"与印度交流考古(Indian contact-era archaeology)"有了新的认识。早期金属时代的研究,还见证了古占婆人、马来人和马达加斯加人离开岛屿东南亚（尤其是婆罗洲），分别迁往越南、马来半岛和马达加斯加的历史。有趣的是，台湾岛这时的主要交往对象依然是东南亚，而非已经进入秦汉帝国时代的中国大陆。

这本新书与之前著作的一个区别是，我邀请了许多同行撰写了一批署名短文，阐述他们关于岛屿东南亚史前史专门领域的学术观点。这本书所涵盖的整个研究领域现在已经变得非常庞大，相关出版物激增，不仅数量众多，而且内容日益复杂。现在已经到了多个学科之间密切合作的时候了。虽然我可以读懂考古学科领域以外学者们的高论，但如果他们能现身说法支持我的话，我会感到更加欣慰。我并不期望每个人都完全赞成我的观点，因为如果所有人都意见一致的话，人类史前史等人文领域的研究就不可能继续取得进展。但我也知道，同行们和我的观点大多是一致的。

我还要补充一点，在本书中，我使用"岛屿东南亚"一词代替了以前的"印度—马来群岛"。虽然后者的表述清晰且优美，但它会给人一个错误的印象，即这本书只与印度尼西亚和马来西亚有关，从而将中国台湾和菲律宾排除在外。本书与《印度—马来群岛史前史》的另一个不同之处在于删除了部分内容。《印度—马来群岛史前史》一书中原有的现代民族志（第五章）、泰国南部和马来半岛的和平文化石器工业（第六章部分内容）以及马来半岛的新石器文化（第八章），本书都没有收入。并不是因为这些内容过时，而是因为本书主要关注岛屿东南亚本身而非马来半岛，并且依据考古学、语言学、遗传学和体质人类学重建公元500年之前的史前史。同时，相比《印度—马来群岛史前史》，《最早的岛民》还更加关注人类的迁徙。

关于年代学术语的说明

本书中的年代都是太阳年,更新世和全新世早期(后者为距今 11 700～8 200 年)表述为"×××年前",其后的全新世中期和晚期以公元纪年表述为公元前×××年(BCE)和公元×××年(CE)。百万年前缩写为 mya,千年前缩写为 kya。在诸如此类的大尺度年代表述中,不再参考个别未经校正的碳十四测年数据。

更新世和全新世指的是地质时期。前者年代在距今 258 万年至 1.17 万年之间,后者标志着短暂重回冰期气候的新仙女木事件的结束(Head et al. 2015)。全新世包括过去的 1.17 万年(或者说 1 万年,系未校正的碳十四测年),并且今天仍在继续。全新世开始于新仙女木事件之后,全世界形成现在的间冰期气候环境,见证了人类从狩猎采集起步,通过食物生产,共同发展到建立国家和统治全球。更新世之前是上新世,其间在非洲出现了目前所见最早的人类进化现象。

更新世分为三个长度不同的阶段:更新世早期从距今 258 万年到距今 79 万年布容—松山古地磁反转(Brunhes-Matuyama paleomagnetic reversal),更新世中期从距今 79 万年到距今 13 万年末次间冰期开始,更新世晚期从距今 13 万年到距今 1.17 万年全新世开始。更新世晚期包括倒数第二次间冰期和末次冰期,全球环境在这段时间发生了巨大变化——现代人类的身体和行为愈加完善,而印尼其他更古老的人种,例如直立人和弗洛里斯人,最终走向了灭绝。

关于考古学术语的说明

本书的基本框架结构,仍然是围绕 19 世纪以来构成欧亚大陆

（不是美洲！）考古学的技术阶段或"年代"体系为中心展开。我并不认为这样做有什么不妥，但我强调，从一开始就有明确的定义是很有必要的，尤其是当我们讨论人类技术发展的产物（如石器、骨器、蚌器、陶器、金属器、玻璃器等）的时候。整个东南亚地区有四个基本的技术阶段，它们在年代和文化内容上有交叠，但每个阶段都有一种或多种典型器物组合或现象作为新时代的标志。[1]

$\frac{7}{8}$

旧石器时代　岛屿东南亚旧石器时代的起止，是从更新世时期爪哇岛和弗洛里斯岛首次出现石器，到局部地区出现新石器文化。后者发生在公元前3500年（台湾岛）与公元前1500/前1300年（印尼南部和东部）之间。总体来说，旧石器时代的典型器物主要是打制石片石器、骨器或蚌器，但到了更新世末期和全新世时期，岛屿东南亚的旧石器基本种类有所增加，包括磨刃石器（砂拉越尼亚洞）、双面尖状器（沙巴）、磨制蚌器（菲律宾、印尼东南部和东帝汶）以及细石器和修背石片/石叶（南苏拉威西）。再远一些的地方，有报告称在日本（Izuho and Kaifu 2015）和澳洲北部的热带地区（Geneste et al. 2012）发现了世界上最早的磨刃石器，时间可追溯至距今约3.8万年。岛屿东南亚的旧石器时代跨度很长，这个时代既有古人类也出现了早期现代智人，但前面列举的二次加工工具属于一个古人类已灭绝、只有现代智人存在的阶段。

准新石器时代　准新石器时代（Para-Neolithic）[2]一词，用于描述中国南部、越南北部，可能还有马来半岛的一系列典型遗址。这些遗址有更新世延续下来的狩猎采集经济和旧石器技术，但增加了通体磨光且刃面对称的石斧，通常用砾石锤击而成；另外还有粗朴的藤纹或绳纹陶器，口沿和器身弧度圆润而非棱角分明。以上这些器物种类同时出现，意味着我们应当对这个阶段有一个特殊的认知。这些准新石器时代遗址属于全新世早期和中期，位于

大约公元前7000年开始的中国中部新石器时代文化分布区的南
缘。当前在岛屿东南亚，还没有见到发现准新石器时代遗址的报
道。第四章和第五章将深入讨论中国和越南的准新石器时代遗
址，部分原因是那里有丰富的墓葬资料，可以由此了解其对岛屿东
南亚人类历史的影响。

新石器时代　东南亚新石器时代的文化特征，包括驯化动植
物、单面刃磨制石锛（斧是两面刃）和人体装饰品，以及器形和纹
饰（包括磨光、拍印纹、刻划纹，圜形或曲折的口沿和器身）复杂
的陶器。必须记住的一点是，在岛屿东南亚的热带遗址中，植物
考古遗存很难保存下来，因此，应当避免武断得出某些考古环境
中存在或不存在食物生产这样的结论。然而，食物生产通常是定
义新石器时代的一个基本因素。它在岛屿东南亚的存在，得到了
南岛比较语言学资料和越来越多植物考古成果的有力支持，尤其
是在台湾岛和菲律宾群岛北部。新石器时代也是一个人口剧增
的时期，判断依据来自考古和头骨/基因资料。后者证明了中国
南部和台湾岛人群的迁徙，移民体现出亚洲新石器时代人群（而
非澳洲—巴布亚人群）的头骨特征和基因亲缘关系。东南亚的
新石器时代与最早的大型旷野遗址（也就是村落）有关，并且这
里的新石器时代墓葬大都是仰身直肢葬或瓮棺葬，常用陶罐或人
体装饰品作为随葬品，而旧石器时代和准新石器时代的人群采用
的是屈肢葬。

早期金属时代　早期金属时代，很多印尼文献也称之为"古
金属时代（Paleometallic）"，以红铜、青铜和铁器的出现为标志。
最早的红铜/青铜器出现在大约公元前600～前500年的苏门答
腊岛南部，铁器可能要稍晚一些。青铜在公元前一千纪前夕出现
在越南和泰国，肯定早于铁器。青铜在中国中部出现的年代还要
更早，大约是公元前2000～前1500年。早期金属时代的出现还

与印度商人的到来有关，这些商人来自恒河和印度半岛东部（包括斯里兰卡）印度教和佛教文明繁盛之地。台湾岛的早期金属时代大约开始于公元前400年，令人惊讶的是，台湾岛发现的几乎所有文化交流对象都是南方的岛屿东南亚而非近在咫尺的中国大陆王朝。

公元400年之后，东南亚进入早期历史时期（Early Historical）。这一时期的关注点主要是与中国和印度的早期贸易网络，相关遗址分布在红河三角洲、湄公河三角洲、马来半岛、苏门答腊岛和爪哇岛等地区。到公元500年，梵文和南岛语的铭文，连同印度教和佛教的第一批寺庙开始出现在从缅甸到婆罗洲东部的广大地区。本书不打算讨论早期历史时期或者艺术史方面的具体问题，除非其根源来自早期金属时代的土著人群。

读者会注意到，我并未为上述考古学阶段划分精确的年代界线，这是因为新的发现日新月异，加之新的碳十四测年数据不断发表，所以绝对的精确只能是空中楼阁。此外，我们可以看到，在最近的几千年间，全球不同的地理空间，文化发展的步调并不一致，例如各地的新石器时代就是如此。绝对年表在认识各民族和文化如何随时间演变的具体研究中具有重要意义，但如果不针对具体研究对象，而给某个地区强加一个年表是很不明智的。

发音和地名

在印尼语地名中，"c"和英文"church"中的"ch"发音相同，"ng"的发音如"singer"，"ngg"的发音如"finger"。常见的地名元素如，*gua*（洞穴或岩厦）、*liang*（岩缝或洞穴）、*gunung*（山）、*bukit*（丘）、*tengkorak*（骷髅）、*tulang*（骨头）、*anginn*（风）、*sungai*（河流）、*batu*（岩石）和*kota*（塔），都是来自现代印尼语和马来语的词汇。

越南地名没有标注变音符号（声调和元音）。

注释

1. 在写作本书的时候，我确实深入思考过用另一种分类方法替代这个分期序列的可能性，但是，任何这样的分类都会涉及人类行为方面的概念，而这些概念通常很难从考古遗存中得到证实。例如，印度尼西亚考古学家（如 Soejono 1984）多年来使用了一套直接描述行为的术语，包括三个部分。开始阶段是狩猎和食物采集经济（*masa berburu dan mengumpulkan makanan*），也就是简单和扩展（*sederhana* 和 *lanjut*）阶段，即本书所述的旧石器时代。随后进入种植时代或新石器时代（*masa bercocok-tanam*），最后到工艺品时代或早期金属时代（*masa perundagian*）结束。我认为，使用这样一个体系，并不能将岛屿东南亚几百个缺少典型人工制品或生业证据的未断代遗址进行统一的分类，也不比本书使用的体系更有效。我的意见是维持现状。

2. 我用的是牛津词典中 para- 前缀的定义，意思是"接近"（正如"paramilitary"一词的前缀），或"超越"（正如"paranormal"一词的前缀）。

$\frac{9}{10}$

第二章　岛屿东南亚：人类迁徙之地

　　本书所指的岛屿东南亚（Island Southeast Asia），包括了台湾岛、菲律宾群岛、文莱以及东马来西亚的砂拉越州和沙巴州（婆罗洲北部），还有新几内亚以西所有印度尼西亚岛屿（图1.1）。西面和北面的相邻地区，将在后面章节中涉及，它们包括了泰国—马来半岛、越南、泰国南部以及中国南方的长江下游。东面是泛澳洲大陆（Greater Australian continent），包括了澳大利亚和新几内亚（新几内亚分为两个政区：印尼的巴布亚省和独立的巴布亚新几内亚）。新几内亚之外是太平洋诸岛，或者叫大洋洲。

　　因此，岛屿东南亚的范围，大致是从北纬25°（台湾岛的北端）到南纬11°（松巴岛和帝汶岛），从苏门答腊岛的西端到东边的摩鹿加群岛。这片区域的东西和南北距离都接近4 200公里，总人口达4亿。陆地面积约250万平方公里，其中75%属于印度尼西亚。在冰期海平面降低和大陆架出露的更新世时期，岛屿东南亚的陆地面积最高达到了450万平方公里，但在这种情况下，可利用的海岸线长度实际上反而缩短，只有现在的一半（Dunn and Dunn 1977）。

　　该地区的岛屿面积相差很大。婆罗洲[1]有75万平方公里，只略小于新几内亚的78.5万平方公里，其次是47.5万平方公里的苏门答腊岛，然后是苏拉威西岛（18万平方公里）和爪哇岛（13.9万平方公里）。菲律宾群岛共有30万平方公里，但因其地理构造特殊，加上东西两侧的海床俯冲（图2.1），这些岛屿形成了一个独特的紧凑型群岛，环抱着一系列小型内海。在很多方面，菲律宾群岛

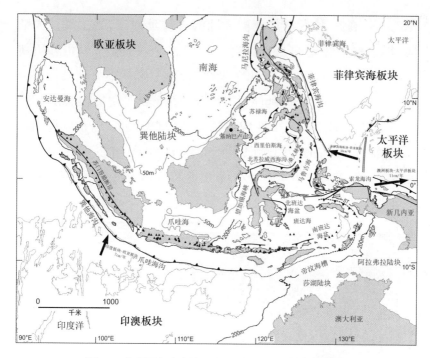

图2.1 东南亚和澳大拉西亚（Australasia）的地理构造

本图显示了大陆板块俯冲的主要路线（沿箭头所指方向扎入陆块下方）、巽他（Sunda）和莎湖（Sahul）陆块（以200米等深线划界），以及火山弧的主要轮廓。表现巽他陆块主要部分的虚线也即50米等深线，在更新世大部分时期，冰期和间冰期峰值之间的海岸线与之基本重合。黑色三角表示火山群。来源：底图由罗伯特·霍尔（Robert Hall 2012：图3.1）和系统学会（The Systematics Association）提供，作者稍作改动

都可以作为一块独立的地理区域进行考古研究。台湾岛面积有3.6万平方公里，位于中国南部沿海，但它在民族和语言方面与岛屿东南亚的关系非常密切，直到17世纪。

大陆架和盆地

印尼西部的岛屿普遍比东部的大，是该群岛的地理构造所致。有学者曾经形容，"东印度群岛就像飘扬在赤道的绚丽彩带"（Umbgrove 1949）。整个东南亚岛屿群，可划分为三块基本区域

$\dfrac{11}{12}$

（图2.2）。第一块区域是亚洲大陆的直接延伸，包括了巽他大陆架，即古老而稳定的"巽他古陆"。第二个区域是上新世和更新世形成的巽他—班达（Banda）火山弧，它紧邻巽他大陆架位于印度洋一侧的边缘，向东延伸到努沙登加拉群岛（小巽他群岛）和摩鹿加群岛南部。第三个区域包括桑义赫（Sangihe）、菲律宾和哈马黑拉（Halmahera）火山弧，并延伸到北方的台湾岛和日本列岛。在图2.1中，这些火山弧以多个火山分布点标识出来（如黑色三角符号所示）。

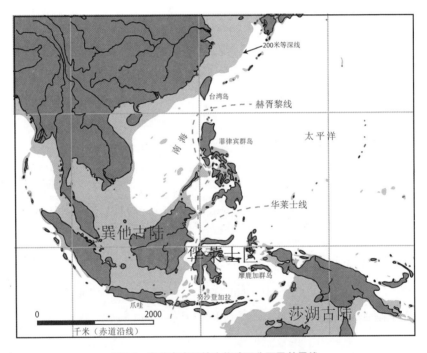

图2.2　岛屿东南亚的生物地理分区及其界线

本图以巽他古陆、华莱士区和莎湖古陆为重点。界线以不超过200米的等深线表示，实际上在更新世时期海面从未低至此深度。在低海平面达到峰值（−120米）的冰期，整个菲律宾陆块（由于其过于复杂紧凑，无法在本图中显示）应该包括了今天以下岛屿:(a) 吕宋岛;(b) 棉兰老岛（Mindanao）、萨马岛（Samar）、莱特岛（Leyte）和保和岛（Bohol）;(c) 班乃岛（Panay）、内格罗斯岛（Negros）和宿务岛（Cebu）;(d) 巴拉望岛（Palawan）;(e) 苏禄岛（Sulu）;(f) 民都洛岛（Mindoro）(据 Croft et al. 2006: 图1; Robles 2013)。来源: 底图由澳大利亚国立大学多媒体服务部提供; 具体信息由作者补充

巽他陆架恰好位于世界上最大的浅水淹没陆缘区，是一处古老而稳定的中生代核心区域，那里直到今天都很少有火山活动。陆架的大部分位于南海和爪哇海域沉积层之下，这里实际上是一个饱受侵蚀的准平原。现在从古老的沉没陆架核心区升起的陆地，包括了泰国—马来半岛、婆罗洲以及苏门答腊岛、爪哇岛和巴厘岛的北部沿海低地。

巽他—班达弧线的火山，是印度—澳大利亚板块沿巽他大陆架的地壳俯冲形成的，由此形成了苏门答腊岛、爪哇岛和努沙登加拉岛的高原山脊，是世界上最壮观的火山带之一。此弧实际上包括两条独立的岛链，内侧的岛链是一系列海拔较高的火山岛，外侧的岛链海拔较低，由隆起的沉积物（包括广泛分布的珊瑚礁）组成，且没有活火山。内侧岛链包括82座活火山，形成了一条从苏门答腊岛经爪哇岛到努沙登加拉岛的弧线。岛弧外是一条深海沟，越过海沟，就是无火山的外弧，包括苏门答腊西海岸诸岛［尼亚斯（Nias）、锡默卢（Simeulue）、明打威（Mentawai）和恩加诺（Enggano）］以及松巴岛（Sumba）、帝汶岛和塔宁巴尔岛（Tanimbar）等东南部岛屿。巽他—班达弧的地质运动至今仍然很活跃，表现为频繁的火山喷发和地震，例如1815年坦博拉火山（Tambora）和1883年喀拉喀托火山（Krakatoa）的喷发，以及2004年引发印度洋海啸的地震。

桑义赫、菲律宾和哈马黑拉火山弧起于太平洋盆地，从2 000万年前开始，由新几内亚北部向西移动，到达今天的位置。它与巽他—班达弧相似，但规模要小得多。其他岛弧则继续沿太平洋西缘向北移动，形成了一个包括琉球群岛、日本列岛和阿留申群岛的"火山圈"（Ring of Fire）。

很多地质学家和地球科学家已经阐述过地质时代岛屿东南亚的形成过程，例如地质学家罗伯特·霍尔（Robert Hall 2002, 2012,

2013）就发表过一批配有彩色动画地图的复原资料。近年来，有一点已经很清楚，即巽他古陆有着复杂的地质历史。它的构成不仅有连续的火山弧，还有大量的陆块，包括来自澳洲的一些陆块。这些陆块通过三叠纪（距今2.5亿～2亿年）以来不同时期的俯冲、漂流和火山弧融合到一起。巽他古陆现在的形状，大部分是由始新世及其之后板块俯冲和构造运动增强形成的，大约开始于距今4 500万年之前（Hall 2013）。

　　这次大陆运动造成的一个有趣结果是，它使得本来属于完全不同区系的动植物在地质时期的岛屿东南亚实现了一定程度的融合，动物群有来自亚洲的胎盘类，还有来自澳大拉西亚的有袋类。澳洲陆块自第三纪早期从冈瓦纳古大陆（Gondwanaland）脱离以来，一直以每百万年80公里的速度向北漂移。最终的结果是，一些从澳洲陆块剥离出的外围地壳碎片开始与巽他—班达弧和苏拉威西东部发生碰撞。因此，印尼华莱士地区的地质结构极其复杂，澳大拉西亚板块贡献了苏拉威西岛东部的两条分支，另外还有帝汶岛、塞兰岛（Seram）、布鲁岛（Buru）和苏拉岛（Sula）。苏拉威西岛西部明显是从婆罗洲东部分离出来的，在大约4 500万年前始新世时期开始向东移动，后来到达今天的位置。在上新世期间，苏拉威西岛已经接近现在的地质构造和地理面貌，系因与澳大拉西亚地壳碎片的碰撞而发生大幅度的抬升所致。两个大陆会合的结果是，苏拉威西拥有了一个既包括胎盘类哺乳动物又包括有袋类哺乳动物的独特动物群。

　　无论是什么地质力量发挥作用，在古人类[2]于距今180万年至120万年第一次到来时，东南亚群岛就已经基本形成了今天的地理形态，虽然有些地区当时尚未出现，如爪哇东部和巽他—班达弧线上的一些较小岛屿。根据人类和生物的发展史，刚才描述的三个主要构造分区，自西向东可以重新划分为三个与人类史前史直接相关的生物地理分区，即西部的巽他古陆、中部的华莱士区和东部独立的莎湖古陆（图2.2）。

巽他古陆

巽他古陆（Sundaland），包括巽他陆架及其附属区域——泰国—马来半岛、苏门答腊岛、爪哇岛、婆罗洲和其他较小岛群，例如廖内（Riau）群岛和林加（Lingga）群岛。巴拉望（Palawan）通常被认为是巽他古陆的一部分，但其哺乳动物群与菲律宾主要岛屿（包括吕宋岛和棉兰老岛）上的动物群具有系统发育关系（Esseltyn et al. 2010）。巽他古陆的东部边界线是"赫胥黎线（Huxley's Line）"，以生物地理学家赫胥黎的名字命名。千万不要把它与更著名的"华莱士线（Wallace Line）"混为一谈。1869年，阿尔弗雷德·拉塞尔·华莱士（Alfred Russel Wallace）绘制了延伸到菲律宾南部的华莱士线（Wallace 1962: 8–9；他称其为"印度—马来与澳洲—马来地区分界线"）。赫胥黎线穿过巴厘岛和龙目岛（Lombok）之间、婆罗洲和苏拉威西岛之间、婆罗洲和苏禄群岛之间，然后经过卡拉棉群岛（Calamianes）和巴拉望群岛的东部，再穿过吕宋岛和台湾岛之间，最终进入太平洋。

巽他古陆大部分地区现在都淹没在浅海下，但是在更新世接连发生的多个冰期尤其是在距今2.8万～1.8万年末次冰期的顶峰期（或者叫LGM——末次盛冰期），很多地方都因低海平面长期暴露出来。中国南部和爪哇海域的浅海床当时出露了不小于200万平方公里的陆地，如今这些海床上的残留河道和沉积物非常清楚地展现出过去长期的暴露和侵蚀。

华莱士区

"华莱士区（Wallacea）"一词，最早是由迪克森（Dickerson

1928）在动物地理学研究中开始使用的。他将华莱士区定义为西部的赫胥黎线和印尼东部的韦伯线（Weber's Line）之间的区域，后者是标志着亚洲和澳大拉西亚动物群之间物种数量达到平衡的一条线。不过，本书主要从人类史前史的角度来定义"华莱士区"的概念。华莱士区涵盖了西部巽他古陆和东部莎湖古陆之间的所有岛屿，包括努沙登加拉群岛（从龙目岛向东直到帝汶岛）、东帝汶、苏拉威西群岛、摩鹿加群岛［含塔宁巴尔群岛（Tanimbar）和凯依群岛（Kei）］、菲律宾群岛（含苏禄群岛，但不包括巴拉望，后者属于巽他大陆东北部一个很长的半岛）。华莱士区的岛屿有一个重要的共同点——就目前所知，它们从未与东西两侧任何一块较大的陆地通过陆桥连接过，人类和其他陆生动物只有横渡海洋才能到达这里。

华莱士区现在已经演变成为一个地壳极不稳定的地带，各个岛屿被很深的海盆隔开，尤其是苏禄海、苏拉威西海和班达海。整个华莱士区是在快速抬升和快速下沉的地质过程中形成的。这里的内海有一些非常显著的特点。例如，苏禄海有4 633米深，但它却被海平面下不到380米的高海脊完全包围，意味着这片海域的水温从上到下基本一致，不存在大洋中常见的那种随深度下降水温骤降的现象（Molengraaff 1921）。华莱士区的岛屿系从该地区的海脊上隆起，一些地方抬升的速度非常快。据报道，帝汶岛一处海拔1 500米高的地方上发现了可能属于更新世的珊瑚，很多岛屿上都有一系列耸立的珊瑚海岸台地。当然，下沉的速度同样很快，在塞兰海1 600米深处的海底也发现了更新世珊瑚。

莎湖古陆

莎湖陆架（Sahul shelf），是在澳洲大陆和新几内亚的大型岛屿之间形成的一个被浅海淹没的构造稳定的地理连接带——因此，它相当于澳大拉西亚的"巽他陆架"。当以上两块岛屿在低海平面时期连接到一起时，"莎湖古陆(Sahulland)"一词即指整个新几内亚—澳洲陆块[包括阿鲁群岛(Aru Islands)和塔斯马尼亚岛(Tasmania)]。搞清楚莎湖古陆北部的环境变迁，特别是在更新世晚期和全新世的变化，对于认识整个岛屿东南亚史前环境事件具有特别重要的意义，只是出于本书的研究目的，并未将莎湖古陆纳入岛屿东南亚范围内。

岛屿东南亚的环境

气候

整个岛屿东南亚都位于热带地区，因此气候全年炎热，并且昼夜和季节性温差变化不大。气温方面唯一的变化与海拔高度有关，平均每升高160米，气温下降1℃，但即使东南亚最高峰，即沙巴州4 100米高的基纳巴卢山(Mt Kinabalu)，气温最低时也只是偶尔夜间发生霜冻。唯一的永久性冰川位于新几内亚东部，但面积只有8平方公里，与该岛78.5万平方公里的总面积相比微乎其微。

整个地区最关键的气候变量是降雨，就本书的研究目的来说，划分出赤道气候带和季风气候带两个不同的区域(图2.3)是很有意义的。

1. 赤道气候带位于南北纬5°以内，全年降雨。随着热带辐合带的移动，多数地区确实也存在两个小的降雨高峰，但实际上，这里降雨频繁、充沛且稳定，常绿雨林在常年潮湿或间断潮湿的土壤中繁茂生长。马来半岛、苏门答腊岛、爪哇西部、婆罗洲、苏拉威西岛中部、菲律宾南部和东部，以及摩鹿加群岛的部分地区都属于这个气候带。新几内亚多数地区也是如此，虽然那里的气温会随着海拔上升而下降。

2. 季风气候带位于赤道带之外，在南北纬5°以外，其特点是

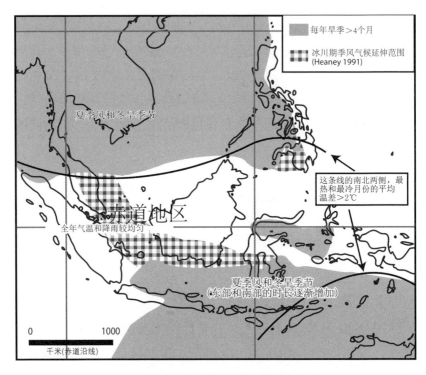

图 2.3　岛屿东南亚的气候状况和旱季分布

来源：底图由澳大利亚国立大学多媒体服务部提供；具体信息由作者补充

差异分明的夏季（雨季）和冬季（旱季），后者长度在 2.5～7.5 个月。东南亚的季风气候带，包括马来半岛北部的大陆部分、菲律宾西部和北部、苏拉威西南部以及爪哇中部以东的巽他—班达岛弧。随着纬度继续增高，季风带最终减弱和消失，演变为中国温和的季风气候以及中亚和澳洲的沙漠气候。季风气候带的森林往往比赤道气候带的雨林更加疏阔，并且会在旱季的高峰时期落叶。

　　要解释不同气候带降雨的差异，就要提到全球空气环流的一个主要特征，即赤道和两极之间空气以风的形式持续交换。热带地区的温暖空气不断上升，升至一定海拔高度后向两极流动，到达南北纬约 20～30° 的热带边缘区冷却下沉，然后又以信风或季风的形式再次流向赤道。在没有大片陆地阻挡的开阔的太平洋上，受地球自东向西自转的影响，信风分别从北半球的东北和南半球的东南吹来，两股信风汇聚且空气对流最强的地区就叫作热带辐合带。热带辐合带的位置并不固定，会随着亚洲和澳洲大陆气温的变化在赤道南北两侧季节性移动。

$\dfrac{17}{18}$

由于亚洲和澳洲大陆地域辽阔，造成信风在其附近发生改变，产生了我们所熟知的季风。一月份，亚洲内陆寒冷，而澳洲内陆炎热。由此产生从亚洲向外的梯度压力，将热带辐合带南推到印尼南部和澳洲北缘（约南纬10～20°）。因为锋面会持续形成低气压和风暴，并且北半球的信风受到吸引，成为向南跨越赤道的季风，途经海洋带来水分，所以这些地区就进入了雨季（即南方的夏季）。

相反，在北方的夏季（七月），锋面被推到更靠北的地方（到了北纬32°）。因为亚洲的面积更大，对全球气候的影响远大于澳洲。然后，大陆东南亚和菲律宾进入了雨季。赤道地区常常有两个降雨高峰，因为锋面每年会两次经过这里。岛屿东南亚本来的信风也因此成为了季风，通常以其主要风向来命名。

这些气候现象对人类史前史具有重要意义，更新世可能发生的气候改变也非常重要，特别是巽他古陆赤道雨林的变化过程和范围。台风和飓风也在季风区形成，它们从太平洋吹来，在菲律宾群岛北部和台湾岛很常见，在南半球的澳大利亚北部和美拉尼西亚南部岛屿也很常见，但在印度尼西亚和马来西亚的赤道地区几乎闻所未闻，目前的全球变暖似乎也将一些吹向赤道方向的风拉向了菲律宾群岛南部。

地貌和土壤

人类和动植物的生存不仅依赖于气候，还依赖于所在地土地的状况。岛屿东南亚各地的地貌和土壤可谓千差万别，这是今天爪哇和婆罗洲等岛屿之间人口密度差异悬殊的根本原因。显然，这个因素在史前时期也同样重要。

常年湿润的赤道地区，土壤主要是黄色和红色的淋溶砖红壤性黏土，富含铁和铝，呈酸性，可供植物的养分和有机物通常较少。它们的确供养了繁盛茂密的森林，但这是长期进化的产物，其中50%～80%的营养物质是积累在生物质中的，并且随着植被的生长、死亡和腐烂在土壤上层不断循环。一旦森林被清除，养分就会透过裸露的土壤流失，循环即被打破，这往往会带来灾难性的后果。

砖红壤分布于苏门答腊岛、马来半岛、婆罗洲、苏拉威西岛和新几内亚南部的赤道无火山低地。今天，它们只养活着少量人口，因为土地非常贫瘠，只能轮种，不适宜传统的农业种植方法。由于土壤淋溶和雨水太多，这里也很难采用灌溉和梯田稻作农业。森林本身总是处于潮湿状态，难以用简单的工具进行清除和焚烧，而且杂草和次生植被即使清除，再生也很快。另外，在马来半岛、苏门答腊岛东部以及婆罗洲南部和西部，巽他陆架沿海低洼地区还有大片的低地泥沼，这些地方也很难开展任何传统的粮食生产，只能种植西米。

然而，当我们从爪哇中部出发，穿过努沙登加拉进入菲律宾和印尼东南部时，土壤类型发生了变化。在这里，因为很多火山频繁喷发，有些土地变得十分肥沃，尤其是在喷发物的化学性质呈碱性而非酸性的地方，如爪哇中东部、巴厘岛、龙目岛和苏拉威西北部的米纳哈萨半岛（Minahasa Peninsula）。相较而言，苏门答腊大部分地方的火山喷发物偏酸性，因此产生的土壤不利于农业种植。

来自火山的土壤补给源源不断，意味着热带地区常见的土壤淋溶和养分流失现象会因为火山喷发而得以扭转。凝固的火山灰通常很坚固，是建造水稻梯田的理想材料，所有造访过巴厘岛和东爪哇的朋友都会注意到这一点（图 8.7）。而且好运气并未到此为止。在这些地区，如菲律宾西部，气候中有一段鲜明的旱季，降低了土壤淋溶的速度，促进了落叶林的生长，使得森林更加疏阔，这种植被比常年潮湿的赤道雨林更容易清除以开展农业。但是，这种季风气候植被是很脆弱的，如果遭到清除，林地往往会退化成草原，尤其是在长期干旱的地区。

不同地区土壤肥力差异所产生的结果在今天是显而易见的。在某些地区，水稻种植在堤坝（印尼语称之为 *sawah*）围绕的稻田中，并且得到人工灌溉和季风降雨的双重保障，这样的地方往往集中在大型河谷和沿海平原的冲积三角洲，或者有肥沃火山灰的地区。因此，在爪哇岛、巴厘岛、南苏拉威西、菲律宾部分地区及其他适宜的沿海和沿河地带，现代水稻种植具有重要地位（Huke 1982）。但是，苏门答腊、婆罗洲和苏拉威西等大型岛屿，因为土地贫瘠，过去和现在只能一直采用产量较低的轮耕种植方式。

1945年，莫尔（Mohr 1945）就已明确指出了印度尼西亚各地之间的差异。根据1930年的人口普查结果，他发现爪哇和马都拉（Madura）人口密度每平方公里超过300人，巴厘岛和龙目岛约175人，苏拉威西岛22人，婆罗洲（印尼部分）4人，而西新几内亚只有0.73人。这些数字，即使现在已经过时（今天爪哇的人口密度每平方公里超过了1 100人，吕宋岛超过500人），仍然透露出一些重要信息。虽然爪哇人烟稠密在一定程度上是因为荷兰殖民者在1830年带来了集约农业技术，包括永久性旱地种植，但莫尔还是令人信服地概括出造成印尼高密度人口的三重因素——碱性火山土；降雨适度，旱季适当，利于谷物成熟和收割；以永久性水田种植水稻。他总结道："在荷属印度群岛，人口密度是土壤性质的函数，也就是拥有活火山的函数。"（Mohr 1945: 262）。

然而，如我们将在第七章所见到的，当农业在距今5 000～3 500年前来到岛屿东南亚时，很多现在大量种植水稻的

19
20

低洼冲积地区尚未露出海平面。当时,海平面略高于现在,大片海岸线淹没在水下,海水直接冲刷着海岸山麓,尤其是在华莱士区的陡峭海岸,河流下游尚是深深的河口。[3]这意味着,今天大陆东南亚和岛屿东南亚遍布美丽稻田的河流低地、三角洲和沿海平原,在新石器时代并不存在。

植物群

岛屿东南亚是植物学界所称"马来群岛"(Malesia)的一部分。在常年湿润的赤道地区,龙脑香科常绿混合雨林形成了世界上最复杂的陆地生态系统(Walker 1980: 21)。植物学家很喜欢引用以下令人印象深刻的数据。马来群岛植物繁多,拥有世界上全部植物中约10%的种、25%的属和超过50%的科。马来群岛还有超过2.5万种开花植物,仅在婆罗洲就有1.1万种。与这种多样化相关的是,很少见到单一树种广泛分布,极端的多样性才是普遍现象。在砂拉越北部一块10公顷的土地上,发现了780多个树种(Hanbury-Tenison 1980)。文莱伯拉隆(Belalong)一块1公顷的林地上,就有550棵树,属于43个科,代表了231个不同的种(Cranbrook and Edwards 1994: 103)。

这种茂密的赤道雨林只分布在赤道一带无旱季的低地地区,在爪哇东部、努沙登加拉、苏拉威西南端和菲律宾西部,旱季较长,形成疏阔的季风落叶林,树种主要是木麻黄属、檀木和桉树。在爪哇西部、苏门答腊南部和马来半岛北部,有一个3～5周的短旱季,也促进了这类森林的发育。多种气候形态使得各地生态环境千差万别,形成了诸如沿海红树林、沼泽林、石灰岩林和高山苔藓林等多种多样的生态系统。

对人类史前史来说,赤道气候森林和季风气候森林之间的巨大差别,宏观上具有非常重要的意义。季风气候森林支持的人口密度要高于赤道气候森林，并且迁徙道路更为便捷。现代植物地理也反映了印尼地区的地质历史，因为巽他古陆的植物群起源于亚洲，并且种类丰富，由此可以看出过去该古大陆与亚洲之间通过陆桥保持了较为密切的联系。反观华莱士区，植物群种类较少，本地种较多，澳洲元素突出，由此，华莱士区可被看作是植物群完全不同的两个古大陆之间的过渡地带。

动物群和生物地理界限

　　巽他古陆和华莱士区在植物群方面的差异，在动物群上也有表现，尤其是留下大量化石的大型哺乳动物最为突出。总的来说，巽他古陆属于一种亚洲胎盘类哺乳动物群，包括了体型相差很大的多个种类，其中最大的动物是大象和犀牛。例如，马来半岛有203种陆生哺乳动物（Cranbrook and Edwards 1994: 79）。另一方面，与巽他古陆相比，华莱士区的动物种类较少，本土动物比例较高，在苏拉威西及以东地区，澳大拉西亚有袋类动物越来越多。

　　从赫胥黎线到群岛东部，动物群越来越少甚至消失，这种现象对于了解史前人类的迁徙显然非常重要。在过去200万年中，华莱士陆桥只不过是一个短暂而有限的存在，这一看法在生物地理学和地质学研究中得到普遍承认。胎盘类哺乳动物中，只有老鼠和蝙蝠从巽他古陆到莎湖古陆有分布。有袋类动物，有些已经从新几内亚通过自然途径传播到了摩鹿加群岛（Flannery 1995），但只有袋貂到了苏拉威西和帝汶岛。前一种情况是通过地壳漂流（这时东南亚尚无人类存在），后一种情况则是通过人类的迁徙活动。小袋鼠和袋狸都曾出现在摩鹿加北部的哈马黑拉及邻近岛屿，那里非常接近新几内亚，后来它们在新石器时代或更晚时候灭绝了。目前尚不清楚，这些动物到底是由人类带去的，还是通过自然途径到达那里的。

关于赫胥黎线意义的讨论已有很多,特别是如何对华莱士区进行动物地理学分区争论热烈(Simpson 1977; Esseltyn et al. 2010)。这条线非常适用于淡水鱼类、哺乳动物和鸟类(依此顺序),但不太适用于昆虫和植物。它在婆罗洲和苏拉威西之间很清楚,但在菲律宾(尤其是巴拉望)和努沙登加拉之间则是模糊的。虽然努沙登加拉岛链上亚洲鸟类从爪哇开始急剧减少,但原因更可能与生态环境的改变有关,而不是因为这里航道不通。此外,努沙登加拉岛链上的植物分布并没有出现急剧断裂,虽然婆罗洲与苏拉威西之间植物群的区别要明显一些。总体来说,最好还是把华莱士区当作是一个过渡区而非一个完全的隔离带。

正如我们将看到的,标识不同生物地理区域的赫胥黎/华莱士线在早期人类迁徙中发挥了很大作用,尽管有些古人类显然设法跨越了这个界限。随着现代人,尤其是海上新石器时代人群的到来,它的作用也没那么重要了。

$\frac{21}{22}$

更新世的周期性变迁

在讨论了当代岛屿东南亚的自然环境之后,下面我将考察该地区更新世时期的气候、海陆分布、陆桥、植物群和动物群的变迁。这是一个地貌和气候巨变的时期,第一批古人类和现代智人就是在这个时期来到岛屿东南亚的。

更新世:定义和年代

就整体而言,年代学中的上新世与更新世的分界传统上是根据三个标准来确定的:中纬度冰期的开始、海洋动物群的变化和陆地动物群的变化。第四纪(包括更新世和全新世)和现在的中纬度冰期旋回开始于大约距今250万年前,更早的冰期旋回可以追溯到第三纪。在《印度—马来群岛史前史》一书中，上新世与更新世的界线被设定为距今160～180万年，此时地中海出现了卡拉布里亚期软体动物群（Calabrian mollusk fauna）。自2009年以来，该界限已被上推至第四纪之末，可追溯至距今258万年，此时出现了格拉斯期软体动物群（Gelasian mollusk fauna）（Gibbard et al. 2009）。因此，现在更新世的结束与第四纪冰期和间冰期序列的开始有关。

在绝对年代测定方法发明之前，传统上是以古人类化石、动物群和石器组合为依据，构建起早更新世、中更新世和晚更新世的相对年代框架。今天人们公认，早更新世是从距今258万至79万年的松山—布容古地磁反转，中更新世是从距今79万至13万年，晚更新世是从距今13万至1.17万年全新世开始（Head et al. 2015）。因此，晚更新世包括了倒数第二个间冰期和最后一个冰期，这是一个全球环境发生巨变的时期。在此期间，解剖学和行为意义上的现代智人走出非洲并在历史舞台上成为主角，其他更古老的人类则走向了灭绝。更新世之前是上新世，这一时期在非洲出现了迄今所知最早的人类进化，而在非洲以外，至今没有发现人类的存在。

更新世之后是全新世，始于现代世界各地间冰期气候条件形成时期，当时正值新仙女木事件造成的最后一次小冰期结束（距今1.3万～1.17万年）。今天的我们就生活在全新世，这个时代见证了复杂狩猎采集和农业社会的兴起以及文明的起源。对于以上文化演变的各个考古阶段，本书将它们描述为准新石器时代、新石器时代和金属时代。

冰期和间冰期的循环

由于冰期循环具有规律性，而且盛冰期之间的间隔大约为10

万年，所以现在人们普遍认为，造成冰期循环的主要因素是地球环日轨道有规律的波动及其自转轴的轻微摆动，导致地球表面受到的日照发生了周期性变化（Cheng et al. 2016）。其他偶然因素，可能包括火山活动形成的巨大灰云，以及中高纬度山脉的崛起。

20世纪60年代之前，关于更新世气候循环的研究主要集中在冷温带地区的冰川，热带地区尚是一个未知领域。然而，近年来，通过对海床沉积物和冰川钻芯取样，以及对陆生软体动物、土壤花粉和珊瑚礁的研究，相关认识有了革命性的提高。海床沉积物含有海洋微生物（有孔虫）的壳，冰芯中有封闭其中的远古水，它们都能产生两种氧同位素：^{16}O 和 ^{18}O。冰期时，冰盖中封存的大量水固定了大量的 ^{16}O，因此，未被冰封的寒冷海水中的 ^{18}O 含量较高。间冰期期间的比例则相反。人们已经绘制出了世界很多地区更新世阶段这些比率的波动图，因为人们认为这在一定程度上反映了大陆冰川的盛衰，为了解更新世的气候循环和海平面升降提供了绝佳的证据。

现在我们知道，在过去的200万年间，大约经历了20个完整的冰期，中间有相同数量的完整间冰期，冰期内还有周期性的间冰段。在过去的100万年间，冰期到间冰期的气候转变强度有所增大（图2.4），而且很明显，从冰期到间冰期的过程要比盛冰期之后急剧的气候改善更加持久和动荡（图2.4，右侧示意图）。在全新世开始时，气候以惊人的速度变得温暖和湿润，这是自13万年前末次间冰期开始以来的前所未有的重大事件，对于随后发生的人类文化崛起过程，无疑发挥了根本性的推动作用。

更新世阶段世界海平面的变化

大范围的冰期事件意味着大量的水以冰盖形式被固定下来，世界海平面的绝对高度会下降。而当冰融化时，海平面就会

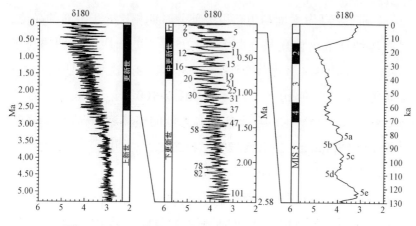

图2.4　过去530万年以来全球气温不断升高的氧同位素记录

　　过去530万年（左）；更新世和全新世（从距今258万年开始，中）；更新世晚期和全新世（从距今13万年开始，右）。高温在右，低温在左。间冰期是海洋同位素的奇数阶段（MIS——全新世为MIS1），冰期是偶数阶段。资料来源：Hertler et al. 2015，原始数据来自Lisiecki and Raymo 2005。克里斯汀·赫特勒（Christine Hertler）复制，威利—布莱克维尔出版社（Wiley-Blackwell）授权

上升。如前所述，氧同位素证据（图2.4）表明，在过去的200万年间，发生了20次显著的冰期和间冰期交替循环，还有诸多的间冰段波动。这些波动的幅度一直很难推断，最直接的指标来自对沉没大陆架地形的观察，以及对古老海岸线标志（如珊瑚礁和红树林）的测年。

　　然而，实际情况并不像以上的计算那么简单，因为地球表面并不是一个仅仅承受动态水体冲刷的静态刚性结构，它本身也一直处于动态之中，部分是通过地壳均衡机制，补偿其非刚性表面上载荷引起的变化。例如，时空位置时常变动的冰盖和海洋就会引起此类变化。一般来说，水、冰或沉积物负荷会造成地壳下沉，而这些负荷减少则会使得地壳缓慢回升。就岛屿东南亚来看，虽然地壳均衡调节过程主要发生在间歇性淹没的巽他和莎湖陆架，但华莱士区的很多岛屿也受到其他类型的地壳构造不稳定性的影响，并发生与海平面变化无关的升降，有时速度相当快。

目前,全球海平面与更新世大部分时期相比处于绝对的高位,之前达到这个水位还是在距今约12.5万年的末次间冰期的时候(图2.5)。据推算,在距今2.8万～1.8万年的末次盛冰期期间,海平面普遍比现在低100～130米。从距今100万年开始,大约每10万年就会发生一次这种量级的由高到低的整体波动,偶尔会有轻微的变化(Sprattand Lisiecki 2015: Figure 2),100万年以前的波动幅度似乎略小一些(Snyder 2016)。

　　在深入考察这些波动时,我们会特别关注过去的13万年,即更新世晚期和全新世,这一时期的数据明显多于之前阶段。末次间冰期持续的时间相当短,大约在距今13万～12万年之间,当时海平面接近现在的高度。此后,海平面在相对高点和低点之间多次波动,但其间高度似乎都没有达到今天的水平。这意味着像现

25
26

从全球的O¹⁸值得到的海平面变化估值

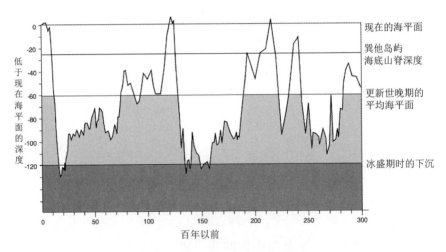

图2.5　过去30万年海平面波动情况

　　据马丁森等(Martinson et al. 1987)氧同位素研究结果绘制。当时婆罗洲和马来半岛通过一条陆桥连接(今天位于水下25米),澳洲和新几内亚通过一条陆桥连接(今天位于水下12米)。资料来源: Hope 2005: Figure 2.2。经牛津大学出版社授权并由杰弗里·霍普(Geoffrey Hope)复制。

在这样的最高点和末次盛冰期那样的最低点是更新世时期相对短暂的事件。在更长的时间里，海平面比今天要低30～90米，如图2.5和图2.1巽他陆块−50米等深线所示。例如，沃里斯（Voris 2000）估计，在更新世的一半时间里，海平面比现在至少低40米，只有在海平面上升到比现在低25～30米时，苏门答腊、爪哇和婆罗洲才会成为独立的岛屿。巽他古陆东北部端的巴拉望与婆罗洲之间相隔一条很深（深度140米）的水道，人类通过陆桥到达这里的年代还会早得多，可能是在更新世中期的冰期期间（Esseltyn et al. 2010; Piper et al. 2011; Robles 2013）。

从图2.5可以看出，冰期后海平面有时会上升得非常快。在距今11 650年至7 000年之间，海平面上升了60米，原因是北美大陆向大西洋释放了大量冰川融水（Smith et al. 2011）。海平面上升导致巽他古陆从一个巨大大陆（亚洲大陆）的一部分变成了一群独立的岛屿，莎湖古陆也是如此。近年来，一些学者提出，海平面上升造成的海水泛滥成灾可能会导致人类迁徙事件的发生。我在第五章中再次讨论了这个问题，但值得注意的是，高海平面增加了岛屿东南亚的海岸线长度和近海食物资源，特别是在被温暖海水淹没的平缓大陆架上，因此，高海平面不太可能造成人口外迁，顶多只是在本区域进行调整。事实上，最近在努沙登加拉东部阿洛尔岛上进行的一个考古项目（Carro et al. 2015）表明，全新世时期的人们比更新世末期更频繁地利用近海海洋资源，这可能反映了全新世早期海平面的稳定和华莱士区珊瑚礁的生长。海平面下降会对食物资源造成不利影响，因为那些直插深海之中的陡峭而贫瘠的大陆架边缘会暴露出来（Chappell 2000）。

海平面的波动对于史前史具有十分重要的意义，因为低海平面使岛屿扩大，也往往产生陆桥，还能使距离海岸较远的大陆架内陆气候更加干燥。就陆桥而言，在考虑更新世人类迁徙（例如澳大利亚的第一批居民）时，其缩短跨海距离的作用尤为重要。值得关注的是，图2.5所示距今6.5万年的海平面比现在低100米。根据一些考古学家的说法，人类第一次到达澳大利亚大约就是在这个时间或其后不久（Hiscock 2008）。但艾伦和奥康内尔（Allenand and O'Connell 2014）认为，人类是在距今5万年时才到达澳大利亚的，因此这个问题还没有定论。

最后一个问题是，在全新世早期至中期，全世界海平面比现在略高一点，当时全球气温略高于现在（Marcott et al. 2013），冰盖体量也相应地略有减少。巽他古陆上有抬升的海洋沉积物，表明距今大约5 000年时海平面可能比现在要高4.2米（Voris 2000；Sathiamurthy and Voris 2006）。位于台湾海峡的澎湖列岛，距今4 700年时海平面比现在高2.4米（Chen and Liu 1996）。太平洋岛屿也发现有类似的高海平面迹象，那里的海平面在距今4 000年达到了高于现在1.6～2.6米的峰值，然后在距今3 000年开始下降到现在的高度。这个时期，大洋洲的环礁大多仍在海平面之下（加罗林群岛和图阿莫图斯群岛分别直到距今约2 000年和公元800年才形成），这不仅是因为海平面较高，还因为珊瑚需要足够长的时间生长才能露出海平面（Dickinson 2003）。

全新世中期的海平面高于现在，给考古学家们造成了一些困扰。在距今6 000年时，甚至追溯到最后一次间冰期任何时候，岛屿东南亚有一批居住在构造稳定的巽他大陆海岸线上的人群，但由于后来海平面上升这一显而易见的原因，他们的聚落遗址今天已经淹没在海平面之下，或被海浪和潮汐冲垮了。然而，幸运的是，这些地区仍然有足够多的海岸遗址可以告诉我们过去发生过的很多事情，而且不少遗址因为离海足够远故而从未被淹没过（例如砂拉越的尼亚洞）。

对于那些地质构造比巽他陆块活跃的地区来说，全新世时期海平面升高可能无关紧要。这些区域包括台湾岛的东南海岸，在全新世期间，这里因为板块俯冲，以每千年10米的惊人速度抬升（Liew et al. 1993）；还有帝汶岛，这里上升的速度为每千年1.5米（Hope 2005）。在台湾岛东南部，实际上可以根据考古遗址的海拔高度来判断年代，例如，高于现代海岸线40～50米的遗址为距今4 000年（见第七章迈克·卡森的特邀撰稿）。由于上升速度非常之快，台湾岛东南部的故事可能会非同寻常，但它让人们意识到，海洋和陆地表面都可能会受到互不相干力量的影响，从而导致不同的升降速度。

中纬度地区冰川的影响

　　岛屿东南亚智人史前史的故事主要发生在更新世晚期。这一地质阶段经历了末次冰期的盛衰，温度最低点（LGM，末次盛冰期）约在距今2.8万～1.8万年。盛冰期期间，厚达几千米的冰盖覆盖了欧洲、亚洲西北部和北美（西伯利亚因为太干燥而没有大型冰川），直抵费城和伦敦等现代城市所处纬度。进入间冰期，恢复到了现在的状况。在冰期内发生了被称为间冰段的短暂温暖阶段，其间的气候条件改善到了中等水平。主要的间冰期，如现在的全新世，都比较短暂，大概能持续一万年左右（图2.4）。这也许意味着，全新世的未来对于人类来说是一个重要的问题。全新世已经延续了1.17万年，现在因人为造成的全球变暖而延长了。

　　更新世冰期对全球的主要影响是海平面下降、气温降低以及植被带的收缩，二氧化碳和甲烷的排放减少，抑制了植物的生长，削弱了大气中的温室气体含量。冬季雪线下降了1千米上下，在不同纬度有所差异（Broecker 2000）。当然，这些变化在高纬度地区表现得最强烈，但对岛屿东南亚和新几内亚等热带地区也有巨大影响。如新几内亚高地，经过深入研究后发现，末次盛冰期阶段

的冰盖覆盖面积达到2 000平方公里（现在仅有8平方公里），雪线
比今天要低1 000米，林木线下降了约1 500米，高地年平均温度低
于今天6～7℃（Hope 2005）。当时的林木线为海拔2 200米，林木
线与冰盖之间的草地大约是57 000平方公里，而现在林木线为海
拔4 000米，草地只有5 000平方公里。

　　岛屿东南亚的山脉没有新几内亚的那样高，但在婆罗洲基
纳巴卢山（Kinabalu）海拔4 100米的山顶仍然发现了更新世永久
冰川的迹象（Flenley and Morley 1978）。由于后来的火山活动，
爪哇岛和苏门答腊岛高耸的火山上已经没有任何以前事物的痕
迹。冢田松雄（Tsukada 1966）认为，在末次盛冰期期间，台湾岛
山地的年平均气温比今天低5～9℃，纽瑟姆和弗伦利（Newsome
and Flenley 1988）认为末次盛冰期的苏门答腊高地也是如此。巽
他古陆海拔接近海平面的地区在末次盛冰期的气温估计比今
天低2～5℃（Verstappen 1975; van der Kaars 1991; Anshari et al.
2004）。亨特等人（Hunt et al. 2012）认为，在末次盛冰期期间，砂
拉越低地尼亚地区的气温大约比现在低5～9℃，降雨量比现在少
30%～60%（Barker 2013：179）。因此，无论海拔高低，末次盛冰
期的气温可能普遍比今天的平均值低5～10℃。

　　作为末次盛冰期的一个新生大陆，巽他古陆地表留下了一些
有趣的特征。南海和爪哇海的浅海大陆架上有许多古河道。苏
门答腊岛和婆罗洲西部之间有三条主要古河流，黑尔（Haile 1973）
分别称之为阿南巴斯河（Anambas）、北巽他河（支流有原卡普亚
斯河）和原鲁巴河（Bellwood 2007：图1.11）。在水深图中，它们
延伸到巽他大陆架的边缘，那里的深度约为100米。还有两条平
行的大河，沿着爪哇和婆罗洲之间的爪哇海床流向望加锡海峡
（Verstappen 1975）。苏门答腊岛东部和婆罗洲西部淡水鱼类之间
的相似性表明，这些岛屿的河流曾经相通。苏门答腊岛的穆西河

（Musi）和婆罗洲的卡普亚斯河（Kapuas）过去就是黑尔所说的北巽他水系的一部分。另一方面，其中一些大河显然起到了动植物种群分界线的作用。阿什顿（Ashton 1972）指出，龙脑香科林带在婆罗洲西部的鲁巴河（Lupar）突然消失，可能是爪哇岛和婆罗洲之间的宽阔河流阻挠了更新世时期物种在这两个区域之间的扩散。根据巴特林绘制的海床轮廓图，泰国湾中部、爪哇西部正北方以及卡奔塔利亚湾（the Gulf of Carpentaria）的大部分地区还有很多大型淡水湖泊（Butlin 1993: maps 8a, 8b）。

在巽他陆架和莎湖陆架出露海平面的末次盛冰期期间，岛屿东南亚旱季季风森林扩大，巽他古陆和新几内亚的赤道常绿森林缩小。一个最有趣的可能是，冰期时出现一条至少150公里宽的"旱季走廊"，走向大概是从西北至东南，从泰国南部穿过南海的裸露海床，再穿越婆罗洲南部到达爪哇（Heaney 1991）。植物学家范·斯蒂尼斯（van Steenis 1961）还注意到，东南亚北部和南部的季风气候区出现了几种适应长期旱季的豆科和稻科植物，而印度尼西亚赤道地区却没有。

28
29

尽管有一些不同看法，但近年来很流行用"旱季走廊"来解释这种分布状况。[4]图2.3中复原了最早由劳伦斯·希尼（Lawrence Heaney）绘制的这条走廊的大体轮廓。然而，有迹象表明，这条走廊的范围可能是很有限的。例如，没有任何令人信服的证据表明婆罗洲在更新世晚期有大象，但它们在爪哇岛和苏门答腊岛都存在。此外，加里曼丹（婆罗洲）北部内陆的花粉芯以及砂拉越尼亚洞的末次冰期动物群表明，即使这些地方在末次盛冰期时气温低于现在，但大部分赤道森林仍能继续存活（Medway 1977; Anshari et al. 2004; Hope 2005; Hunt et al. 2012）。

莎湖古陆也发现了冰期存在干燥气候和开阔林地的证据，但是，新几内亚赤道雨林向南分布的范围很有限。范·德卡尔斯

（van der Kaars 1989, 1991）对海底岩芯的孢粉学研究表明，在距今3.8万至1.7万年之间，莎湖古陆广泛分布着草原。阿鲁尔群岛（南摩鹿加群岛）的洞穴动物群表明，在澳大利亚和新几内亚之间的莎湖古陆上，生活着袋鼠的干燥草原在距今约1.4万年时被栖息沙袋鼠和负鼠的湿润森林所取代（O'Connor et al. 2005）。

　　在第三章和第五章，我们将进一步讨论更新世气候和环境波动对岛屿东南亚动植物群（包括古人类和现代智人）的影响。随着不断变化的环境露出通路，人类开始迁徙。当人们进入并开始利用新环境时，他们又反过来影响了新环境。然而，旧石器时代狩猎采集者的影响可能是相当有限的。东南亚并没有像澳洲和美洲那样发生大规模的晚更新世哺乳动物的灭绝。正是全新世晚期的粮食生产经济，最终造成了一个农耕不断破坏森林的时代，这个时代一直持续到今天。可能开始于5 000多年前的亚洲新石器时代的食物生产，导致了大气中甲烷和二氧化碳含量的上升（Ruddiman 2015）。但是，相对于新石器时代稀少的人群，今天生活在岛屿东南亚的人口已达4亿，不可否认会对环境产生巨大的压力。在我写作本章之时，泥炭大火正在婆罗洲的很多地方熊熊燃烧，对人类通行和健康都造成了重大威胁。这个世界，接下来将会发生什么？

注释

1. 在本书中，婆罗洲指的是整个岛屿，加里曼丹指的是婆罗洲的印尼部分。婆罗洲的马来部分是砂拉越和沙巴；文莱是一个独立的国家。

2. 古人类家族（The hominin tribe）是指我们所有人，以及我们的直立人祖先和灭绝了的近亲（如爪哇直立人），包括人属、南方古猿属、拟人猿属、肯尼亚人属和地猿属。现代猿类与古人类共同组成人科。

3. 作为澳大利亚人会意识到，这种情况与现代悉尼港类似。对于19世纪初第一批来到此地的欧洲农人来说，悉尼这个陡峭多山的港口并不是一个理想的栖息地。他们不得不进一步深入内陆，到帕拉玛塔河（Parramatta River）流域，或者沿着海岸走到霍克伯里河（Hawkesbury River）流域，或者到更远的地方去寻找肥沃的土地。

4. 赞同者如：Meijaard 2003; Bird et al. 2005; Cranbrook 2009; Wurster et al. 2010; Louys and Turner 2012; Boivin et al. 2013; Wurster and Bird 2014。强烈反对者如：Kershaw et al. 2001; Cannon et al. 2009。

第三章　岛屿东南亚的古人类：
直立人和弗洛里斯人

近年来，随着古代和现代DNA提取技术的重大进展，以及计算和统计方法的迅速发展，人类生物进化已成为一个非常热门的领域。虽然还未从东南亚或中国的古人类身上获得远古的DNA，但谁也不知道以后将会发生什么。当前在岛屿东南亚，我们仍然主要依靠人类化石以及对它们的测量来揭示进化的历史。有两组人类遗骸使得这一地区举世闻名，它们属于古代人种，俗称"爪哇人（Java man）"或"霍比特人（the hobbit）"，其实，用林奈分类法将其命名为"直立人"或"弗洛里斯人"更为恰当。

直立人发现于1891年10月，一位名叫尤金·杜布瓦（Eugene Dubois）的荷兰年轻人走出欧洲，开启了全世界一个世纪以来的人类化石探索历程。这一个世纪见证了人类起源科学观的深刻变化。他发现了一个形态明显属于人类的头盖骨（或颅顶骨），是在梭罗河（Solo River）阶地上的特里尼尔（Trinil）出土的，同时还出土了许多其他动物的骨骼（Bellwood 2007：图版1）。他将其命名为直立猿人（*Pithecanthropus erectus*），属于一个古人类物种。

1891年以来，在爪哇发现了更多的古人类化石，在桑吉兰（Sangiran）发现最多。最新的发现是在努沙登加拉的弗洛里斯岛，2004年在该岛的布阿洞（Liang Bua Cave）发现了矮小的弗洛里斯人。弗洛里斯岛的这一发现，连同2016年报道的在弗洛里斯岛苏阿盆地（Soa basin）发现的更古老的石器和小型人类遗骸，突出显示了100多万年前早期人类远渡重洋的惊人能力。它还涉及关于非洲以外古人类进化整个轨迹的系统发生和解剖学方面的许多问题。这条轨迹显然不是像以前认为的那样，是一条统一的通向现代人类的多区域演化道路。

新的古人类资料，不仅来自印度尼西亚，而且来自整个旧大陆，这意味着我们对人类进化的认识已经完全不同于我在《印度—马来群岛史前史》（Bellwood 1997）中的叙述。新的研究材料不仅有人类化石，还有从欧亚大陆西部和中部古人类骨骼中提取的古代DNA。现在，我们从对古代常染色体DNA的分析中得知，古人类学家从骨骼特征中识别出的许多不同人种，在某些情况下也进行杂交繁殖。这种古老的联系发生在智人和欧亚大陆西部的尼安德特人之间，也发生在智人和一种神秘的中亚古人类（即丹尼索瓦人）之间，后者最初是根据在西伯利亚阿尔泰山脉丹尼索瓦洞穴发现的指骨鉴别出来的。[1]

34
35

这并不意味着过去认定的人种不再成立，而是说，在人类距今4万年左右开始对地球的统治之前，人属中的许多物种在基因上并不像猫和狗之间那样完全无关。对于人类史前史来说，血统相互交融而非完全离散可能更符合事实。因为各个人种之间地理上相互隔绝，血统通常不会混合，隔绝往往会持续数百万年。但是当人类开始迁徙时，特别是从一个大陆到另一个大陆，在长期的相互隔绝之后，不同血统的人类会再次接触，因此人类进化不再仅仅是一个不断分化的谱系。

本书的目的并非全面回顾人类进化研究的进展（我的观点可参考Bellwood 2013，我认为人类起源之地确实在非洲），但我打算在这一章考察一下印度尼西亚两个古老的人种——直立人和弗洛里斯人的环境和文化背景。科林·格罗夫斯（Colin Groves）和黛比·阿格（Debbie Argue）在本章附文介绍了这些人种的很多生物学细节。从考古学的角度来看，现在比20世纪90年代中期更清楚的是，东南亚这些古老的人类会制作和使用石器、骨器、蚌器等工具，还会屠宰动物，有些人还能够航海到达新的岛屿。

非洲和亚洲的人类祖先

20世纪80年代初，在我撰写《印度—马来群岛史前史》第一版时，对人类进化的研究正在经历一个"归并（lumping）"阶段，只有很少的人种受到承认，每一个人种都被描述为在非洲和欧亚大陆的整个人类版图上递进进化。人类进化的本质被归结为多地区进化。现代人被认为是通过串联整个旧大陆的基因流动而在多个地区进化的，从区域性古人类进化为完全的现代智人。人们普遍认为，在过去的200万年中，一直只存在一支人属物种，从能人发展为直立人和尼安德特人，最后发展到智人（见Bellwood1985：第二章）。

随着第一个现代人类线粒体DNA人种大范围调查结果的发表（Cann et al. 1987），人们明确认识到，现代人类（智人）系在20万年前起源于非洲，而非在200万年或更久之前分别起源于旧大陆的多个地区。同样明确的是，智人最终取代了非洲和欧亚大陆的所有早期人类。在我准备撰写《印度—马来群岛史前史》（1997年）第二版时，以上结论更加清晰。尽管我曾经提出过古人类与现代人类之间可能存在轻微混合，但非洲起源的观点现在已被普遍接受。

图3.1标出了古人类和现代人类的谱系（该谱系属于推测，没有哪个谱系敢说自己是最终定论），这张谱系图给出了古人类和现代人类最可能的人种/谱系，以及有可能的进化绝路。该图的主要结论是，至少存在三次人类走出非洲的迁徙，我们的智人祖先属

35
36

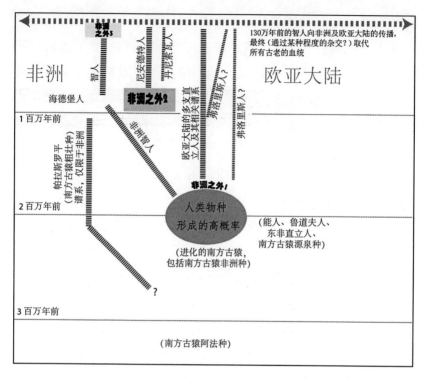

图3.1　古人类谱系树：从南方古猿到智人

从南方古猿到智人，智人是唯一幸存至今的人类物种。资料来源：Bellwood 2013：图3.1

于最近的一次，大约发生在距今13万～7万年。更早的两次迁徙分别发生在大约距今200万年和100万年，但也不能保证只有这两次。事实上，走出非洲的人类迁徙次数可能和环境变迁形成的机会密切相关。在更新世间冰期，沙漠变成绿洲，人类会通过撒哈拉和阿拉伯半岛离开非洲大陆。但是，我们目前的考古发现完全无法阐明这些细节。

通过最近在格鲁吉亚德马尼西（Dmanisi）的发现，我们可以了解人类第一次离开非洲的迁徙。这里发现了至少5个体型和脑容量都很小的古人类的头盖骨，距今180万年，为早期人类从非洲向外扩散提供了一个可靠的时间节点（Lordkipanidze et al. 2013）。

德马尼西位于北纬40°以北的内陆。它告诉我们，大约两百万年前走出非洲的这些原始人有适应寒冷冬季的能力，就像他们远在中纬度的南非近亲，当时在北纬40°中国泥河湾制作石器的人类可能也是如此（Wei et al. 2015）。然而，亚洲热带低地地区和爪哇岛的第一批居民不必担心天气寒冷的问题——他们正是追随温暖的气候来到此地的。

上新世和早更新世时期的非洲原始人，包括南方古猿和后来的早期人属，不管发现于何时何地，无疑是包括智人在内所有后续人类的基本生理和文化之根。据推测，在距今400多万年前，直立行走的早期人类就已经在非洲东部和南部拥有开阔植被的热带干燥崎岖地区开始进化了（Winder et al. 2014）。在距今200多万年前，非洲人属的发展单纯从生物学来看很可能已经形成一套基体（matrix），包括直立行走和奔跑姿势的强化，手的灵活性以及手指和拇指对握能力（这对于制造石器至关重要）的不断增强，越来越大的脑容量（这对于群体内部合作和语言形成至关重要），以及人类臼齿研磨和咀嚼齿列的发育。

在非洲境内，在距今大约280～200万年（DiMaggio et al. 2015）向人属过渡的时期，以及初次扩散到欧亚大陆之前，已经有直接证据表明早期人类会使用石器。事实上，东非新发现石器的年代现在已经提前到距今300多万年（Harmand et al. 2015），大概是南方古猿时期。一些重要的人类行为这个时候是否已经发展起来尚不得而知，如是否存在内部合作的小家庭？是否意识到近亲通婚禁忌？是否存在某种基本形式的语言？是否如理查德·朗厄姆（Richard Wrangham 2009）所说已经会用火烹饪？然而，这个时代距离我们实在太过遥远，很多证据都模糊不清。200万年前人类已经会使用火的观点就受到了津克和利伯曼（Zink and Lieberman 2016）的质疑。他们认为，古人类切割和捣碎生肉及块茎是为了使其可口，而不是为了便于烹饪。正如我们将在下文看到的，在爪哇中部中更新世地层中发现有啄打而成的石球，这些石球是否也是用于加工食物呢？（见图3.7）。

生物学方面的证据更为坚实一些。人类化石告诉我们，非洲的古人类在距今250万年前就已经完全可以直立行走，头骨形状独特，其特征是突出的眉嵴通过眶后深度收缩与头骨其余部分隔开，颅底宽度最大，头骨极厚，肌肉附着明显，面部宽，牙齿大，脑容量约450～650立方厘米（现代人平均脑容量为1 350立方厘米）。第一批到达格鲁吉亚的古人类就具有以上特征，中国、爪哇和弗洛里斯的古人类可能也具有这样的特征。我们不知道这些非洲原始人类来自何处，但是地理常识表明，第一批进入欧亚大陆的人类必定通过非洲东北部，要么沿着尼罗河河谷而下，然后穿过西奈半岛（Sinai），要么以某种方式跃过狭窄的巴布—曼德海峡（Bab-el-Mandeb Strait）。他们是否懂得航海是一个有趣的问题，特别是现在发现早期人类约在距今100万年迁移到四面环海的弗洛里斯岛，这个问题就更加无法回避。当然，现在没有答案，而且在我看来，这个问题永远也不可能找到答案，虽然莱帕德（Leppard 2015）也提出了某些可能。

$\dfrac{37}{38}$

爪哇直立人

在早期人类迁徙到更东边的苏拉威西岛和弗洛里斯岛之前，爪哇岛（巴厘岛）是他们所到达距离非洲最远的热带地区。这里周期性地被间冰期的高海平面和赤道雨林与外界隔绝，使得它的殖民故事可能非常有趣。正如科林·格罗夫斯（Colin Groves）后面解释的那样，爪哇的发现揭示出直立人在本区域的长期进化史，人们从桑吉兰、特里尼尔、三邦玛干（Sambungmacan）、昂栋

（Ngandong）、牙威（Ngawi）和惹班（Mojokerto）的早更新世和中更新世沉积物中发现了大量古人类头骨或残片（图3.2）。[2]最近，特里尼尔、昂栋和惹班（1936年在这里发现了一个5岁儿童的头盖骨）又被重新发掘，在桑吉兰东南部的蒲种（Pucung）也在进行新的发掘。[3]在位于桑吉兰西北部200公里处的塞梅多（Semedo）发现了人类颅顶化石和石器，与中更新世动物群共存（Widianto and Grimaud Hervé 2014）。

爪哇的直立人通常指三支连续发展的人种。最早一支可追溯到距今100万年之前，出自桑吉兰的早更新世地层，可能位于惹班附近的佩宁（Perning）。之后是距今约100～50万年桑吉兰和特里尼尔中更新世地层的"典型（classic）"直立人。年代最近的人类化石出自梭罗河阶地的中更新世晚期地层，位于昂栋、三邦玛干和牙威等地区。

桑吉兰和特里尼尔出土的中更新世（或"典型"）大型人骨，脑容量大约800～1 060立方厘米，身高最高可以达到160厘米左右，体重最大可以达到80公斤。这些人类的身材与现代人相似，并不像德马尼西或弗洛里斯的那么矮小。下面将讨论弗洛里斯岛的矮小人种是如何起源的问题——人们对爪哇和弗洛里斯最古老人种之间的渊源关系仍然知之甚少。

在详细讨论直立人之前，我有必要介绍一下爪哇岛更新世的动物群序列，并描述桑吉兰和昂栋的重要发现。除了人骨化石本身之外，了解直立人的进化还需要综合考察动物群以及地层学、年代学和考古学的资料。

爪哇—更新世哺乳动物与地层

由于冲积相和湖泊相地层堆积分布广，数量大，爪哇岛的更新世动物群化石特别丰富，而且运气很好的是地层中包含有凝灰岩

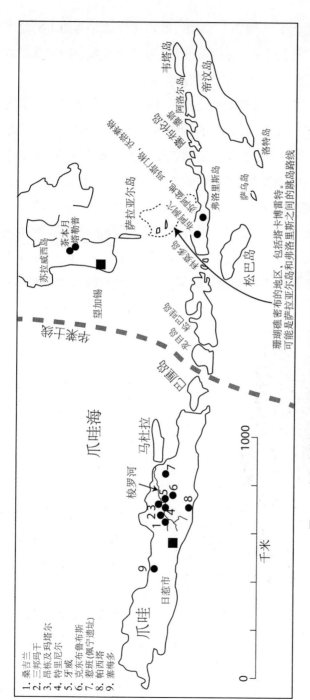

图 3.2 爪哇、南苏拉威西和弗洛里斯早更新世和中更新世遗址及位置

作者绘制

图例：

1. 桑吉兰
2. 三邦玛干
3. 昌栋及玛塔尔
4. 特里尼尔
5. 牙威
6. 克东布鲁布斯
7. 惹班（佩宁遗址）
8. 帕西塔
9. 塞梅多

地图标注（从左至右、上至下）：

苏拉威西岛
茶本月
塔勒普
苏丹塔
松拉威西海
望加锡
华莱士线
萨拉亚尔岛
帝汶岛
洛特岛
韦塔岛
阿洛尔岛
弗洛里斯岛
萨乌岛
松巴岛
爪哇海
马杜拉
梭罗河
爪哇
日惹市

比例尺：0 ⋯ 1000 千米

珊瑚礁密布的地区，包括卡博恩特，
可能是萨拉亚尔岛和弗洛里斯之间的跳岛路线

等可确定年代的火山物质。[4]因此，爪哇岛为研究巽他古陆之外华莱士群岛尤其是吕宋岛、苏拉威西岛、弗洛里斯岛和帝汶岛上的更新世动物群提供了一个可以比较的框架。

在更新世早期，大约距今250～200万年，一种来自南亚的哺乳动物群在刚形成的爪哇岛的中西部站稳了脚跟。这些动物群埋藏在沿海的河口沉积物中，包括乳齿象和侏儒剑齿象（后者的存在尚不完全确定，这两种长鼻类动物都是大象的远亲）、小河马和巨型陆龟（*Megalochelys sp.*[5]）。显然，所有这些物种都具有在海上短距离游泳的能力。爪哇的这批物种被命名为萨蒂尔动物群（Satir fauna），在此之后是西萨特动物群（Ci Saat fauna），新增了鹿、猪和另一种长鼻类，即更大的三角头剑齿象（*Stegondon trigonocephalus*）（见图3.3）。西萨特动物群化石中可能包含有爪哇第一批人类的化石，尤其是在爪哇中部的桑吉兰。有人推测，爪哇就是在这个时期作为巽他古陆的一部分通过陆桥与亚洲大陆相连的。

图3.3　弗洛里斯剑齿象的头和牙

剑齿象（*Stegodon florensis*）是中更新世弗洛里斯的矮小物种，这是剑齿象头部和牙齿的模型。资料来源：鹿特丹动物艺术工作室（Manimal Works）建模，由 D. 莫尔（D. Mol）技术输入。雷米·巴克（Remie Bakker）提供图片

西萨特动物群之后是爪哇动物群（Javan faunal），距今约100万年，进入中更新世和晚更新世冰期至间冰期气候和海平面波动增大的时期。在冰期和间冰期交替期间，爪哇岛已经露出海面的部分也通过陆桥与亚洲大陆

交替连接和分离，每个周期为大约10万年。很多时候，哺乳动物、人类、植物等会利用冰川时期的陆桥来到这里，但我们现有的资料残缺不全，自然不可能了解所有的细节。即便如此，我们也不得不承认，通常情况下爪哇岛并不是一个岛屿，而是范围更大的巽他古陆的一个组成部分（见图2.2）。来自亚洲大陆的物种入侵不仅一次又一次地充实了这里的哺乳动物，还带来了直立人。

39
40

西萨特动物群之后是特里尼尔动物群（Trinil Hauptknocken-schicht，简写为Trinil H.K.，该层主要是骨骼化石），这时候出现了重大变化。特里尼尔动物群由杜布瓦发掘，于1891年发现了猿人化石。特里尼尔动物群非常重要，因为它记录了爪哇岛上大量新物种的到来，其中一种就是相当先进的直立人，这种直立人可能取代了岛上原有的更古老的原始人类。新出现的动物群包括猴子（猕猴和叶猴）、牛（大型水牛和牛）、犀牛、猪、犬科动物和三类鹿属。其中许多物种的游泳能力很差，这种情况说明当时应该存在一条穿过苏门答腊岛或者横跨南海通往亚洲大陆的陆桥。大象和猿类（长臂猿和猩猩）仍然没有出现，但是剑齿象和河马从西萨特动物群延续到了特里尼尔动物群时期。

特里尼尔动物群之后是两支动物群，分别叫作克东布鲁布斯（Kedung Brubus）动物群和昂栋动物群，后者可追溯到中更新世末期，距今13万年。象属（*Elephas*）中真正的大象显然是克东布鲁布斯动物群阶段在爪哇出现的，此时可能也存在一条陆桥。昂栋动物群标志着剑齿象和宽角水牛在爪哇的最晚阶段，但里面也包含了较晚的直立人化石，是在梭罗河沿岸阶地几个地点发现的。在中更新世晚期，构造活动活跃，使这些阶地抬升起来，这次活动还导致了桑吉兰圆丘的隆起和侵蚀。

40
41

根据光释光和铀系测年结果（Westaway et al. 2007），在昂栋动物群之后，也就是距今12.8～11.8万年，爪哇动物群的构成再次发生急剧变化。这反映出间冰期某支雨林动物群到达了岛上，日惹（Yogyakarta）东南部塞乌山（Gunung Sewu）石灰岩地区蒲种洞穴的发现证明了这一点（Storm and de Vos 2006）。晚更新世的蒲种动物群中包含有智人的牙齿（第四章对此有更多介绍，就现代人类的出现而言，如此早的一个年代是有争议的），还有首次出现的森林动物，如貘、熊、长臂猿和猩猩，以及过去就有的猪、鹿、犀牛、牛科动物和大象。这支动物群到达爪哇，发生在海平面较高且气候温暖潮湿的间冰期，但也可能当时某个时段在苏门答腊或婆罗洲仍有陆桥存在。

桑吉兰（*Sangiran*）

现在，我们来研究一下著名的桑吉兰遗址，它位于爪哇中部梭罗（Surakarta）附近，是全亚洲乃至全世界十分重要的人类化石发现地之一。桑吉兰（图版1）属于地质运动中被抬升的丘地，由底部往上依次是海相层、沼泽层、冲积层和火山灰层，从晚上新世到更新世。构造活动使这里隆起，到中更新世末期，在桑吉兰以北形成了肯登山（Kendeng hills）。所谓的"桑吉兰圆丘"后来被西莫罗河（Cemoro River）及许多小支流下切破坏，这些河流最后全部流入了更大的梭罗河。桑吉兰的环形暴露面长宽大约是8×4公里，皴裂的丘底裸露出上新世的海洋沉积物，即普伦（Puren）地层，上方是更新世陆地的桑吉兰和巴潘（Bapang）地层，其中包含上文所述的西萨特至克东布鲁布斯动物群系列，发现超过80个直立人个体的头骨、下颌和牙齿的化石标本。[6]

在上新世和早更新世时期，桑吉兰周围很多地方仍在海底，现在梭罗河谷的大部分地区是一条长长的海峡。桑吉兰似乎离海岸线很近，对普伦组海洋沉积物的花粉分析表明，当时存在耐盐碱的红树林、棕榈树（nipa palms）和露兜树（pandanus）（Sémah

1982）。在上新世海洋沉积之上是两个更新世陆相地层——桑吉兰［以前称为普坎甘（Pucangan）］和随后的巴潘［以前称为卡布（Kabuh）］地层。桑吉兰地层大约在距今190～180万年开始沉积（Falguères 2001），总厚度约160米。它主要由海洋和河口沉积物组成，底部沉积很厚，含有鲨鱼牙齿、海洋贝壳和河口贝壳。花粉分析提供了地层学证据，表明桑吉兰周围在此时陆续出现陆地，红树林逐渐被季风植被所取代。这些植被具有开阔地带的野外特征（如稀树草原、疏阔的森林），旱季可能很长，河流沿岸还有成片的雨林（Bettis et al. 2009）。桑吉兰地层的上层含有该地区最早的人类化石。

桑吉兰地层之上是"格兰兹班克（Grenzbank）"地层。这是一个薄薄的钙质砾岩层，富含骨骼化石，似乎还包含有许多桑吉兰地层时期的部分动物群，包括一些粗壮体型古人类的残骸，出自被侵蚀的地层。在格兰兹班克地层的上方，巴潘地层形成一个新的沉积体系，主要为冲积沉积，而非湖泊沉积，厚度达60米，桑吉兰古人类化石大部分发现于此。巴潘地层的花粉主要仍然是禾本科、莎草科，树木类型较少，这表明，尽管在湿润的山谷中还有一些雨林，但是随着时间的推移，整体气候越来越干燥。爪哇中部中更新世动物群也表明是一种开阔环境，只有少量森林（Medway 1972；Louysand Meijaard 2010）。例如，属于大型水牛种的长角爪哇水牛（*Bubalus Palaerokerabau*），角间距宽达2米，基本上无法通过茂密的雨林。

正如科林·格罗夫斯在后文中所说，所有桑吉兰直立人化石都发现于下列地层带——从桑吉兰地层上部开始，穿过格兰兹班克地层，再延伸至巴潘地层下部。其他直立人化石来自特里尼尔和梭罗河谷的阶地，以及图3.2所示的其他地点。就桑吉兰本身而言，巴潘沉积物绘制的古地磁对比图（Hyodo et al.

2011）表明，格兰兹班克和特里尼尔地层出土动物群早期阶段约为距今90～80万年。[7]对杜布瓦发掘的特里尼尔地层材料使用放射性氩—氩法（^{40}Ar/^{39}Ar）和光释光法测年，表明这里生活过利用双壳贝的古人类，一直延续到距今56～43万年（Joordens et al. 2015）。因此，似乎可以确定，爪哇中部直立人的确切年代范围至少在距今100～50万年，而桑吉兰地层标本则可能更为古老。

然而，桑吉兰地层的年代仍然是个问题。近年来，一些权威机构使用氩测定法测得格兰兹班克地层的年代为距今150万年左右，比前述测年至少早50万年。[8]科林·格罗夫斯在后文中详细地讨论了这个重要问题，并支持使用古地磁法测出的较晚年代。部分原因是一些氩年代是根据火山物质测定的，而这些物质属于次生堆积。事实上，克利斯朵夫·法尔盖尔等人（Christophe Falguères et al. 2016）也研究过格兰兹班克地层之上巴潘地层沉积物的年代，得出了一个新的年代系列，包括10个氩系年代和铀系年代，尽管这个年代范围大多在距今150～60万年，但明显集中在距今100～75万年。

昂栋（*Ngandong*）

1931～1933年，印度尼西亚地质调查局安排田野工作者定期发掘特里尼尔河下游支流梭罗河一块出土骨骼化石的阶地。该阶地位于昂栋，高出河流旱季水位约20米。整个阶地沉积物厚约3米，动物骨骼明显集中在底部的70厘米——人们从面积为50×100米的发掘区发现了约2.5万块骨头。在两年的时间里，从收集的骨头中最终拣选出不少于12个头骨（多缺乏基底和面部）和2块胫骨，都属于高级直立人（参阅 von Koenigswald 1951, 1956及 Oppenoorth 1932 中目击者的描述）。很明显，昂栋发现的人类头盖骨并非集中在一处，孔尼华（von Koenigswald）注意到一个不寻常的情况，即牙齿、下颌骨和除两根胫骨以外的其他骨骼完全缺失；这种选择性缺失在其他动物遗骸中是不存在的。此外，在这12个头盖骨中，只有两个的基底部分残存了下来，这使得孔尼华（von Koenigswald 1951）相信，人们是为了食用脑髓而把头颅打开，之后头盖骨被当作碗使用。但是这种吃人的猜想受到了雅各布（Jacob 1967, 1972）的质疑，他指出，颅底是一个脆弱的部分，容易自然断裂，与食人没有必然联系。关于人类骨骼样本在埋藏学上的不同观点现在仍然存在。

魏敦瑞在1948年去世前，曾经描述过昂栋的头骨（Weidenreich 1951）。今天，大多数学者认为它们是脑容量很大（5个头骨的平均脑容量为1 150平方厘米）的晚期直立人。自最初发现以来，昂栋出土了越来越多的古人类残骸。还有另外四个昂栋类型的头骨（可能年代更早）来自三邦玛干（Sambungmacan）一处大约同时期的河流阶地沉积，同样位于梭罗河中游。1987年，人们在牙威（Ngawi）发现了一具头骨，同样缺失面部（Sartono 1991）。所有人都赞成，在动物群序列中，"梭罗人"系列是排在特里尼尔地层化石之后的，但除此之外，还有一些重要问题仍然需要讨论，如背景、环境和绝对年代。

关于昂栋头骨的埋藏背景，从孔尼华的描述（von Koenigswald 1951, 1956）中可以清楚地看出，这些头骨混杂在其他动物的骨骼中。这里曾经是一处安静的沙砾河岸，可能是在河湾的内侧。也许他们是被附近狩猎营地的人吃掉后冲到那里的；牛脊椎关节的存在表明附近可能有动物屠宰场。丹内尔（Dennell 2005）提出，这些人是在一次大规模溺水事件后被冲到阶地的。其他人则更倾向于他们是被食肉动物咬死的，或者认为阶地上的人和哺乳动物遗骸的沉积过程是完全不同的（Santa Luca 1980）。

关于昂栋地区的埋藏环境，我们的看法十分明确。这2.5万块动物骨骼属于17个物种，其中有12或13种在特里尼尔动物群中也有，特里尼尔之后增加的主要动物似乎是更现代的猪和鹿。[9]唯一完全灭绝的动物是剑齿象。动物群从整体来看，尤其是角间距达2.25米的现已灭绝的爪哇长角水牛，表明当时周围景观环境相当开阔。大多数骨骼属于鹿和牛（一种古老的爪哇野牛），这两种动物虽然也少量出现在巽他古陆茂密的森林中，但是它们在疏阔的景观中数量更多。此外，奥本诺思（Oppenoorth）的一名助手在附近一个叫瓦都朗（Watualang）的地方从被认为是昂栋时代的沉积物中找到了一块鹤（灰鹤）的骨骼（Wetmore 1940）。今天，这种鸟在中国南方过冬，其骨骼在爪哇的出现可能表明当时的气候比现在要凉爽。

最大的困难发生在昂栋遗存的年代判断上。该动物群总是被粗略地归入中更新世或晚更新世，但昂栋阶地沉积肯定要晚于桑吉兰的巴潘地层。然而，这种动物群基本上无法准确判断年代，因为目前并不知道像剑齿象这样的关键物种是什么时候在爪哇灭绝的。近年来，一系列放射性测年技术开始应用于出自昂栋及同时期遗址的火山矿物、古人类和动物骨骼的断代上。它们提供了一个令人困惑的年代范围。最新一批氩、电子自旋共振和铀系测年得出的年代在距今55～14万年，令人难以置信（Indriati et al. 2011）。[10]但这至少说明，昂栋人的年代很可能是中更新世晚期。因此，从时间点来看，当现代人在晚更新世抵达爪哇时，这些直立人已经灭绝了。

但是，直立人的完全灭绝是否就是最终的结论？当我在20世纪90年代中期修订《印度—马来群岛史前史》时，答案并不那么确定，但主流观点也逐渐由延续说转向灭绝说。在20年后的今天（指此书出版的2017年——译者注），基因和形态学的确凿证据使灭绝成了爪哇直立人唯一可能的最终归宿。尽管如此，关于灭绝说还是有一定的讨论空间。由对古代常染色体DNA分析可知，10万年前，已灭绝的尼安德特人和丹尼索瓦人与现代人有轻微的混合（Kuhlwilm et al. 2016），这让我们怀疑，爪哇的直立人和现代人之间是否也存在类似的混合现象，即使混合程度非常低。由于我们没有得到岛屿东南亚古人类的DNA，无法知道这个问题的答案，但古老的混合当然是可能的，特别是一些现代华莱士人（Wallaceans）、澳大利亚人和巴布亚人（Papuans）的常染色体DNA携带有非常古老的与神秘的丹尼索瓦人混合的痕迹（Cooper and Stringer 2013）。

古人类什么时候来到爪哇的？

尽管还很难确定来自桑吉兰地层的最古老人类的确切年代，但是从理论上讲，爪哇古人类可能的起始年代应该是距今180～130万年，因为格鲁吉亚德马尼西人的年代是距今180万年，而中国北部河北省泥河湾新发现的石器，通过磁性地层对比研究，其年代在距今195～177万年（Wei et al. 2015）。这种不确定性无疑令人沮丧，但就目前而言，一个宽泛的年代范围仍然是最好的折中方案，并且与出土头骨形态没有冲突（图3.4）。[11]在我看来，对于爪哇来说，任何比距今180万年晚太多的年代，都必须解释早期人类为何一直留在格鲁吉亚和西亚一带，并且在以后50多万年的时间里都没有通过东南亚热带地区向东扩散的问题。赤道雨林可能阻碍了他们在间冰期从北半球到达爪哇岛，但是，正如本章末尾所讨论的那样，越来越多的学者倾向于认为冰川期的旱季走廊周期性地消除了这种雨林，从而有了通道。在我看来，人类对迁徙机遇的反应从来都不迟缓。

更新世分期		桑吉兰地层	人类	动物群	桑吉兰植被
晚期	(百万年前) 0.125	河流侵蚀	瓦贾克及普农的智人、弗洛里斯人	普农(现代)	雨林增加
中期	0.5	火山凝灰岩	昂栋、恩加维、三邦玛干(晚期直立人)	昂栋	开阔丛林和雨林相间
		巴潘冲积层沉积物及凝灰岩	特里尼尔直立人(杜布哇种)		
早期	1.0	格兰兹班克(钙质砾岩)推断年代范围为150～90万年之间	桑吉兰的直立人(可能的最大年代范围)	克东布鲁布斯? 特里尼尔主要骨骼层?	开阔丛林和雨林相间
	1.5	桑吉兰湖泊沉积物及凝灰岩	莫佐克托直立人	西萨特	
	2.0	普伦海洋沉积物	人类可能来到弗洛里斯岛和爪哇岛	萨蒂尔	湿草地、尼帕棕榈、沿海红树林、河口环境、内陆热带雨林

图3.4 桑吉兰地层和动物群以及古人类生活的大致年代和植被环境

该年表是折中的结果,综合考虑了晚(人类距今120万年之后出现)和早(人类距今180万年之后出现——见正文)两种观点

爪哇直立人的进化

特邀撰稿人

科林·格罗夫斯（Colin Groves）

45
—
46

下面这个故事广为人知：年轻的荷兰人尤金·杜布瓦（Eugène Dubois）获得了医学学位，被派往当时的荷属东印度群岛，受恩斯特·赫克尔（Ernst Haeckel）著作和演讲的启发，他打算在那里寻找人类进化的缺环——然后，他找到了。

1891年和1892年，他在爪哇中部梭罗河边的特里尼尔发现了一个帽子形状的物体（实际上是"头盖骨"），还有一根股骨和两颗白齿，又在东爪哇克东布鲁布斯发现了一小块下颌骨（更确切地说，是一群在两名荷兰士兵监督下发掘的印尼工人发现的）。这些发现构成了他描述直立猿人新属和新种的基础。四十年后，他从一箱特里尼尔化石中又辨别出3块残缺的股骨，后来又发现了一段股骨，上面有一位陆军军士手写的"特里尼尔"字样。最后又发现了第6块股骨残骸，不管什么依据，他认为可能来自克东布鲁布斯。希普曼（Shipman 2002）讲述过这个科学怪人和他发现化石的故事。

特里尼尔所有的材料是否都属于同一地层？人们对此进行了大量的讨论。对杜布瓦来说，至少头盖骨和股骨的联系至关重要：一根正宗的人类股骨与一个更像猿的头盖骨属于同一个体，表明为"直立的猿人"，这也是直立猿人（Pithecanthropus erectus）的字面意思。有些人则怀疑它们是否真的属于同一地层。例如，巴斯特拉（Bartstra 1983）认为杜布瓦的工人发掘了两个不同的地层，头盖骨来自较早的地层，股骨来自较晚的地层。巴奇奥卡斯和戴（Bartsiokas and Day 1993）支持该观点，他们发现1号股骨的钙磷比明显高于头盖骨和其他股骨。他们还重新找到了过去的发掘记录，该记录似乎表明沉积层存在一个很明显的坡度。因此，虽然这些股骨与头盖骨发现于同一水平层，但它们实际上来自更靠上的地层。但是，另一方面，乔登斯等人（Joordens et al. 2015）最近发现，头盖骨和所有股骨的CaO/P_2O_5比率相当接近，因此它们的年代可能大致相同。杜布瓦的发掘人员发现的牙齿的性质也受到过质疑：它们到底是属于原始人类还是原始猩猩？最近的一项研究（Smith et al. 2009）确凿地表明，它们确实是人类牙齿，属于上第一或第二臼齿。

　　20世纪30年代，孔尼华在桑吉兰圆丘附近的一个遗址进行了发掘，在那里又发现了一些化石。他认为其中一些是直立猿人，另一些是新种，即猿人粗壮种（*Pithecanthropus robustus*），还有一些是一个新种属，即魁人古爪哇种（*Meganthropus palaeojavanicus*）。第二次世界大战期间，冯·科尼斯瓦尔德在爪哇被日本人扣留，他的美国同行弗兰兹·魏敦瑞（Franz Weidenreich）收到了他寄去的模型，并代替他描述了这些新的人种。冯·科尼斯瓦尔德还在东爪哇惹班市附近的佩宁进行了发掘，在那里发现了一个儿童的头骨，并把它命名为另一个种，即惹班人（*Homo modjokertensis*）[为了不招惹猜忌心和独占欲很强的杜布瓦，他避而不用猿人（*Pithecanthropus*）这一通用名称]。战后，他又描述了另一个种，即猿人杜布哇种（*Pithecanthropus dubius*）。如果正确的话，就有四个种的古人类化石出自爪哇早更新世和中更新世堆积。

　　同样在20世纪30年代，特·哈尔（Ter Haar）和奥本诺思

(Oppenoorth)带领的一支荷兰考古队在昂栋的梭罗河边所谓的晚更新世阶地上进行了发掘，他们发现了11或12个头骨，从非常完整的头骨到小的颅顶碎片不等，还有两根胫骨。他们认为这些属于另一个人种，即梭罗人（*Homosoloensis*）或爪哇人（*Javanthropus*）。更晚的发现是在三邦玛干及牙威，位置也是在梭罗河沿岸，其年代被认为与昂栋的化石相当。

孔尼华和之后的萨尔托诺（Sartono）按照自己的分类方法对以上人类标本进行了编号。他们给头骨标本加上了罗马数字（猿人 I、II、III、IV 等），给下颌标本加上了字母（猿人 A、B 等，以及魁人 A、B 等）。后来，特库·雅各布（Teuku Jacob）另起炉灶，用遗址名称来命名这些标本（如特里尼尔 1、2 号；桑吉兰 1、2、3 号等；昂栋 1、2 号等）。最近，桑吉兰出土材料变得非常多，不同的团队都在那里各自开展工作，因此，人们开始根据桑吉兰的具体地点来命名新标本。例如，克雷斯纳（Kresna）、布库兰（Bukuran），等等。图3.5显示的是保存最完好的爪哇直立人头骨——桑吉兰17号，出自桑吉兰帕奇河（西莫罗河的支流）河谷（Pacing Valley）的巴潘沉积层。

爪哇直立人的年代

德·沃斯（De Vos 2004）系统考察了爪哇更新世地层的年代。孔尼华将更新世动物群依次分为杰蒂斯（Jetis）（以前拼写为 Djetis）、特里尼尔和昂栋三个动物群阶段，他认为，这三个阶段从广义上讲分别代表了更新世的早期、中期和晚期。约翰·德·沃斯根据更丰富的材料对它们进行了重新分组，识别出西萨特、特里尼尔、克东布鲁布斯和昂栋阶段，以及相对没有争议的蒲种和瓦贾克动物群阶段（包含智人），一直延续到晚更

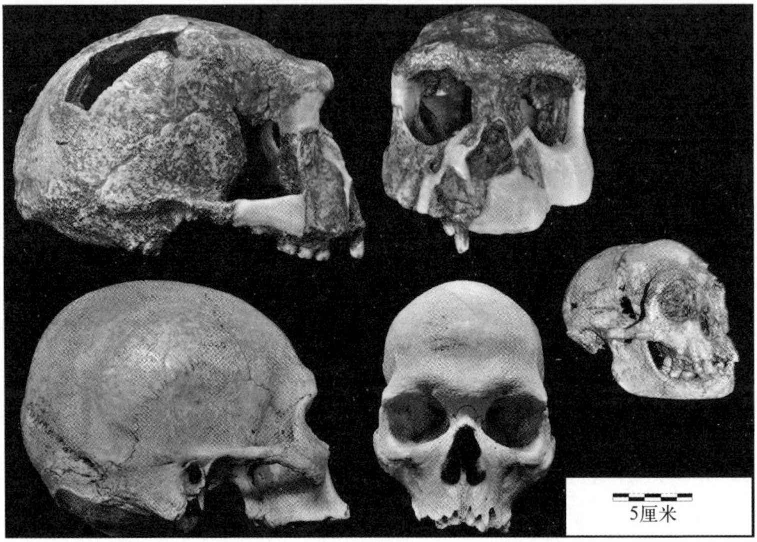

图3.5　桑吉兰17号、布阿洞1号头骨与现代人头骨的比较

上方：桑吉兰17号头盖骨（脑容量约1 100立方厘米），它是爪哇发现的最完整的直立人标本［由久生马场（Hisao Baba）修复］。右中是布阿洞1号（脑容量仅约380立方厘米）头盖骨和下颌骨的半正面图，是弗洛里斯人的典型标本。注意其下颌缺少下巴。下方：一个新几内亚现代人头骨，用于对比。图片来源：右中图来自黛比·阿格。其他来自澳大利亚国立大学考古学和人类学学院收藏

新世甚至全新世。

　　桑吉兰出土人骨化石的地层是湖泊底部的湖相黑色黏土，上面覆盖着多层河流相沉积物，中间明显有一个独立层，即格兰兹班克地层。梭罗河阶地是后来形成的。过去根据岩性分析认为，黑色黏土代表了普坎甘（爪哇另一处地方）地层，河流沉积代表了卡布地层，但现在学术界倾向于使用特定遗址的名称：黑色黏土为桑吉兰地层，格兰兹班克地层上方的河流沉积为巴潘地层。

　　由于桑吉兰圆丘的地层非常复杂，再加上某些地质方面的原因，例如在可测年的矿物中可能存在"外来"氩，因此很难准确

测定其年代。目前，有两种不同的测年方法，结果也不一致。斯威舍等人（Swisher et al. 1994）对一块浮石进行^{40}氩/^{39}氩测年，得出的年代为距今165±3万年，这块浮石比出土桑吉兰27和31号化石的地层高2米。为检验这样一个如此之早的年代是否准确，拉里克等人（Larick et al. 2001）做了一系列^{40}氩/^{39}氩测年，年代从格兰兹班克地层的距今151±8万年持续减少到巴潘地层上部凝灰岩的距今102±006万年，该凝灰岩出土了最重要的桑吉兰直立人。但是，日本研究人员（尤其是Hyodo et al. 2011）主要根据磁地层学得出了更晚的年代。他们认为上部凝灰岩位于距今79.5～79.3万年的松山—布容（Matuyama-Brunhes）地磁反转期，这似乎可由玻璃陨石层的存在所证实，玻璃陨石层在松山—布容反转的下方，其年代通过其他地方的类似材料被钾—氩法测定为距今80.3±0.3万年。

48
___
49

　　对于佩宁地区的发现，斯威舍等人（Swisher et al. 1994）得出了一个更早的^{40}氩/^{39}氩年代，即距今181±4万年，这个年代相当于莫班儿童头骨的年代。霍夫曼等人（Huffman et al. 2006）后来将这个儿童头骨的实际发现地点重新定位到了斯威舍等人测年地层上方20米处，这意味着年代更晚。他们还认为，以上测年标本实际上可能遭到了混杂。莫班头骨的真实年代还需要进一步研究。

　　至于梭罗河谷的晚期直立人遗存，因德里亚蒂等人（Indriati et al. 2011）使用^{40}氩/^{39}氩和ESR/U系测年法测算了昂栋20米阶地和吉加（Jigar）相关动物群出土遗址的年代。氩测年的平均值为距今54.6±1.2万年，U系测年的年代约为距今50万年，但ESR（早期吸收）测定的平均值仅为距今7.2±1万年，最早的读数是距今14.3万年。这种差异很难解释，可能与温度和湿度有关。关于三邦玛干人和牙威直立人遗存的所有证据都表明,他们的年代与昂栋遗存相当。

最近通过 ^{40} 氩/^{39} 氩和光释光测年法检测(来自贝壳堆积),杜布瓦发掘的特里尼尔地层的最晚和最早年代分别为距今43±5万年和54±10万年——晚于巴潘地层的最晚年代(Joordens et al. 2015)。如果这一令人惊讶的年代数据被未来的研究所证实,那么我们似乎不仅必须要重新考虑动物群的序列,而且特里尼尔化石的年代很可能不会比昂栋早多少。

直立人头骨

苏安·安东(Suan Antón)的系列论文对直立人的形态做了大量的阐述,所论述的直立人包括了东非、格鲁吉亚和中国的样本,以及爪哇岛的样本。她提出,不同地域的样本之间有明显的区别(Antón 2002, 2003)。特别是,爪哇标本与中国标本整体上有明显不同。爪哇样本的额鳞从眶上圆枕处均匀地向上和向后倾斜,没有中国样本的额骨中部突出和眶上圆枕上沟较深的特点;从上往下看,爪哇样本的眶上圆枕中间突出,而中国样本I,眶上圆枕侧面部分是最发达的;爪哇样本的枕骨宽且有棱角,不像中国样本那样狭窄并成块状。爪哇标本与非洲标本相比,非洲标本的眶上圆枕上沟的侧面比中间更宽,安东(Antón 2002)认为,这反映了大脑沿中线向前延伸。此外,爪哇标本具有更加明显的矢状脊,且从顶面观察更像一个"梨形";上颞线分叉位置更加靠后,且在头骨上位置不高;关节盂窝前后宽,内外窄,中外侧狭窄;没有鼻侧支柱(Antón 2003)。爪哇标本有明显的突颌,牙齿是所有"直立人"样本中最大的。

惹班儿童死亡时的年龄可能在4~6岁,但仍然有枕外隆起和额中缝凸出等特征,这证实它是一个直立人幼体(Antón 1997)。

海部洋介等人(Kaifu et al. 2013)描述了早期桑吉兰圆丘的(桑吉兰/格兰兹班克)头骨,区分出"头骨相对薄、纤弱型"和"头骨中等或较厚、粗壮型"两种类型,他们认为这反映了性别的不同。

按时间顺序排列,年代较晚的昂栋、三邦玛干和牙威头骨与早期的桑吉兰和特里尼尔头骨不同,前者的整体尺寸和脑容量更大。但是,正如圣卢卡(Santa Luca 1980)所强调的那样,早期和晚期遗址的单个标本之间存在交叉相似性。三邦玛干头骨,至少如三邦玛干4号头骨所示,与昂栋头骨非常相似,只是颅顶较低(Kurniawan et al. 2013)。

直立人下颌骨

对魁人古爪哇种的描述基于一块巨大的右前下颌角碎片(编号为桑吉兰6a),它出自格兰兹班克地层或下方的桑吉兰地层,引起了关于所有更新世爪哇化石代表单一人种还是多个人种的争论。后来对直立人杜布哇种,即一小块带有双根前白齿的下颌骨碎片(编号为桑吉兰5)的描述让争论更加激烈。虽然直立人杜布哇种似乎已经基本淡出了大家的讨论范围,留下粗壮的魁人成为人们一个长久的心病,但是随后的一些标本还是被划分为这两类。海部洋介等人(Kaifu et al. 2013)最近讨论了其地位,指出桑吉兰/格兰兹班克的牙颌标本通常确实比后来的巴潘标本更大,也更"原始",尽管它们自身尺寸差异也很大。他们对现有证据的重新研究表明,这些早期爪哇标本只存在一个人种分类群,而大小差异很可能只是因为性别的不同,因此,下颌骨与头骨证据得出的结论是一致的。

直立人牙齿

爪哇直立人的特征是它的颊齿非常大,超过包括直立人和智人在内的任何其他种群。他的上颌白齿与智人的上颌白齿不同,有更多颊腭方向上张开的牙根,但两者第三白齿的牙根都是合并在一起的(Smith et al. 2009)。

桑吉兰27号属于面部型变的早期标本,非常粗壮,有时被认为是魁人,有比任何其他标本更大的颊齿,虽然整体来看与其他爪哇直立人比较一致(Indriati and Antón 2008)。这与海部洋介等人(Kaifu et al. 2013)建构的模型一致,可能表现出早期爪哇直立人强烈的性别差异,但爪哇样本中上颌牙列的缺失警告我们,应该对这种观点保持谨慎态度。

直立人股骨

特里尼尔1号(股骨I)是一件保存很好的完整股骨,在股骨干上部的后内侧有一个外生骨疣,病因受到广泛讨论。股骨II、III、IV和V只有骨干,尽管第一个还算比较完整。股骨VI应该是来自克东布鲁布斯,它根本不是人骨(Day and Molleson 1973)。戴(Day 1984)用化学方法,以及X射线衍射和能量色散显微分析等方法,测试了所有的特里尼尔骨骼,并没有明确得出它们属于同一时代的结论。巴奇奥卡斯和戴(Bartsiokas and Day 1993)使用了一种新的方法来检验骨骼钙/磷比,并重新审视了特里尼尔地层证据,得出了一个确切结论,即特里尼尔股骨I出自一个较晚的地层,并且属于智人,而股骨II～V实际上是直立人。最近,乔登斯等人(Joordens et al. 2015)重新计算了钙/磷比,反驳称,特里尼尔股骨I的钙/磷比落入了其他股骨的变异范围内,也许更加重要的是,也包括头骨的变异范围。如果是这样,那么它也必须被视为直立人标本。

戴和莫勒森（Day and Molleson 1973）将特里尼尔股骨与周口店北京人的股骨、奥杜威人科成员（Olduvai Hominid 或 OH）28 号（到当时为止唯一同时代的非洲标本）进行了比较，还尽可能与智人进行了比较。特里尼尔股骨 I 的扭转度明显低于北京人 IV，特里尼尔其他样本的弯曲度均明显低于北京人 IV 和奥杜威 28 号。特里尼尔 I 和 II 的粗壮指数低于北京人 IV、北京人 I 或奥杜威 28 号。特里尼尔 II、III 和 IV 的股骨扁平指数明显高于北京人 I、IV 和奥杜威 28 号。特里尼尔 II、III 和 IV 明显高于北京 I、IV 和奥杜威 28 号。特里尼尔 II、III 和 V 的股骨脊指数为 90.5～97.0，与 5 根北京人股骨的指数（80.3～91.2）略有交叉，但高于奥杜威 28 号（75.5），低于特里尼尔股骨 I（103.6）——而智人的范围为 72.6～147.1，与它们都有交叉。

肯尼迪（Kennedy 1983）的研究包括了戴和莫勒森（Day and Molleson 1973）观察过的标本，以及来自库比福拉（Koobi Fora）的 3 根股骨。她发现特里尼尔股骨 II、III 和 IV 在某些方面与其他原始股骨相似（比如皮质厚，远端皮质指数高），但由于病理原因，对特里尼尔股骨 I 无法做出判断。肯尼迪讨论了造成股骨 II～IV 与其他非爪哇原始股骨相似与差异的原因，可能出于共同祖征，也可能是地理隔绝所致，她个人倾向于后者。

事实上，唯一一个来源明确的桑吉兰股骨标本是出自格兰兹班克的克雷斯纳 11 号（Grimaud Herve et al. 1994），它与所有的特里尼尔股骨都很相似，特别有趣的是也包括了特里尼尔股骨 I。它们的股骨扁平指数和股骨脊指数均明显高于周口店的股骨，且股骨扁平指数分布在某些现代人群的指数范围内，但股骨脊指数较低（无股骨脊）。进一步的分析（Puymerail et al. 2012）表明，与其他原始股骨相比，它们的皮质增厚总体上不太明显，尽管内侧皮质在远端变得更厚，并且股骨干宽度最窄处位于远端的位置。

总之，已知的爪哇直立人股骨似乎具有独特的形态，它们在某些方面与中国和非洲的直立人股骨相似，但在另外一些方面又有不同。

爪哇直立人的进化

坦桑尼亚奥杜威的两个"直立人"头骨标本OH9和OH12在大小和形态方面都有很大差异，同时又与来自肯尼亚的库比福拉［以及埃塞俄比亚的达卡（Daka）］同一"等级（grade）"的标本有交叉相似性（mosaic similarities）。这表明它们共同形成了一个非洲血统，表现出一次高度的进化停滞（Antón 2004）。它们之间有明显的大小差别，说明它们在性别方面差异显著。因此，可以推断，早期爪哇标本的性别差异可能是一种保留下来的原始特征。在德马尼西"直立人"样本中也可见强烈的性别差异，但在中国样本中则没有，在爪哇后期的样本中也明显不存在。这是爪哇内部持续进化的一个迹象。正如我们所看到的那样，现有证据清楚地表明，至少非洲、中国和爪哇的样本构成了不同的谱系。所以，德奎罗斯（de Queiroz 2007）将它们都列为各自独立进化的人种。因此，迄今为止，我们所讨论的直立人仅仅是早、中更新世爪哇的一个人种，而非洲早更新世的"直立人"属于匠人（*Homo ergaster*），中国的直立人属于北京人（*Homo pekinensis*），而德马尼西样本极有可能构成了另一个人种，即格鲁吉亚人（*Homo georgicus*）。

直立人的进化似乎是可以测量出来的。海部洋介等人（Kaifu et al. 2013）比较了桑吉兰早期（格兰兹班克/桑吉兰）和晚期（巴潘）的头骨，发现前者更原始，通常更小，脑容量更少，眶后狭缩（postorbitalconstriction）更深。如基本完整的桑吉兰17号头骨（图3.5）所示，巴潘标本的演化是趋向晚期的（显然是中更新世的）三邦玛干和昂栋那种形态（Kurniawan et al. 2013）。圣卢卡（Santa Luca 1980）对昂栋的材料进行了详细的描述。年代明显相当的三邦玛干和牙威头骨在外观和形态上接近；所有这些标本都不同于早期的桑吉兰和特里尼尔标本，因为后者的整体尺寸和脑容量更大。但圣卢卡（Santa Luca 1980）认为，来自晚期和早期遗址的单个标本之间存在交叉相似性，因此除了头骨大小以外，无法进行整体区分。然而，杜邦（Durband 2008）发现，昂栋、三邦玛干和牙威的下颌窝形态与桑吉兰的不同，这是爪哇岛内原位进化的另一个迹象。没有任何线索表明这些晚期直立人进化成了智人。但是，参考我们现在所知的尼安德特人和神秘的丹尼索瓦人对现代人类的微小遗传贡献，我们不能排除直立人对现代人类同样做出了微小贡献，尽管目前从形态学证据来看，似乎没有这方面的可能。

52／53

菲律宾群岛、苏拉威西和努沙登加拉：更新世哺乳动物和地层

前面我们已经完成了关于爪哇直立人的讨论，下面将视野转向东方，探讨古人类的三次殖民活动，这三次殖民使岛屿东南亚确实有资格被称为"最早的岛民"的落脚地。更新世期间，动物群有三次从巽他古陆向东扩散的运动，似乎也有人类伴随而行。目前，向弗洛里斯岛的迁徙是迄今为止最著名而且年代最清晰的，它证明了人类在距今100万年之前就曾设法跨越了海洋。

1997年,《印度—马来群岛史前史》第二版修订出版时,我们还对此知之甚少,因为弗洛里斯岛玛塔门格(Mata Menge)的重要发现直到1998年才公布(Morwood et al. 1998)。从那时起,随着弗洛里斯岛、苏拉威西岛和吕宋岛的新发现,这一问题便开始成为热点。

我在1997年的著作中提到,这些动物的迁徙似乎是沿着三个不同方向前进的——从巴厘岛沿着小巽他群岛到弗洛里斯岛;从婆罗洲到苏拉威西;从婆罗洲经巴拉望(Palawan)到菲律宾群岛。至少根据动物群证据,在更新世期间,华莱士陆块从未与亚洲或澳大利亚有过陆桥连接(Groves 1985; Heaney 1985, 1986),所以人类和其他哺乳动物必须航海才能来到此地。但是现在看来,人类和哺乳动物迁徙的实际方向需要重新考虑。由北向南从菲律宾群岛通过苏拉威西到达弗洛里斯岛的迁徙,和从巽他古陆向东迁徙,似乎存在同样的可能。当然,现在这种可能性还有待进一步证实。

菲律宾群岛

53
/
54

在菲律宾群岛,许多地方都发现了可能属于中更新世的动物群,特别是在吕宋岛的卡加延(Cagayan)、潘加西(Pangasinan)和里扎尔(Rizal)(de Vos and Bautista 2003; van der Geer et al. 2010)。动物群包括大型剑齿象和大象、犀牛、鹿,可能是民都洛倭水牛[类似水牛,仍生活在民都洛岛(Mindoro Island)]祖先种的牛,可能与更新世苏拉威西的猪[印尼野猪(*Celebochoeros*)]同属的猪(suids),还有鳄鱼,以及同样出现在早更新世爪哇和弗洛里斯岛的巨型陆龟(见注5)。

该动物群大概是从台湾岛或婆罗洲,经巴拉望或苏禄岛进入菲律宾群岛的。目前,除了从婆罗洲到巴拉望之外,尚没有确凿证据表明其他路线上在更新世一直存在陆桥。特别是犀牛，不太可能游泳跨越如此广阔的海域，但不清楚它们是否是趁着潮汐间隙穿过了窄而浅的水道。人类与这种动物群有无关系现在仍在争论中，目前关于卡加延河谷中更新世动物群及可能存在的石器组合具有广阔的研究前景。[12]

苏拉威西

在苏拉威西岛西南部瓦拉纳（Walanae）河谷几个地点发现的茶本月（Cabenge）动物群，记录了陆生哺乳动物的到来（图3.2；Bartstra et al. 1991–1992; Bartstra and Hooijer 1992; van der Geer et al. 2010）。与爪哇岛上最古老的萨蒂尔（Satir）和西萨特（Ci Saat）动物群一样，它与南亚动物群有亲缘关系，物种包括剑齿象（stegodon）和侏儒象（pygmy elephant），一种已灭绝的大型猪（印尼野猪），以及爪哇岛和吕宋岛的巨型陆龟。因此，茶本月动物群可能是在距今两百万年之前的某个时间到达了苏拉威西岛，但到目前为止尚未发现人类化石。茶本月哺乳动物都是会游泳的物种，因此不需要依赖持续存在的陆桥。长期以来，人们一直认为茶本月动物群有可能直接源于巽他古陆，但是因婆罗洲没有发现任何相关的中更新世动物群组合而难以确定（Groves 1976; Bartstra 1977; Sartono 1979）。

苏拉威西岛较晚的塔纳朗（Tanrung）动物群目前没有精确的年代信息，该动物群包括大型的剑齿象和大象，但至今仍然没有发现古人类化石。然而，在瓦拉纳河谷的茶本月附近，人们在中更新世晚期的塔勒普（Talepu）旷野遗址新发现了原始倭水牛（水牛种）、猪（印尼野猪）、剑齿象和一些石器（van den Bergh, Kaifu et al. 2016）。动物牙齿和骨骼的铀系年代和周围沉积物的光释光年代都是距今19.4～11.8万年。从已发表的图片来看，这些石器似乎与沃洛赛格（Wolo Sege）、玛塔门格和弗洛里斯岛布阿洞的石器相似，这将在后面进行描述。

　　塔勒普动物群可能与塔纳朗动物群有交叉。此时，在苏拉威西岛上明显生活着一些人类，可能是比较古老的人种。大型剑齿象大概是通过游泳到达了位于苏拉威西岛的米纳哈萨半岛（Minahasa）北部的桑义赫岛（Sangihe Island）。因此，塔纳朗动物群可能代表了一种新的中更新世动物群，与古人类一起迁徙到了苏拉威西岛，但其确切的到达时间和来源地（婆罗洲还是菲律宾群岛）仍不确定。

　　苏拉威西岛的胎盘动物群和现生的哺乳动物群出现在许多晚更新世和全新世的遗址中，但其出现在苏拉威西的时间不明。这些动物群包括了常见的猪［鹿豚种（*Babyrousa spp.*）和苏拉威西野猪（*Sus celebensis*）］、侏儒水牛（即倭水牛，有两种，都是水牛属）、猕猴（有7种）、眼镜猴，还有巨鼠。塔勒普岛上有倭水牛，除此之外，新公布的南苏拉威西岩画的铀系年代还表明，至少在距今3.5万年，岛上就出现了野猪（Aubert et al. 2014）。苏拉威西岛的现代有袋动物群还包括两种源于莎湖的斑袋貂属（袋貂科），它们可能是在上新世或更新世早期，从莎湖北部边缘顺着该岛屿东翼自然漂流到达此处的。它们的骨骼是在南苏拉威西岛旧石器时代晚期的洞穴层中发现的，但这些有袋类动物与更古老的茶本月和塔纳朗动物群的关系仍不清楚。

　　如前所述，同样不确定的是菲律宾群岛和苏拉威西岛的这些中更新世动物群来自何处。台湾岛和吕宋岛之间的海洋很深，必须有相当大的构造运动才能形成陆桥。然而，卡加延的大象和犀牛暗示可能存在这样一条路线。[13]根据更新世生物地理证据，进入菲律宾群岛最直接的路线是从婆罗洲经过巴拉望。因此，也许我们应该相信这两条路线可能在不同的时间都出现过。

弗洛里斯岛和努沙登加拉

现在，关于哺乳动物通过更新世陆桥或者沿着努沙登加拉岛链从巽他古陆迁徙到弗洛里斯岛的证据都相当薄弱，虽然看一眼地图就会发现，华莱士地区最窄的海洋通道就在这条路线上。问题是，在低海平面的冰川期，华莱士地区的岛屿间距大大缩小，因此，太平洋和印度洋之间洋流的强度也相应增大，特别是在通过努沙登加拉岛链的狭窄间隙的时候。巴厘岛东部岛屿的本土哺乳动物种类比苏拉威西或菲律宾都要少。虽然剑齿象到达过这些岛屿，但无论是更新世还是后来，巽他古陆上都没有类似其他地方广泛分布的大型本土哺乳动物，如猫科动物、大象、猪、鹿、犀牛或牛科动物（不包括新石器时代及之后人类带来的动物）。[14]

诚然，啮齿动物可能是个例外——这些动物分布广泛，甚至到达了莎湖古陆，它们的迁徙显然是多向的，并且跨越了广阔的海洋。华莱士/赫胥黎线的南端在巴厘岛以东沿着 30 公里宽的龙目（Lombok）海峡延伸，但是这里在更新世期间显然从未有过陆桥，冰川时期的最低海平面不足以在华莱士地区产生除了本地岛屿相连之外的任何陆桥，例如在龙目岛和松巴哇岛（Sumbawa）之间就不可能。

尽管如此，大型陆龟（象龟属）、科莫多龙的祖先——澳大利亚巨蜥（Hocknull et al. 2009）、小型巨蜥、鳄鱼、啮齿动物和剑齿象仍然从巽他和莎湖古陆迁徙到了努沙登加拉岛，尤其是到达了弗洛里斯岛（van den Bergh et al. 2009）。剑齿象还到达了松巴岛和帝汶岛，正如我们所看到的，菲律宾和苏拉威西也有这种动物。事实上，由于剑齿象分布如此广泛，它在我们讨论古人类从巽他古陆穿越华莱士/赫胥黎线迁徙时相当重要。棉兰老岛、苏拉威西岛、弗洛里斯岛和帝汶岛各自都有独特的大型和小型剑齿象，它们可能共同起源于爪哇岛的三角头剑齿象（Hooijer 1975; Sartono 1969; van den Bergh, de Vos et al. 1996; van den Bergh et al. 2009）。松巴岛上也有一种小型剑齿象（Hooijer 1981）。此外，弗洛里斯岛上的剑齿象属似乎发生过两次小型化过程。人们不得不假设，剑齿象是通过游泳到达了这些岛屿（用它们的鼻子作为呼吸管！），这在更新世时期至少发生了两次，它们在小岛环境中演化出矮小的体型，直到另一批体型更大的剑齿象到来。

为了解释剑齿象的分布，奥德利—查尔斯和胡伊杰（Audley-Charles and Hooijer 1973）曾经提出，在现在深达3 000米深的帝汶海下沉之前，弗洛里斯岛和帝汶岛被一座经过阿洛尔岛的早更新世陆桥连接在一起，弗洛里斯岛也同样与苏拉威西西南部相连。有些学者不同意关于陆桥的假设，因为形成陆桥需要的构造运动太大了，并且除了剑齿象之外，没有其他动物具有这种关联。没有迹象表明苏拉威西岛的茶本月或塔纳朗动物群曾到过弗洛里斯岛，这就排除了陆桥的存在。然而，在苏拉威西岛西南部，低海平面时暴露出一系列小岛。经过萨拉亚尔岛（Salayar），和塔卡博雷特岛（Taka Bone Rate）等许多珊瑚岛，最终到达弗洛里斯岛的逐岛旅行（图3.2可见）似乎是很有可能的。[15]

努沙登加拉资料最丰富的更新世动物群序列来自弗洛里斯岛，那里的剑齿象和科莫多龙与古人类及石器共存了100多万年。[16]在弗洛里斯中部的苏阿盆地，有一块35×22公里的区域，由阿锡萨河（Ae Sissa River）上游的许多小支流形成。这里的奥拉布拉地层（Ola Bula Formation）距今约100万年，厚80～120米，其底部已经出现了小型剑齿象［松达剑齿象（*Stegodon sondaari*）］、啮齿动物、科莫多龙、鳄鱼，以及类似爪哇和苏拉威西象龟的巨龟。该地层是一系列由白色火山凝灰质粉砂岩和砂岩形成的湖相沉积，包含有氩测年距今100万年的石器（下文将讨论），后者出土在一个叫作沃洛赛格的地点，没有发现化石共存（Brumm et al. 2010）。到距今90万年，苏阿盆地的玛塔门格遗址出现了一种大型剑齿象的骨骼，最新报道还发现了古人类化石，年代为距今80～65万年（van den Bergh, Li et al. 2016）。黛比·阿格在下文中讨论了这些问题。大型剑齿象似乎继续向前迁徙，到达了松巴岛和帝汶岛。大多数专家认为，它直接来自苏拉威西。[17]

到了距今10万年，弗洛里斯的中更新世大型剑齿象又变得矮小了，就像早期的松达剑齿象一样。在弗洛里斯岛西部的布阿洞穴，剑齿象（大多是幼年）的骨骼与石器一起出土，其上有屠宰痕迹，可能是弗洛里斯人的行为。这里发现了后者的化石，年代在距今10～6万年。[18]下文将从古人类学、考古学和年代学方面继续探讨这个问题，但是这里我们可以将弗洛里斯岛的更新世历史概括为存在至少一次来自外部的（可能是苏拉威西？）的动物群和古人类迁徙，时间在距今100万年，也可能到中更新世早期又发生了第二次迁徙（图3.6）。

弗洛里斯岛的弗洛里斯人（和直立人？）

上文已探讨过人类跨海迁徙到达弗洛里斯岛的谜团，这个谜团在2003年9月变得更加扑朔迷离。人们发现了一具非常小的女性骨架（体重约30公斤），埋藏在岛屿西部的布阿洞穴内6米深处（图3.5），其右下肢和骨盆仍呈连接状态。该洞穴之前曾被发掘过，但没有发掘很深。这次的发掘是由已故的迈克尔·莫伍德（Michael Morwood）领导进行的，带来了印度尼西亚古人类学有史以来最重要的发现之一。2004年的论文（Brown et al. 2004; Morwood et al. 2004）将其命名为弗洛里斯人，据报道脑容量仅为380立方厘米（后来修正为426立方厘米），头骨很厚，双腿很短，手

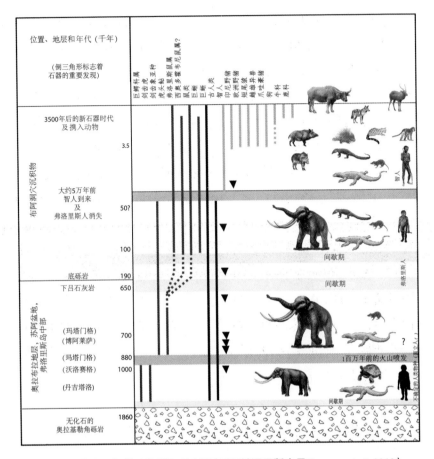

图3.6　弗洛里斯的动物群和考古遗存序列（更早版本见 Brumm et al. 2010）

　　本图清晰地显示出90万年来的动物群更替，最早的表现是大型剑齿象的出现，正如沃洛塞格的石器表明距今100多万年这里存在人类一样。资料来源：原图由赫里·范登贝赫（Gerrit van den Bergh）和自然出版集团（Nature Publishing Group）提供。经自然出版集团许可使用，本文作者做了修改

　　臂和双脚较长。

　　弗洛里斯人的骨架位于一层白色火山凝灰质淤泥层下方约2米处，淤泥层的碳十四年代为距今1.3～1.1万年，因此，弗洛里斯人显然更早。根据最初公布的来自附近和剖面更高处的碳十四年代来看，该骨骼大约有1.8万年的历史。在2003年和2004年，人们

在更深的地层中发现了属于类似种群的至少 9 个个体的骨骼残骸，包括一个下颌骨和多根长骨（Morwood et al. 2005）。除了科莫多巨蜥之外，在凝灰质淤泥下与人类共存的唯一大型哺乳动物（不包括老鼠和蝙蝠等小动物）就是剑齿象。这些剑齿象几乎全部都是幼崽，许多骨头上还有切割的痕迹，表明它们是被人类用石器屠杀的。凝灰质淤泥下方的沉积物中没有发现任何骨器、蚌器以及装饰品或颜料的迹象，发掘者认为这些人工制品才能够证明具有行为能力的现代人的存在。现在看来，这些较低处的沉积物中也不存在木炭（Morley et al. 2016）。

　　弗洛里斯人的最早年代仅为距今1.8万年，这可能有问题，同样有问题的是该人种灭绝的年代，晚到了距今1.2万年（Morwood et al. 2005）。与爪哇直立人和欧亚大陆尼安德特人的最晚年代相比，这个时间实在太晚了（Higham et al. 2014）。前两种人类现在公认在4万年前已经灭绝，并且爪哇直立人的灭绝可能还要早得多。考虑到现代人至少在距今5万年就已经出现在了澳大利亚，应该也来到了弗洛里斯岛，那么人们只能认为弗洛里斯的早期现代人在长达4万年的时间里与同一岛上的古人类邻居一直没有任何交集，否则就是这个年代不准确。

　　因此，现在发现最初的断代过晚毫不奇怪，最近的地层学和土壤微形态分析，以及结合对沉积物以及人类和动物骨骼的光释光、氩和铀系测年结果的分析，证明了这一点。测年过晚的原因，可能是随着时间的推移，洞穴沉积物经历了许多阶段的侵蚀，特别是由于附近怀拉仓河（Wai Racang）的活动，各种外来物质经常沉积在早期沉积物的侵蚀面上。新的测年结果表明，布阿洞穴的弗洛里斯人年代为距今10～6万年，有些石器的年代为距今19～5万年。相关沉积物都被一层距今5万年的火山灰覆盖。[19]

58
59

关于弗洛里斯人的谱系，最近的一些分析[20]表明，其祖先可能在距今160万年走出了非洲，是发生德马尼西小矮人迁徙运动的一部分。如果是这样，它可能是最早直立人的一个分支，大脑非常小但身体非常强壮，东迁到达了印度尼西亚，该种群在印尼桑吉兰地层和格兰兹班克也有发现。有些人则认为，在过去的100万年里，弗洛里斯这座小岛上高大的直立人发生了体型缩小的现象，因为小岛上的哺乳动物和人类的体型缩小是一种普遍的生物地理趋势。[21]黛比·阿格在后文中详细讨论了这些不同的观点。争论的一个新因素是，人们在弗洛里斯岛中部的玛塔门格（稍后将详细介绍该遗址）发现了更多年代在距今65～80万年的矮小型古人类化石，发现者认为这些化石可能与弗洛里斯人有关（van den Bergh, Li et al. 2016）。

不管这场关于弗洛里斯人的争论如何结束，现在有两个突出的重要问题。正如最近一些人所说，这种人类确实太古老了，不可能是现代人的祖先。[22]此外，他也不是另一种古人类的猎物，因为骨骼上没有切割痕迹，不像在洞穴中发现的同时代的小型剑齿象幼崽那样，显然是被当作了食物。弗洛里斯人很可能证明了人类在很早时候就能穿越印度尼西亚东部岛屿之间的海洋进行迁徙，如上文所述，他们可能来自苏拉威西岛。他们可能还会使用石器工具，因为人们在弗洛里斯岛的其他遗址，如沃洛赛格和玛塔门格，发现了距今大约100万年的石器。现在还不清楚人类到过弗洛里斯岛几次，但如果他们只来了一次，那么考古发现告诉我们，他们在这个小岛上孤独地生活了至少100万年，这是人类进化史上一次史无前例的非凡"实验"。

还有另一种非常矮小的人类，在菲律宾群岛北部吕宋岛的卡亚俄洞穴（Callao Cave）发现了其距骨（足骨），距今6.7万年，这里也是华莱士区的一个不通陆桥的岛屿。它揭示了一种可能性，即矮小人类在弗洛里斯岛外也有存在（Mijares et al. 2010）。卡亚俄洞穴动物群中没有剑齿象，只有猪和鹿这些常见物种，但一些鹿的骨骼上有切割的痕迹。不幸的是，卡亚俄洞穴的跖骨没有共出石器。自最初的发现以来，人们在这个洞穴中找到了越来越多的人类化石，但对其认识还不清晰。这块跖骨的尺寸确实与今天仍生活在吕宋岛北部的矮小的阿格塔尼格利陀人（Agta Negrito）相当，也与弗洛里斯人差不多。这就是目前所知的全部，但是能在吕宋岛确切地识别出一种古人类确实是非常令人兴奋的。

弗洛里斯人之谜

特邀撰稿人

黛比·阿格（Debbie Argue）

59
60

2003年，托马斯·苏蒂克纳（Thomas Sutikna）、瓦胡·萨普托莫（Wayhu Saptomo）、本雅里姆·塔鲁斯（Benyarim Tarus）、贾特米科（Jatmiko）、斯里·瓦西斯托（Sri Wasisto）、罗库斯·阿威·杜伊（Rokus Awe Due）在布阿洞进行考古发掘，发现了一种新的人类，即弗洛里斯人，或者不太科学地称为"霍比特人（the Hobbit）"。印度尼西亚和澳大利亚联合组成的这支研究团队由迈克·莫伍德（Mike Morwood）教授（已故）和托尼·朱比·安东尼奥（Tony Djubi Antóno）博士领导，印度尼西亚国家考古研究中心资助。这次发掘是为了深入了解第一批澳大利亚人的起源（Morwood and van Oosterzee 2007），但却产生了一些完全出乎意料的成果。在埋藏着现代人的地层之下，考古学家们发现了许多完全不同现代人且非常矮小的人骨化石,我们现在知道,这些化石所在地层的年代距今60～10万年(Sutikna et al. 2016)。

最引人注目的发现是6米深处的人骨(编号LB1)。LB1人骨部分骨架尚存,包括一个基本完整的头骨,以及腿骨、部分骨盆、手、脚和一些其他残骸。骨盆的形状表明LB1可能是女性。虽然不知道她是怎么死的,但考古证据显示,她不是被有意埋葬的,而是死在一个浅水坑里,慢慢被淤泥淹没。

LB1骨架非常小,以至于发掘者最初以为他们发现了一具儿童的遗骸。但对下颌骨的分析显示,所有的臼齿都已经萌出,这表明她去世时是一个成熟的成年人。她的脑容量很小,只有410立方厘米(Kuboetet等人在2013年修正为426立方厘米),这与距今390～200万年生活在非洲的南方古猿的脑容量非常相似。现代人的脑容量则为1 200～1 600立方厘米。同样清楚的是,这个成年人的头骨有着与现代人截然不同的特征。为了确定新发现的这些人骨属于哪个人种,布朗等人(Brown et al. 2004)将他们与直立人(Homo erectus)、匠人(H. ergaster)、德马尼西人、智人和非洲南方古猿都进行了比较。他们发现弗洛里斯人具有古代和现代的混合特征,这些混合特征之前从未在同一具人骨上存在过。因此,他们向世界宣布发现了一个新人种,即"弗洛里斯人",该人种以发现地所在岛屿的名字来命名。

最初,布朗等人(Brown et al. 2004)提出了两种可能的假说来解释该人种的起源:她可能是一种未知的体型和脑容量都很小的人种的后代,该人种很早以前就到达了弗洛里斯岛,或者可能是印度尼西亚直立人长期孤立进化的最终产物(尽管在弗洛里斯岛本地尚未发现直立人)。对岛屿孤绝环境的生物适应被称为岛屿侏儒化。但是,莫伍德和布朗(Morwood et al. 2005)后来考察新的骨骼材料，包括下颌骨、胫骨和桡骨，以及LB1的右肱骨和尺骨，他们得出结论——虽然弗洛里斯人应归入人属，但不大可能是直立人。因此，她的谱系仍然不确定。

随后的研究揭示了关于这个人种的更多信息。弗洛里斯人是一种两足动物，但她的行走方式似乎与我们现代人不同。纽约州立大学石溪分校的比尔·荣格斯（Bill Jungers）发现，LB1的脚很长，脚长达胫骨长度的70%（Jungers et al. 2009），这个比例现在只能在大猩猩身上才能看到。我们的脚长只有胫骨长度的55%。LB1的脚长意味着她必须比现代人更大限度地弯曲膝盖才能走路。根据荣格斯的说法，她不可能在100米短跑或马拉松比赛中战胜现代人。

LB1的腿相对她的身体来说很短，接近南方古猿阿法种（AL288-1或"露西"），但比任何已知现代人的股骨都要短得多。这使得她的手臂看起来比我们的手臂要长——虽然不像黑猩猩那么长，但远远超出了现代人类的范围。事实上，LB1的上下肢比例与生活在距今250万年非洲的南方古猿奇异种（*Australopithecus garhi*）非常相似（Brown et al. 2004; Argue et al. 2006; Jungers et al. 2009）。

苏珊·拉森等人（Susan Larson and colleagues 2007）观察了LB1和LB6的锁骨、肩胛骨和肱骨（LB6由1个肩胛骨、1个桡骨、1个尺骨、2个脚趾骨和10个手指骨组成；Jungers et al. 2009）。她们发现这些骨头的形态与150万年前非洲图尔卡纳（Turkana）的东非直立人化石（KNM-WT 15000）十分相似。和后者一样，布阿洞的古人类没有类似现代人肩膀那样的几何形状和旋转能力。他们猜测，可能弗洛里斯人保留了早期东非直立人特有的一些功能。她的手腕也是古老类型的。托切里等人

（Tocheri et al. 2007）表示，LB1的3块腕骨显示出一种特别形态，这种形态在现存非洲类人猿，以及所有年代早于170万年的人类化石中都有发现。

LB1的面部有许多不同于智人的特征。她的眼眶是圆的，而我们现代人是方的（我们的眼睛看起来是圆的，其实下面的骨骼结构是方的）。在弗洛里斯人眼眶的上方，有一个突出的连续骨丘，即"眶上圆枕"。脸上是纵向的骨丘（"犬齿隆突"），从每个犬齿延伸到鼻孔的同一侧。前额很短，从眶上圆枕向后倾斜。头骨最宽的部分大约在耳朵的水平面上，而现代人头骨最宽的部分在更高的头盖骨处。发现两块弗洛里斯人的下颌骨，都没有下巴。现代人的下巴，不管是后缩还是前突，在下颌骨的外前方都有一个骨性的倒"T"形横截面（Schwartz and Tattersall 2000），为骨骼提供支撑。两块弗洛里斯人下颌骨在下颌内侧都有两个水平脊状的支撑物，连接着前牙下方的下颚，这个特征在智人身上从未见到过。

古代化石遗存通常无法保存脑髓，但在某些情况下，可以在头骨内侧看到动脉和大脑回旋的印痕。LB1就是这样。迪恩·福克等人（Dean Falk and her colleagues 2005）研究了这些印痕，发现头骨中有一个相对较大的额叶（Broca's Area 10，即布罗卡氏区10）。大脑的这一部分是人类制定计划、吸取教训和传授经验的功能区域，所以，虽然我们知道弗洛里斯人很矮小，脑容量也很小，但她也许有和我们相似的智力。

关于弗洛里斯人的争议

弗洛里斯新人种刚宣布时，报道说其存在的时间下限是距今1.3万年（Roberts et al. 2009），但是布阿洞穴最新的测年结果是距今10～6万年。最初的报道还说，一种看起来非常古老的新人种与现代人同时生活在印度尼西亚，这对人类进化的一般模式提出了很大的挑战。人类进化研究是在"分支树（branching tree）"的理论框架内进行的，在南方古猿（大约距今400～200万年）之后，是人属的第一个成员，即能人（大约距今200万年），然后依次是匠人、直立人、海德堡人、尼安德特人，最后是智人。虽然关于智人与尼安德特人之间的早期共存和混合存在争议，但是大家一直认为现代人所属的智人在所有古人类灭绝之后成为了仅存的人种。此外，直立人被认为是生活在爪哇岛的第一批人类，他们在早更新世到达了爪哇岛，但弗洛里斯人的存在表明，该地区也曾生活着另一种古老的人类，尽管时间要晚得多。

　　在宣布发现弗洛里斯人之后，因为最初发表的年代太晚，立即出现了一些不同看法。第一种观点认为，她的体型非常矮小，脑容量极小，表明这是一种患有小头症的现代人（Henneberg and Thorne 2004; Martin et al. 2006; Jacob et al. 2006）。小头症是一种以大脑发育明显迟缓为特征的疾病，有时伴有其他异常（Mochida and Walsh 2001），如身材矮小、关节缺陷和认知障碍。在现代人群中，遗传性小头症的发病率较低（例如，日本为1∶30 000，荷兰为1∶250 000，苏格兰为1∶2 000 000；Woods et al. 2005: 719）。到目前为止，考古发现的小头症实例总共只有5个（Argue et al. 2006）。

　　通过将小头症现代人的头骨与南方古猿以及早期人类和现代人类（非小头的正常人）进行对比研究，阿格等人（Argue et al. 2006）否定了小头症畸形假说。他们的测量数据将LB1与古人类聚类在了一起，而将LB1与现代人类（包括小头畸形的人）区分开来。他们的结论与布朗等人（Brown et al. 2004）的推断相同——弗洛里斯人是一种前所未知的人类，它是从古人类的始祖种群进化而来的。

以其他遗传或代谢疾病解释弗洛里斯人的论文仍在发表。赫什科维茨等人（Hershkovitz et al. 2007）将弗洛里斯人与莱伦氏综合征（Laron Syndrome）患者进行了对比，发现了非常相似的地方，包括体型矮小和脑容量缩小。莱伦氏综合征是一种在近亲结婚家庭中表现出来的疾病，可导致身材矮小、肌肉组织发育不全、眼眶浅、手脚小以及其他症状。作者的结论是，布阿洞穴出土的人骨可能代表了一种本地高度近亲繁殖的智人种群。

也有人提出，弗洛里斯人是长期患有克汀病（cretinism）的人群，是由于碘缺乏造成的甲状腺功能障碍和生长问题所致（Obendorf et al. 2008）。最近，唐氏综合征（Down Syndrome）也成了一种解释（Henneberg et al. 2014）。

以上从"病理学"出发的观点，问题在于它们并不能解释所有的事实。首先，它们只是基于LB1这一具人骨的某些方面得出的结论，而她微小的体型和脑容量，以及遗址中所有其他人骨，都没有被充分考虑。这些骨骼代表了与LB1一样矮小的人类，没有一个与现代人类的身材一样。小头症和莱伦氏综合征是非常罕见的情况，人们可以预料，即使考古发掘确实发现了一具患有此类病症的人骨，但大多数其他人骨应该属于没有患病的正常人。布阿洞穴的下层（上层有金属时代的墓葬）从未发现类似现代人身材的人骨，这无法用以上基于病理学的假设来解释。此外，布阿洞穴的人骨化石跨越了大约4万年的时间。病理学假设无法解释小头症或莱伦氏综合征等罕见疾病如何在单一人群的所有成员中持续这么长时间。

最后，任何病理推测都必须解释这些人的全部或大部分特征。也就是说，它必须考虑到弗洛里斯人所体现出来的非智人的下颌结构，原始的头部形状、面部特征和肩膀，类人猿一样的手腕，相对于手臂而言较短的腿，以及很矮的身体上却长着很长的脚等特征。小头症、莱伦氏综合征、唐氏综合征等假说都没有解决这些问题，也无法解释这些问题。由于弗洛里斯人的年代比现代人早，因此病理观点变得更加不可能。科学促使我们倾向于接受一种能够解释最多现象的假说。

因此，关于弗洛里斯人的起源，就剩下以下两个假设：

1. 它是在小岛与世隔绝条件下孤立进化而来的直立人的矮小后代（"岛屿法则"的结果）；

2. 它起源于早期古人类谱系，与直立人属于不同分支。

63
64

弗洛里斯人是矮小的直立人吗？

"岛屿法则"（Foster 1964）认为，当原始哺乳动物到达岛屿时，因为面临与大陆不同的环境，在发育上会与大陆祖先群体走上不同道路，体型逐渐发生改变。例如，一般认为，较小的体型是对食物资源匮乏的适应，相反，较大的体型是对缺乏天敌的反应（Foster 1964）。虽然有些研究对这一"规则"的普遍适用性提出质疑（Meiri et al. 2008），但仍然存在这样的情况——孤立环境造成体型大小快速改变的现象非常常见（Millien 2006）。

莱拉斯等人（Lyras et al. 2008）比较了弗洛里斯人与智人、直立人、能人和非洲南方古猿的颅骨测量值，得出的结论是，弗洛里斯人无法与早期直立人（如桑吉兰17号）分开。因此，他们认为弗洛里斯人是早期的直立人在经过岛屿矮化后形成的。巴布等人（Baab et al. 2013）从他们的测量分析中获得了类似的结果，并强调LB1与现代人不同，包括那些患有莱伦氏综合征、克汀病和小头症的现代人。

最近，海部洋介等人（Kaifu et al. 2011）对LB1头颅的特征进行了细致比较，发现67个特征中有17个与弗洛里斯人源于直立人的观点一致。所以，他们也支持弗洛里斯人的岛屿矮化假说。

2016年，范登伯格（van den Bergh）和李波等人发表了从弗洛里斯岛苏阿盆地发掘出的最新化石材料，这些化石可追溯到距今约70万年（比布阿洞中的弗洛里斯人早了60万年）。这些材料太零碎，因此无法确定属于哪个人种，但发掘者认为它们"像弗洛里斯人"。他们同样支持"矮化假说"。

弗洛里斯人源于早期人类的一个独立分支吗？

阿格等人（Argue et al. 2009）主要根据颅骨特征，同时结合下颌骨和颅后骨的特征，提出了两个很简约的系统发育树，每棵树中弗洛里斯人都位于树的早期人属部分，靠近能人与鲁道夫人，但是离直立人很远。这些结果使他们推断，弗洛里斯人起源于比直立人更古老的一个谱系，该谱系与能人和鲁道夫人（该人种在非洲为距今200～140万年）属于同一时代。因此，他们认为，弗洛里斯人代表了一次走出非洲的迁徙，早于直立人来到爪哇。

根据以上所有观点，我们可以得出结论，自2004年首次报道弗洛里斯人以来，我们对这一神秘人种的了解虽然已经激增，但我们仍然不清楚他的谱系。他们是如何到达从未与大陆相连的弗洛里斯岛的？他们是树栖生物吗？他们在弗洛里斯岛是否与智人共存并相互影响？弗洛里斯人仍然是一个谜，但这样一个小生物，带来了很多大问题。

直立人和弗洛里斯人的文化证据

最不幸的是，爪哇所有的直立人化石都是出自二次沉积环境，缺乏原生文化背景。岛上确实出现了可能由直立人打制的石器，但它们从未直接与人类化石同出（塞梅多的新地点除外），也很少出现在有确切年代的地层中。此外，在非洲和欧亚大陆西部也没有明确的"居住面（living floors）"的例子。这些情况导致几位学者声称，岛屿东南亚发现的任何石器都不能确定其年代是在直立人生存的早更新世和中更新世时期（Hutterer 1985; Bartstra 1985）。他们甚至认为，在现代人来到这个原始而空旷的热带区域开始殖民前，直立人就已经灭绝了（Dennell 2009; 2014: 19-20）。后者是一个相当有力的观点，但考虑到尼安德特人和丹尼索瓦人等古人类与现代人存在一个共存和更替阶段（例如，Higham et al. 2014 中关于尼安德特人灭绝的讨论），我不太接受这一看法。很难想象，一种脑容量很大的聪明人类，比如昂栋的爪哇直立人，在没有遭到适应能力更强、数量更多的现代人的激烈竞争的情况下，怎么会自行灭绝？尤其是在他们已经成功进行了 50 多万年进化的情况下。正如上文关于布阿洞年代的讨论那样，弗洛里斯人在努沙登加拉似乎也生存到了距今 5 万年。

过去对于爪哇直立人制造石器的怀疑可以理解，因为资料不足。但自 2007 年《印度—马来群岛史前史》（Bellwood 2007）出版之后，在爪哇的桑吉兰和塞梅多，以及苏拉威西的塔勒普，还有弗洛里斯岛，都有一些引人注目的石器发现。布阿洞穴的弗洛里斯人和打制石器有着明确的联系，人们确信沃洛赛格和玛塔门格最古老的石器年代在距今 100～65 万年，在后一遗址中，它们与古人类化石共存（图 3.6）。此外，在爪哇中南部的塞乌山洞穴中，含石器等人工制品沉积物的年代达到近20万年，这排除了存在智人的任何可能性。在吕宋岛的卡亚俄洞穴，我们发现了一个有趣的反例，在那里，距今6.7万年的人类化石旁边没有任何石器。正如对于古人类用火一样，在岛屿东南亚，古人类是否使用石器的观点仍然没有定论（Morley et al. 2016）。

关于这一点，早在1985年，当我初次撰写《印度—马来群岛史前史》的时候，就讨论了对非常简单和基本的"奥杜威文化（Oldowan）"石器工业进行分类和分析的方法，这些石器工业也代表了东南亚旧石器时代的整体特征。我利用了已故的格林·艾萨克（Glyn Isaac）的研究结果，他在20世纪六七十年代曾在东非广泛开展工作。我讨论了这个石器工业，以有些过分丰富的想象力把它与岛屿东南亚各地的直立人联系起来，并将其与中国直立人的手工制品进行了比较。我还将这些石器分为两类技术——一类是以爪哇帕西塔尼亚（Javan Pacitanian）石器工业为特征的"单面/双面砍砸器工业"，它被公认为是直立人的手工制品；另一类是所谓的"砾石和石片工业"，被认为更具早期智人的特征。

时间已经过去了30年，今天看来，这样的分类毫无意义。正如马克·摩尔和亚当·布鲁姆（Mark Moore and Adam Brumm 2007）所指出的那样，讨论中涉及的所有石器工业实际上都属于一个基本的剥片（reduction）序列，与非洲和欧亚大陆的所有其他旧石器时代早期（除了前阿舍利期）人类的剥片序列类似，着重于对河滩砾石或开采石核进行剥片。由于一系列区域性因素，各个遗址的石器彼此不同。这些因素包括原料类型的不同（例如，细腻的玻璃燧石与粗糙的粒状火山岩和变质岩），人们是否现场从石核上剥片，或只带回现成可用的石料而不要石核（例如在砾石遍布的河床），以及人们是可以轻易获得丰富的石料，还是不得不重复使用和修锐稀缺的石料。

即使"莫氏线（Movius Line）"这一悠久的概念，随着时间的推移，重要性也在逐渐消失。这一概念源于已故的哈拉姆·莫维斯（Hallam Movius），大致是说，印度以西的旧石器时代早期石器工业的代表是双面打制的"阿舍利"手斧，而印度以东，包括中国和东南亚，则是较简单的"单面/两面砍砸器工业"。事实上，中国一些遗址，尤其是广西百色的遗址群，出土了大量的手斧，尽管关于它们的年代一直存在争议。类似地，正如布鲁姆及摩尔（Brumm and Moore 2012）所指出的那样，许多所谓的"阿舍利文化"双面手斧，即使在非洲也都是地表采集的，而不是毋庸置疑地出自考古发掘并有测年的地层。事实上，整个旧大陆绝大多数旧石器时代早期的石器工业，石核、石片和碎片类型基本相同。的确，在东南亚遗址中，双面手斧可能比在非洲和欧亚大陆西部的同时代遗址较为罕见，但除了缺乏石料之外，我完全不认为还能有什么其他原因。[23]丹内尔（Dennell 2009）认为，东亚地区双面手斧的起源与欧亚大陆西部的手斧没有关系。实际上，东亚地区的很多手斧可能只是为追求利刃而不断打剥石核偶然衍生出来的变体。

66
67

事实上，正如我在《最早的移民》（*First Migrants*）（Bellwood 2013）中指出的那样，现代考古学和进化生物学几乎没有提供任何证据表明各种类型的石器可以成为不同人种的特定标记，至少在热带地区是如此。在热带，没有必要像在冰川期冻土带狩猎大群哺乳动物那样，一定要发展出制作衣服和建造住所的精良工具。欧亚大陆旧石器时代晚期的石叶、雕刻器和骨针，可能是现代人到达地中海或喜马拉雅山脉以北以及非洲南部较高纬度地区的标志，但在东南亚的热带地区，由于温暖舒适的环境条件，这些石器工业根本没有得到发展，在更新世的澳大利亚或新几内亚也没有发现它们。

　　然而，正如我们将在第五章中看到的那样，现代人（智人）肯定增加了他们的古人类先辈和同辈不具备的另外一些技术和技能。砾石石斧的磨刃，在日本和澳大利亚北部可追溯到距今3.8万年；亚洲大陆东部距今1.5万年开始使用陶器；岛屿东南亚和澳大利亚部分地区在全新世早期偶尔出现细石器或双面尖状器。新的技能还包括将赭石用作艺术品和人体装饰，而在此之前，根据石器并不能区分人种，正如摩尔、布鲁姆等人再次研究布阿洞穴中从弗洛里斯人到智人的石器序列那样（Moore et al. 2009）。像最近从爪哇中部很深洞穴中发掘出来的石器一样，布阿洞穴那些可能首次出现智人的地层，石器本身并没有表现出技术变革。

爪哇和直立人的工具

　　被称为直立人杰作的最重要的爪哇石器工业出自桑吉兰、昂栋、玛塔尔（Matar）、塞梅多以及爪哇中南部的河岸地带（帕西塔尼亚工业）。爪哇中南部的塞乌山（Gunung Sewu）石灰岩山丘的许多洞穴［尤其是泰鲁什洞（Song Terus）；Hameau et al. 2007］也出土石器，对共存的哺乳动物牙齿进行ESR和U系测年发现，这些石器的年代早于智人，但这些遗址出土石器的资料尚未详细发表。

　　侵蚀地貌的桑吉兰圆丘出现了石器和处理过的骨骼，这些骨骼出自五个发掘点，包括达尤（Dayu）、恩邦（Ngebung）、布朗卡尔（Brangkal）、卡朗农科（Karangnongko）和恩格尔多克（Ngledok），可能属于桑吉兰上层、格兰兹班克、巴潘和诺普罗（Notpuro）地层。[24]在桑吉兰地区多处地表还采集到大量的石片和大型砾石工具（Widianto et al. 1997），包括安山岩和燧石的石核和石片，以及著名的"石球"（图3.7和3.8）。[25]桑吉兰石球几乎是完美的球体，经过了精细的剥制或锤击（但未磨光）；除非能提出某种与火山有关的成因，否则显而易见这是人类的杰作，但功能仍然未知（似乎不太可能是投石索的石球，因为它们的重量太大，在 500～1 100 克之间）。人们在成熟的非洲奥杜威文化和阿舍利文化组合中也发现了此类石球（Willoughby 1985），这增加了它们确实是人工制品的可能性。它们是否用于捣碎生肉和块茎（Zink and Lieberman 2016）？也许残留物分析可以解决这个问题。此外，还有用哺乳动物骨骼和象牙制作的工具（图3.7a），双壳贝蚌器的存在最近也从杜布瓦最初对特里尼尔的发掘资料中得到了证实，年代大约在距今50万年，同出的还有取肉用的石钻和简单的雕刻器（Joordens et al. 2015）。[26]

　　除了桑吉兰和特里尼尔之外，孔尼华和特威迪（Tweedie）于1935年在爪哇中南部帕西坦（Pacitan）附近的巴索科河（Baksoko）河床中首次发现了称为帕西塔尼亚工业（Pacitanian industry）的大型砾石石器。范·希克伦（van Heekeren 1972）后来进一步开展工作，他对材料进行了重新分类，增加了来自附近河谷的发现，并指出这些石器是从松龙（Sunglon）和巴索科河谷的四个侵蚀阶地出土的，数量很多，最古老的巴索科石器出自河床上方15至20米处。在进行了细致的地貌勘测之后，巴特斯特拉和巴索基（Bartstra and Basoeki 1989）指出，不含化石的砾石冲积层沿着河谷两侧延伸到河床上方28米的高度，偶尔会在这些砾石层中发现石器，最早年代可能在中更新世和晚更新世之交。帕西塔尼亚工业以硅质凝灰岩（制作石器的最佳材料）、硅质石灰石和硅化木为原料，包括双面手斧和高背陡刃的"刮削器"，以及很多石片石器和废片，其中一些尺寸非常大（Mulvaney 1970; Bartstra 1976）。

　　如上文关于"莫维斯线"的讨论，在帕西塔尼亚工业中发现的

67
68

68
69

69
70

图3.7 桑吉兰遗址出土的人工制品

（a）剑齿象牙齿剥制而成的1件工具，长18.5厘米（不同视角），出自恩格班克的巴潘地层，在格兰兹班克地层之上约5米，大约距今80万年。印度尼西亚第四纪及史前史研究所、法国国家自然历史博物馆/法国国家科学研究中心/法国研究与发展研究所（MNHN/CNRS/IRD）和印尼雅加达国家考古研究中心马来半岛研究计划提供，由达亚特·希达亚特（Dayat Hidayat）绘制。（b）格罗戈兰出土隐晶岩打制石球（不同视角），年代和巴潘地层相当。（c～e）桑吉兰的巴潘地层出土锤击"石球"［均为地表采集，请注意（c）尺寸很大，直径达12.7厘米］。桑吉兰早期人类遗址保护中心提供。照片（b～e）由作者拍摄

形似手斧的双面器引起了人们的兴趣，因为它暗示出与非洲和欧亚大陆西部早更新世和中更新世阿舍利手斧工业的联系。有趣的是，迄今为止，在弗洛里斯岛出土的石器序列中还没见到手斧，而且关于帕西塔尼亚手斧，也没有说与桑吉兰直立人处于同一地层。但在爪哇中北部特加尔市（Tegal）附近，人们从桑吉兰西北200公

5厘米

图3.8　哈里·维迪安托（Harry Widianto）从达尤、桑吉兰上层和格兰兹班克发掘出的燧石质石片和小石核（上方为背面，下方为腹面）（Widianto 2006; Stone 2006）

在面积为3×3米、深1.2米的发掘区域中共出土了200多件类似石片。资料来源：桑吉兰早期人类遗址保护中心提供。照片由作者拍摄

里处的塞梅多旷野遗址中发现了相关石器，这些石器与出土直立人头骨的中更新世沉积物所包含的手斧和双面砍砸器极其相似（Widianto and Grimaud-Hervé 2014，见图3.9）。这是一个非常重要的发现，它可能反映了古人类再次走出非洲，与海德堡人是同一批（见图3.1及Bellwood 2013: 50-52）。没有实际证据表明爪哇

图3.9　爪哇中部塞梅多出土的玄武岩双面手斧（上方）和双面砍砸器（下方）

比例尺长5厘米。资料来源：日惹考古中心西斯宛多（Siswanto）和索福万·诺尔维迪（Sofwan Noerwidi）提供

岛上来过海德堡人，但较先进的石器制作技术可能曾向东流动，从非洲经过印度，最终到达印度尼西亚。

　　与梭罗河谷中更新世晚期直立人化石相关的材料也存在问题。根据冯·柯尼斯瓦尔德（von Koenigswald 1951: 216）的说法，在昂栋，"曾经看到有一些小的刮削器和三角形玉髓石片，但后来找不到了"。最早的调查者之一奥本诺思（Oppenoorth 1936；另见 van Stein Callenfels 1936）曾经热情洋溢地报告了这些头骨附近加工过的动物骨头和鹿角以及安山岩石球，显然类似于上文讨论的来自桑吉兰的石球，也类似于北京周口店直立人遗址的球形石制品，他还在头骨 VI 附近发现了一条海洋黄貂鱼的脊椎骨。然而，根据萨尔托诺［Sartono 1976，据特·哈尔（Ter Haar）资料］提供的地质剖面图，也许除了骨器，所有这些物品都是在头骨出土地点上方阶地的表层发现的。最近发现的碧玉石片和安山岩石球是在玛塔尔出土的，位于梭罗河昂栋对侧的阶地上（Fauzi et al. 2016）。特库·雅各布（Teuku Jacob 1978）还记录了两件相继出土的安山岩石器——一个制作精良的单面砾石砍砸器和一个修整过的石片——出自三邦玛干中更新世末期或晚更新世的砾石沉积，与出土晚期直立人头骨的地层大约属于同一年代。最近在昂栋的发掘还发现了石器和骨器，以及带有切割痕迹的动物骨骼（与 Harry Widianto 的个人交流）。

弗洛里斯岛与弗洛里斯人的工具

1970 年，马林格（Maringer）和范霍文（Verhoeven）（1970a，1970b）在苏阿盆地的蒙格鲁达（Mengeruda）发现了砾石石器和修整过的石片，与剑齿象骨骼共存，分散在约 3 公里长的区域内，这使得人们想到弗洛里斯岛可能是直立人在华莱士区的栖息地。这些石器被认为与帕西坦、桑吉兰和茶本月（苏拉威西）的石器工业有着广泛的相似性，意味着这个时期昂栋人可能已经能够沿着努沙登加拉岛链到达弗洛里斯岛了。

1991～1992 年，一支印尼—荷兰考察队重新考察了马林格和范霍文工作过的遗址，并从玛塔门格附近的另一个地点发掘出了更多的石器（van den Bergh, Mubroto et al. 1996）。这些石器——

燧石和玄武岩的石片——据称是人工制品,来自距今79万年的松山—布容(Matayama-Brunhes)古地磁反转正上方的沉积环境。人们在该地层还发现了剑齿象和巨鼠的骨骼。在附近的丹吉塔洛(Tangi Talo)一个更早的沉积层中发现了小型剑齿象、巨龟和科莫多巨蜥的骨骼,但没有发现石器。这些发现为建立上文所述弗洛里斯岛的动物群序列初步奠定了基础(图3.6)。

20世纪90年代后期,一支印尼—澳大利亚团队继续在玛塔门格和附近的博阿莱萨(Boa Lesa)、科巴图瓦(Kobatuwa)遗址工作,他们在奥拉布拉地层凝灰岩盖板密封的古河道中发现了更多的石器和剑齿象骨骼,奥拉布拉地层后来又被一层5米厚的淡水灰岩——吉罗(Gero)地层——所覆盖,时间约为距今65~50万年。对出土石器的奥拉布拉沉积层中的锆石进行裂变径迹法测年表明,玛塔门格的年代为距今88~80万年,博阿莱萨的年代为距今84万年(Morwood et al. 1998; Morwood et al. 1999; Brumm et al. 2006)。

如上所述,对玛塔门格的奥拉布拉地层内河流砂岩沉积物的研究不但测定了年代,还发现了一块很小的人类下颌骨和6颗牙齿,发掘者认为属于弗洛里斯人(van den Bergh, Li et al. 2016)。目前的铀系、电子自旋共振和氩测年得出的年代为距今65~80万年。在这些人类骨骼中发现了一具弗洛里斯小型剑齿象的残骸(图3.3)。有趣的是,尽管发现了剑齿象的4节椎骨,但上面并没有切割痕迹;同时还出土了科莫多巨蜥、鳄鱼和啮齿动物的残骸。在人类骨骼附近,发现了47件石核、石片和石块等(Brumm et al. 2016)。

玛塔门格如此之早的年代已经在苏阿盆地另一个名为沃洛赛格的遗址得到证实,在那里,人们在奥拉布拉地层底部发现了更多的石器,这些石器被覆盖在熔灰岩(火山灰)层之下,熔灰岩层氩—氩法测年（^{40}Ar/^{39}Ar）结果为距今102万年（Brumm et al. 2010）。因此，目前已经证实，弗洛里斯岛石器的年代确实在距今100～65万年之间。

至于在布阿洞穴中发现的晚更新世弗洛里斯人遗存，摩尔等人（Moore et al. 2009）最初报告了至少11 667件出土石器，石料主要是火山岩，出自该洞穴9个地层中的5个（地层1～8为更新世，9为全新世）。然而，鉴于近来对布阿洞地层的重新分析，这些数据可能需要调整（Sutikna et al. 2016）。现在看来，有些石器更可能属于智人，而不是弗洛里斯人。

尽管存在这种不确定性，摩尔等人（Moore et al. 2009）之前的分析表明，第4层的石器密度最大，年代在距今5.5～5万年（或者根据Gagan et al. 2015，可能为距今7.4～6.1万年），在25平方米的发掘面积上出土了7 230件石器（根据已公布的总平面图估算。Westaway et al. 2009：图1）。摩尔等人描述的人工制品类别，包括砾石打制而成的石核石器（但不是手斧），复向加工和两端加工的石片石器，还有砾石石锤和石砧。石片石器在人工制品中占绝大多数，许多石片似乎都被修理过。然而，发掘者注意到，石片刃缘呈现光斑和使用燧石作为原料的现象主要限于全新世，因此可能与现代人有关。布阿洞穴的石器似乎与玛塔门格石器、沃洛赛格石器以及苏拉威西岛上的塔勒普石器具有相同的技术传统。

72
73

结　语

本章考察了印度尼西亚的人类史前史，它始于距今约150万年，一直持续到智人的第一批成员到来，从进化角度来看是一个重大事件，但遗憾的是，该年代却不具有里程碑意义。现代人到达印

73
74

尼的时间,保守来说可能是在距今7万年,大胆来说也就是距今10万年。古人类到达的最早时间同样不确定,大约在距今180至120万年之间。

然而,近年来,许多方面的认识发生了重大变化。华莱士线东侧的弗洛里斯岛至少在距今100万年已有古人类生活。无论是直立人还是所谓的弗洛里斯人,他们来到爪哇和弗洛里斯岛,并制造了石器。考虑到非洲已经发现了距今200多万年的石器,这种情况的可能性越来越大。过去在20世纪很长一段时间内,人们一直不敢相信爪哇人居然会制造石器。新的研究结果表明,不但爪哇,吕宋岛和苏拉威西岛也出现了制造和使用石器的古人类。

从生物学角度来看,近年来,我们对爪哇直立人进化的基本认识几乎没有改变,至少没有什么根本改变,但弗洛里斯人的发现带来了翻天覆地的变化。曾经有人提出,由于布阿洞穴的发现,人类进化的整个故事必须被改写。这可能有些言过其实,但弗洛里斯人确实提出了一个重要问题,那就是这种古人类的矮小身躯和微小大脑是如何形成的——它们是更新世早期迁徙到印度尼西亚的一个小型人种的后裔,还是发生了岛屿矮化?无论答案是什么,弗洛里斯人仍然是一个非常孤立的远古小矮人的案例,这无疑对了解古代印度尼西亚以及非洲和欧亚大陆人类进化的重大问题具有重要意义。

其他问题也牵动着人们的好奇心。爪哇的那些石球到底是什么用途?它们是加工生肉和骨髓的捶捣工具吗?爪哇出现双面手斧是否意味着与非洲和中亚,至少与印度东边的阿舍利石器组合有关?如果是的话,带来这种石器的新人种,是不是更先进的直立人,甚至是海德堡人?弗洛里斯岛上显然没有手斧,这是否反映了该岛因为海洋而与世隔绝?而且暗示着弗洛里斯人的祖先只来过一次,而且明显比阿舍利人到达爪哇更早?早期人类到达菲律宾了吗？显然，在10多万年前，有人类在苏拉威西岛制造石器，弗洛里斯人很可能就是从这里迁徙过来的。

我们可能还会追问，在更新世期间，古人类是否在动物灭绝中起了作用？就像末次间冰期阶段蒲种雨林动物群的到来造成了爪哇剑齿象的灭绝。然而，直到晚更新世，弗洛里斯人似乎一直与弗洛里斯岛上的小型剑齿象共存，因此，是不是说后来的智人才是罪魁祸首？很多疑问可能永远不会揭晓确定的答案，但新发现总会让问题保持活力。

74/75

注释

1. 事实上，根据澳大利亚和新几内亚一些现代人类种群中存在的丹尼索瓦人常染色体遗传痕迹来看，丹尼索瓦人甚至可能已经扩散到华莱士线的东边（Cooper and Stringer 2013），尽管基因混合系在亚洲大陆形成后又扩散到这里的。

2. Curtis et al. 2001; Widianto 2001; Sémah and Sémah 2013.

3. Widianto 2012；与弗兰戈瓦·塞马（Francois Sémah）就蒲种考古发掘的个人交流，2016年5月，我和他一块考察了蒲种。

4. 关于爪哇更新世哺乳动物序列，可参阅：de Vos and Sondaar 1982; de Vos et al.1982; Sondaar 1984; Theunissen et al. 1990; van den Bergh 1999; van den Bergh, de Vos et al. 1996; van den Bergh et al. 2001; van der Geer et al. 2010。

5. 以前指的是象龟属，但现在认为与巴基斯坦北部和印度西瓦利克山区的巨龟有关（Gerrit van den Bergh，个人交流）。

6. 关于桑吉兰的地层和年代，参见：Matsu'ura 1982; Watanabe and Kadar 1985; Larick et al. 2001; Kaifu et al. 2005; Kaifu et al. 2008; Bettis et al. 2009; Widianto and Simanjuntak 2010; Hyodo et al. 2011; Widianto 2012; Larick and Ciochon 2015.

7. 还可参见：van den Bergh et al. 2001; Hyodo 2001; Rigure 5; Falgutres 2001; Bouteaux and Moigne 2010。

8. Swisher et al. 1994; Larick et al. 2001; Bettis et al. 2009; Zaim et al. 2011; Larick and Ciochon 2015.

9. 清单可参见：von Koenigswald 1951; Medway 1972; Sartono 1976。

10. 因德里亚蒂等人（Indriati et al. 2011）列出了关于昂栋遗址年代的很多参考资料。

11. Kaif et al. 2005; Kaifu et al. 2008; Sémah et al. 2003; Sémah and Sémah 2015.

12. 巴黎国家自然历史博物馆的托马斯·英吉科告诉我，卡加延河谷卡林加遗址出土的中更新世哺乳动物和石器新资料即将发表。

13. 与托马斯·英吉科的个人交流。

14. 人们在整理弗洛里斯岛布阿一个较低洞穴出土材料时发现了一块猪的头骨残骸，刚刚公布的钙华板的铀/钍测年为距今3.3～2.3万年（Gagan et al. 2015）。这个年代早得令人惊讶，但有可能其他材料的年代也与之相当。布阿的主要洞穴中没有发现猪，也未见与弗洛里斯人共存。

15. 参见：Sondaar 1981; Morwood and Aziz 2009; Dennell et al. 2013; Morwood 2014; Kealy et al. 2015。2016年2月，我参观了其中一个岛屿，即萨拉亚尔东南部的塔卡骨拉塔（Taka Bone Rate）珊瑚礁［以前名为马坎群岛（Macan Islands）］，现在面积为100×40平方公里。该岛在冰期海平面较低时出露为一个非常大的岛屿。

16. Van den Bergh, de Vos et al. 1996; Van den Bergh et al. 2009; Morwood and Aziz 2009; Morwood 2014.

17. Morwood and Aziz 2009; van den Bergh et al. 2009; van der Geer et al. 2010: 200.

18. Van den Bergh et al. 2008; Meijer et al. 2010; Gagan et al. 2015; Sutikna et al. 2016. 布阿洞穴弗洛里斯人的最新年代是用光释光（材料为沉积物）和铀系（材料为洞穴堆积物、人类化石和剑齿象骨骼）测年法确定的。过去使用碳十四测年，得到弗洛里斯人的年代是比较晚的距今1.2万年，现在知道，这个年代体现的是较晚的沉积物的年代（Sutikna et al. 2016）。

19. 关于布阿洞的地层与年代，可参见：Westaway et al. 2009; Moore et al. 2009; Sutikna et al. 2016; Morley et al. 2016。

20. Aiello 2010; Argue et al. 2006; Argue et al. 2009; Groves 2008; Morwood and

Jungers 2009; Jungers and Baab 2009.

21. Lyras et al. 2008; van Heteren 2008; van Heteren and Sankhyan 2009; Perry and Dominy 2009; Kaifu et al. 2011; Ingicco et al. 2014.

22. Eckhardt et al. 2014; Henneberg et al. 2014. 因德里亚蒂（Indriati 2007）总结了关于弗洛里斯人的众多观点，尤其是在第 vi～xi 页。请特别注意因德里亚蒂的观察结果（第 viii 页），许多解剖学家和生物学家认为弗洛里斯人是受疾病折磨的现代人，而大多数古人类学家和考古学家认为是真正的古人类。我坚定地站在后一阵营。最新的观点参见：Callaway 2014; Stringer 2014。

23. 据报道，吕宋岛中部阿鲁博 1 号遗址（Arubo 1）（Pawlik 2004）和苏门答腊南部的河床（Simanjuntak et al. 2006）中都存在与阿舍利相似的石器（"手斧"），但这些石器都出自地表或近地表的地层，缺乏存在直立人的确凿证据。

24. Von Koenigswald and Ghosh 1973; Simanjuntak and Sémah 1996; Simanjuntak 2001; Widianto et al. 1997; Widianto et al. 2001; Widianto and Simanjuntak 2009; Bouteaux and Moigne 2010.

25. 投石索（Bolas），是一种由许多球组成的投掷工具，这些球由一根结实的绳子相连接，掷中后会缠绕住猎物的四肢，在南美洲常见。见《简明牛津词典》。

26. 关于桑吉兰上层出土蚌器磨损痕迹的研究，可参见：Choi and Driwantoro 2007。

第四章 岛屿东南亚智人的生物学历史

> 说到人类进化，无论是身体的进化还是精神的进化，人口数量决定了一切。
>
> 史蒂夫·琼斯（Steve Jones），《撒旦的诺言》
>
> 2013年，第408页

1985年，我的《印度—马来群岛史前史》首次出版。在此后的30年中，对古代和现代DNA的研究以及对人类骨骼遗存（尤其是头骨和牙齿）的多维分析都取得了重大进展。这使得一个重要结论愈加明确，即岛屿东南亚的智人是两次迁徙运动的结果，两次之间相隔超过5万年，每次都有大量的人口到来，足以产生永久性的影响（见开篇引文）。当然，正如默里·考克斯（Murray Cox）在其特邀撰稿中发表的关于基因证据的观点，这时并不是岛屿东南亚仅有的人群迁徙时期，但影响却是最重要而且深远的。每次迁徙似乎都在岛屿东南亚迅速扩散开来，一次是在距今5万年之前（具体早多久还不清楚），另一次是在距今4 000～3 000年之间。

这两次迁徙的生物学人种，以地理术语可分别称之为"澳巴人（即澳洲—巴布亚人）"和"亚洲人"。[1]前者不论过去还是现在（图4.1），在种系发生和表型方面[2]与澳大利亚和新几内亚的更新世/全新世及现代土著居民关系最为密切（Bulbeck et al. 2006）。较晚的亚洲人，过去与现在（图4.2）在种系发生和表型方面与中国南部和大陆东南亚的全新世晚期及现代土著居民关系最为密

图 4.1　澳巴血统的现代人

（a）努沙登加拉（Nusa Tenggara）东部阿洛尔岛（Alor）上的居民。（b）印尼帝汶岛南部阿玛努班（Amanuban）的阿托尼族（Atoni）老人。（c）吕宋岛东部卡加延省的阿埃塔族（Aeta）男孩。来源：（a）作者拍摄；（b）詹姆斯·福克斯（James Fox）拍摄；（c）乔·坎明加（Jo Kamminga）授权

图 4.2　继承亚洲新石器时代祖先大部分遗传基因的现代人

（a）1910年沙巴州的毛律族（Murut）青年男子。（b）20世纪80年代初期苏门答腊西海岸附近的明打威族老人。来源：（a）G.C.伍利（G. C. Woolley）藏品，沙巴州博物馆提供；（b）弗农·韦策尔（Vernon Weitzell）提供

切。对这两类人种做出年代区分非常重要，因为所有可靠证据都表明，来自亚洲的第二次移民是在全新世晚期（考古学上的新石器时代及之后）而非更早时候进入岛屿东南亚的。

第一次移民属于解剖学和行为学上的现代人，他们是当今澳巴人群（包括安达曼人，以及马来半岛和菲律宾的尼格利陀人）的祖先。这次迁徙，见证了岛屿东南亚还有新几内亚、俾斯麦群岛、所罗门群岛以及澳洲许多地区旧石器时代居民的到来。在距今5万年或之后不久，移民人群到达了澳洲南部和新几内亚东部（包括俾斯麦群岛），但从未越过所罗门群岛进入远大洋洲，可能是因为不断延长的航线超出了当时造船和航海的技术能力。在岛屿东南亚，第一批现代人的到来可能导致了直立人和弗洛里斯人（*Homo floresiensis*）的最终灭绝。就目前的证据来说，后两者似乎都未曾越过华莱士区到达菲律宾群岛、苏拉威西岛和弗洛里斯岛以外的地方。

今天，很多澳巴土著在面部、牙齿和头骨方面特征明显，Y染色体、线粒体DNA和基本常染色体（"血统成分"）证明他们是更新世移民的直系后代。当然，"直系后代"并不意味着这些人种在过去的5万年间没有任何变化，因为我们知道，在这个时间点之后，在亚洲新石器移民之前，还有一些新的线粒体和Y染色体单倍群进入了该地区。但是，后来的旧石器时代迁徙主要是岛屿东南亚内部的调整，而非又有大量外来移民。

行文至此，我应该补充说明本书提出的一个主要假说。本书认为，可能存在一次奠基性的亚洲新兴农人迁徙运动（foundation migration），他们带着新石器时代物质文化和南岛语，从中国南部穿越台湾岛和菲律宾，最终到达了印尼、大洋洲、越南、马来半岛和马达加斯加等地。这个假说在第六至八章称为"走出台湾（Out of Taiwan）"假说。并非人人都赞同该假说，反对意见多集中在以下三点。

　　a）该假说与线粒体DNA单倍群反映的历史不符；

　　b）没有直接证据证明南岛语仅是通过实际使用者而非某种"交流"传播的；

　　c）没有证据证明岛屿东南亚的新石器时代人群曾种植稻、粟等亚洲作物。

　　在我看来，这些反对意见都很容易辩驳并做出合理的解释。我和合作者们将在下文，尤其是在第六、七章讨论这些问题。

东南亚最早的智人

　　首先我谈一谈，关于智人起源及其从非洲向欧亚大陆热带的迁徙，现代生物人类学（包括遗传学）和考古学告诉了我们什么（相关综述见：Bellwood 2013, 2015）。作为源于非洲热带至温带地区的人种，第一批走出非洲的现代人跨越了西奈半岛或者红海南端的曼德海峡，然后在阿拉伯、黎凡特和印度定居。他们在非洲以外最早的人骨遗存已经在以色列的山洞中被发现，骨骸在解剖学上体现出现代特征。他们在末次间冰期或之后不久出现在那里，年代大约在距今12～9万年，然后与尼安德特人在这片土地上共同生活了数千年。以色列的这些早期现代人是否是今天欧亚大陆某支人群的祖先？这个问题充满了争议。[3]在东南亚，人们已经在老挝、婆罗洲、菲律宾，尤其是澳洲，发现了距今5～3.5万年的现代人遗骸。有人仅根据人牙化石资料提出，早在10万年前，爪哇和中国湘桂地区（位于中国南方）的山洞中就出现了现代人，但这些资料不像年代更晚的资料那么丰富。[4]

　　以上证据充分表明，现代人在距今5万年开始出现在东南亚。当然，这个时间要比末次间冰期时他们第一次出现在黎凡特的时间晚得多。这种情况与第三章讨论的直立人相似。后者的情况是，德马尼西人的年代在距今180万年，而爪哇直立人的第一个准确年代差不多距今120万年，这两者之间也有一个令人困惑的较大时间差。根据目前的基因研究结果，不必对现代人的这种时间差感到惊讶（Mallick et al. 2016），因为越来越清楚的是，虽然大部分欧亚人肯定是在距今10万年左右离开非洲的，但相当多现存的欧亚人，例如澳巴人群，是直到距今6万年才开始走出非洲的。现代人还需要几千年的时间才能培养出进入严寒地带的适应能力，其间大约距今1.6万年从西伯利亚迁徙到美洲。他们也是在末次间冰期之后（大约距今12～7万年）的温暖期，才缓慢进入了缅甸以东的雨林地区。

除了这种延迟（delay）的推测，还有另外一个可信度较低的说法，即爪哇和中国南部的现代人出现在距今10万年（如果这个观点是正确的，则不存在时间差），但它提出距今7万年左右这里可能存在一条诱人的冰川期"旱季走廊"。第二章对这条走廊有过论述，它最终引导人们向南迁徙并越过了赤道。加甘等人（Gagan et al. 2016）对南苏拉威西岛和弗洛里斯岛洞穴沉积物的氧和碳同位素比值做了新的分析，结果表明，这些地区的植被覆盖率在距今6.8～6.1万年有所降低，分析者认为这与火山活动（但不是多巴火山的喷发）和早期现代人的移民有关。实际上，不论是因为火山活动还是因为更新世气候的周期性循环，对于判断现代人越过赤道经印尼到达澳洲的时间来说，东南亚雨林"通道"定期开关的概念都是很重要的。

目前，东南亚最早的有确切年代的智人化石证据（见图5.1）来自老挝，在淡巴岭（Tam Pa Ling）洞穴中出土了一个女性头骨和一块下颌骨，年代在距今5.1～4.6万年，但不幸的是，没有发现其他考古遗存。在婆罗洲砂拉越的尼亚洞西口，发现一个"深地头骨（Deep Skull）"（出土层位很深的头骨——译者注），可能与澳巴人种或尼格利陀人有亲缘关系（Bellwood 2007：图版10），测年为距今3.7～3.6万年。[5]1888年在爪哇岛瓦贾克（Wajak）一个现已毁坏的岩厦发现过一个头骨，年代与前者相当，不确定是否与澳巴人种有关，但很可能与亚洲人有亲缘关系。尼亚洞中也有距今5万年之后的文化遗存，可能与现代人的活动有关。在菲律宾西南部的巴拉望省塔邦洞穴（Tabon Cave）中也可能有同样属于末次盛冰期之前的人类遗存，包括一块与澳巴人群有亲缘关系的下颌骨。[6]还有第三章中讨论的吕宋北部卡亚俄洞穴（Callao Cave）出土的神秘跖骨，年代在距今6.7万年，但正如注释中所说，它可能属于一种类似弗洛里斯小矮人那样的古人类。在澳洲新南威尔士西部的蒙戈湖（Lake Mungo），发现一座随葬赭石的土坑墓，通过光释光测年，年代在距今4万年左右（Bowler et al. 2003）。澳洲和新几内亚的考古证据则更早，接近距今5万年（Summerhayes et al. 2010; Allen and O'Connell 2014）。所有专家都认为，这是智人而非更古老的人类的遗存。

大陆东南亚年代更晚的头骨表明了同一基本人种的延续，这些头骨的年代下限到了全新世早期和中期。测量特征显示，这些晚近的头骨与澳巴人种有亲缘关系（见本章后松村博文等人的阐述）。在人骨表型方面，特征包括长长的头骨（长颅）、高大的颧骨、突出的面部、硕大的牙齿和细长的四肢。这些特点见于以下墓葬或遗址：泰国南部莫哈武洞（Moh Khiew）旧石器时代和平文化蜷曲特甚的屈肢葬（通常是蹲踞、坐姿或弯曲）；越南北部的和平文化洞穴，包括和平省的阔洞（Hang Cho，距今约1.3万年）；马来半岛全新世早期的山崩洞（Gua Gunung Runtuh）、蝙蝠湾洞（Gua Teluk Kelawar）、查洞（Gua Cha）和水牛洞（Gua Kerbau）；越南和马来半岛全新世中期准新石器时代的多笔（Da But）、琼文（Quynh Van）、昏果那（Con Co Ngua）和瓜尔凯帕（Guar Kepah）旷野贝丘遗址（图4.3）。[7]

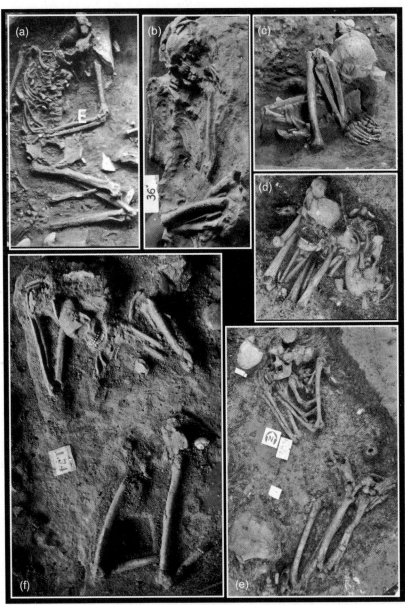

无比例尺

图4.3 马来西亚、印尼、越南北部和中国广西的全新世早期和中期屈肢葬和蹲踞葬

死者头骨显示与澳巴人群有亲缘关系。除了查洞的石"枕"，这些墓葬都没有发现随葬品。(a)和平文化青年男性，出自1979年吉兰丹查洞的发掘(Adi 1985)。(b)尼亚西口87号墓(由砂拉越博物馆提供)。(c)广西灰窑田遗址墓葬(李珍提供，见松村博文等人，待发表)。(d、e)越南清化省昏果那遗址的屈肢蹲葬(较早)和屈肢葬(较晚)(由马克·奥克斯纳姆提供)。(f)苏门答腊南部哈里茂洞(Gua Harimau)I.74号屈肢葬，经碳十四测年为距今4 500年(杜鲁门·西曼朱塔克和松村博文提供)

现代和古代的遗传资料也支持上述重建结果。有一批古代线粒体DNA样本，来自泰国—马来半岛洞穴中发现的人骨，这些样本（包括那些来自莫哈武洞的）所属的线粒体单倍型接近马来内陆地区的现代塞诺伊人（非马来人）的单倍型（Oota et al. 2001）。虽然塞诺伊人现在是农业人群，但在语言和表型方面，他们与邻近的塞芒族尼格利陀人是近亲。塞芒人和安达曼人狩猎采集者都拥有根深蒂固的M单倍群内的线粒体DNA单倍型。这在遗传学上表明，在相对孤立状态中长时间的原地进化，可能始于现代人在亚洲热带地区最初扩散开来的时期。[8]有人已经对菲律宾的尼格利陀人做了Y染色体方面的类似分析，这些人和澳大利亚土著人有几个相同的单倍体（Delfin et al. 2011）。

在距今4 500年与亚洲新石器时代人群接触之前，分布广泛且表型多样的澳巴人群一直占据着大陆东南亚的各个地方。最近，广西和越南北部古人类的一些重大发现让这个图景变得格外清晰。此地发生了新石器时代人群入侵和物质文化的大规模变革，是东南亚甚至是整个亚洲一个最集中的展示窗口。

在后面的特邀撰稿中，松村博文（Hirofumi Matsumura）等人详细讨论了相关人骨材料。关于这些全新世中期的骨骼材料，他们将重点放在中国南部、越南北部和马来半岛各遗址的前新石器时代墓葬人群。如图4.3所示，这些墓葬全都是蹲姿、坐姿或屈肢葬。昏果那遗址尤其重要，因为自2013年发掘以来，这里出土的墓葬样本已经达到约250个个体，经碳十四测年，这些人骨的年代约在距今6 000年，和多笔遗址一样。昏果那墓葬多数保存情况良好，经过头骨测量和牙齿研究，死者都属于澳巴人群（Matsumura and Oxenham 2014; Trinh and Huffer 2015）。

大陆东南亚全新世早期的人群构成说明了新石器时代以前该地区的人种状况。对淡巴岭、尼亚和塔邦等遗址的颅骨测量和牙齿特点的多维分析表明，他们是距今5万多年前第一批抵达东南亚的现代人的直系后裔。显然，在新石器时代开始之前，他们一直占据着这些地方。

岛屿东南亚全新世早期到中期的人骨资料

　　与越南和中国丰富的资料相比，近年来，对岛屿东南亚全新世人类的头骨测量和牙齿分析发表甚少。但是，仍然有充分的资料表明，这里最初基本上是澳巴人种，之后是亚洲新石器时代移民，和越南北部的情况相同。松村博文等人在特约撰稿中讨论了苏门答腊哈里茂洞的重要新发现，我将在这里介绍台湾岛、菲律宾和印尼的一些遗址。

　　在台湾西南部的小马洞（距今约6 000年，据与洪晓纯的个人交流），和福建厦门沿海马祖岛的亮岛遗址，出现了新石器时代之前的屈肢葬，蜷曲特甚，比较完整，与中国大陆南部和越南北部的墓葬类似。经碳十四测年，亮岛墓葬的年代为公元前6200年（与松村博文和洪晓纯的个人交流）。[9] 亮岛人（亮岛1号墓）的线粒体DNA系E1单倍型。现在，在整个岛屿东南亚（包括台湾岛）和马里亚纳群岛上的南岛人群中，这种单倍型出现的概率很低（Ko et al. 2014），这可能证明了亮岛上旧石器时代晚期的澳巴人群与抵达这里的亚洲新石器时代人群之间存在混合。亮岛1号墓附近还有一座墓葬，为公元前5500年左右的仰身葬，死者头骨呈亚洲形态，可能代表了新石器时代人群（与陈仲玉的个人交流）。

　　东马来、菲律宾和印尼的几个洞穴中也出现了新石器时代的蜷曲特甚的屈肢葬。例如，砂拉越尼亚洞西口的一组屈肢或坐姿葬，约25座，年代在距今11 500～8 700年，[10] 但是由于保存状况不佳，这些墓葬没有头骨尺寸方面的数据（图4.3b）。不幸的是，菲律宾群岛巴拉望岛上萨贡洞（Sa'Gung）和杜羊洞（Duyong）6座未经测年（但显然在前陶时代）的屈肢葬墓也是同样的情况。[11]

　　加里曼丹东部的基马尼斯洞（Gua Kimanis）和骷髅洞（Gua Tengkorak）也有屈肢葬和坐姿葬，维迪安托和汉迪尼（Widianto and Handini 2003）[12]认为后一个洞穴的死者属于澳巴人群。还有一些墓葬出自爪哇中南部塞乌山石灰岩地区的洞穴，其中凯普莱克洞（Song Keplek）[13]有一座前新石器时代的屈肢葬（4号头骨），间接断代为距今大约5 000年，齿列和下颌呈现出澳巴人种的特征。塞乌山类似的头骨标本还出自布拉火鲁洞（Gua Braholo）（5号头骨）和泰鲁什洞（Song Terus）（1号头骨），还有西爪哇的巴望洞（Gua Pawon）（5号头骨）。爪哇中部内陆的拉瓦洞（Gua Lawa）也有至少一座蹲踞葬。这些标本都没有直接断代数据，但应该都属于前新石器时代，巴旺洞的间接碳十四年代在距今6 000～10 000年之间。[14]这些墓葬的报告（除了最近尼亚的报告）将他们看作是澳巴人群的一个变异分支。同样的情形还见于一组12具被扰乱的人骨，出自苏门答腊北部苏卡贾迪帕萨尔（Sukajadi Pasar）一处被破坏的和平时期贝丘遗址（见图5.1中的位置）。这里发现一枚海贝，出土地层距今约9 500年，但受到扰乱。

　　印尼东部阿鲁群岛的勒姆杜布洞（Liang Lemdubu）有一座不确定原始葬式的二次葬，年代可追溯到距今1.7万年左右，也可归于澳巴人群形态组。虽然弗洛里斯几个遗址的人骨遗存年代要晚得多，都被认为属于全新世时期，但情况也是一样。该组中有一位身材非常矮小的成年女性，出自多格洞（Liang Toge），年代约为距今4 000年（Jacob 1967a：79）。在哈马黑拉北部的莫罗泰岛（Morotai Island），从丹戎槟榔（Tanjung Pinang）岩厦中发掘出距今2 000年左右的晚期人骨，也与澳巴人群具有一般亲缘关系（Bulbeck，待刊）。在印尼东部地区，这样的观察结果并不令人意

93/94

外,今天这里的居民仍然与澳巴人群具有密切的生物亲缘关系。

从上文可知,具有澳巴人种颅面形态的人群普遍存在于大陆东南亚和岛屿东南亚,从目前的样本分布来看,这种情况一直持续到了新石器时代开始的时候,即公元前三千纪晚期和公元前两千纪。此后,整个地区,包括东边的摩鹿加群岛,涌入了大量来自中国南方的亚洲新石器时代移民。移民运动在东南亚北部和西部最为兴盛,但在东部和南部,尤其是新几内亚方向,亚洲人群和澳巴人群的融合逐渐增强。这是新石器时代第二波来自亚洲的迁徙,但移民从未深入新几内亚或澳洲的腹地,所以今天我们还可以看到该地区人种的特异性,正如18世纪的欧洲探险家所看到的那样(例如,Thomas et al. 1996,库克第二次航行中约翰·莱因霍尔德·福斯特在1774年观察到的现象)。

亚洲新石器时代人群来到岛屿东南亚

关于马来—波利尼西亚语主要人群的起源和扩散,如果"走出台湾"假说(见第六章)是对的,那么,岛屿东南亚古人类的分布应该是这样的——澳巴人群的后裔在全新世早期广泛分布甚至普遍存在,随后出现了亚洲新石器时代人群的祖先,最终两者发生了融合。在马来半岛和菲律宾,与澳巴人有关的尼格利陀人是传统的狩猎采集者而非农人,这个现象增强了该假说的可信度(图4.4)。印尼东部的情况更为复杂,它反映了新几内亚及附近岛屿巴布亚语土著人群长期以来在基因延续和人口繁衍方面取得的成功。正如阿尔弗雷德·拉塞尔·华莱士(Alfred Russel Wallace)的观察,以及默里·考克斯的特邀撰稿所述(见下文),从西向东穿过华莱士区,从亚洲到南巴布亚,人种融合程度的差异确实是惊人的。这无疑反映出,随着马来—波利尼西亚语移民向岛屿东

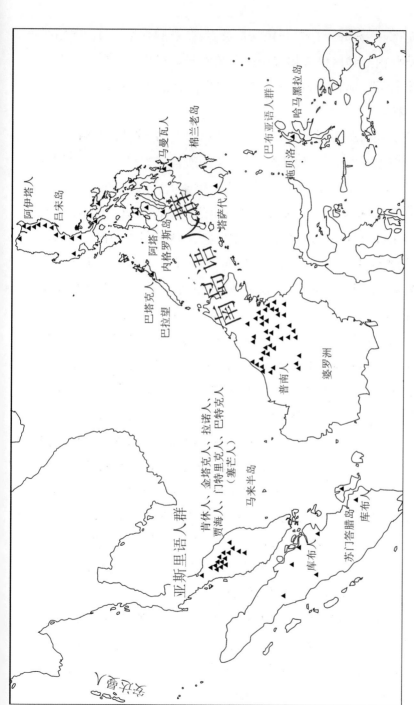

图4.4 岛屿东南亚和马来半岛狩猎采集人群的分布

注意，人的语言和表型并不完全一致：澳巴人群包括菲律宾人、西马来人和安达曼尼格利陀人，而苏门腊岛和婆罗洲的狩猎采集者是亚洲新石器时代人群的后裔。拖贝洛人（Togutil）的来源可能是两者兼有。本图综合了以下资料：关于普南人（Punan），Wurm and Hattori 1983；关于菲律宾人，Fox and Flory 1974；Lebar 1972

南亚东部和南部的渗透，移民人口数量在逐渐减少。其原因既可能与新几内亚地区已有粮食生产和树木栽培有关，也可能与当地的疟疾有关，南岛语人群对这类疾病没有免疫力（Serjeantson and Gao 1995）。

关于岛屿东南亚属于亚洲新石器时代人群的骨骼材料，我们可以举出以下案例。爪哇中部塞乌山的凯普莱克洞，有一座仰身直肢葬，墓主牙齿呈亚洲特征，碳十四测年为公元前1000年，因此无疑属于新石器时代。墓主（5号墓）生前拔除了侧门齿（凿齿），正如中国南方和台湾岛新石器时代常见的拔牙习俗一样。牙齿还有咀嚼槟榔染上的红渍，在台湾岛许多新石器时代遗址中也可见到（Noerwidi 2012, 2014; Pietrusewsky 2016）。还有一具年代不明的人骨，出自西爪哇的巴旺洞，形态与凯普莱克5号相似。

明显具有亚洲新石器时代特征的骨骼材料，特别是铲形门齿的材料，在新石器时代和早期金属时代的印尼十分普遍。迄今为止发表的案例都明显晚于公元前1500年，尽管它们的年代总是很模糊。在塞乌山的特里蒂斯洞（Song Tritis），有一座人骨呈亚洲形态的屈肢葬，地层年代为公元前1000年（Widianto 2006: 178）。瓮棺葬和仰身葬的相关案例，见于爪哇岛的安耶尔（Anyer）和普拉旺根（Plawangan）、巴厘岛的吉利马努克（Gilimanuk）、苏拉威西岛南部的卡当洞（Leang Cadang）、松巴岛的梅洛洛（Melolo）和塔劳群岛的布伊丹洞（Leang Buidane）。[15]它们都属于公元前500年之后的早期金属时代。安耶尔和梅洛洛一些头骨的澳巴人群特征被认为具有连续性，表明了长期的人群融合。

最近在苏门答腊岛的哈里茂洞发掘了近80座墓葬，年代从公元前2500年延续到公元300年（Simanjuntak 2016），在弗洛里斯岛佩哈卡（Pain Haka）发掘了48座墓葬，年代从公元前800年到公元前200年（Galipaud et al. 2016），这些丰富的墓葬资料将很快改变我们对此次亚洲新石器时代迁徙的认识。松村博文等人的特邀撰稿讨论了哈里茂洞中较早的澳巴人种屈肢葬以及上层亚洲颅面形态的直肢葬。此外，在台湾岛西南部，人们最近在台南附近的遗址中也发现了许多新石器时代墓葬，其中一些有拔除门牙的情况（Pietrusewsky et al. 2016），但目前还没有可资利用的头骨资料。

　　观察这些骨骼材料的特点，并根据它们与当代中国南方人和中国台湾少数民族的亲缘关系，最有可能的假设是，亚洲新石器时代人群是从北方进入东南亚群岛的。如果不参考基因研究结果，单看墓葬资料的话，确实无法得出它们来自中国的结论。但是毫无疑问，没有确凿的头骨证据证明亚洲新石器时代人群是沿着泰国—马来半岛向南进入印尼的。显然，南亚语系的尼格利陀人及其近亲塞诺伊人一直完全占据着这里，直到大约距今2 500～2 000年，早期马来语人群带着早期金属时代的技术从西部来到了印度尼西亚（见第六章和第八章）。

赤道地区皮肤色素沉着的意义

　　除了头骨和牙齿证据外，还有一个身体因素可以证明亚洲新石器时代人群是较晚到达岛屿东南亚的，即皮肤色素沉着。皮肤的色素沉着主要是由黑素体在表皮的最深层产生，黑素体会产生棕黑色和红黄色两种黑色素，它们的比例在不同人种中各不相同（Jablonski 2006; Chaplin and Jablonski 2009）。肤色也受外皮层或角质层厚度的影响，后者含有角蛋白。不同人种的这些因素差别很大。非洲人和美拉尼西亚人皮肤的特点是色素沉着重，但角质化少；东亚人皮肤的角质层较厚且充满角蛋白，但色素沉着少；欧洲人皮肤的色素沉着和角蛋白都比较少。事实上，人类肤色是由若干因素共同作用形成的。这些因素似乎是独立变化的，可能反映了地区差别和环境因素。

一般来说,作为阻挡紫外线穿透的屏障,肤色与纬度存在明显的关联——肤色在赤道地区较深,而靠近两极和多云地区较浅。由于紫外线会破坏细胞分裂所需的B族维生素叶酸,热带居民的黑色皮肤是必要的防晒措施。相反,紫外线也能合成维生素D,这是保持骨骼健康和预防佝偻病所必需的(Loomis 1967),所以不能把紫外线完全阻挡在外,高纬度地区的浅色皮肤可允许吸收更多的紫外线。如今的人们穿着全包裹的服装或长期过着室内生活,所有纬度、所有肤色人群的紫外线吸收都在减少,这种生活方式会加剧早产、肺结核和佝偻病的患病几率(Gibbons 2014)。

肤色的演变速度有多快? 一般认为,我们的直系祖先热带非洲智人普遍是黑色皮肤,就像现在生活在非洲赤道附近的肤色最黑的土著一样。因此,浅肤色的获得可能是早期人类迁徙的结果,包括了尼安德特人向欧亚大陆高纬度地区的迁徙。然而,在经历了约16 000年的定居后,美洲热带人群的肤色并没有明显比其他美洲土著更深(Brues 1977: 302),可见其变化的速度(变化趋势可能是从浅色到深色,与当初走出非洲的变化相反)相当缓慢。从热带到塔斯马尼亚南部,澳洲人也没有明显的肤色变化,尽管他们在莎湖古陆上生活了至少5万年。另一方面,基因证据表明,在距今大约7 000年的新石器时代,欧洲人的浅色皮肤变得更浅了(Olalde et al. 2014),这可能是农业谷物饮食习惯导致的维生素D缺乏以及穿着全包裹服装造成的。在这种情况下,肤色进化可能会更快,并且经受了更强有力的选择。

增加这个讨论是为了请大家注意,较浅色的亚洲皮肤形态今天广泛存在于印度—马来热带地区和遥远的太平洋地区,澳巴人群所在地区则是黑色皮肤。浅肤色亚洲形态存在于一条纬度带,但在旧大陆其他地区同一纬度生活的土著肤色却更深,如非洲、印度南部、美拉尼西亚和澳大利亚北部。我发现很难避开这样一个结论，即如果所有生活在岛屿东南亚的人类完全都是在群岛内进化的，他们的皮肤应该像同纬度地区的美拉尼西亚人和尼格利陀人一样黑。

所以，浅色皮肤是一个明确的例证，这种形态绝不是自然选择的结果，唯一合理的解释就是这些人是来自北方的移民。在新石器时代的欧洲和西亚，谷物饮食习惯导致的维生素D缺乏可能确实会使得肤色淡化，但据我们所知，岛屿东南亚史前时期的饮食并非以谷物为主，大洋洲也不是这样。此外，岛屿东南亚人不需要进化出白皙的皮肤来吸收紫外线，因为他们生活在热带地区——假如自从第一批现代人抵达以来，所有的人种都是在原地进化的，那么黑色皮肤可以说更合适环境，今天也会非常普遍。总而言之，在解释岛屿东南亚大多数现代人的祖先来源时，我们很难否认其来自高纬度地区移民的推断。

从晚更新世和全新世墓葬资料
看东南亚人种的生物学历史

特邀撰稿人

松村博文　马克·奥克斯纳姆

杜鲁门·西曼朱塔克

山形真理子

关于东南亚人群历史的争论通常聚焦在一个问题上，即新石器时代以前的居民是否与新石器时代及之后的人群（包括现在的人群）属于不同的人种谱系？在大陆东南亚，前者的代表是旧石器时代和平文化觅食者以及他们的准新石器时代后裔，这些后裔还拥有陶器和磨制石斧。要想认识该地区人群的历史，揭示这些早期觅食者与公元前3000年后进入大陆东南亚的新石器时代人群之间的谱系关系，至关重要。目前公布的与该问题相关的最全面的研究是两个牙齿非测量分析结果，揭示出全新世早期（新石器时代以前）的东南亚人与现代东亚人之间的巨大形态差异（Matsumura and Hudson 2005; Matsumura and Oxenham 2014）。

关于该问题的主流理论认为，现代东南亚人起源于东亚（包括今天的中国），并通过迁徙运动及随后与土著人群的基因交流向南部和东南部扩散。[16]该理论被生物人类学家称为"双层"（"Two-Layer"）模式，并得到了历史语言学和考古学的支持。在很大程度上，南亚语系在大陆东南亚的前现代传播，和南岛语系经由岛屿东南亚和大洋洲的前现代传播，的确与新石器时代食物生产人群的扩张有关，并在后来的早期金属时代迁徙中进一步强化（Bellwood 2005）。语言学资料表明，中国南方和台湾岛是东南亚许多现存语系的最初来源地（第六章），而考古学认为，新石器时代的稻作社会源于全新世早期的长江流域（第七章），后来才发生从中国南方进入东南亚的人群扩张。

头骨测量分析

基于对考古发现头骨的测量分析，本章从生物学角度探讨了整个东南亚人群的迁徙历史。该分析使用了16座墓葬的头骨测量资料（马丁的编号是：M1、M8、M9、M17、M43[1]、M43c、M45、M46b、M46c、M48、M51、M52、M54、M55、M57和M57a）。

进化的亲缘关系是运用Q模式相关系数来评估的（Sneath and Sokal 1973）。表4.1列出了83个考古发现和现代头骨。为了解释表型亲缘关系，使用重组分析软件*Splits tree 4.0*版（Huson and Bryant 2006）分析Q模式相关系数（r）的距离（1−r）矩阵，绘制出了邻域网络分支（Neighbor Net Splits）树形图。

　　图4.5显示了网络分支的分析结果。此分析产生的无根网络树在图的中心颈区分为向左和向右两个群组。现代东北亚人和东亚人占据了树的左上方，现代东南亚人分散在其中。形态差距较大的澳大利亚和巴布亚/美拉尼西亚族群，以及斯里兰卡的维达人（Vedda），还有尼科巴人（Nicobarese），在右下方形成了另一个独立的重要群组。

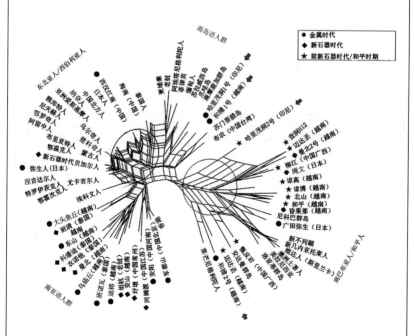

图4.5　基于16个男性头骨测量数据从Q模式相关系数矩阵导出的邻域网络分支树

箭头表示出自哈里茂洞和和檐（Hoa Diem）遗址的新结果

早期土著狩猎采集者

　　东南亚旧石器时代的人类样本对于关于该地区人群的任何讨论都是至关重要的。在东南亚,最早被人们接受的解剖学意义上的现代人骨骼遗存出自以下遗址:老挝的淡巴岭洞(Demeter et al. 2012, 2015)、砂拉越的尼亚洞(Borotwell 1960; Kennedy 1977; Curnoe et al. 2016)和巴拉望的塔邦洞(Macintosh 1978)。年代从距今4.7万年至3万年不等。在研究这些最古老的现代人遗骸时,主要困难是它们的保存情况不够理想,并且缺乏完整的头骨数据。另外,还有一些基本完整的前陶时期和平文化的人骨,和距今2.3万年(Yi et al. 2008)至全新世中期的文化遗物共存,尤其是在越南北部和马来半岛。在马来半岛查洞岩厦出土了和平文化的人类遗骸,其中的H12标本是一个成年男性,头骨基本完整(Sieveking 1954; Trevor and Brothwell 1962; Adi 1985)。

表4.1　东亚和东南亚的古人类头骨标本[17]

标　本	国家	时　期	状况和地点
★更新世和全新世早期的标本			
柳江	中国	更新世晚期	一个个体,广西
谅高(Lang Gao)	越南	和平文化时期	共计两个个体(17和19号),和平省(Nguyen 2007)
谅博(Lang Bon)	越南	和平文化期(约公元前5000年)	一个个体,清化省(Nguyen 2007)
迈达丢(Mai Da Dieu)	越南	和平文化时期(约公元前5000年)	一个个体,清化省(Nguyen 2007)

续　表

标　本	国家	时　期	状况和地点
迈达诺 （Mai Da Nuoc）	越南	和平文化时期（约公元前6000年）	一个个体，清化省（Nguyen 1986, 2007）
和平人 （总计）	越南	和平文化时期（约公元前9000～前6000年）	6个标本，包括来自以上4个遗址的人骨残片和一具出自清化省迈达丢的完整人骨（Nguyen 2007）
北山 （Bac Son）	越南	全新世早期（约公元前6000～前5000年）	谅山省的平嘉、瓜吉、谅措和东托遗址（Mansuy and Colani 1925）
昏果那 （Con Co Ngua）	越南	多笔文化（约公元前4500～前3500年）	清化省，见图4.3 d, e
查洞 （Gua Cha）	马来西亚	和平文化时期（约公元前6000～前4000年）	个体H12，吉兰丹（Sieveking 1954）。见图4.3a
甑皮岩	中国	全新世早期（约公元前6000年）	广西（IACAS 2003）
哈里茂2号洞	印度尼西亚	前早期金属时代（约公元前2600～前600年）	苏门答腊（Simanjuntak 2016）见图4.3 f
◆新石器时代标本			
曼北 （Man Bac）	越南	新石器时代（约公元前2000～前1800年）	宁平省（Nguyen 2001; Oxenham et al. 2011）
安山 （An Son）	越南	新石器时代（约公元前1800年）	隆安省（Nguyen 2006; Bellwood et al. 2011）
班清	泰国	新石器时代—早期金属时代（约公元前1500～前300年）	乌隆府（Pietrusewsky and Douglas 2002）

续　表

标　本	国家	时　期	状况和地点
能诺他 （Non Nok Tha）	泰国	新石器时代—早期金属时代（约公元前1500～前500年）	孔敬府（Bayard 1971）
科潘迪 （Khok Phanom Di）	泰国	新石器时代（约公元前2000～前1500年）	春武里府（Tayles 1999）
坦杭 （Tam Hang）	老挝	未测年	华潘省（Mansuy and Colani 1925; Huard and Saurin 1938; Demeter et al. 2009）
圩墩	中国	新石器时代（约公元前5000～前3000年，马家浜文化）	江苏省
贝加尔	俄罗斯	新石器时代（约公元前6000～前2000年）	贝加尔湖（Debets 1951）
绳文人	日本	新石器时代（约公元前3000～前300年）	几乎遍布日本
河姆渡	中国	新石器时代（约公元前4300年，河姆渡文化）	浙江省长江三角洲（ZCARI 2003）
●青铜时代至早期金属时代的标本			
安阳	中国	殷商时期（约公元前1500～前1027年）	河南省（IHIA 1982）
班诺瓦 （Ban NonWat）	泰国	早期金属时代（约公元前1400～前1100年）	呵叻府（Highamand Kijngam 2012a, 2012b）
大头鱼丘 （Giong Ca Vo）	越南	早期金属时代（约公元前300年～公元元年）	胡志明市（Dang and Vu 1997; Dang et al. 1998）

续　表

标　本	国家	时　期	状况和地点
乌庙丘 （Go O Chua）	越南	早期金属时代（公元前300～前1年）	隆安省（Nguyen et al. 2007）
迪榕 （Rach Rung）	越南	早期金属时代（约公元前800年）	隆安省沐化县（The and Cong 2001）
和檐 （Hoa Diem）	越南	早期金属时代（和檐2，公元前150年；和檐1，公元100～300年）	庆和省和檐（Yamagata et al. 2012）
东山	越南	东山文化时期（公元前1000年～公元300年）	东山文化遗址（Nguyen 1996）
哈里茂1号洞	印度尼西亚	新石器时代晚期和早期金属时代（约公元前700年～公元200年）	苏门答腊（Simanjuntak 2016）
弥生	日本	弥生时代（约公元前800年～公元300年）	土井浜、中野浜和金隈遗址以及日本西部北九州和山口区遗址
广田（弥生人）	日本	弥生时代（约公元前800年～公元300年）	鹿儿岛县种子岛广田（Kokubu and Morizono 1958）
江南	中国	东周—西汉（公元前770年～公元8年）	长江下游江苏诸遗址（Nakahashi and Li 2002）
军都山	中国	春秋时期（约公元前500年）	北京市延庆县（BCRI 2007）

　　与和平文化末期同时，有一支使用陶器的狩猎采集文化，越南考古界称之为北山文化。[18]北山文化兼有多笔文化的特征，发现出土磨光石斧和陶的贝丘遗址（Bui 1991）。截至目前，最丰富的人骨遗存出自清化省的昏果那墓地，年代约为公元前

4000～前 3000 年（Nguyen 1990; Nguyen 2003; Trinh and Huffer 2015）。

如图 4.5 所示，在颅骨形态方面，所有和平文化标本都公认为与澳巴人群有密切的亲缘关系。用于绘制图 4.5 的数据来自完整的男性头骨，目的是避免男女体格差异的干扰，在其他地方已经分析过女性头骨或不完整的男性头骨（Matsumura 2006; Matsumura et al. 2008; Matsumura et al. 2011）。图 4.5 还表明，澳巴人种的头骨特征后来通过越南北部北山文化和多笔文化得到了延续。事实上，在很长一段时间里，学术界都认为古代和近代澳大利亚土著人口，一方面与巴布亚人，另一方面与前新石器时代的东南亚人，有形态上的相似之处以及隐含的遗传关系，尤其在以下方面特别明显——长长的颅骨，突出的眉间，宽大的下颌，硕大的牙齿，前凸的牙槽和修长的四肢等。

生物学上的密切关系支持这样一个假设，即和平人是东南亚第一批现代殖民者的后裔，这些移民可能是沿着亚洲大陆的南缘向东迁徙而来的（Oxenham and Buckley 2016）。图 4.5 进一步表明，来自前新石器时代人群的基因后来在某些人群中得到了高度保留，例如日本的绳文人和早期金属时代广田的弥生人。

大陆东南亚新石器时代的人群扩散

如第六章和第七章所讨论的，在考古学上，南亚语系、泰语系和南岛语系人群史前时期的扩散就是食物生产人群在新石器时代的扩散，后者始于公元前三千纪后期的东南亚。该观点得到头骨和牙齿新证据的支持。

在大陆东南亚，大多数相关骨骼材料来自越南和泰国的发掘项目。越南最重要的标本来自宁平省的曼北遗址（约公元前

2000～前1800年；Matsumura et al. 2008; Oxenham et al. 2011），属于红河下游的冯原文化。曼北遗址出土了大量的水稻植硅体，骨骼标本来自我们1999～2007年在那里的发掘。公元前500年至公元100年，早期金属时代的东山文化在越南北部的红河和马江流域蓬勃发展，正如同时期云南的滇文化一样，都有稻作农业和杰出的青铜技术，并且显然是泰语和越芒语民族的祖先。东山文化的人骨遗存来自河内的越南考古研究所（Nguyen 1996）和东南亚史前史研究中心发掘的几处遗址。

　　我们所研究的新石器时代和早期金属时代泰国人骨标本涵盖了公元前2000～前300年之间的时间段，以科潘迪（约公元前2000～前1500年）、班诺洼（公元前1800～前300年）、班清（公元前2100～前300年）、能诺他（公元前1500～前1000年）遗址的人骨系列为代表。这些遗址都有存在水稻农业的证据。[19] 鉴于泰语的故乡在中国南方，且该语系的语言直到早期历史时期，也许是距今一千年前才进入现在的泰国，因此，从目前的语言分布来看，自新石器时代起，泰国中部和东北部的史前晚期人群，很可能讲的是属于泰语系孟—高棉语支的南亚语。

103
104

　　如图4.5所示，新石器时代的曼北人头骨形态多种多样。与更早的和平文化、北山文化和多笔文化的人群相比，其多数头骨形态明显不同。与曼北文化人群（图4.5中归类为曼北人）亲缘关系最密切的是后来的越南东山文化人群和多数中国新石器时代人群的样本。后者又与今天的西伯利亚人有着密切的相似之处。这种情况表明，到公元前2000年，在曼北和越南北部其他地方出现了与东亚人群有密切基因联系的新石器时代移民。这种情况证明了该地区受到由农业驱动的人类扩散的影响。

　　就泰国而言，尽管牙齿的非测量性剖面表明土著群体和移民群体之间逐渐混合（Matsumura and Oxenham 2014），但从颅骨形态角度来看，新石器时代和青铜/早期金属时代的泰国样本与东北亚/东亚人之间无疑有着密切的亲缘关系，后者包括来自中国和西伯利亚的样本。与越南的情况一样，这些结果也表明了由农业驱动的人群向泰国的扩散，这些移民来自中国。

岛屿东南亚新石器时代的人群扩散

　　岛屿东南亚发现的大量史前遗址，有力证明了南岛语系起源的"走出台湾（out of Taiwan）"假说（第六章和第七章），与语言学证据相一致。最近体质人类学领域的很多学者对该观点提出了质疑，但是，他们利用的人骨材料实际上保存状态很差，而且先入为主地认为这些人并非迁徙而来。例如，在砂拉越尼亚洞西口新石器时代和早期金属时代墓地发掘出的100多具人骨都损毁严重，尤其是头骨，因此无法获得这些遗骸的测量数据。

　　新的发掘工作正在改变这种状况，特别是位于苏门答腊东南部巴东宾度（Padang Bindu）的哈里茂洞。自2012年以来，这里已经发现了78座墓葬，年代从前新石器时代至早期金属时代。印尼国家原子能机构进行的放射性碳测年表明，这些墓葬的年代全部在公元前2600年至公元1000年之间。迄今为止修复的头骨中，有部分出自前金属时代的哈里茂2号洞，包括53号（公元前700年）、74号（公元前2500年）和79号（公元前2500年之前）墓葬，以及早期金属时代的哈里茂1号洞，包括12号、19号、20号、23号48号、59号和60号墓葬，年代约为公元200年。

　　在新石器时代晚期或早期金属时代，越南中部沿海地区的居民是属于马来—波利尼西亚语系的占语人群，所以，早期金属时代越南南部沿海地区出土的人骨材料也可能属于岛屿东南亚的移民。不幸的是，因为土壤的酸性，越南中部的沙莹文化（Sa Huỳnh）瓮棺葬几乎没有保留下人骨遗存，但在胡志明市的芹椰（Can Gio）地区，大头鱼丘（Giong Ca Vo）和榕沸（Giong Phet）这两个更靠南部的早期金属时代遗址（公元前400年至公元100年）保存了一些较为完整的人骨遗存（见第九章）。大头鱼丘遗址已发掘了339座瓮棺葬，其中306座有人骨残存（Dang et al. 1998）。这些瓮棺为球形，不同于沙莹遗址典型的黄色圆柱形瓮棺（有独特的帽形盖），但这两个遗址中的大量软玉耳饰（有些来自台湾岛）和玻璃耳饰则是属于沙莹文化的典型器物。越南南部另一处墓地和檐遗址（Yamagata et al. 2012）位于庆和省的金兰湾，有许多球形瓮棺葬，里面随葬陶器，其中一些陶器与菲律宾中部卡拉奈洞（Kalanay Cave）的彩陶有惊人的相似之处（Favereau 2015）。一些公元200年左右的保存完好的和檐头骨可用于测量，还有一些比瓮棺葬更早的直肢葬，其中一座墓葬（和檐2号）的直接放射性碳年代约在公元前100年。

　　非常有趣的是，如图4.5所示，颅骨测量分析表明，苏门答腊新石器时代和早期金属时代的哈里茂2号洞墓群与和檐1号瓮棺葬群之间有非常紧密的联系。和檐墓葬人群和居住于台湾岛（布农族）、菲律宾、苏拉威西、苏门答腊和摩鹿加群岛的一些现代人群都比较接近。这两处早期金属时代墓群的关系表明，岛屿东南亚同时代的族群，特别是环南海各族群，拥有共同的祖先，并且彼此之间保持交流。

　　然而，哈里茂洞的最重要发现是，其1号洞墓群和2号洞墓群的头骨表现出了居民的更替。这里新石器时代以前的居民（哈里茂2号洞）属于澳巴人群（图4.3f），而哈里茂1号洞的新来者具有东亚人的颅面特征，表明他们可能是在公元前700年甚至更晚时候到达的。此外，较早的和檐2号墓群是直肢葬而非瓮棺葬，他们和现代的塞芒尼格利陀人一样，都与澳巴人种有一定关系。这意味着，这些人像现存的澳巴人群一样，携带着更多当地的基因成分。

人们通常认为，大头鱼丘可能是一个南岛人的海上贸易港口。然而，与该观点相反，这里的人骨标本混合有来自大陆东南亚/东亚而非岛屿东南亚的成分。其中一个标本出自隆安省的安山新石器时代遗址，属于种植粳稻的农业人群（Bellwood et al. 2011）。

结论

新石器时代前后大陆东南亚头骨形态的逐渐变异表明，农人基因是以从中心向周边扩散的方式从东亚北部进入该区域的。头骨变异的这种形态，与人群扩散的考古学和语言学证据相一致，这些证据证实了新石器时代由农业驱动的人群扩张。此外，许多新石器早期的大陆东南亚人群与东亚的人群在头骨形态上存在密切的亲缘关系，这表明，这些新来者最初并未与当地的澳巴人群发生大规模的融合，而是建立了移民聚居地。正如越南北部的曼北墓地所揭示的，这些移民是后来逐渐与土著融合的。

就岛屿东南亚而言，虽然网络树中现存样本的表型变异明显符合新石器时代人群从北方迁徙而来的模式，但颅骨测量实际上缺少足够普遍的新石器时代样本数据。考克斯等人（Cox et al. 2010）特别强调了最初由华莱士识别出的基因渐变群（或梯度），它横跨岛屿东南亚的东部地区并延伸到了新几内亚和美拉尼西亚。他们推断，该渐变群可能反映了两支来源不同且长期隔绝的人群的混合：一支源自该地区的巴布亚类型土著，另一支则是新石器时代迁入的亚洲人群。

岛屿东南亚人群和大陆东南亚沿海人群在后来的早期金属时代体现出的亲缘关系,很可能是环南海交流的结果(大陆东南亚沿海人群和东亚人群也是如此),这种交流即使不是从新石器时代开始的话,至少也始于公元前500年。考古学和语言学资料以及现在的头骨数据证实,现代东南亚人群是具有极其深厚历史根基的当地土著人群和来自多个方向的各种新移民之间复杂融合的结果,而新移民的源头,则可以追溯到中国中部最早的农业人群。

更新世晚期和全新世岛屿东南亚人群的基因遗传史

特邀撰稿人

默里·考克斯(Murray Cox)

很多人不知道的是,岛屿东南亚的分子人类学研究有着惊人的悠久历史。第一次世界大战时,希尔斯菲尔德(Hirszfeld 1919)对来自世界各地在欧洲作战的士兵进行了人类历史上第一次群体遗传分析。仅仅过了5年,首批关于岛屿东南亚人群血型多样性的研究成果就发表了(Bais and Verhoef 1924; Heydon and Murphy 1924)。就此而论,东南亚分子人类学的创建与现代社会人类学第一部著作(马林诺夫斯基《西太平洋上的航海者》——译者注)的发表(Malinowski 1922)基本上同时,后者同样得益于20世纪一二十年代岛屿东南亚和太平洋地区的活跃环境。

接近一个世纪过去了，今天岛屿东南亚的分子多样性研究已经旧貌换新颜，但其根本目标没有改变，那就是利用基因遗传特征重建该地区的民族历史。早期关于血型的研究，包括人们熟悉的ABO系统和更深奥一点的血蛋白，如达菲（Duffy）血型和血红蛋白，对于认识人类史前史几乎没有什么帮助。但也有一个关键的例外，人们发现美拉尼西亚与岛屿东南亚和波利尼西亚人群之间存在差异，尽管往往很模糊（Cavalli-Sforza et al. 1994; Mourant et al. 1976）。这种差异是太平洋地区遗传多样性的一个特征，对于今天认识该地区的史前史仍然很重要。

分子人类学真正创立是在20世纪80年代末和90年代初，当时，新的分子技术，特别是聚合酶链式反应（PCR），使研究人员第一次能够直接观察DNA的微小变化。性别的特异标记，特别是通过母系遗传的线粒体DNA（mtDNA）和通过父系遗传的Y染色体上的标记，首次帮助我们测算出太平洋地区史前人群的年代和活动（Kayser 2010）。今天，自动化和微型化的持续进展使遗传学家能够在社区、地区和全球范围内分析所有的基因组序列——单个个体的完整DNA。这项"基因组"研究将在可预见的未来主导分子人类学的发展方向（Stonking and Krause 2011），并有望愈加精确地揭示印度洋—太平洋地区的人类生物学史。事实上，基因组序列是最终极的遗传数据——至少在重建人类过去方面——任何通过基因组仍然不能为人所知的故事，都必然会消失在时间深处。基因组数据甚至正在从古DNA中获得，这有望不仅揭示出现代人类的生物学面貌，而且也能揭示其祖先的生物学面貌（Pickrell and Reich 2014）。虽然前些年已经有了关于所罗门群岛和新西兰的古线粒体DNA序列的报告（Knapp et al. 2012; Ricaut et al. 2010），但第一批核标记物才刚刚发现，深入了解该地区史前史的工作也才刚刚起步（Matisoo-Smith 2015）。

世界各地的基因证据都支持这样一种观点：现代人起源于非洲，在大约距今5万年向欧洲和亚洲扩散并定居。尽管在年代以及迁徙次数方面存在一些争议（Rasmussen et al. 2011），但学术界普遍认为太平洋地区的第一批居民是今天巴布亚人和澳大利亚土著的祖先。对早期考古遗址的断代表明，第一批旅行者到达后，可能在几千年内就遍布了整个岛屿东南亚（O'Connell and Allen 2004）。单亲遗传标记支持这一观点。今天，在巴布亚人、澳大利亚土著和一些美拉尼西亚居民身上，可以发现一些分支为M和N超单倍群的最早线粒体DNA谱系（记录我们的物种快速向非洲以外扩散的线粒体DNA树的主干）（Ingman and Gyllensten 2003）。这些非常早的线粒体DNA谱系包括了M17a、M47、M73、N21、N22、R21、R22和R23（图4.6）。它们通常很罕见，但分布很广泛（Tumonggor et al. 2013）。

在岛屿东南亚居民不断被改写的基因图谱上，第一批到达者的基因是最早且最模糊的，然而，我们在Y染色体上也看到了他们的存在。单倍群C和K及其下游分支M和S同样显示出走出非洲的快速迁移，随后是在岛屿东南亚内部的辐射（Karaf et al. 2015）。与线粒体DNA不同的是，这些早期男性谱系在今天的岛屿东南亚出现频率很高，这很可能反映了在最初的定居以后，在更新世后期发生了二次扩散。基因组测序有望提高Y染色体树的分辨率，从而更细致地还原过去的人群流动（Poznik et al. 2013; Karmin et al. 2015）。

来自非洲的大迁徙导致生理意义上的现代人与欧亚大陆上早先存在的古人类相遇并融合。长期以来，人们一直认为现代人完全取代了这些古老的群体，但越来越多的证据表明，所有

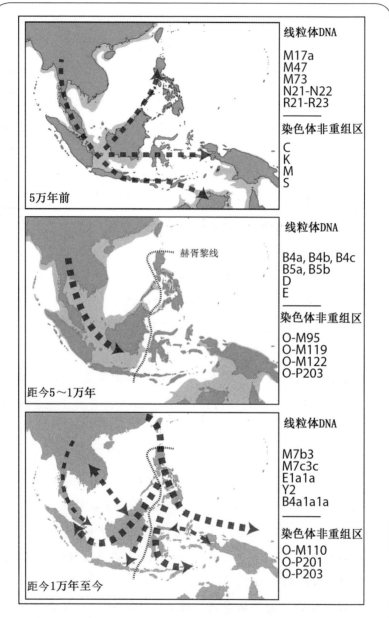

图4.6　线粒体DNA和Y染色体单倍群所示岛屿东南亚移民路线

　　在过去5万年的三个时间段内,线粒体DNA和Y染色体单倍群进入和穿越岛屿东南亚的大致迁移路线。最下方的地图表现了与南岛人群关系最密切的单倍群

的非洲之外个体都有一小部分基因组来自尼安德特人（通常为2%～4%；Sankaraman et al. 2014）。岛屿东南亚特别是华莱士区的居民，基因中还有来自丹尼索瓦人[20]（Krause et al. 2010; Reich et al. 2011）的成分。丹尼索瓦人是尼安德特人的一支姊妹人群，两者同样古老，只是通过DNA才得知他们的存在（Meyer et al. 2012）。有关丹尼索瓦人的形态学证据极其有限，最初只有一根指骨，是小拇指的末端部分。但是，有了这些证据，早期人种的基因组第一次在看不到人骨形态的情况下被辨识了出来。

108
110

鉴于丹尼索瓦人DNA分布区与岛屿东南亚人巴布亚祖先标记分布区紧密相连，二者之间的联系可能发生在走出非洲扩散时期或之后不久（Cooper and Stringer 2013; Veerama and Hammer 2014）。有趣的是，现代人身上还发现了来自更早古人类的基因成分（Hu et al. 2014），可能暗示他们与直立人或弗洛里斯人也有接触。我们没有这些古老人种的基因组序列，因此难以确定该遗传贡献的确切来源。然而，人类基因组越来越被视为一种各类人种反复混合而形成的拼合体（因此与其他灵长类动物——如狒狒——的物种历史基本相似；Ackermann et al. 2014）。

现代人保留这些古老的血统可能是有原因的。例如，支撑现代西藏人在喜马拉雅高海拔地区生存的基因变体可能就来自古人类（指丹尼索瓦人）（Huerta-Sanchez et al. 2014），许多欧亚人种免疫系统中的关键变体也是如此（Abi-Rached et al. 2011）。很有可能，我们的古人类姊妹人种做出的贡献要比历史上承认的多得多。古人类的基因是否为现代的太平洋民族提供了某些生物学优势？这个问题目前尚未彻底解决。

现代人第一次进入岛屿东南亚只是拉开了迁徙的序幕，更新世晚期也发生了不少人类迁入和迁出活动。遗憾的是，与后来全新世壮观的迁徙事件相比，这一时期有时被描述为一个漫长的间歇期。虽然迁徙停滞的观点并不正确，但新石器时代过程的破坏性现在使得准确重建更新世晚期的人群历史充满了挑战。当然，初创期一些血统谱系在这一时期开始多样化。线粒体DNA方面，许多现在常见且分布广泛的单倍群（如B4a、B4b、B4c、B4c1b3、B5a、B5b、B5b1、D和E）在距今4～1万年之间开始出现（Soares et al. 2008; Tumonggor et al. 2013）。由于这些谱系的多样性差异很大（可能是年代不同所致），并且呈现出完全不同的地理分布，因此不太可能用任何单一的人类事件来解释它们在岛屿东南亚的存在。这些谱系通常是马来半岛现代人口尤其是半封闭的尼格利陀人群的核心组成部分（（Jinam et al. 2012），因此，它们似乎反映了来自亚洲大陆的人群流动，移民可能是狩猎采集者（例如和平文化人群），他们生活在今天的苏门答腊岛、爪哇岛和婆罗洲之间曾经从亚洲大陆流出但现已沉没的河流沿线。

虽然我们不能以任何毋庸置疑的方式把这些遗传谱系与具体的考古遗存对应起来，但还是可以在Y染色体上看到更新世的人群流动。O型单倍体的几个主要亚型，如O-M119、O-M95、O-P203和O-M122，在距今0.8～3.5万年之间开始出现（Karafet et al. 2010; Trejaut et al. 2014）。岛屿东南亚的一个重要特征就是在遗传多样性方面有着异常显著的东西差异，这个特征的形成可能就在这一时期。东西分界大致沿着华莱士划分的生物地理线（Wallace 1962），并且和他在"马来人"和"波利尼西亚人"（华莱士也将其解释为"巴布亚人"）之间划分的表型分界线一致（见图5.1），后面这条线比华莱士线略微靠东，而且鲜为人知。生活在该分界线两侧的人群表现出世界上最大的遗传差异。在东方，单倍体C-M38*、M-P34和S-M254占了Y染色体的一半以上；在西方，它们则几乎不存在。相反，O型单倍体谱系O-P203、O-M95*和O-M119*在西方出现的频率超过了60%，但在东方则不常见(<10%; Karafet et al. 2010)。线粒体DNA方面也可以看到类似的情况(Tumonggor et al. 2013)。通常只有受到类似喜马拉雅山或撒哈拉沙漠等极端地理屏障影响的时候，人们才能观察到如此巨大的差异。岛屿东南亚显然没有这种地理屏障，因此只能做出其他解释。由于全新世血统谱系打破了这一分界线，目前的解释倾向更新世时期狩猎采集人群的流动受到限制。然而，像大多数似乎也属于更新世的其他遗传特征一样，我们无法弄清楚造成这个局面的具体原因和过程。

全新世时期的遗传事件清晰得多，主要原因是因为年代较晚，而且基因尚未被覆盖。这一时期的特点是大规模的扩散，最初有些移民来自亚洲大陆，可能是农业人群扩张的结果(Bellwood 2005)；另一些移民发生在岛屿东南亚的群岛内部和岛链之间，可能是由于轮耕农业和航海活动造成的(Bulbeck 2008)。这些扩散中，至少有一部分(实际上接近全部)可以看作南岛语系在岛屿东南亚广泛的传播活动，包括后来第一次经过长途迁徙到达太平洋偏远岛屿(Kayser 2010)。

线粒体DNA方面，M7b3、E1a1a、M7c3c和Y2谱系在这一时期发生了大量扩散。大约20%的扩散可能反映了从台湾岛出发的迁徙(Brandão et al. 2016)，这里是最可能的南岛语系发源地，而其余的扩散可能反映了在其他群岛内部和群岛之间的迁徙(如菲律宾群岛和印尼东部; Tumonggor et al. 2013)。在谱系关系网中，全新世时期的传播方向不易确定。当迁徙速度很快时，没有足够的时间完成一系列基因突变，许多全新世时期来到岛屿东南亚的谱系都存在这种情况。然而，许多岛屿东南亚人群的确在这一时期表现出了人口增长和扩张的迹象，这在统计图表中有反映，例如Fu's Fs和Tajima's D，也反映在许多线粒体DNA谱系的"星形"系统发育形态上。

最著名的线粒体DNA谱系可能是波利尼西亚基序（B4a1a1a）及相关形式。虽然它们最初被认为是从台湾岛传播而来（Hertzberg et al. 1989），为南岛语系的扩散提供了一个直接的标志物，但现在人们发现，该谱系的地理分布情况很不寻常，其历史仍然非常模糊（Cox 2005; Richards et al. 1998）。波利尼西亚基序在印尼东部只是偶尔出现（2.3%; Cox 2005），但在帝汶岛出现的频率高达7.4%（Tumonggor et al. 2014）。该基序在巴厘岛以西几乎未出现过（0.4%; Tumonggor et al. 2013），也未曾在菲律宾群岛出现过（Tabbada et al. 2010），但它是整个大洋洲岛屿上的主要线粒体谱系（Duggan et al. 2014）。现在的观点是，波利尼西亚基序在距今约6 000年开始出现，源头可能在俾斯麦群岛（新几内亚东部）。随着后来的人群流动，波利尼西亚基序开始广泛地传播开来（Soares et al. 2011）。奇怪的是，波利尼西亚基序的一个变体在马达加斯加特别常见（13%～50%; Razafindrazaka et al. 2010）。那里是非洲东海岸的一个岛屿，公元一千纪中期成为印尼西部移民的定居地（Cox et al. 2012）。

全基因组标记显示，波利尼西亚基序在印尼西部曾经比现在更常见，可能与海洋游民有基因关系（Kusuma et al. 2015）。这些全基因组标记也愈加表明，马达加斯加人的起源地在婆罗洲（Kusuma, Brucato et al. 2016）。然而，似乎仍然缺少一个包容性框架来描述线粒体DNA谱系这种不寻常的分布情况。这种分布清晰地体现出从近大洋洲到远大洋洲人群流动的主流(Duggan et al. 2014),但将来自台湾岛的人群扩散(作为南岛扩张的一部分)作为直接来源似乎越发不可能了(Soares et al. 2016)。

　　Y染色体还记录了全新世时期人群的扩散。单倍体O-P201,可能还有O-M110和O-P203的广泛传播可能就在这个时期。值得注意的是,这些谱系在华莱士线的两侧都有发现。如果它们被具有强大航海能力的人群携带并快速扩散的话,这是预料之中的。基因组的几十万个遗传标记,现在正为辨识可能的传播途径提供重要依据。与亚洲大陆人群相比,所有岛屿东南亚人群的基因组血统都更接近台湾岛少数民族(Lipson et al. 2014)。尽管基因组数据规模仍然很小——有些人群不愿被取样,而有些对重建岛屿东南亚史前史至关重要的人群则还未被研究过——但这些证据仍然在统计学上提供了有力的支持,证明台湾岛在整个岛屿东南亚的全新世人群扩散中发挥了重要作用。

　　更重要的是,大卫·赖克(David Reich)团队已经从热带太平洋地区的古代遗存中提取到了第一批基因组标记。在瓦努阿图的特乌马(Teouma)拉皮塔文化早期遗址,他们从3具距今约3 000年的人骨中提取到了古代DNA,并从中筛选出超过14.4万个全基因组标记(Petchey et al. 2014; Skoglund et al. 2016)。至关重要的发现是,这些个体不携带巴布亚人基因变体,而是与中国台湾少数民族,如阿美人和泰雅人,以及来自菲律宾北部的族群,如坎坎纳人(Kankanaey)的部分基因图谱十分匹配,这些族群是第一批南岛移民的后裔。与所有携带至少25%巴布亚人基因组标记的现代大洋洲人不同,早期的拉皮塔定居者似乎直接到达了远大洋洲的无人区,沿途很少和其他人群混合,这与人骨形态证据也相一致(Valentin et al. 2016)。因此,在两种由古DNA解释的农业扩散案例——南岛人向太平洋的扩散和新石器时代农人在欧洲的扩散中,第一批移民都未与沿途人群有实质性的融合,广泛融合是在很长时间之后才发生的。

这种人种混合发生在最初的扩散之后,它造成了今天岛屿东南亚许多独特的遗传形态。例如,利普森等人(Lipson et al. 2014)识别出一个次生亚洲底层,该底层将印尼西部人群与亚洲大陆上的南亚语人群联系了起来。一种可能是,曾经有大量南亚语系人群生活在岛屿东南亚,但是他们的语言后来被消除了。或许更大的可能是,非南亚语系人群在更新世晚期已经从大陆东南亚进入印尼西部,而南亚语系是在此之后才传播到大陆东南亚的。还有一种可能是,在扩散到印尼西部之前,南岛语人群可能与大陆东南亚的人群有过交流。因此,全新世时期亚洲人群向岛屿东南亚的迁徙可能有两条路线:第一条是从西到东,从大陆到苏门答腊岛、爪哇岛和婆罗洲;第二条是从北向南,穿过了台湾岛、菲律宾群岛和印尼东部。这些初步结果再次让我们瞥见了基因组规模的数据有望揭示的重要内容,这着实令人激动。

全新世期间,亚洲血统人群在岛屿东南亚扩散开来,从此之后,他们与早先居住在这里的澳巴人群进行了广泛交流(Friedlaender et al. 2008)。大约在同一时期,发生了从新几内亚向西的迁徙,新几内亚的巴布亚语以及香蕉等农作物也被带到了印尼东部(Denham and Donohue 2009)。今天,岛屿东南亚和太平洋地区几乎所有个体都携带着这两个血统的基因组标记。印度尼西亚西部的人群几乎100%是亚洲血统,而在高地新几内亚人群中,这个比例降为了零(Cox et al. 2010)。然而令人惊讶的是,这种从亚洲血统到巴布亚血统的转变并不是循序渐进的,而是到了印尼东部某地出现了突变。尚不清楚血统比例发生如此快速变化的原因,但可能与南岛扩张后的社会变革和生存方式转变有关。从整个基因组的标记判断,这一混合过程开始于距今4 000年(Xu et al. 2012)。此时,另外一个基因来源,即印度,也来到了岛屿东南亚(Pugach et al. 2013),特别是到历史时期较晚时候,与印度的交流更加明确(Kusuma, Cox et al. 2016)。总之,一系列基因、语言和文化变革造成了岛屿东南亚民族的混合性,这些变化在全新世中晚期彻底改变了这一地区。

值得注意的是,更新世和全新世时期的人群移动也反映在人类以外的遗传系统中。当我们迁移时,我们随身携带的物种也会跟着迁移——不管它们是自愿还是非自愿的。对猪的遗传多样性的研究,揭示了它在岛屿东南亚迁移的两条路线:第一条是从台湾岛到菲律宾群岛和殖民时代的密克罗尼西亚;第二条是沿着连接苏门答腊岛和帝汶岛的岛链,经过新几内亚到达远大洋洲(Larson et al. 2007)。鸡(Thomson et al. 2014)、老鼠(Matisoo-Smith and Robins 2004)、构树(Chang et al. 2015)和其他共生动植物的迁移也讲述了类似的故事。人类病原体幽门螺杆菌(*Helicobacter pylori*)存在于许多人的胃中(大部分是无症状的),它在印度—太平洋地区主要表现为两种基因类型:一种反映了早期来自非洲的迁移;另一种反映了较晚来自亚洲的传播(Falush et al. 2003),因此可能与南岛扩散有关。鉴于微生物高度的多样性——我们身体承载的细菌数量要多于人体细胞——我们的微生物同伴很可能可以为重建史前迁徙和交流提供大量未知的研究资源。

基因数据过去主要用来揭示人群迁徙的路线和时间,但它们现在还能提供对社会进程的认识。一些长期的社会行为在基因记录上有所反映,尤其是婚姻形态,会影响后代的数量和分布。

在印尼东部（如弗洛里斯、松巴和帝汶），亚洲血统的占比在不同基因组区域有所不同（Kayser et al. 2008）。亚洲血统在线粒体DNA（只通过母系遗传）中的平均占比是89%，在X染色体（女性占三分之二，男性占三分之一）中是69%，在常染色体（男性和女性相同）中是59%，在Y染色体（只通过父系遗传）中是13%（Lansing et al. 2011）。这一系列数据表明，男性和女性经历了不同的社会压力。特别是，女性相关基因标记中较高比例的亚洲血统表明南岛扩张对亚洲女性更为有利。

　　这种遗传形态也许反映了在南岛扩张时期存在"从母居社会"（Lansing et al. 2011）。随着族群的扩散，女性有时会接受来自附近土著族群的男性配偶。在从母居的情况下，子女将遗传父亲的巴布亚Y染色体和母亲的亚洲线粒体DNA，如果母亲在子女的语言教育方面占主导，可能主要讲母亲的南岛语。即使与巴布亚男性结婚的情况不多，也足以形成明显的性别偏向。例如，假如一个模型中只有2%的婚姻与巴布亚男性有关，也足够解释在所有四个基因系统中观察到的性别偏向，同时还能解释当地语言被南岛语大规模取代的原因。

　　当然，重要的是要明白，在我们观察这些遗传形态时，距离最初触发它们的事件已经过去了大约4 000年。因此，它们代表了第一个扩张阶段的结果，以及接下来4 000年的影响。今天，波利尼西亚人的亚洲血统比例（约80%）要远高于印尼东部居民（50%～60%）。远大洋洲的定居者主要来自不断扩张的亚洲人群，特别是后来他们迁入了先前无人居住的地区，基因特征在那里基本成型。相比之下，印尼东部较高的巴布亚血统比例可能反映了在最初接触后与巴布亚人群的长期持续融合。实际上，南岛扩张是一个今天仍在进行的过程。

其他社会行为也会影响遗传形态。我们可以看出，父权社会——男性将社会地位传给儿子从而促进后代繁衍——在岛屿东南亚历史上并不常见（Lansing et al. 2008）。然而，如果从妻居（丈夫搬到妻子的村庄）转变为从夫居（妻子搬到丈夫的村庄），在遗传上是有影响的（Jordan et al. 2009）。在从妻居社会，男性在多个族群之间广泛流动，而女性则稳定在一个家庭中。从夫居社会则情况相反，这在今天的岛屿东南亚很常见。在以从夫居为主的地区，线粒体DNA谱系往往表现出比Y染色体谱系更广泛的地理分布，这与预料中的女性比男性更分散相一致（Tumonggor et al. 2013）。但是，我们在帝汶岛的维哈里（Wehali）王国却看到了相反的遗传形态，那里保留了从妻居的原始状态（Tumonggor et al. 2014）。

迄今为止，基因数据总是被当作人类历史的无声记录者。事实上，上文讨论的大多数标记没有任何物理或生理效应，它们只是对过去的记录。然而，我们的基因遗传既影响我们的长相，也影响我们的行为。我们越来越想知道，历史是怎样塑造了我们的基因，它们又是怎样反过来塑造了我们。在20世纪60年代，詹姆斯·尼尔（James Neel）提出，长期的航行可能会选择出一部分人，他们的基因变体使他们能够在饥一顿饱一顿的日子里活下来。他称之为"节俭（thrifty）"型基因（Neel 1962）。尽管人们很早就发现，基因频率以意料之中的方式在不同人群之间变化（例如，在巴布亚新几内亚，南岛语和非南岛语人群之间的基因转型；Giles et al. 1965），但以当时的技术无法确定这些差异是自然选择还是历史造成的。现在基因组数据提供了一个框架，可以重新讨论该问题。有一种*PPARGC1A*基因变体存在于70%的波利尼西亚人中，但在新几内亚却不存在。这种变体可以调节脂肪的利用，增加对糖尿病的易感性，有助于解释波利尼西亚人及邻近人群中2型糖尿病的不同患病率（Myles et al. 2007）。其他被选择的基因变体针对的是能量代谢的替代机制，可以解释波利尼西亚人的超常体重（Kimura et al. 2008）。在尼尔提出这一假说50年后，遗传数据开始更加坚定地支持节俭型基因的观点，并揭示出那些曾经有利但已经不适应现代社会的特征。

然而，还有一些基因暗示了其他的选择压力。在许多美拉尼西亚儿童身上看到的金发与一个单一的DNA变化有关（Kenny et al. 2012）。更有影响的是，具有抗疟疾能力的基因变体，如东南亚卵母细胞增多症（SAO）的分子基础，与南岛语系有关，但在台湾岛却没有发现，相反，似乎是南岛族群在热带低纬度地区不断扩张的过程中选择出来的（Wilder et al. 2009）。同样，在新几内亚沿海地区频繁出现的Ge阴性基因也能抵御疟疾，并且已经经历了强大的选择压力（Maier et al. 2003）。南岛人和巴布亚人还感染了不同种类的乙型肝炎病毒（Locarnini et al. 2013; Paraskevis et al. 2013），并且进化出了不同的宿主抗性变体来对抗它们。事实上，巴布亚人血统比例的提升在一定程度上可能是由选择驱动的。异族通婚生育的孩子可以从两方世界获益——能够从父母双方接受文化遗产和一套有助于在航行中生存特别是抵御当地疾病的基因变体。基因数据不能说明这些孩子需要面对哪些社会压力，但从生物学的角度来看，他们拥有一种进化优势。

几乎可以肯定的是，其他基因变体（Pickrell et al. 2009; Sabeti et al. 2007）或现有基因变体调控方式的变化（Martin et al. 2014）在太平洋人群迁移中受到了青睐，这有望成为未来几年研究的焦点。由于人口统计过程（例如人口瓶颈）可以模拟由选择造成的形态,人们越来越认为有必要通过重建人群历史来推断哪些基因是选择造成的,而重建人群历史本身也是一个目标。如上所述,人类群体遗传学正在越来越多地揭示出超过传统认知范畴的人类史前史的各方面内容。鉴于该领域近20年来的进展,我们完全有理由相信,在未来相当长的一段时间内,分子人类学将继续影响和挑战我们对于岛屿东南亚史前史的认识。

岛屿东南亚的人种史

从DNA和外表特征来看,岛屿东南亚的现代澳巴人群构成了一个历史悠久的人种分支(图4.1)。尼格利陀人(Negrito,最近Endicott 2013中用的是首字母小写的"negrito")现在仍然居住在马来半岛、菲律宾群岛和安达曼群岛的部分地区。在印尼,被认为是尼格利陀人的人群已经不复存在。与菲律宾群岛疏阔的季风森林相比,苏门答腊岛和婆罗洲的内陆赤道雨林在旧石器时代晚期人口密度可能更低。然而,在印尼东部,尤其是在努沙登加拉东部,当然还有巴布亚,许多民族今天在基因方面主要属于澳巴人群。

　　马来西亚和菲律宾的现代尼格利陀人都是传统的狩猎者和采集者(图4.4),他们大都已经放弃祖先曾经使用的语言。马来西亚的塞芒人改说南亚语系中的亚斯里语,菲律宾的尼格利陀人改说南岛语(Reid 1994a, 1994b, 2013)。一些尼格利陀人也转向了轮耕的生活方式,例如吕宋岛西部的皮纳图博人(Pinatubo)和阿伊塔人(Ayta)(Fox 1953; Brosius 1990)。语言的普遍转变(安达曼语除外)证明他们与附近农业社群长期以来有密切的交流,但这种交流还不足以改变整个尼格利陀群体的表型。例如,目前对马来

116
117

半岛的塞芒人、塞诺伊人（操亚斯里语）和特姆安人（Temuan）（讲南岛语和马来语）的常染色体遗传研究表明，他们与人口数量和社会地位都占优势的马来人共有的血统成分是十分有限的（Hatin et al. 2014）。

身材矮小的问题还有待进一步解释。没有任何更新世晚期或全新世早期的人骨证据证明印度—马来地区的人群曾经都是矮小的尼格利陀人（Bulbeck 2013）。然而，有一个更合理的假说，即他们的祖先曾经与澳巴人群有广泛的遗传和形态方面的亲缘关系。无论哪种情况，身材矮小都可能是在局部地区独立发展起来的。我们2013年在《人类生物学》杂志上发表的一系列论文说明，这确实是一个较可取的解释。[21] 新几内亚高地和昆士兰北部的雨林中也有一些身材矮小的人群，他们的外貌与附近身材更高大的土著巴布亚人和澳大利亚人没有区别。

身材矮小的原因有很多种解释。盖杜谢克（Gajdusek 1970）和豪威尔斯（Howells 1973: 173-174）认为，在食物资源有限的山区热带森林环境中，体力与体重保持较高比例可能是有利的，因此身材矮小具有很大的适应价值。在过去的4 000年里，操亚斯里—波利尼西亚语和马来—波利尼西亚语的农耕人群在低地河谷和沿海地区开垦和定居，他们把马来半岛和菲律宾群岛的土著狩猎采集人群排挤到了潮湿的内陆雨林中，矮小身材可能是在这一时期被选择出来的（Reid 1987; Headland and Reid 1989: 47）。卡瓦利—斯福尔扎（Cavalli-Sforza 1986）也指出，在茂密雨林的湿热环境中，身材矮小可以降低运动时身体内部产生的热量，从而减少排汗。米利亚诺（Migliano et al. 2013）最近提出，身体较早停止发育，特别是结合女性低龄早育，将允许把能量主要用于免疫反应系统中，从而对抗成年时面临的传染病。新石器时代的农民是否会带来这样的传染病，并传染给当地抵抗力很差的尼格利陀人狩猎采集者祖先？关于这个问题还没有直接的资料，但新石器时代农耕人群对岛屿东南亚的入侵，可能加剧了生活在全新世低纬度森林条件下本地狩猎采集者身材矮小的趋势。

现在，菲律宾群岛和印尼中西部大多数民族身体上具有很多方面的同质性，这是具有亚洲表型和基因组的新石器时代人群通过台湾岛和菲律宾群岛迁徙的遗传结果（图4.2）。尽管在2 000年的时间里，不时也加入过印度人、中东人、中国人和欧洲人的移民，但总体情况仍然如此。在印尼大型岛屿和菲律宾群岛一些内陆部落人群当中，以及在印尼东部崎岖山区的许多民族中，可以看到高度的澳巴人种遗传。岛屿东南亚的现代人类基因景观，仍然反映了历史悠久的澳巴人群和更晚近的亚洲人群数千年来的融合。事实上，马来—波利尼西亚语移民在接近新几内亚与土著澳巴人群相遇时显然已到强弩之末，后者很可能自全新世中期以来就已经掌握了某种形式的粮食生产。

在第七、八章中，我们将再次讨论新石器时代和早期金属时代人群的历史，但以上两篇特约撰稿阐述的一个主要观点是，岛屿东南亚人群的进化过程是十分复杂的，涉及多个不同来源人群之间的融合。这里不存在"纯粹的人种"，我们也不要期望能找到他们。然而，融合的事实并不意味着自智人最初到达以来，在东南亚从未发生过大规模人群外迁，也不意味着我们在岛屿全新世史前史中认识到的融合情形就代表了人类社会的普遍状况。我的观点是，虽然现在总是以某种方式反映着过去，但是现代及稍早的融合现象，与遥远的过去是否发生过大规模迁徙，二者之间没有直接关系。今天，南岛语系人群拥有非常多样化的生物特征，这个显而易见的事实并不否定在距今5 000～3 000年之间，基因较纯粹的南岛人走出台湾岛，进行了大规模的迁徙运动。

注释

1. "澳巴人群（Australo-Papuan）"一词，有些论著写作"澳美人群（Australo-Melanesian）"，但我不赞成这个用法，因为美拉尼西亚群岛及新几内亚的部分沿海地区在全新世已经发生了高度的人种混合。今天，基因混合度最低的巴布亚人生活在新几内亚内陆高地，并且全都说巴布亚语。

2. "系统发育（phylogenetic）"一词，指随时间推移发生的基因遗传，由于突变、选择和各种类型的遗传漂变，尤其是在相对孤立的较小岛屿上，小规模人群因创始人效应发生的进化修改。术语"表型"指的是身体外观——身体特征、头发形状、皮肤色素沉着等。因此，表型既反映了遗传基因类型，又反映了受孕后环境因素的影响。

3. 黎凡特地区最早的智人出现在距今9万多年前，他们是那些向东进入印度和东南亚，最终进入澳大利亚人群的祖先，相关论述见：Schillaci 2008; Boivin et al. 2013; Reyes-Centeno et al. 2014。关于距今10万年前黎凡特早期现代人和尼安德特人之间可能存在的融合，见Kuhlwilm et al. 2016。关于反对早期黎凡特人延续到现代的遗传证据，见Fu et al. 2014。

4. 海部洋介和藤田正树讨论了广西崇左木榄山智人洞中的现代人下颌骨化石，但他们建议谨慎对待距今10万年这一断代（Kaifu and Fujita 2012）。爪哇的蒲种（Punung）动物群中发现人牙（Storm and de Vos 2006），表明现代人可能早在末次间冰期就出现在了那里，但出土环境不是很清楚（Storm et al. 2013: 362）。因此，最近发表的消息很有趣，即在中国湖南省道县福岩洞发现了距今8万年的人牙（Liu et al. 2015）。3篇新发表的基因组论文（Pagani et al. 2016; Mallick et al. 2016; Timmermann and Friedrich 2016）提出，早期现代人可能确实是在距今12～7万年间走出非洲的。这仍然是一个充满未知的领域。

5. 最近，根据对18个头骨的可变量分析（Curnoe et al. 2016），人们把尼亚洞的"深地头骨"与尼格利陀人和现代伊班人（Iban）做了比较研究，尼亚洞附近发现的一根非常短的股骨表明其主人的身高只有135厘米。由于"深地头骨"不可能属于现代伊班人（假设铀系年代是正确的），那么到距今3.7万年时，在婆罗洲的雨林环境中，尼格利陀类型的身材和头骨形态可能已经从岛屿东南亚的基础智人群体中分化出来了。

6. 淡巴岭洞见：Emeter et al. 2012, 2015。尼亚洞"深地头骨"见：Borothwell 1960; Krigbaum and Datan, 2005; Hunt and Barker 2014; Curnoe et al. 2016。瓦贾克洞见：Storm 1995; Storm et al. 2013。塔邦洞见：Macintosh 1978; Détroit et al. 2004; Corny et al. 2015。

7. 关于山崩洞（Gunung Runtuh）见：Matsumura and Zuraina 1995; Hanihara et al. 2012; Matsumura and Oxenham 2014, 2015.

8. Thangaraj et al. 2005; Macaulay et al. 2005; Perry and Dominy 2009; Stoneking and Delfin 2010.

9. Sukajadi: Budhisampurno 1985; Bronson and White 1992: 508; Lemdubu: Bulbeck 2005; Liangdao: Ko et al. 2014.

10. 关于尼亚洞，参见：von Koenigswald 1952。有说法称尼亚洞全新世早期的蹲踞葬属于"蒙古人种"（Lloyd-Smith 2012: 55），但没有令人信服的证据。关于波利尼西亚人和澳大利亚人存在亲缘关系的论述参见：Krigbaum and Manser 2005。Bulbeck 2015注意到，尼亚洞新石器时代墓葬中的人牙在尺寸和形状方面都和旧石器时代人类标本不同。

119 / 120

11. Fox 1970; Kress 2004.

12. Gua Kimanis: Arifin 2004; Gua Tengkorak: Widianto and Handini 2003.

13. 日语中的song指洞穴，相当于马来语和印尼语中的gua或liang。

14. 关于塞乌山（尤其是凯普莱克和布拉火鲁的洞穴），参见：Simanjuntak 2002: 109–133; Sémah et al. 2004; Widianto 2006; Détroit 2006; Noerwidi 2012, 2014. 拉瓦洞（Gua Lawa）见：Mijsberg 1932; Jacob 1967a; van Heekeren 1972：图版53.

15. Jacob 1967a, 1967b; Widianto 2006; Matsumura and Oxenham 2014; Bulbeck 2014, 2016.

16. 例如，van Stein Callenfels 1936; Mijsberg 1940; von Koenigswald 1952; Coon 1962; Jacob 1967a; Bellwood 1987, 1989, 1991, 1993, 1996, 1997; Brace et al. 1991.

17. 衷心感谢以下学者允许本文使用他们的人牙和头骨标本研究资料：Wang Daw-Hwan (AST); Chris Stringer, Margaret Clegg, Robert Kruszynski (BMNH); Robert Foley, Jay Stock, Maggie Bellati (CAM); Nguyen Viet (CSPH); Rachanie Thosarat, Sahawat Naenna, Amphan Kijngam, Suphot Phommanodch (FAD);

Nguyen Giang Hai, Nguyen Lan Cuong, Nguyen Kim Thuy (IAH); Le Chi Huong, Nguyen Tam (KHPM); Bui Phat Diem, Vuong Thu Hong (LAPM); Philippe Mennecier (MHO); Wilfredo Ronquillo (NMP); John de Vos (NNML); Tsai Hsi-Kue (NTW); Zhang Chi (PKU); Korakot Boonlop (SAC); Michael Pietrusewsky (UHW); Denise Donlon (USYD); Gen Suwa (UTK); Bernardo Arriaza, Vicki Cassman (UNLV); Charles Higham, Nancy Tayles (University of Otago); Bui Chi Hoang (Southern Institute of Social Sciences, Ho Chi Minh City) and Hsiao-chun Hung (Australian National University)。部分研究还得到了 JSPS KAKENHI Grants No. 20520666 and No. 23247040 的支持。

18. 在本书中，这些文化被称为准新石器时代文化（Para-Neolithic）。

19. Tayles 1999; Pietrusewsky and Douglas 2002; Higham and Kijngam 2010, 2012a, 2012b.

20. 丹尼索瓦人是以俄罗斯西伯利亚的丹尼索瓦洞命名的，这种古人类的遗骸在那里首次发现（Krause et al. 2010）。丹尼索瓦人与尼安德特人有共同的来源，但与尼安德特人和现代人都不同。丹尼索瓦人和尼安德特人的活动区域似乎有部分重叠。基因证据表明，丹尼索瓦人和现代人也有交流和通婚。

21. 见 Stock, Bulbeck, Jinam, Tommaseo（关于新几内亚）和 McAlliste（关于昆士兰）的论文，都发表在 *Human Biology* 85（1）。他们都认为矮小人种有独立的来源。

第五章　岛屿东南亚旧石器时代晚期考古

随着直立人的灭绝——不管这一重大事件是什么时候发生的,人类开始进入智人时代,岛屿东南亚出现了现今分布于华莱士区东部、澳大利亚、巴布亚新几内亚的土著澳巴人群的远祖。至少在距今50 000年前,现代智人已经穿越海洋,跨过华莱士线,首次到达了澳大利亚和新几内亚,活动范围远远超出了直立人和弗洛里斯人（*Homo floresiensis*）。最早的艺术品、墓葬和海洋捕鱼遗存可以作为现代人出现的证据——当然,我们的前提是过去的古人类确实没有这些特征,而不是因为时间久远而没有发现。在这一章,我们将从考古学视角考察和研究智人是如何抵达岛屿东南亚并进行扩张的,时间段从距今大约50 000年到新石器时代开始（新石器时代的开端各地有所不同,例如,台湾岛始于公元前3500年[1],印尼东部始于公元前1300年）。考察的主要内容包括现代人第一次出现在岛屿东南亚的时间,以及他们的文化面貌。

在进一步讨论之前,我们先回到第二章详细叙述过的环境问题。我们需要重新审视东南亚群岛的古环境证据,特别是现代岛屿东南亚从最后一次盛冰期相对通达、干燥和广阔的陆桥地貌脱颖而出（实际上是被海水淹没形成）的证据。大约在距今16 000～8 000年之间,由于海平面急剧上升（升高了大约90米）,环境也发生了很大变化,特别是巽他古陆的浅海区域。因此,这一地区在极短的时间内从低地变成了四周环水的群岛。这次冰后期的海平面上升，除了数量未知的沿海遗址被淹没外（这对现代考古造成了明显的不利影响），还将原来的巽他古陆变成了如今的多个独立岛屿。

从经济资源角度来说，因海岸线长度增加了一倍（Dunn and Dunn 1977）以及环境的变化，带来了很多好处，特别是对于那些生活在滨海红树林带、咸水区或泻湖的人群。但是，四周环水的环境也给人类造成不便，再加上赤道雨林范围的扩大，以及温暖潮湿的间冰期气候，对人口密度增长可能产生了一些不利影响。由于环境从最适宜生活的稀树草原变为草地又变成热带雨林，陆生哺乳动物的数量急剧减少。例如，在爪哇大草原，每100公顷约有10至15只爪哇野牛，而在茂密的雨林，每100公顷仅有1～2只爪哇野牛（Pfeffer 1974）。在雨林里，哺乳动物很少成群出现，大多是树栖动物，因此人们很难捕捉到猎物，使用陷阱或吹箭筒是仅有的方法。此外，并非所有的雨林都盛产野生山药等块茎植物或可食用的水果。在婆罗洲内陆的热带雨林中，许多普南狩猎采集者传统上并不吃山药，而是依靠野生西米（Sellato 1994），尽管在婆罗洲东部的热带雨林中，普南巴萨普人（Punan Basap）也食用野生山药（Arifin 2004）。

斯蒂芬·奥本海默（Stephen Oppenheimer 1998）曾提出，由于冰期后海平面的大幅上升，大量土著居民被迫迁出巽他古陆，四处流散，几乎遍布全球。从表面上看，这可能是一个不错的解释，但考古学和语言学资料显示，实际情况并非如此（Bellwood 2000）。事实上，更有可能的情况是，在全新世，随着海洋和沿海食物采集资源条件的改善，新形成海岸线一带的人口密度会快速增长，而不是大举迁出巽他古陆。无论是遗传学、考古学还是语言学的资料，均未提供有关新石器时代之前这类移民的确凿证据。但是，我们必须承认，同样没有任何有力的证据表明全新世早期巽他古陆的人口密度在增加。此外，令人费解的是，在岛屿东南亚某些洞穴遗址中，例如在砂拉越州的尼亚洞和婆罗洲的其他洞穴，全新世早期人类活动确实出现断层。这是考古学今后需要解决的重要问题。

下面我们来看看与东南亚智人有关的旧石器时代考古资料（大约从距今50 000至4 000/3 500年）（图5.1）。旧石器时代晚期似乎主要有两类石器工业分布，但相当分散。第一类是以砾石工具为代表的石器工业系统，主要是由河流或海滩砾石制成的单面或双面石器，出现在大陆东南亚和苏门答腊地区的某些洞穴和贝丘遗址。第二类是石片工业系统，包括石片石器（通常由河流或海滩上的砾石作为石核剥片而成），同样出现在岛屿东南亚（也包括苏门答腊岛的部分地区）以及旧石器时代的澳大利亚和新几内亚地区的洞穴和贝丘遗址。

这里所说的差异仅仅是针对不同石器工业系统中石核和石片所占比例而言的，但大陆东南亚的遗址大多位于河流附近的洞穴和岩厦中，周围有大量的火成岩和变质岩（meta-morphic rock）砾石层，这些遗址往往侧重于使用独特的砾石工具，属于旧石器时代的"和平文化"技术范畴，此类技术以越南北部洞穴遗址众多的和平省命名。相反，岛屿东南亚和澳大利亚的许多遗址则位于质地细密的岩石附近，这些岩石包括石英、燧石、碧玉、玛瑙或黑曜石等，在一定程度上反映了该地区火山的性质和主要岩性特征。在这些遗址中，我们能够发现，居民更倾向于制作和加工小石片工具。

大陆东南亚、马来半岛和苏门答腊：
和平文化及其后续

首先简要地概述一下大陆东南亚的情况，因为这对于研究东

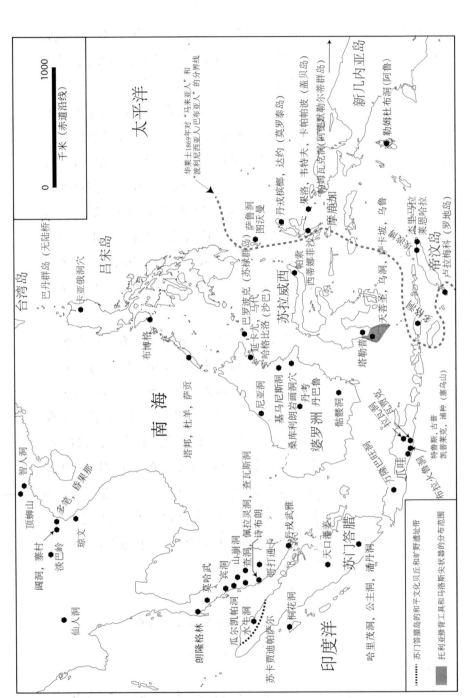

图 5.1 东南亚晚更新世和全新世早期遗址分布图

面岛屿地区的发展具有一定意义。距今大约20 000年时,中国华南地区和大陆东南亚地区被和平文化砾石石器工业制造者占据,而之前的晚更新世,在中国广西(Ji et al. 2015)、越南北部、泰国南部、马来半岛等地(Anderson 1990; Rabett 2012),则是与砾石石器工业紧密相关而又有重大差别的砾石和石片石器工业。但是,实际上,和平文化石器工业(晚期而非早期)是推动岛屿东南亚发展的最重要因素,这与第四章中讨论的人口变化有着某种联系。

在越南北部和中国华南地区,和平文化后段与准新石器时代文化发展相关联,而同时期的中国中部地区则兴起了新石器时代食物生产。正如第一章所说,在中国南部和越南北部地区出现了准新石器时代工具,包括磨刃和通体磨制的石斧以及陶器,但到目前为止,尚无粮食生产的任何证据。在亚洲新石器时代人群向南迁徙之前,似乎在长江中下游和黄河流域农业发展核心区的南部外围存在一条澳巴人群狩猎采集者"分布带(halo)"。

大陆东南亚准新石器时代的和平文化

和平文化一词自20世纪20年代开始使用,指的是冰后期以单面或双面的砾石工具为典型代表的石器工业(图5.2)。和平文化遍布大陆东南亚很多地方,西至缅甸、北至中国南方各省的洞穴和岩厦中都发现有和平文化遗存,中国广西、越南北部、马来半岛和苏门答腊岛北部一些河旁和海滨贝丘也有和平文化遗存。特别是在泰国和马来西亚等南方地区,在更新世和全新世早期,和平文化的人口密度达到最大,那时海平面高度、气温和降雨量均达到最大值。末次盛冰期时,人口数量似乎有所下降,这可能是因为我们现在所发掘的洞穴和岩厦当时距离海边更远。对于泰国—马来半岛而言情况尤其如此,放射性碳测年结果充分表明,末次盛冰期时出现了一个相对间歇期(Bulbeck 2003:表4.6; Bulbeck 2014)。另

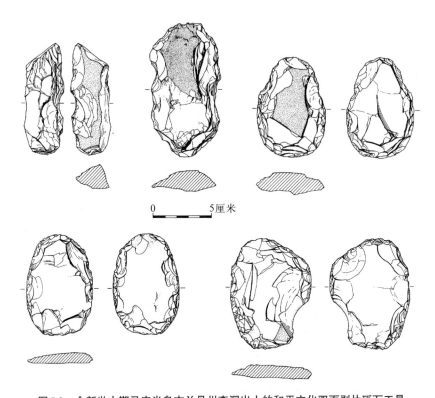

0　　　　　5厘米

图5.2　全新世中期马来半岛吉兰丹州查洞出土的和平文化双面剥片砾石工具

值得注意的是一些石器开始出现束腰，可能是用来装柄。图片来源：琼·古德鲁姆（Joan Goodrum）绘制

$\dfrac{134}{135}$　一种可能是，人类居住的许多洞穴靠近河流，由于全新世的湿润气候，这些洞穴会受到河水冲刷和破坏，这意味着较早时期的洞穴遗址已经被河流冲毁殆尽了。

关于越南、泰国和马来半岛的和平文化石器工业，我在《印度—马来群岛史前史》一书中有详细的描述（Bellwood 2007：158-169）。在越南北部的石灰岩地区，发掘出土了大量典型的单面加工的和平文化石器，这些石器与石片工具、石臼、大小不同的石杵，还有骨尖状器和骨铲，以及上面撒有红色赭石（赤铁矿）的澳巴人种屈肢葬有关。一些遗址发现了磨刃石器，其年代据说可以追溯到距今1.8万年,如和平省的营洞遗址(Ha Van Tan 1997)。在泰国—马来半岛,大部分和平文化石器工业以双面加工的砾石石器为典型器物,很像卵形手斧(图5.2)。

如前所述,和平文化的前身与岛屿东南亚并没有直接联系,但是这一文化的结束却是另一个故事。从中国华南和越南北部的和平文化发展出一支准新石器文化,长期以来被称为北山文化。北山文化以越南北部的北山省(现已撤销)命名,典型器物包括粗陶、磨刃或通体磨制的石斧。越南考古学家认为北山文化与和平文化有区别,北山文化可追溯到全新世的早期和中期。越南北部清化省的多笔和昏果那等大型旷野贝丘遗址中也发现有北山文化组合。这些贝丘遗址(相对于洞穴)通常被称为多笔文化(Nguyen Viet 2005)。第四章已经对昏果那有所介绍,昏果那遗址有庞大的墓地,埋葬了250个澳巴人种狩猎采集者,葬式主要是蹲姿和坐姿,没有随葬品,年代可以追溯到公元前4000～前3500年。该遗址出土了很多截面呈透镜形的磨刃或通体磨制的石斧,以及夹粗砂的圜底器陶片,器表饰以绳纹或藤纹(图5.3)。

越南北部的这些贝丘遗址展现出一种重要且具有创新性的准新石器时代文化,他们与大陆东南亚北部的澳巴人群有关,与中国南部的广西也有亲缘关系。他们狩猎野生水牛、猪和鹿,捕捞鱼类和贝类,采用"屈肢"的埋葬姿势并且没有随葬品,保持一种相对稳定的定居形态。昏果那遗址墓葬数量如此之大,要么是经过了长时期的埋葬活动,要么是将一个范围广大的内陆地带的死者都集中在这个神圣的墓地,或者两者兼而有之。当然,这个遗址没有明确的地层证据表明这是一处大型的食物生产村落。事实上,在大陆东南亚的任何和平文化或准新石器时代的地层中都没有发现食物生产的迹象,尽管他们与中国黄河和长江流域的新石器时代文化处于同一时期,而且还有人宣称(Gorman

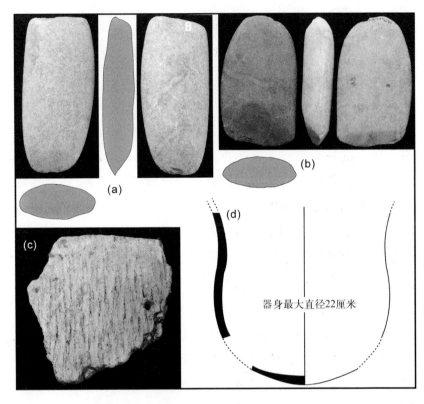

图5.3　全新世中期（公元前4000～前3500年）越南北部清化省昏果那遗址出土的磨
　　　制石斧（a、b）和绳纹、藤纹陶器（c、d）

(a)长15.5厘米；(b)长19厘米。资料来源：越南考古研究所。作者拍照和绘图

1971)，在泰国北部的仙人洞（Spirit Cave）更新世晚期的和平文
化地层发现了很多可食用的水果和豆科遗存。然而，这些作物没
有一个是完全驯化的物种（Yen 1977)，目前关于仙人洞的和平文
化经济方式，一般认为这些植物只是他们采集食物的一部分，而
且这种生活方式可能在泰国北部的偏远山谷一直延续到新石器
时代。

　　中国华南和越南北部准新石器时代的重要性在于，土著和平
文化人群采用了新石器时代的石器工业技术，虽然没有明显的食
物生产的迹象，但可能产生了对资源的管理。其中一种可能是对

西米、野生山药或芋头等植物的管理,正如杨晓燕等人(Yang et al. 2013)对广东新村新石器时代遗址的讨论。但是,无论当时整体经济方式如何,事实依然是,准新石器时代的澳巴人群并不是新石器时代大陆东南亚或岛屿东南亚移民的主要来源,即使这一阶段确实发生了某种程度的人群混合。

除了中国华南和越南北部,在马来半岛以南很远的地方也可能存在准新石器时代遗址。1860年以来,人们曾在槟城(Pulau Pinang)陆地古海脊和霹雳州诗布朗(Seberang)发现海洋或河口生双壳类贝壳堆积而成的大型贝丘遗址(Adi 1983: 53)。很久以前,范斯坦·卡伦费尔斯(van Stein Callenfels)在槟城穆达河口瓜尔凯帕(Guar Kepah)(1936年时此地的名称)发掘了3处贝丘遗址。据他介绍,这些贝丘遗址高达5米,发现了火塘以及撒有红色赭石的二次葬[1940年发现的一个下颌骨被缪斯伯格(Mijsberg)命名为"古美拉尼西亚人(Palae-Melanesian)"],还发现有猪骨、鱼骨、和平文化工具以及磨制或琢制的带有"颈部(necks)"的砾石石斧,少量陶器(Bellwood 2007: 图版19)。这些遗物没有明确的地层顺序,特威迪(Tweedie 1953: 69)认为陶器的年代可能晚于和平文化石器。胡淑婷(Foo Shu Tieng 2010)的硕士论文研究了收藏于新加坡的瓜尔凯帕遗址材料,论文中展示了两片装饰有竖绳纹的粗砂厚陶片,与图5.3中昏果那遗址的新石器时代陶片相似,但其他陶片的时代明显要晚一些。不过,她也指出,陶片发现于瓜尔凯帕墓葬的底部,并提到其中一个遗址有一个未发表的螺壳碳十四测年数据,为距今5 700 ± 50年(未校正)(Foo 2010: 87)。[3]

特威迪(Tweedie 1953:图版9和10)还展示了几件柔佛州丹戎邦加(Tanjong Bunga)(与新加坡隔海相望)出土的磨刃砾石石斧,这些石斧在发现时明显没有陶器共存(至少他没有提到过有陶器）。在吉兰丹马杜洞和霹雳州的蜜蜂洞（Gol Ba' it）、水牛洞的发掘中也发现了一些磨刃石斧。[4]据报道，在后两个地点，石斧出土在未经测年的文化堆积底部。吉兰丹州佩拉灵洞（Gua Peraling）全新世和平文化地层也出土过石斧（Adi 2007）。

这些发现表明，马来半岛就像越南北部一样，在新石器时代之前就已经出现了磨刃或琢制的石斧，但瓜尔凯帕（Guar Kepah）贝丘遗址是否存在新石器时代以前的陶器，这个问题显然需要进一步研究。然而，瓜尔凯帕的石斧和陶片可能是准新石器时代的重要标志，虽然在岛屿东南亚未见到类似的情况。也许我们可以期待，有一天它们真的会出现。假如有相关遗迹能够幸存下来，最有可能的地方是与大陆东南亚只隔着一道马六甲海峡的苏门答腊岛。

苏门答腊的和平文化

在印度尼西亚境内，最著名的和平文化遗址群分布在苏门答腊岛东北海岸的内陆，在洛修马威和棉兰之间长约130公里的地带。[5]许多是直径达130、高10米的大型贝丘遗址，贝壳、泥土和灰烬混杂在一起。它们大多数位于全新世早期的海岸线，现在随着海退已经到了离海10～15公里的内陆。不过有些遗址则远低于现在的海平面，甚至被掩埋在过去几千年里沿着海岸快速形成的沉积物之下。尽管有报道称，苏卡贾迪帕萨尔（Sukajadi Pasar）3号遗址堆积下层的放射性碳年代约为距今7 500年，但这些遗址并没有经过全面发掘，也没有经过系统测年。

正如范·希克伦（van Heekeren 1972）所说，多年来，许多考古标本都出自苏门答腊的贝丘遗址。大多数石器都是沿椭圆形或长条形砾石的一面进行剥片，通常是整面剥片。他没有提到双面工具和磨刃工具，尽管在缺乏资料的情况下我们的推测应该谨慎,但看起来这些遗址在技术上还是比马来半岛准新石器时代遗址要简单。这些贝丘遗址发现有砺石、石臼、红赭石以及墓葬(12座出自苏卡贾迪),动物遗骸包括大象、犀牛、熊、鹿和很多小动物。范·希克伦(van Heekeren 1972:图版36)描绘的双壳贝类似乎与槟城贝丘的相同,都属于河口环境生长的物种。普遍不见陶器,至少在和平文化地层堆积中不存在陶器。

不幸的是,现在苏门答腊的大部分贝丘都已经被开采用来生产水泥,只留下溢满水的大坑(Bellwood 2007:图版20)。这一低地冲积区没有洞穴或者是岩厦,该地区已报道的其他和平文化旷野遗址通常都在海拔150米左右的内陆阶地或是石灰岩地区。最近对苏门答腊岛以西尼亚斯岛的桐花洞(Tögi Ndrawa Cave)遗址下层和苏门答腊岛南部的公主洞(Gua Putri)、潘丹洞(Gua Pandan)和哈里茂洞的研究中发现了很多和平文化的单面砾石工具组合。这些砾石工具在尼亚斯洞是发现于贝丘堆积中的,而在哈里茂洞是和4座澳巴人种屈肢葬墓共存的。因此澳巴人群对哈里茂洞的占据至少始于1.5万年前。[6]所以,和平文化可能一度扩张到苏门答腊岛及其邻近岛屿,尽管这里除了和平文化石器还有大量的石片石器。

138
139

许多更新世晚期到全新世早期的遗址,如苏门答腊岛,包括位于葛林芝湖(Lake Kerinci)附近高地的天口潘姜(Tianko Panjang)洞穴遗址,都没有出土和平文化的石器(Bronson and Asmar 1975)。天口潘姜洞穴出土了距今1.1万年的未经修整的黑曜岩石片和碎片。在苏门答腊岛中南部的葛林芝湖和占碑附近的遗址(van der Hoop 1940)地表采集到一些黑曜岩石器,其中有尖状器和细石器。格洛弗和普雷斯兰(Glover and Presland 1985)报道了这些地点的新月形修背石器,但在天口潘姜洞穴的发掘中并没有发现该类型的器物。

　　苏门答腊岛的和平文化工业类型，也就是文献中通常所说单面或双面加工的大型"手斧"和"苏门答腊石器"，严格意义上，在印度—马来群岛除苏门答腊以外的其他岛屿并不存在。这些岛屿的许多旧石器工业都有从大的砾石石核剥落下来的石片工具，例如，在台湾岛东部、菲律宾和婆罗洲的部分地区，以及在摩鹿加群岛北部的莫罗泰岛，河流或海滩上随处可见适合制作这些工具的原料。然而，在对所有这些地区进行了几十年的实地调查后，我认为苏门答腊岛的和平文化在技术上与该岛之外如中国南部、越南北部和马来半岛的准新石器时代透镜状或椭圆形石斧完全不同。罗伯特·冯·海因·戈尔登（Robert von Heine-Geldern 1932）倘若泉下有知一定会很高兴，正是他曾经精辟论述过的圆角石斧（锛）（准新石器时代截面呈椭圆形或透镜状的石斧或石锛），奠定了大陆东南亚磨制石斧（锛）序列的基础！

苏门答腊以外东南亚岛屿的旧石器时代晚期遗存

　　第四章论述的骨骼证据表明，智人在距今大约5万年时来到了岛屿东南亚。在这一起（或多起）迁徙事件之前，弗洛里斯人和直立人占据着这片土地。在爪哇和弗洛里斯岛，石器的历史可以追溯到100多万年前。正如我们在第三章中看到的，近期在苏拉威西岛瓦拉纳山谷附近的塔勒普遗址出土了距今10多万年前的石器。同样在爪哇，在塞乌山石灰岩洞穴中的新发现将石器的出现提前到距今30万年，进入到直立人时期（Simanjuntak et al. 2015），尽管这些石器旁边没有发现人类遗骸。我们还在吕宋岛的卡亚俄洞穴发现了距今6.7万年的古人类跖骨，但没有发现石器。米亚雷斯（Mijares 2015）认为当时屠宰鹿和猪可能是用竹刀，如果属实,该遗址的古人类当然是工具制造者。

虽然有以上发现,而且知道是古人类制造了这些石器,但很遗憾,在上述任何一个遗址,考古学家都无法分辨出石器工具类型的突变,或者能够指出,"根据这一点,我们见证了智人的到来"。这与欧洲的经典演化道路不同,欧洲从尼安德特人的莫斯特文化(旧石器时代中期)到最早现代人的奥瑞纳文化(旧石器时代晚期),轨迹很清楚。但是岛屿东南亚的石器工业没有可靠的依据,可以用来区别直立人或弗洛里斯人与现代人的人工制品。在这一地区,石器是没有办法解答这些问题的,我们必须依靠基因、人骨和岩画来寻找答案。

除了发现头骨之外,确定现代人到来年代的唯一方法,就是那些没有古人类的岛屿上考古遗存出现的时间。在苏拉威西岛和弗洛里斯岛以外的华莱士地区,打制石器的出现可以追溯到距今5~4.8万年或更晚,在新几内亚和澳大利亚地区也是如此(Summerhayes et al. 2010; Allen and O'Connell 2014)。到目前为止,在澳大利亚和新几内亚都没有发现古人类遗存,说明最早到达这里的人类确实是智人。这个年代也代表了婆罗洲智人遗存(例如尼亚洞)的下限,尽管尚不能否定巽他古陆之前存在直立人的可能。

岛屿东南亚和平文化之外的石器是石片工具,分布广泛,与和平文化性质不同,由第一批定居在澳大利亚和新几内亚的人类携带而来。这些旧石器时代石器的特点是大小不一的简单砾石工具、形状不同的石核(但也不是全部呈棱柱状),以及形状不规整的石片。这其中也会有骨器、蚌器,还有贝丘以及头骨近似澳巴人种的屈肢葬和蹲踞葬。还有一些非常有意思的岩画,如手印、红色动物等,在南苏拉威西岛和婆罗洲东部分布最多。在这些旧石器工业中,特别是全新世时期的旧石器,我们有时会零星发现两面加工的长叶形尖状器、修背石片或石叶和细石器技术,每种技术都在某个有限的区域和不同的时期短暂出现过。磨刃但没有通体磨制的石斧也出现过，然而到目前为止没有发现准新石器时代的陶器。事实上，在整个岛屿东南亚上，也没有出现任何像中国华南和越南北部那样的准新石器时代陶器。然而，在华莱士地区有一些新石器时代早期用于切割和研磨的蚌器，尤其是砗磲磨制的蚌锛、鱼钩和小圆珠，这些都令人饶有兴趣。

140
141　　下面的内容，我将从婆罗洲和爪哇岛开始，因为它们是巽他古陆的一部分，很显然这里是亚洲大陆的现代人种移民最早踏足的地方。接下来，我将考察华莱士地区，从菲律宾的北部开始，之后是苏拉威西岛、摩鹿加群岛和帝汶岛。

砂拉越的尼亚洞

　　砂拉越州尼亚洞巨大的西洞口包含了岛屿东南亚人类活动时间最长的地层记录。尼亚洞位于砂拉越州北部尼亚附近的苏比斯山（Gunung Subis）石灰岩地区的雨林中，距离海边约11公里，洞穴高、大、深，让人叹为观止，洞内面积约10.5公顷。该洞有许多洞口，其中西口是最大的，大约250米宽，60米高（Bellwood 2007：图版21）。洞穴地面大部覆盖着多年形成的很厚的海鸟粪便，但西口北端有一块高而干燥的区域，大约在距今50 000～8 400年间断续被旧石器时代人类作为居住地。之后长期废弃，到了大约公元前1500年，这里又成为新石器时代和青铜时代流动人群的墓地。再后来，本南族狩猎采集人群以及19世纪和20世纪初从砂拉越州西部移民过来的马来商人和伊班稻作农人，经常到洞里采摘燕窝。尼亚洞在1954～1967年间由汤姆·哈里森领导进行了大规模的发掘（Harrisson 1970），1982年由祖莱娜·马吉德（Zuraina Majid）再次发掘，最后一次发掘是在2000～2004年，由格雷姆·巴克（Graeme Barker）领导的英国—马来西亚团队进行（Barker 2013;

Barker et al. 2007; Barker et al. 2011)。

　　最近详细公布的2000～2004年发掘结果(Barker 2013)表明,尼亚洞现在可能拥有岛屿东南亚旧石器时代洞穴遗址最完整的考古材料。通过重新发掘,许多由岩石塌落造成的地层问题已经得到解决,洞穴前部基底层的"深地头骨"现已被确认为距今3.7～3.6万年(Hunt and Barker 2014)。孢粉记录表明,婆罗洲地区在5万年后交替出现凉爽干燥的山地森林草原与温暖湿润的茂密低地热带雨林,但热带雨林在该地区从未完全消失(Hunt et al. 2012)。植被经过多次变换,从距今11 500年至今,一直都是以冰期后低地热带雨林为主。

　　迄今为止,尼亚洞穴拥有岛屿东南亚所有遗址中数量最多的碳十四测年数据(Higham et al. 2009; Barker 2013)。当把尼亚洞所有(总共8个洞穴)175个年代数据绘制出来时,清楚地表明人类对尼亚洞的利用分为3个非常清晰的阶段(表5.1)。第一阶段发生在距今4.75～3.75万年,"深地头骨"代表的旧石器时代晚期人类在此活动,当时人们生活在洞穴前方,洞口下方30米流淌着一条小溪。生活区后面是一条水渠,由洞穴后面一个水槽排出。在相关沉积物中发现了"深地头骨",共出的还有胫骨和股骨的碎片。尼亚洞旧石器时代工业主要是利用粗颗粒的岩石为原料打制而成,石制品类型主要有石片、砾石、断块、碎片,石核形状不规则,石器工具很少经过系统修整。维生方式主要是狩猎野猪,但也发现有巨型穿山甲(已灭绝)的骨头,还有菲利普·派珀(Philip Piper)识别出的其他动物(Piper and Rabett 2014)。植硅体表明当时已开始利用野生的山药、海芋和棕榈果等植物。爵床属(*Justicia*)花粉(在火烧后繁殖的一类植物)表明洞穴中人类居住的地层有用火痕迹。发掘者还认为,洞穴底部的坑是用来过滤印尼黑果毒素的设施。[7]

表5.1　尼亚洞175个碳十四测年数据的年代分布

（注意时间间隔期在距今5 000年时缩短）。这些数据多是从木头/木炭或人骨上获取的。不包括环境样本。它们被认为位于尼亚洞穴遗址群（西口、甘吉拉、三提洞、黑布、法兰孔、杰拉根洞、马加拉洞、尤圣）人类活动频繁的地带。阴影为洞穴密集利用的时期。资料来源：巴克（Barker 2013：附录，367～372页）。

放射性碳十四年代	年代数据个数
50 000～47 500	3
47 500～45 000	9
45 000～42 500	4
42 500～40 000	7
40 000～37 500	4
37 500～35 000	3
35 000～32 500	1
32 500～30 000	2
30 000～27 500	0
27 500～25 000	2
25 000～22 500	5
22 500～20 000	6
20 000～17 500	8
17 500～15 000	5
15 000～12 500	5
12 500～10 000	8
10 000～7 500	10
7 500～5 000	2
注意以下时间间隔缩短	
5 000～4 000	5
4 000～3 000	29
3 000～2 000	41
2 000～1 000	7
1 000～0	9
总计	175

在距今3.75～2.5万年,尼亚洞的利用率有所降低,但从距今2.5～0.87万年即末次盛冰期到全新世早期(报告给出了该阶段的结束年代),尼亚洞的利用率又有所提高。最后这个阶段尼亚洞使用者的经济方式与第一阶段很相似。因为尼亚洞一直以来距离末次盛冰期海岸线不是很远,海平面下降对这里的影响似乎比对马来半岛内陆和平文化遗址小得多,后者在末次盛冰期几乎无人居住。事实上,在距今1.6万年之后,骨器的数量越来越多,其中有些工具上带有树脂的残留物,可能是装柄所致;还发现有磨刃石斧,但没有发现准新石器时代的陶器。有人认为已出现诱捕夜行或树栖动物的技术(见后文菲利普·派珀的观点);也可能开始使用弓箭,但尚未得到证实;至于吹箭筒,在这么早的时期更不可能出现了。

在这一阶段末期,也就是距今11 500～8 700年之间,洞内出现了25座屈肢或坐姿葬(图4.3b)。由于面骨缺失,其生物学性质难以确定(Lloyd-Smith 2012;见松村博文等人在第四章的讨论)。有些死者的头颅被切下,一个头骨下埋有犀牛的骨头,还有一些人骨带有烧焦的痕迹。在菲律宾西南部巴拉望北部的伊勒洞(Ille Cave),至少有7个人是火葬,之后收集和埋葬残留的骨头碎片,其中一些带有敲击和切割的痕迹,这在同时期的地层中得到了证实(Lewis et al. 2008)。甚至距今3万年前,澳大利亚新南威尔士州西部的蒙戈(Mungo)1号遗址就已使用这种葬式。

在旧石器时代晚期之后,尼亚洞经过了一段时间的废弃,在距今8 700年之后不见人类活动的证据。到了公元前1500年,该洞再次被使用,但仅仅是作为墓地——我们在第七章中再讨论这部分内容。

沙巴东部

1980～1987年,在沙巴博物馆(位于哥打基纳巴鲁)的支持下,于沙巴东部发掘了一批距今3万年的洞穴和旷野遗址（Bellwood 1988, 2007: 175-185）。虽然这些遗址现在靠近海岸，但在末次盛冰期时低海平面的情况下，它们可能位于距离海岸线150公里的内陆。这些洞穴和岩厦位于马代（Madai）和巴图龙（Baturong）石灰岩地区，这两个地区都有与尼亚洞类似的溶洞，也有干燥宜居的洞厅。巴图龙洞穴周围发现大面积的水相沉积物，据推测，这些沉积物是一个已干涸的湖床，该湖泊是火山熔岩流堵塞廷卡尤河（Tingkayu River）古河道形成的。1982年，对峡谷出口的熔岩流末端埋藏的木炭进行测年，为距今2.8万年。到距今1.8万年的时候，熔岩大坝被河流冲垮，湖泊似乎已部分或全部干涸。

143
144

　　这个湖存在的年代非常重要，因为许多旷野遗址直接坐落在湖边；根据地理位置判断，这些遗址可被认为与湖泊同时，因此可以追溯到距今2.8～1.8万年之间。至少，这是我在大约30年前（Bellwood 1988）发掘这些遗址时得出的结论。考虑到两面器如此精致，这个年代很值得重视。遗憾的是，这些遗址因为土壤酸性腐蚀没有留下任何骨骼或木炭遗存，因此考古地层本身无法直接测得年代数据。

　　如果廷卡尤湖周边遗址的石器工业（图5.4）真的属于距今1.8万年之前廷卡尤堰塞湖存在的阶段，那么它们体现了这一时期东南亚非凡的石器工业水平。这些工具大多是利用当地开采的燧石石片制造的；原料的确切来源目前还不清楚，可能已经不存在了，也可能埋藏在附近某个地方。许多燧石毛坯显然是打算加工成大的双面器和较小的叶形尖状器或石刀，后者则明显代表了加工的

144
145

最终目的。成品（图5.4，左中）具有非常精细的剥片面，但加工程度不同的残件也很常见。事实上，大部分双面器在发现时是残断的，偶尔有些标本能够拼合，大部分完好的石器很可能已经被带走使用。在编号为TIN 2的发掘单元中，一件14厘米长的精致双面

器在制造过程中断裂，制作者试图将其中一个部分继续加工成小一点的工具，但最终放弃了（图5.4，左上）。一些两面器的使用痕迹表明，尽管两面器的形状是尖的，但这类工具的主要使用部位是侧刃。因此，它们同时具有投掷器和刀的双重功能。廷卡尤湖遗址还发现了大量的修理两面器时剥下的石片，以及一个指甲状陡刃刮削器和一些经过剥片的石核。不过，廷卡尤湖遗址可以被认定为是一个专门生产两面器的遗址，因为那里几乎没有别的工具类型。

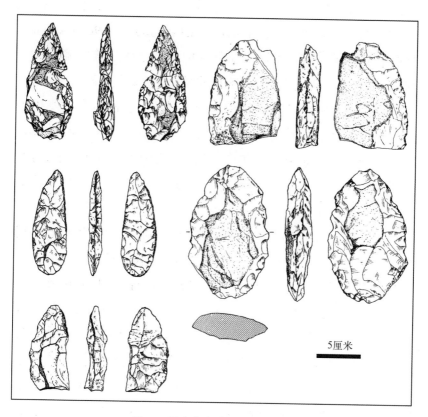

图5.4 廷卡尤遗址的燧石两面器

　　左上角的标本在制作过程中断裂，但在较大的下部继续剥片。左中的标本是唯一完整的石器，是发掘之前在地表采集的。尽管右侧两个较大的石器似乎有使用痕迹，但实际上未完成就被丢弃了

目前来看，这套两面器工业在整个东南亚都是非常独特的。一开始，我认为它是因为适应湖泊环境而独立发展起来的。后来，我也考虑它们可能和苏拉威西岛托利安遗址的细石器工具相似，实际上属于全新世时期。但主要的问题是，我们在岛屿东南亚全新世时期的洞穴和旷野遗址中从未发现过这类工具。我再次开始怀疑它们不属于全新世，甚至也不完全是本地土著产品，而是我最初认为的属于距今1.8万年的更新世。在泰国南部年代相似或更早的朗隆格林（Lang Rongrien）遗址和莫哈武洞（Moh Khiew）遗址，以及马来半岛年代更晚的和平文化遗址（图5.2）中均发现了比较粗糙的两面器工业（Anderson 1990; Pookajorn 1996），这在某种程度上印证了我的想法。此外，大约从距今3万年前起，远至亚洲北部，包括中国北部、俄罗斯东部和日本，都有两面器工业。毕竟第一批穿越白令海峡到达美洲的古人类使用的就是两面打制的投掷器。但是，这些事情发生的是如此久远，以至于现在才引起我们的关注。我所能做的就是建议未来的考古学家，他们应该尝试在有明确年代的遗址中寻找这些神秘的工具（参阅：Saidin 2001）。

现在我们来看沙巴洞穴的堆积序列。在廷卡尤湖时期，巴图龙这个地方形成了一个高耸的石灰岩岛，其南部位于悬崖底下的岩厦全部被淹没。湖水干涸后，这些岩厦被旧石器时代晚期的居民占据。在哈格比洛洞穴中，距今1.8～1.2万年间的贝丘堆积叠压在底层不含文化遗存的堆积之上。贝丘地层中包含三种湖泊腹足动物，未发现海贝，考虑到当时海岸线距离此处较远，没有出土海贝并不奇怪。这一时期的石器中完全没有廷卡尤湖时期的双面器，其组合是岛屿东南亚典型的砾石工具或燧石制作的石核/石片工业，有单台面或多台面的石核，使用常见石片和类似石叶的石片，以及平底陡刃刮削器。一些工具的刃缘有带光泽的斑点，表明曾切割过含硅的藤蔓或草类植物。巴图龙遗址另一种有趣的工具是类似于尼亚洞的大骨铲，还发现了带划痕的赭石。

在距今1.2万年之后不久，哈格普比洛（Hagop Bilo）遗址似乎被废弃了，人类的居住地向东转移到马代（Madai）洞穴，这里在全新世早期即距今1万年的时候较容易获得海洋资源，在距今10 000～7 000年之间密集居住着狩猎者（见 Harrisson 1971年的发掘）。在马代洞穴上部的阿戈萨拉帕（Agop Sarapad）贝壳地层发现了大量利用本地燧石质砾石加工的工具，这一石器工业系统与哈格普比洛遗址相似，非常注重砾石工具（不像和平文化只在一面或两面进行简单加工，而且从不磨刃），器形包括大型陡刃工具，多面或马蹄形（单面）石核，以及许多使用过的边缘光滑的石片。

在阿戈萨拉帕出土了许多利用河流中的大颗砾石制作的研磨器，有些上面附着有赭石残迹（图5.5），有些可能用来加工食物，但尚未做过残留物分析。石锤也很常见，用来制造石器，或在研磨器上加工食物或是赭石。贝丘堆积中的食物遗存，包括许多河口红树林线蚬（Batissa，一种双壳贝）和舟蚶（Anadara，一种腹足类）的贝壳，显然当时人类相当频繁地在海岸线附近活动。然而，大多数贝壳都是类似哈格普比洛遗址食用的3种河滨贝类。马代洞穴出土动物与哈格普比洛遗址也很相似，但另外增加了一些较大的动物，如猩猩、牛、老虎和苏门答腊犀牛；哈格普比洛遗址似乎没有这些大型动物，但因为发现的标本数量较少，所以还不是很确定（Harrison 1998）。

在距今7 000年之后，马代洞穴像尼亚洞一样废弃了。可能并不是全新世海平面升高造成的，因为马代洞穴和苏比斯山的尼亚洞一样，海拔很高，并不会受太大影响。在以后大约4 000年的时间里，它们一直无人居住，直到一种全新的、完全不同的新石器时

145
146

146
147

图5.5　阿戈萨拉帕遗址出土火山岩河滩砾石制作的研磨器

代文化组合出现。在下文讨论全新世早期和中期婆罗洲洞穴遗址时，会再讲到这段相当奇怪的空白期。

加里曼丹东部和中部

印度尼西亚加里曼丹和马来西亚婆罗洲这两个地区是很好的案例，可以讨论狩猎采集者在不依靠贸易获得农产品的情况下是否依然能够生活在赤道内陆雨林中。根据海兰德关于菲律宾群岛

（Headland 1987）、兰博和库奇库拉（Rambo1988; Kuchikura1993）关于马来半岛的研究，由于能够采集到的蛋白质和碳水化合物数量有限，他们很难做到这一点。这个讨论被贝利（Bailey 1989）赋予了世界性的意义，他认为在农业开始之前，非洲、亚洲和南美洲潮湿的内陆雨林通常是无人居住的。

然而，如上所述，尼亚和沙巴的考古资料表明，尽管过去5万年中（Endicott and Bellwood 1991; Rabett 2012: 209-210）在该区域活动的觅食者数量少，流动性高，但他们确实在这些地方居住（正如Bailey et al. 1989关于马来半岛的讨论那样）。值得注意的是，当热带雨林处于非常温暖和潮湿的环境时，狩猎采集者的人口密度最高，比如在更新世末期和全新世早期的泰国—马来半岛。任何认为狩猎采集者无法独立在内陆深处雨林生活的观点现在已经被否定，正如第二章和第三章所讨论的那样。现在的雨林在更新世早期有可能是冰期的旱季走廊。然而，很明显，就像现在一样，内陆赤道雨林深处的人口密度肯定比沿海地区要低，如果我们将尼亚洞等沿海地区与我接下来讨论的内陆深处洞穴进行比较，就会看到这一点。

1998年，我的一位博士生卡丽娜·阿利芬（Karina Arifin）在加里曼丹东部贝劳（Berau）地区的比朗河（Birang）上游开展研究。该地区现在距海边60公里，在末次盛冰期时可能超过100公里（Arifin 2004）。这里的基马尼斯（Kimanis）洞穴从距今大约2万年的时候开始有人居住，发现一座狩猎采集者屈肢葬墓，距今大约1万年，埋葬方式与更新世末期的尼亚洞相似。基马尼斯洞穴的石器都是简单的石片和石核，没有磨刃。这些狩猎采集者获取资源的种类与尼亚洞相似。阿利芬认为她的研究结果证明狩猎采集者无法在内陆雨林生存的假设不成立。我的另一个研究生阿尔曼·米亚雷斯（Armand Mijares 2007）在吕宋岛北部卡加延河内陆地区开展的研究也得出了同样的结论。

　　类似的人类活动在桑库利朗(Sangkulirang)很多更新世末期(距今约1万年)的石灰岩洞穴遗址都有广泛的报道,这些洞穴位于距离贝劳地区不远的内陆,横跨芒卡利哈特半岛,离海边约50～100公里。在这里,比较有意思的现象是在至少38个洞穴的岩壁上发现了多处手印岩画,这些图案是将手掌紧贴石壁表面,然后用嘴吹骨管中的赭石粉,喷射在手和石壁上形成的。萨利赫洞穴(Gua Saleh)(亦称为Ilas Kenceng)壁上就有这样一个手印岩画,表面被方解石密封,铀系测年结果超过9 900年(Plagnes et al. 2003)。这是迄今为止婆罗洲最古老的岩画。[8]

　　桑库利朗洞穴的岩画艺术非常引人注目(图版2),在卢—亨利·法格和让—米歇尔·查津(Luc-Henri Fage and Jean-Michel Chazine 2010)的精彩著作中可以看到全部图片。一些海拔高且较难进入的洞穴,尤其是马斯里洞、萨利赫洞、特韦特洞、塔姆林洞、哈姆洞、朱弗里洞、卡里姆洞、哈托洞,都发现有赤铁矿粉绘制的红色岩画,图像包括牛、鹿、一种疑似貘的动物(已在婆罗洲灭绝)、戴着巨大头饰的持杖人像,以及挂在树枝上的蜂巢等。尤其是手形图案和动物图案,与下文将讨论的南苏拉威西岛洞穴的岩画非常相似。最近,对这些赭石洞穴壁画进行了铀系测年,可追溯到距今4～3.5万年。桑库利朗的许多手形图案上面都有点和线,这也许代表着当初画在手上的文身装饰。马斯里洞有181幅手印岩画,特韦特洞有159幅。桑库利朗所有洞穴共有1 938幅手印,另外还有265幅其他画作。还有一些年代不明确的岩画,可能是属于新石器时代的炭画。事实上,年代问题很重要,因为如果使用赤铁矿的族群实际上都是旧石器时代的,那将是相当吸引人的,但到目前为止,只有萨利赫洞穴的岩画有确切的年代。格雷特等人(Grenet et al. 2016)指出,人类居住的确凿证据来自乔恩洞、阿布洞和巴拉望地势较低且容易出入的岩厦,自距今1.2万年以来就有人居住,其中包含旧石器时代晚期的石器,凯波波洞可能也是如此,里面有一座前陶时代蜷曲很甚的屈肢葬。

另一个洞穴位于加里曼丹东南部梅拉图斯山脉(Meratus Mountains),叫作骷髅洞(Gua Tengkorak),曾经有旧石器时代人类在此居住,推测延续到全新世早期。洞中发现有高度蜷曲的屈肢葬,头骨很像澳巴人种(Widianto and Handini 2003)。然而,对热带雨林更有意义的讨论是库斯马托诺(Vida Kusmartono)目前正在进行的澳大利亚国立大学博士论文的研究。库斯马托诺是一位印尼考古学家,在位于马辰市(Banjarmasin)的考古研究中心(考古部)工作,目前正在研究从丹考(Diang Kaung)和丹巴鲁(Diang Balu)洞穴中发现的材料。丹考和丹巴鲁直线距离海洋400公里(如果沿着河流走,接近1 000公里),地处婆罗洲的中央,属于卡普亚斯河上游的普南地区。她的研究结果(Kusmartono et al. 待刊)证实,早在新石器时代之前,即距今1.4~0.9万年,就有一小部分人在那里生活,但最密集的活动发生在过去3 000年间,那时新石器时代人群渗透到婆罗洲的内河,并且可能定期派遣狩猎探险队到内陆深处。也许这个新石器时代遗址与婆罗洲中部亚洲人种(并且说马来—波利尼西亚语)普南狩猎采集者的起源有关(图4.2c和4.4)。在婆罗洲人类学研究中,这一人群长期以来一直是关于狩猎采集者祖先讨论的关键对象。普南人是本地旧石器时代人群的后裔,还是他们的祖先有一部分来自农人?我怀疑是后者,我会在第八章继续探讨这个问题。

我自己对婆罗洲这些材料的解释是,更新世和全新世早期的狩猎采集者如果愿意的话,确实可以在距离海岸线很远的潮湿雨林中生存。但事实是,海岸遗址(如尼亚洞和马代—巴图龙洞穴)比卡普亚斯河上游的遗址分布更密集,使用的时间也更长。据推

148
149

测,沿海岸线步行或乘坐木筏逆流而上到达卡普亚斯河上游遗址可能需要一个月或更长的时间,因为卡普亚斯河或马哈卡姆河及其支流上游水流湍急,要逆流而上并不容易。就像在马来半岛和泰国的末次盛冰期期间,狩猎者只会在极少数情况下进入距离海岸数百公里的地区,而且只是少数人的短期活动。

上面提到的关于婆罗洲的最后一个问题,我认为可以激发未来研究者的想象。这涉及尼亚、沙巴、贝劳、卡普亚斯河上游等很多遗址,这些遗址在距今8 000~3 000年时(也就是在全新世上半期和新石器时代开始之前)实际上没有人类居住的任何迹象。有观点认为现代岛屿东南亚人群的起源是由于冰后期海平面上升,人类被迫迁出巽他古陆。这种猜测不适用于婆罗洲(Oppenheimer 1998; Soares 2016),因为如果这是真的,我们将发现这段时间里人类活动不断增强的迹象,特别是在该岛沿海地区全新世海平面以上的洞穴中,如尼亚和马代、巴图龙等洞穴。相反,至少在婆罗洲,这一迹象是减少的。

但是,这种全新世早期人类活动空白期的情况在岛屿东南亚的其他地方并不明显,目前原因仍不清楚。我们的判断,这也许是受到了遗址发现数量偏差的影响,也有可能一些洞穴或岩厦遗址堆积因侵蚀而消失。奥康纳等人(O'Connor et al. 2017)对这一问题进行了详细的讨论。然而,那么多距今8 000~3 500年的堆积都被侵蚀殆尽不太可能,除非是在全新世早期降雨极大,河水强烈冲击了此类石灰岩洞穴。目前,这种明显的空白期仍是未解之谜。

爪哇岛

爪哇中南部海岸边日惹东南部的塞乌山地区有大量的石灰岩洞穴(Simanjuntak et al. 2015; Simanjuntak and Asikin, 2004),有些堆积厚度超过15米,近年来进行了密集的考古发掘。特鲁斯洞

（Song Terus）和古普洞（Song Gupuh）的光释光和铀系测年表明，这两个遗址的旧石器时代石器工业分别为距今30万年和7万年，可能属于直立人。[9]关于这些洞穴遗址石器组合的具体情况报道很少，洞穴利用似乎不是很密集，但是进程很快，就像尼亚洞在更新世晚期和全新世早期末次盛冰期时候被快速利用一样。但与尼亚洞和马代—巴图龙洞全新世中期被废弃不同的是，对爪哇这一干燥地区的利用似乎从旧石器时代晚期一直持续到距今约3 500年的新石器时代，这也许是因为在较疏阔的季风雨林中人们容易捕捉到大型哺乳动物。

塞乌山（Gunung Sewu）的许多洞穴，特别是特鲁斯洞、古普洞、凯普莱克洞和布拉火鲁洞，其全新世早期遗存包括死者具有澳巴人种颅面特征的蹲踞葬或屈肢葬、海贝制作的刮削器、骨制尖状器或骨铲、砺石、赭石、修整石片工具，以及大量炭化的橄榄和石栗壳。在动物考古中，比较特别的是发现很多猴子的骨骼，尤其是叶猴（占凯普莱克洞动物总数的70%），这足以让托马斯·英吉科（Thomas Ingicco 2010）认为它们是被驯养并食用的，而且把它们的手切下来用于祭祀。印尼和法国考古学家们（Simanjuntak and Asikin 2004; Borel 2010）将全新世早期洞穴密集居住阶段称为凯普莱克阶段（Keplek Phase），并认为这个阶段开始于距今1.2万或1万年左右。

1931年，范斯坦·卡伦费尔斯（van Stein Callenfels）在拉瓦洞（Gua Lawa）发掘出类似塞乌山洞穴群凯普莱克阶段的文化遗存。该洞穴位于拉乌火山和利曼火山之间的塞乌山东北部三平村（Sampung），出土物中最引人注目的是骨和角制作的尖状器和铲（van Heekeren 1972: 92）。尽管这个遗址的情况还不是很清楚，而且似乎曾被扰动过（堆积底部发现了青铜器），但屈肢葬（有一座石板下的墓葬，墓主人是一个带贝壳项链的儿童）与骨器是同一个地层。所有这些人当时都被归为澳巴人种（当时用的术语是"美拉尼西亚人"）。拉瓦洞和凯普莱克晚期旧石器工业类型以及屈肢葬,在爪哇岛东端的洞穴和岩厦也有发现,但遗憾的是地层中夹杂有新石器时代的遗物（van Heekeren 1972）。

　　拉瓦洞的动物群很有趣,因为它包含了许多爪哇已经灭绝的大型哺乳动物,包括泽鹿、大象、云豹和野生水牛（Dammerman 1934）。瓦贾克（Wajak）洞晚更新世地层还包括当地已灭绝的貘和长鬃山羊（一种类似山羊的物种,也称苏门答腊山羊）的骨头。菲律宾南部巴拉望（巽他古陆的一个突出部）的伊勒洞也报道了一系列全新世灭绝动物（老虎、两种鹿,可能还有豺狗或野狗）（Storm 1992; Piper et al. 2011）。和美洲或澳洲这些之前无人居住、四面环海的大陆不同的是,旧石器时代的巽他古陆并不会物种灭绝。在全新世之前,这里任何局部地区的物种灭绝,都可能随着冰河时期陆桥的重现,被新来的物种所补充。但是菲律宾和印尼包括巽他古陆的许多哺乳动物,在末次盛冰期和历史纪元开始后的几千年里,不知为何消失了。我们无法确定这一现象发生的原因,到底是因为海平面上升导致种群孤立？还是因为海平面下降导致新的捕食者出现？或者是因为森林在全新世覆盖范围越来越广？当然,更大的可能是智人在其部分或完全灭绝中发挥了重要作用。另外,可能还有部分原因是因为断代不准确[10]。

　　我自己的看法（见菲利普·派珀的特约撰稿）是,其中一些物种如摩鹿加群岛袋鼠的灭绝,可能是在新石器时代及以后没有留下考古遗存的时期发生的。随着移民人口的增长,他们通过砍伐森林和强化狩猎（以养活更多的人口）加大了对环境的影响,他们还放养野猪和野狗,而这些动物没有天敌。除了弗洛里斯岛的剑齿象灭绝这样罕见的情况（如果没有古人类的参与不太可能发生）,我们没有绝对可靠的证据表明,在旧石器时代,岛屿东南亚任何地方任何物种的灭绝是由人类造成的。当然，在新石器时代及以后，人类带来的灾难加快了。

爪哇同样也是如此，在万隆高原一个古老湖泊沿岸发现了大量旷野遗址，这些遗址有一种未经过测年但可能属于前陶时期的黑曜石工业，但是否存在石叶尚不清楚（Bandi 1951; van Heekeren 1972: 133–137; Anggraeni 1976）。在巴望洞（Gua Pawon），这一石器工业可以追溯到全新世早期，但插图（Yondri 2010）只展示了简单的石核和石片。在第二次世界大战之前，人们曾经从万隆湖周围的旷野遗址采集了数以千计的黑曜石片（Bandi 1951），范·希克伦（van Heekeren 1972: 133–137）对这些材料进行了研究。班迪（Bandi）绘制的线图表明，这些采集品中包含修背石片，以及通体或单面加工的圆头石镞，可能还有一些细石器（尽管范·希克伦声称不存在）。因为缺乏更详细的资料，这里就不过多阐述。万隆的石器显然不像下面要描述的托利亚修背石片和细石器那样有明确的分布范围，到目前为止，后者在岛屿东南亚仍然是南苏拉威西岛所特有的。

菲律宾群岛

在吕宋岛卡加延河谷卡亚俄（Callao）洞穴出土的人骨没有发现共存任何石器，但在猪和鹿的骨骼上确实出现了切割痕迹。正如第三章中所阐述的，像最初在20世纪70年代所判断的那样，石器很可能属于卡加延河谷旷野遗址的前智人时代，但新发现的详细资料尚未公布。卡加延河谷中燧石和安山岩石片最初出现在距今2.8万年左右的卡亚俄洞（Mijares 2007）。再往南，正如人们很早以前就已经知道的那样，巴拉望岛塔邦洞燧石石核和石片工具的历史至少可以追溯到距今3.5万年（Fox 1970, 1978; Patole-Edoumba 2009），波利克（Pawlik 2015）报告了巴拉望岛北部伊勒洞（Ille）出土的类似石器，并对其使用痕迹做了研究。制作这些石器的现代人群体应该是从婆罗洲经由巴拉望或苏禄进入菲律宾的，因为经过考古调查，在吕宋岛和台湾岛之间的巴丹群岛至今没有发现旧石器时代的遗迹[11]（Bellwood and Dizon 2013）。根据目前的证据推测，大约在距今4 000年，才首次有新石器时代人群到达巴丹群岛定居。

　　菲律宾更新世晚期和全新世石片工业的案例还有卡加延河谷其他洞穴（如：Thiel 1988–1989; Mijares 2007）、巴拉望岛的杜羊洞（Duyong）和萨贡洞（Sa'gung），以及苏禄群岛的巴罗波克（Balobok）岩厦（Ronquillo et al. 1993）。菲律宾这些石器工业属于岛屿东南亚的砾石和石片工具系统。最近，在民都洛岛南部伊林岛布博格（Bubog）岩厦的发掘揭示出贝壳堆积序列，证明冰后期海平面上升，伊林岛被温暖的海水包围，并在距今大约8 000年时，堆积所处地带由红树林转变为贝类珊瑚礁（Pawlik et al. 2014）。这些岩厦居民用砾石石锤将贝类砸开，并使用来自同一产地（具体地点不明）的黑曜石石片，与同时期巴拉望岛伊勒洞居民的方法相同（Neri et al. 2015）。布博格遗址出土了一把用新鲜砗磲贝壳制作的单刃磨制的蚌锛，年代大约为距今7 000年（Pawlik et al. 2015）。

　　巴拉望岛上的萨贡洞特别适于解决前新石器时代的石器和蚌器技术问题。这里发现了5座前陶时期的屈肢葬，其中3座出有磨刃石斧，还有3座出有穿孔鳄鱼牙齿和许多底部钻孔的圆锥形贝壳（这种贝壳每座墓随葬多达32个；Kress 2004）。克雷斯在插图中只展示了磨刃石斧和鳄鱼牙，没有展示贝壳，但他确实注意到，这与附近杜羊洞的一座屈肢葬（Fox 1970）有相似之处，后者同样随葬贝壳，但另外还随葬有4件大型砗磲属双壳类磨刃蚌锛和1件新石器时代四边形石锛（图5.6）。

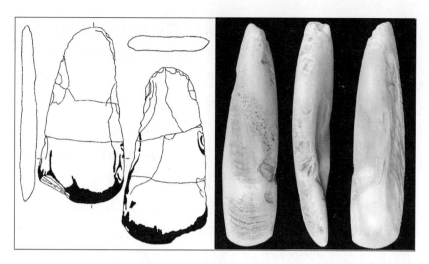

图5.6　萨贡洞出土的磨刃石斧（长20.1厘米，Kress 2004：图6）和杜羊洞出土的磨刃蚌锛（长24.5厘米，见Fox 1970：图19b）

砂拉越尼亚洞也有类似于萨贡洞的磨刃石斧。资料来源：菲律宾国立大学出版社和马尼拉菲律宾国家博物馆

　　我在第七章更详细地讨论了杜羊洞墓葬，但重要的是要注意，萨贡和杜羊这些墓葬都是前陶（至少是无陶）时期的，而杜羊墓葬中木炭标本的放射性测年为距今5 000年。然而，这个年代数据意义不大，因为墓坑打破了下面前陶时代的螺壳层，木炭很可能出自这一层。这让我们不禁产生疑问，这个墓坑是否是在新石器时代开凿的（因为发现有新石器时代的石锛），目的是埋葬一个澳巴人种本土狩猎采集者？这些人骨保存状态不佳，无法提供足够的信息，但考古学家也应该考虑到，在侵占土地的农业人群到来之后很长一段时间里，狩猎采集群体仍然独立存在，特别有可能居住在洞穴中。胡佛和哈德逊（Hoover and Hudson 2015）提供了一个很好的类似案例，即日本九州绳文时代到弥生时代的过渡时期，情况就是如此。

苏拉威西岛和塔劳群岛

　　正如第三章所讨论的那样，苏拉威西岛西南部瓦拉纳山谷

（Walanae Valley）的塔勒普（Talepu）洞穴遗址发现了距今10万年的石器，这一发现将人类在该地区出现的时间大幅度提前。该岛西南部发现了晚更新世和全新世的洞穴岩画艺术和石器制作活动，是整个印度—马来群岛最完整的旧石器时代序列之一。在望加锡北部的马洛斯（Maros）地区，峰丛喀斯特地形特别发育，这里的许多洞穴里都有大量用赭石绘制的岩画（van Heekeren 1972; Taçon et al. 2014）。2014年，对7处洞穴14个覆盖在岩画之上的方解石皮（厚达10毫米）样品进行了铀系测年，方法与对婆罗洲萨利赫洞（Gua Saleh，见上文）覆盖手印方解石的测年相似。结果表明这些岩画的年代范围为距今4～1.8万年，其中天菩圣洞穴（Leang Timpuseng）手印和野猪岩画的年代大约是距今4～3.5万年（Aubert et al. 2014）。这是迄今为止东南亚最古老的岩画艺术之一。这些洞穴的红色赭石岩画描绘了苏拉威西岛本土动物，如苏拉威西野猪和当地特有的野牛（低地水牛）。研究者细致分析了这种早期的红色赭石动物艺术，它与旧石器时代晚期欧洲的洞穴动物艺术相似，与更晚时期可能属于新石器时代的人像、动物和几何形黑色木炭绘画不同。我们已经注意到，马洛斯洞的红色赭石岩画艺术与婆罗洲东部桑库利朗洞穴艺术之间存在相似性。这些令人印象深刻的旧石器时代洞穴艺术，年代相当于西欧旧石器时代晚期（图版2）。

153
154

　　苏拉威西岛周边地区也发现了一些很早的证据，直接证明人类可以远航到一些很小的岛屿上定居，比如他们来到了位于苏拉威西岛米纳哈萨（Minahasa）半岛东北300公里处的塔劳群岛。萨勒巴布岛（Salebabu）上的萨鲁洞（Leang Sarru），底层堆积包含燧石片和海贝，距今约3.5～3.2万年（Tanudirjo 2005; Ono et al. 2015）。这一事实非常重要，因为即使在更新世海平面较低的时期，从棉兰老岛或苏拉威西岛不论经过哪条航线都至少需要航行100公里才能到达桑义赫群岛。对于第一批来到这里的人类来说，这个距离比去华莱士群岛或者澳大利亚、新几内亚都要远。这是旧石器时代现代人种群体有史以来最长的航程之一。

苏拉威西西南部半岛也有一些旧石器时代的石器组合，前面提到的塔勒普洞穴遗址就是其中之一。还有一些石器据报道是在马洛斯地区年代略晚的岩厦遗址发现的，如鸟洞（Leang Burung）2号和萨卡坡（Leang Sakapao）1号遗址。这些遗址的石器工业以未经修整的石片和多台面小燧石石核为特征，对淡水和海贝进行放射性碳测年，出土这些石制品的地层年代约为距今3.5万年。鸟洞2号遗址的石片有些类似石叶，还有些石片刃缘有光泽，这种类型的石片广泛发现于这个地区，表明可能用来切割植物的茎或叶，以制作垫子或篮子。

此外，在鸟洞2号遗址还发现一些红赭石碎片，但未发现鱼骨和海贝，推测当时遗址可能离海很远。石器工业似乎一直延续到乌鲁1号遗址的底层（两地在末次盛冰期内有可能都存在一段空白期）。这些遗存的年代早到全新世早期，并且包含罕见的来自海边的河口贝壳（塔劳岛上的萨鲁全新世地层也存在这一现象），距今6 000年时乌鲁遗址距离海边在35公里以内。这个遗址还出土一些白色燧石制作的独特的半球形陡刃工具和马蹄形石核，与沙巴州同一时期的阿戈萨拉帕遗址类似。在乌鲁1号遗址底层还发现有骨铲；这种骨制工具我会在后面介绍托利安石器工业时详细阐述。

尽管伍伦贡大学（Wollongong University）的亚当·布鲁姆（Adam Brumm）和澳大利亚国立大学的苏·奥康纳（Sue O'Connor）目前正在各个地区进行洞穴和岩厦的考古发掘，但是在苏拉威西岛其他地方并未发现多少地层保存完好的旧石器时代晚期材料。这些田野活动包括对鸟洞2号遗址的进一步工作，以及对一处名

为布鲁贝图遗址（Leang Bulu Bettue）的发掘。据悉，发掘报告即将
出版。

　　苏拉威西岛旧石器时代晚期最后一个值得一提的遗址是帕
索（Paso）贝丘，它位于米纳哈萨半岛北部内陆火山地带的通达诺
湖（Lake Tondano）岸边。贝丘堆积直径约30米，平均厚度1米，由
散乱的淡水湖相贝壳层和文化层交错堆积而成。文化层中包含石
片工业（原料为通达诺地区本地出产的有气孔的黑曜石）、骨尖状
器、红赭石和大量动物遗骸。没有砾石石器，可能是缺乏这类石料
所致。一些断块和石片经过修理，与阿戈萨拉帕1号遗址和乌鲁1
号遗址底层发现的石器一样，通常修理成陡刃和高背状。该遗址
的碳十四测年数据为公元前6500年。

　　克拉森（Clason 1986, 1987））鉴定了帕索和乌鲁1号同时代
（前托利安时期）地层的动物群。两处遗址中最常见的动物是猪
（印尼野猪），其他动物包括疣猪、野牛、猕猴、啮齿动物以及苏拉威
西特有的两种树居有袋类动物。因为帕索位于湖泊附近，因此可
以猎取大量的水禽（秧鸡、蹼鸡、鹅、鸭）、鸽、鸠；而乌鲁的喀斯特
河岸地貌更容易获得乌龟、蛇，还有鱼。这两处遗址都没有发现动
物驯化的迹象。

南苏拉威西的托利安（*Toalian*）石器——小型工具技术的区域性变革

　　在菲律宾、苏拉威西岛、帝汶岛和爪哇的部分地区，有许多可
以追溯到距今7 000年的石器组合，这些组合显示出各地区制作细
长型石片（类似小石叶）时各有特点（图5.7）。前面已经讨论了爪
哇万隆高原的一些例子。在本书第一版（Bellwood 1978: 71），我
引用了莫兰（Morlan 1971: 143）对标准石叶的定义："两侧边平行
且背部有平行脊的长石片，使用间接打击法从预制的多面石核上
剥落下来。"旧大陆许多旧石器晚期工业侧重于用柱状石核剥片，

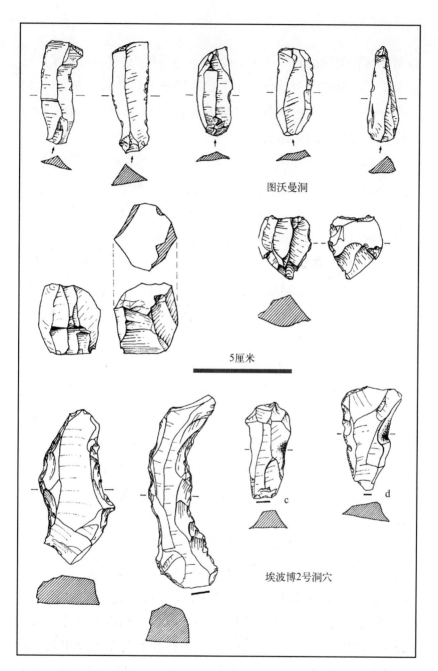

图沃曼洞

5厘米

埃波博2号洞穴

图5.7 东帝汶塔劳群岛图沃曼洞（Leang Tuwo Mane'e）和埃波博2号洞（Uai Bobo Cave 2）出土的全新世燧石类石叶工具

东帝汶标本,以点状标识的刃部有使用形成的光泽。资料来源:埃波博洞资料由伊恩·格洛弗(Ian Glover)提供

以制作这种类型的石叶。在距今4.5～4万年，这种石叶技术广泛分布于日本和东北亚。随着末次盛冰期寒冷环境的出现，开始出现更小的细石叶。这两种工业体系在距今1.6万年之后通过白令海峡传入美洲（Bellwood 2013）。

在岛屿东南亚和澳大利亚，真正意义上的石叶仅占石器组合的一小部分，圆柱形或锥形的石叶石核更是十分罕见。在这些区域发现的许多"石叶"都属于近似石叶石片，与真正的石叶相比，它们不够对称，也没有两个或更多平行的背脊。但是，这一地区确实存在近似棱柱的石核，我猜测石叶和近似石叶的石片都是某些遗址专门制作的，特别是在全新世时期。但是这些工具分布较为分散，可能也反映了适宜原料的分布情况。

印度尼西亚最为突出的旧石器晚期工业出自南苏拉威西岛的托利安遗址，该工业以修背的类石叶石片和细石器为主，这与澳大利亚南部三分之二地区在过去3 500年内形成的类石叶石片和细石器工业有着惊人的相似之处。此处，我并不打算展开研究澳大利亚的类似石器，在我最新出版的《最早的移民》（Bellwood 2013: 113-121）一书中对这些石器有详细的讨论。我相信它们具有重要意义，应当与澳洲野狗的到来以及石器转型和新语言的传播密切相关。

1902年，瑞士博物学家弗里茨·萨拉辛和保罗·萨拉辛（Fritz and Paul Sarasin）在考察望加锡内陆洞穴时发现了托利安石器。他们以当地的托利安族来命名这个石器工业，认为这批石器制造者是托利安人的祖先，但是这一说法的正确性尚待考证（van Heekeren 1972: 109）。现在，我们知道托利安石器工业起源于距今7 000年左右，以一小批小型修背类石叶石片和几何形细石器为主（图5.8），这些类型在东南亚似乎是独一无二的，但在欧亚大陆西部却是典型的中石器时代组合，其中可能存在一定的巧合。托

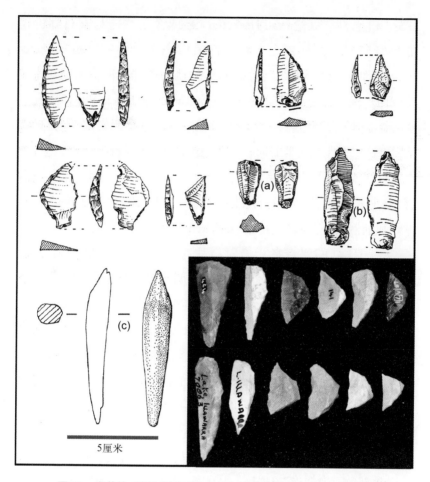

图5.8　南苏拉威西和新南威尔士出土的修背类石叶石片和细石器

乌鲁洞的托利安工具(线图)：6件修背类石叶石片和几何形细石器。(a)砸击细石核；(b)边缘有光泽的石叶；(c)骨尖状器。资料来源：伊恩·格洛弗提供。照片系来自鸟洞岩厦1号遗址(上列)和新南威尔士州伊拉瓦拉湖(下列)的修背类石叶石片和几何形细石器

利安石器组合在苏拉威西西南半岛三分之二的山洞和岩厦以及半岛西侧的旷野遗址中都有发现；岛上其他地方的洞穴未发现这类石器组合(Bulbeck et al. 2000; Bulbeck 2004)。因此，托利安石器的分布可能具有高度的区域性，但是具体原因尚不清楚。

20世纪三四十年代，范·斯坦·卡伦费尔斯(van Stein Callenfels

1938）和范·希克伦（van Heekeren 1949）确立了托利安石器的基本类型演变序列。到范·希克伦最后一次总结时（van Heekeren 1972），已经发掘了大约20个地点。他认为根据卡伦费尔斯对南苏拉威西岛南端潘甘朗图迪亚洞穴（Panganreang Tudea）的研究，托利安石器工业大致可分为三个阶段。第一阶段是堆积底部出土的"石叶"和石片；然后是第二阶段，"精美的石叶或细石叶（通常边缘没有修整），圆头石镞和许多细石器"；第三阶段出土于堆积上部，包含有"锋利的石镞，许多带有尾翼；穆杜克（Muduk）骨尖状器；[12]12件贝壳刮削器和一些陶片"（van Heekeren 1972: 113-114）。

这一序列的要点在于修背石片/石叶和细石器早于锯齿状、底部内凹的"马洛斯尖状器"，而后者属于范·希克伦所述第三个阶段。这个演变序列经受住了时间的考验，修背石片和细石器大约出现在距今7 000年前后。就像我在第八章中描述的那样，马洛斯尖状器与新石器时代共时，甚至可能就是新石器时代文化。大卫·布尔贝克（David Bulbeck 2004）注意到修背石片与马洛斯尖状器分别出现在不同的旷野遗址中，但在洞穴里经常是共出的，后者的文化因素相对复杂。

两个关键的托利安岩厦遗址——乌洞1号和乌鲁1号，位于望加锡北部的马洛斯石灰岩区。[13]乌鲁1号拥有最完整的地层堆积。我已经讨论过这一遗址底部发现的石片和陡刃工具，这些石器可追溯到全新世早期。托利安类型石器出现在距今6 000年之前的地层中，并拥有连续的石片工具和骨尖状器等器物组合。新发现最重要的托利安工具类型是小石片或类石叶石片，有一个贯穿到把端的修钝直边或斜边，这与澳大利亚石器类型中的"修背石叶"相似（图5.8）。其中一些修背形态呈现明显的新月形或梯形，通常被称为几何形细石器。在乌鲁遗址堆积中出现的其他人工制品还包括带有使用光泽的石片（Di Lello 2002）、小砸击石核、骨锥和贝壳刮削器（Willems 1939）。

　　马洛斯尖状器可能用作箭镞或者矛头，在陶器出现在托利安洞穴之后（如乌鲁1号遗址）后变得更为常见。从区域角度来看，这些尖状器是当地土著猎人的工具，他们与附近南岛语系农人建立了某种物品交换关系，就像菲律宾阿格塔猎人与附近吕宋农人之间的关系一样（Peterson 1978）。目前还不知道，马洛斯尖状器是当地托利安人的独创，还是一项外来技术？如果属于后者的话，那么其来源尚不清楚。

　　托利安遗址的生业经济包括狩猎和采集，淡水贝类较为常见，格洛弗（Glover 1977b: 52）在乌鲁还发现了野生种子和坚果，但是炭化稻谷直至公元500年才在该遗址出现（Glover 1985）。托利安遗址（Hooijer 1950）的动物群包括两种袋貂（Phalangeridae）、猕猴、麝猫、野牛、印尼野猪和普通野猪。驯化动物直至新石器时代才出现，菲利奥斯和泰肯（Fillios and Taçon 2016）的一项最新研究认为，托利安人在南岛人进入苏拉威西之前就已经引入澳洲野狗，但是苏拉威西的考古发现并不支持这一观点。

158
159

北摩鹿加群岛

　　1991～1996年间，对北摩鹿加群岛的哈马黑拉岛、莫罗泰岛、盖贝岛的研究填补了苏拉威西与新几内亚（Bellwood et al. 1998; Szabó et al. 2007; Bellwood, 待刊）之间晚更新世人类活动的某些空白。在盖贝岛沿海附近的果洛洞（Golo Cave）和韦特夫岩厦（Wetef rock shelter），发现了一系列早到距今35 000年的人类活动遗存。两处洞穴遗址的最底层都含有石片和烧过的海贝（位置见图5.1），而且果洛洞还发现有蜗牛的鳃盖（Szabó et al. 2007），但是两处遗址都未发现任何大型动物遗骸。对海贝的测年结果显示，其年代大约在距今1.2～1万年。果洛洞的地面上放置了至少两

图5.9 果洛洞呈半圆形排列的珊瑚石块

内径80厘米，距今约1.2～1万年

堆珊瑚石块，较大的一堆摆放呈半圆形（图5.9），较小的一堆呈圆形，两堆珊瑚石块的下面或旁边都有一个或多个细长、平滑的海滩砾石。另外还有3堆零散的珊瑚石，上面一些石头破裂，其中两堆包含有光滑的卵石。洞穴地面这种火山岩海滩砾石与人工堆放的珊瑚石块组合的反复出现是非常有趣的。这些卵石在遗址环境中并不常见，和珊瑚石共存也不可能是巧合。由于在这一地层没有发现任何骨头，因此我们并不知道这些现象是否与人类墓葬或者其他形式丧葬习俗有关，但是看起来有一定的可能性。

距今约7 000年时，在盖贝岛上两处洞穴遗址的上层首次出现动物骨骼，主要是小袋鼠（*Dorcopsis sp.*）和尖吻袋鼠（Phalanger alexandrae），同出的还有鱼类和爬行动物。在盖贝岛同时期的另一处山洞中［又称为姆卡帕特帕波（Um Kapat Papo）］也出现了上述两种有袋类动物。小袋鼠和袋狸还出现在了哈马黑拉岛西蒂娜菲沙洞穴（Gua Siti Nafisah）的全新世中期地层中。不论是小袋鼠还是袋狸，现在在北摩鹿加群岛已经灭绝，只有夜行袋貂幸存下来，但是一块距今750年的小袋鼠骨骼表明，这种动物的灭绝可能是很晚发生的事情，尽管未留下任何历史记录。

在关于摩鹿加群岛遗址的最初报道中，根据牙齿的测量结果，小袋鼠被认为是由人类（Flannery et al. 1998）从新几内亚西面的米苏尔岛带到盖贝岛的，而西蒂娜菲沙袋狸的来源则因为发现的骸骨太少而无法确定。小袋鼠还有可能曾经伴随人类迁移，但是在果洛洞和韦特夫岩厦中，随着地层深度增加，骨头腐朽程度也更加严重，使得人们不禁想到，这些洞穴下层中没有发现动物骸骨有可能是地球化学作用腐蚀的结果，就像菲利普·派珀讨论的那样。西蒂娜菲沙和姆卡帕特帕波仅有全新世的堆积，却没有更新世的堆积，因此这两处遗址无法证明上述可能性。袋貂被认为是一种盖贝岛本土物种（Flannery and Boeadi 1995）。与小袋鼠不同之处在于，在现代和全新世考古记录中，袋貂也出现在哈马黑拉岛最北端的莫罗泰岛，尽管像小袋鼠一样，在任何地方没有发现更新世存在这种动物的证据。但是，小袋鼠会游泳。《堪培拉时报》1999年10月14日报道，在昆士兰近海7公里处，有人看到一只澳大利亚小袋鼠在"狗刨式游泳"。现在哈马黑拉岛/盖贝岛和新几内亚西部岛屿之间的海上距离不超过30公里，在末次盛冰期时还要更短一些，因此必须考虑这些动物通过游泳自然扩散到哈马黑拉岛和盖贝岛的可能性。

所以，北摩鹿加群岛上的这些有袋类动物到底从哪里来，目前仍不清楚，不能想当然地认为是人类携带而来的。但是，正如蒂姆·弗兰纳里（Flannery et al. 1998）注意到的那样，从牙齿测量结果来看，盖贝岛上的小袋鼠最接近米苏尔岛上的另一种现生种小袋鼠，因此，不管摩鹿加群岛上的小袋鼠源于哪里，盖贝岛和哈马黑拉岛上的小袋鼠不太可能有时间实现如此快速的物种进化。这自然预示着是发生相对较晚的物种迁移，不管是不是随着人类活动发生的。

在果洛岛和韦特夫岛，人们发现这些全新世小袋鼠骸骨与很多石片和火山岩或燧石石核（Szabó et al. 2007），以及火山岩灶石（cooking stone），还有很多小袋鼠骸骨制成的小骨镞共存（Pasveer and Bellwood 2004）。令人惊讶的是，尽管北摩鹿加群岛所有前新石器时代遗址都发现了石片石器的踪迹，但是西蒂娜菲沙洞穴同时期地层中则没有出土此类石器，只有未被加工的石头（多数为灶石）和一些骨尖状器。一个至少有三千年历史的遗址却没有任何石片技术，这一现象很难解释。但是，在莫罗泰岛南海岸上相邻的达约（Daeo）2号和丹戎槟榔（Tanjung Pinang）两个洞穴遗址，还是发现了一些石器，这些石器可追溯到距今1.4万年。这里未发现小袋鼠或者袋狸，事实上根本没有地面生活的有袋类动物，只有袋貂、鱼类（有趣的是，仅出现在靠近海洋的全新世堆积中）、啮齿类动物。莫罗泰岛遗址的石器多是由海滩砾石剥下的石片制作而成的，形状不规整，也与火山岩灶石和骨尖状器共存。

摩鹿加群岛遗址群为人们提出了很多值得思考的问题，主要是它们在有袋类动物和石器工业上存在明显变化。没有足够证据表明岛屿之间存在石器交流，群岛居民似乎是一小群孤独的狩猎采集者，食物来源主要是西米、橄榄、坚果，以及沿海捕鱼、狩猎哺乳动物。尽管北摩鹿加群岛有些岛屿勉强相互肉眼可见，但是我们必须明白，光看见还不够，还必须时常亲身交流。尤其是在新石器时代之前，一些诸如盖贝岛等极小的岛屿只是偶尔有人居住，进入新石器时代，人们才开始能够经常在岛屿间穿行。大约在距今14 000年，莫罗泰岛才首次出现人类活动的证据，这比盖贝岛要晚很多，尽管部分原因也可能是由于考古发现不够所致。

但是，有迹象表明在全新世中期盖贝岛与外界有过接触，这里发现了两件磨制蚌锛，都是用大砗磲贝（*T. maxima or T. gigas*）制成的，一件出自果洛洞，另一件出自盖贝岛另一处遗址布瓦望昔（Buwawansi）。这些蚌锛，与位于盖贝岛正东2 000公里、隶属新几内亚巴布亚岛北部阿德默勒尔蒂群岛上帕姆瓦克洞穴同时代地层中的砗磲蚌锛（图 5.10）很相似，都是背部凸起（Fredericksen et al. 1993）。阿尔弗雷德·波利克团队（Alfred Pawlik et al. 2015）最近

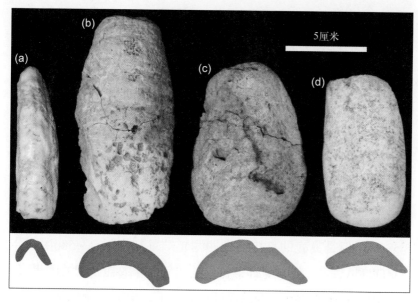

图5.10　果洛洞（盖贝岛）和帕姆瓦克洞（阿德默勒尔蒂群岛）出土的全新世中期凸背蚌锛（下为横截面）

（a）利用从大砗蚝切割下来的纵脊加工而成的果洛洞蚌锛；(b) 利用砗磲的铰链（腹侧）部分制成的果洛洞蚌锛，可能属于长砗磲或大砗磲；(c) 和 (d) 是阿德默勒尔蒂群岛帕姆瓦克洞出土蚌锛，类似于(b)。资料来源：帕姆瓦克蚌锛，由马修·斯普里格斯（Matthew Spriggs）提供

发表了菲律宾和印尼东部全新世和前新石器时代类似蚌锛的资料，与果洛和帕姆瓦克蚌锛在形状方面具有极高的相似性，尤其是蚌壳种类以及凸起的背部。果洛和帕姆瓦克的蚌锛确实几乎一模一样。

　　根据贝壳的碳十四测年结果，果洛蚌锛出土地层的年代在距今12 000～9 000年之间。除此之外，还有三把小一点的砗蚝（*Hippopus*）蚌锛。事实上，我在《印度—马来群岛史前史》第二版推断过这些蚌锛的年代（Bellwood 2007：图版25）。但是，因为这些工具基本都是完整的，没有损坏，稍微想一下就知道，它们应是有意存放在山洞地面下的窖穴里的。有可能是当时的流动居住者，将器具贮存在这里，留备后用。因此，这些器具肯定比上述地层的年代要晚,差距可能达到数千年。因此,这些蚌锛到底是什么时候的呢? 现在仍然是个不解之谜。[14]

在发掘工作结束几年后,对果洛蚌锛进行了放射性碳测年,得到的结果令人吃惊。其中一个砗磲蚌锛的年代数据为距今32 800 ± 950年(OZD775),也就是说制作者使用的不是一个新贝壳,而是从海滩捡来的贝壳,或者从盖贝岛海岸线(尤其是该岛屿北面)更新世珊瑚礁上侵蚀部分获得的贝壳。第八章讨论的新石器时代卡西斯(Cassis)遗址蚌锛也是同样的情况,卡西斯蚌锛是在地层浅表和陶器一起发现的,同时期地层年代晚于距今3 500年,但是贝壳的直接碳十四测年结果却为距今9 580 ± 70年(OZD773)。第三件砗蚝蚌锛标本的测年结果要比预想的晚得多,仅为距今6 480 ± 80年(OZD774)(未校正),说明这个蚌锛很有可能是用新鲜贝壳制作的,一直被存放在窖穴中。

那我们从这些年代数据中可以得出哪些结论呢? 砗蚝样本的校准年代为距今7 000年左右,似乎是对制作年代的一个合理推定,因为果洛砗磲和砗蚝蚌锛要比该遗址的陶器先出现,并且位于包含最早动物的地层之下,动物骨骼所在地层的年代大约为距今7 000年。这些贝壳制成的蚌锛肯定不是新石器时代的产物——它们体现了旧石器时代晚期本土工具的特征,如果我们要解释盖贝岛和阿德默勒尔蒂群岛同时期的相似之处,毫无疑问是人类进行了跨海交流。但是,有意思的是,在摩鹿加群岛的前新石器时代没有其他任何(不包括简单磨薄处理)贝壳制品,没有珠子、手镯、鱼钩等。当我们检视帝汶岛的考古材料时,上述情况显得格外有趣。

东努沙登加拉群岛和东帝汶

20世纪60年代,伊恩·格洛弗(Ian Glover 1977a, 1986)从前葡属帝汶岛(如今的东帝汶)4个洞穴底部堆积中发掘出年代距今1.3

万年的石器。这些石器主要是燧石石片（也有一些是黑曜石石片），修理出的工具主要是陡刃刮削器。很多未修整的石片边缘有光泽，还有一些长而厚的石叶（图5.7，埃波博遗址）。总的来说，东帝汶的石器工业与沙巴州、苏拉威西岛发现的石器工业存在许多相似之处，但它的与众不同之处在于石器制作者更偏爱制作细长类似石叶的产品。新石器时代之前帝汶岛上的动物群主要为一些现已灭绝的物种，如巨鼠、果蝠、蛇和其他一些爬行动物；其他诸如袋貂、猪、鹿等哺乳动物均为新石器时代或之后才引入帝汶岛的。

最近，一个由苏·奥康纳（Sue O'Connor）带领的澳大利亚团队在东帝汶开展发掘工作，发掘结果将莱恩哈拉（Lene Hara）和杰里马莱（Jerimalai）洞穴的年代提前到距今4万年。与弗洛里斯岛不同的是，尽管帝汶岛也有科莫多巨蜥和更新世剑齿象化石，但该岛的人类活动记录与科莫多巨蜥或者剑齿象没有什么关联。玛西尔塔（Mahirta 2009）报道了在帝汶岛附近罗特岛（Rote Island）上距今3～2.4万年的卢拉梅科（Lua Meko）岩厦遗址中使用砾石石器的人类活动。迄今为止，在智人到来之前，帝汶岛还没有发现人类活动的任何迹象。

杰里马莱洞穴的首批定居者靠海谋生，山洞中很多骨头一开始被认定是游速极快的远洋鱼类，如金枪鱼，它们占了早期地层中鱼骨总数的一半。由于这些鱼骨缺乏胶原蛋白，所以没有办法进行直接测年。根据共出海贝的碳十四测年，推断鱼骨的年代大约为距今4.2～3.8万年（O'Connor et al. 2011; O'Connor 2015a）。这种使用独木舟进行远洋捕鱼的推测存在争议，安德森（Anderson 2013）认为这些鱼类脊椎骨属于近海就可捕捞到的小金枪鱼和鲭鱼。发掘人员现在也认为（Balme and O'Connor 2014），杰里马莱人在近海捕捞时，依托礁石也是可以获取这些鱼类的，因此以为像波利尼西亚人那样在独木舟后面拖饵捕捞金枪鱼的看法可能太乐

$\dfrac{163}{164}$ 观了点。但是，这一距今4万年的捕鱼证据即使在世界范围内也是具有重要意义的，它比岛屿东南亚其他任何地方的类似证据都要早。

　　帝汶岛另一个有趣发现就是在莱恩哈拉（Lene Hara）洞穴的石笋上发现了一个雕刻的人脸，通过对覆盖在上面的方解石进行铀同位素测年，得出该人脸雕像的年代为距今1.25～1万年（O'Connor et al. 2010）。对照婆罗洲和苏拉威西早期岩画的最新测年结果（见上文），这个年代很重要。对莱恩哈拉洞穴中的红赭石岩画艺术也进行了铀同位素测年，确定其年代为距今2.9～2.4万年（Aubert et al. 2007）。

　　然而，人面雕像、赭石、骨制工具并不是帝汶岛旧石器时代晚期遗存的全部内容。杰里马莱洞穴中用诱饵来钓鱼的一体式贝壳鱼钩年代约为距今2.3～1.6万年，而在附近的莱恩哈拉洞穴（图5.11a）[15]发现的类似鱼钩和切磨而成的盘状贝壳饰品也可追溯到 $\dfrac{164}{165}$ 距今1.1～0.75万年。在阿洛尔岛的特隆邦雷洞（Tron Bon Lei），6个圆形一体式鱼钩被放在一个人类头骨旁边，可能是一种装饰（Sue O'Connor and Sofia Samper Carro，个人交流；图5.11b）。这些有关阿洛尔岛（以及沙尔岛）新发现的报告尚未发表，结合帝汶岛发现的遗物可以看出，随着首批智人的到来，贝壳加工技术已经被引入帝汶岛及其周边区域。杰里马莱洞穴还出土了一些鹦鹉螺制品，其年代约为距今4.2万年（Langley et al. 2016）。

　　假设这些测年数据都是正确的（主要依据山洞地层出土的木炭、海贝所做的直接测年），帝汶岛及其附近岛屿旧石器时代晚期的所有发现表明，捕鱼和贝壳/骨器制作是本区域的创新重点。到目前为止，在其他地方都没有发现类似现象，可能只有菲律宾群岛、摩鹿加群岛、阿德默勒蒂群岛出土的全新世中期的磨制蚌锛可与之相提并论。但是，在更新世晚期，帝汶周围的海平面普遍较低（其他

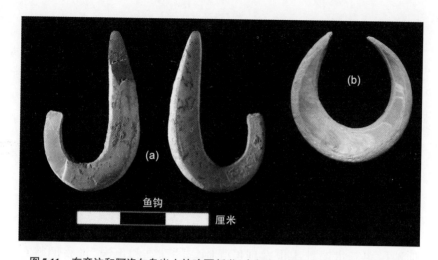

图5.11 东帝汶和阿洛尔岛出土的晚更新世/全新世早期的蚌壳鱼钩（两面展示）

（a）东帝汶莱恩哈拉洞穴出土；（b）阿洛尔岛特隆邦雷洞穴出土。感谢苏·奥康纳（Sue O'Connor）提供

地方也一样），与全新世期间形成的珊瑚礁边缘环境相比，远洋食肉鱼类更靠近海岸线（Carro et al. 2015）。然而，饵钩和箭镞是如何使用的？用于捕猎哪些物种？这些问题尚不清楚。目前为止，在帝汶岛的遗址中尚未发现太平洋地区人群用来捕捞远海上层鱼类的拖钓鱼钩。

帝汶岛发现的这些新材料非常令人兴奋，有可能颠覆我们对岛屿东南亚旧石器晚期人类技术能力的认知。但是，因为已有证据表明其他地方（如果洛洞的蚌锛，见上图）也使用古代贝壳来制作工具，同时因为洞穴和岩厦的地层经常会受到一定程度的扰乱，堆积被搬走（正如发掘者自己所指出的：O'Connor et al. 待刊），而且在岛屿东南亚其他洞穴未发现旧石器时代类似的锯齿状骨尖状器、鱼钩、盘状珠饰，因此我对上述贝壳制品的年代持保留态度。伊恩·格洛弗在20世纪60年代对帝汶岛遗址的发掘中，仅报道了一些年代比新石器时代晚很多的贝壳鱼钩和盘状珠饰（Glover

1986）。古老的贝壳也很容易在抬升的珊瑚礁中找到，例如在帝汶，珊瑚礁广泛存在，通常上面附着有古老的珊瑚石灰岩。

但是，从积极意义上说，我们确实从摩鹿加群岛和菲律宾群岛获得了上述前新石器时代的蚌锛，以及距今3.5万年位于北摩鹿加群岛上果洛洞中被加工过的蜗牛壳。毋庸置疑的是，世界上其他地方的智人在旧石器时代已经开始加工利用贝壳，特别是制作装饰品，近来在冲绳岛上旧石器时代洞穴沉积层中也发现了距今2.2万年左右的贝壳制鱼钩。因此，旧石器时代人类已经懂得加工利用贝壳本身并不存在任何疑问。如果以后某一天在岛屿东南亚其他地区更新世遗址中也发现贝壳制作的珠饰和鱼钩，那我们就有望解开这一谜团了。

新石器时代之前岛屿东南亚狩猎模式的变革

特邀撰稿人

菲利普 J. 派珀（Philip J. Piper）

晚更新世（距今4.5～1.4万年）

岛屿东南亚许多晚更新世遗址都展现出智人在该区域殖民早期阶段的多种觅食策略，既有在巽他古陆热带雨林和开阔林地针对脊椎动物的狩猎，也包括在缺乏大型猎物的小岛上的捕鱼和软体动物采集。

在婆罗洲晚更新世时期，砂拉越州尼亚洞所在的苏比斯山可能是一座巨大的喀斯特石灰岩山体，耸立在巽他古陆广阔而低洼的西北沿海平原上。从尼亚洞西口沉积物的环境分析来看，其年代在距今5.2～4.5万年（Hunt et al. 2007），表明洞穴处在热带雨林和开阔地带之间。这样一个理想环境使得晚更新世的觅食者能够广泛利用多种资源。

人类从在尼亚洞居住的早期阶段开始，就采用多种方法捕捉各种各样的林栖和陆生动物。最主要的猎物是须猪（*Sus barbatus*），几乎占据了晚更新世地层出土脊椎动物骨骼的一半（Reynolds et al. 2013）。须猪以大小不一的家庭为单位，喜欢沿着固定路径在灌木丛中活动。沿着这些路径设置陷阱，不仅能捕捉到猪，还能捕捉到其他沿着路径活动的各种有蹄类动物。放置诱饵的陷阱可用于捕捉白天或夜间活动的小型动物，如果子狸（*Viverridae*）和巨蜥（*Varanus spp.*）。人们还能从水环境中获取食物资源，如从溪流和棕榈（*nipah*）林沼泽中捕捉硬壳龟（*Geoemydidae*）、软壳龟（*Trionychidae*），以及淡水和淡咸交汇水软体动物。陷阱需要准备、建造并维护，而这可能意味着居住洞穴的时间较长，而不是几天。狩猎、陷阱及采集方法的多样性也意味着不同的分工，群体内不同成员分别负责获取不同的食物资源（Piper and Rabett 2014）。这些尼亚地区的造访者还有能力捕捉树栖类动物群，如猩猩（*Pongo pygmeaus*）、叶猴（*Presbytis sp.*），偶尔还有熊狸（*Arctictis binturong*），但在这个如此之早的时代还没有发现使用复合远射武器的考古证据。

尼亚洞堆积物的另一个特征是猛禽、犀鸟及野鸡的出现。在晚更新世的骨骼堆积中，已经发现了蝠鸢（*Macheiramphus alcinus*）、冠毛苍鹰（*Accipiter trivigatus*）、栗鸢（*Haliastar indus*）、犀鸟（*Buceros rhinoceros*）、凤头犀鸟（*Anorthinus galeritus*）、皱盔犀鸟（*Rhyticeros corrugatus*）、巴菲鱼鸮（*Ketupa Ketupa*）和凤

冠火背鹇等（*Lophura ignita*）（Barton et al. 2013）。虽然这些美丽的鸟类可能只是作为食物被捕获，但也可以想象它们漂亮的羽毛和喙能用作装饰。这在今天的东南亚和美拉尼西亚很常见（Bennett et al. 1997）。

从婆罗洲往南，爪哇岛位于冰川气候下一条穿过大草原和开阔林地走廊的东南端，该走廊从巽他古陆一直延伸到泰国—马来半岛（Wurster et al. 2010；见第二章）。爪哇中部的古普洞，堆积物的年代在距今7～0.3万年，这里的环境更加开阔，反映出狩猎食草动物（如牛、鹿以及猪）的优势（Morwood et al. 2008）。在开阔林地狩猎这些大型哺乳动物可能需要主动出击，而不是像尼亚洞那样依靠陷阱守株待兔。

在前往澳大利亚的旅途中，越过巽他古陆的东部边缘，穿过开阔的海洋进入到华莱士区，这里又是一个充满前所未有挑战的地方。遍布该地区的众多岛屿大小各异，地形不一，地理环境差别很大。在过去，有些岛屿生活着多种脊椎动物，包括大型哺乳动物，而有些岛屿则除了老鼠、蝙蝠及一些小型爬行动物之外几乎没有任何脊椎动物。例如，从菲律宾群岛到苏拉威西岛，觅食策略几乎不需要改变，因为两个岛屿上都有牛、鹿和猪等大型动物。这一点在吕宋岛北部的卡亚俄洞穴尤其明显，那里的兽骨遗存主要有鹿骨、猪骨及一种已经灭绝的牛的牙齿残片，这些兽骨和人类距骨共存，年代距今6.7～5.4万年（Mijares et al. 2010）。相比之下，帝汶岛的陆生脊椎动物种群很少，在人类最初到来时，最大的哺乳动物是一种巨鼠（*Coryphomys musseri*）（Mijares et al. 2010）。在这里，由于没有多种大型陆生脊椎动物可供捕猎，人们只能依赖海洋和湖泊获取食物资源。在位于东帝汶东北海岸附近的杰里马莱（Jerimalai）洞穴（距今4.2万年）及莱恩哈拉（Lene

Hara）洞穴（距今4.3～3万年），已经有证据表明存在对潮间带和礁石海洋软体动物的采集活动。在杰里马莱洞穴，觅食者们还会捕捉海龟及各种各样的岸礁鱼类，可能还有一些近海的珊瑚鱼（O'Connor et al. 2011）。在位于菲律宾岛南部及苏拉威西岛北部的塔劳群岛，最早的人类殖民证据来自沙鲁洞（Leang Sarru）（距今3.5～3.2万年），那里有采集潮间和潮下海洋软体动物的证据。在摩鹿加群岛盖贝岛上的果洛洞，食余后的海洋软体动物甲壳被用作工具，但未经修整（Szaboand Koppel 2015）。

　　这些海岸觅食策略不可能是人们到达华莱士区之后才学会的，更可能的是，华莱士区海岸线的考古发现，体现出过去存在于巽他古陆边缘的各种觅食策略，后来这些地方由于冰川后海平面上升消失了。

更新世末期至全新世中期（距今1.4～0.45万年）

　　在冰期后海平面上升和末次冰川末期气候改善的同时，热带雨林扩张，可以穿过巽他古陆中心的开阔林地和稀树草原走廊收缩。漫游在巽他古陆低地的流动狩猎采集人群面对海平面上升被迫向内陆撤退。尼亚洞（砂拉越）、古普洞、特鲁斯洞（爪哇岛）等洞穴过去一直有人居住，在距今1.4万年之后，人类活动更是激增。一些以前无人居住的洞穴和岩厦，如巴拉望岛伊勒洞穴，现在首次有了人类活动。

　　在此期间，狩猎策略也发生了显著变化。与1.4万年之前的晚更新世不同，当时大型哺乳动物是巽他古陆猎人的主要猎物，而这个时期，灵长类和其他中小型陆栖和树栖动物群，如果子狸和松鼠，重要性也在上升。这在一定程度上与后冰河时期雨林扩张带来此类小动物的增加有关，尤其是在特鲁斯和古普等洞穴遗址，变化明显。在末次冰河期大部分时间里，这里的环境比较开阔。

距今1.4万年之后，在全新世早期，新型骨器也出现了，并在岛屿东南亚传播开来。装柄和截断等痕迹表明，骨制复合投掷器在距今1.4万年时出现在尼亚洞，而在距今1.1万年出现在阿鲁群岛的纳布雷洞（Liang Nabulei）（Rabett and Piper 2012）。例如，在尼亚一个叫鲁邦汉古斯（Lobang Hangus）的洞穴入口，由于高出森林地面43米，因此与周围的树冠处在同一个水平线。这里有一处大型堆积，形成于距今1.2～1万年，以叶猴、猕猴及其他树栖动物骨骼为主，也有不计其数的断裂的投掷器尖头。该遗址和树冠位于同一水平面上，因此可能是使用投掷器射杀树栖类猎物的理想平台（Piperand Rabett 2009）。

这一时期一些规模更大、保存更好的兽骨组合也突出表现出人类行为的一些特征，而这些特征以前缺乏证据。例如，在尼亚的鲁邦汉古斯（Lobang Hangus）及甘吉拉（Gan Kira）洞穴的动物群中，猪的下颚骨比头骨要少得多，猴子的头骨要比下颚骨少得多。一个可能的原因是，人们有意保留猪的下颌及猴子头骨作为狩猎纪念品，或象征着其他类型的行为（Barton et al. 2013）。

新的社会关系和意识形态，包括对来世的信仰，在全新世早期都明显出现了，尤其是考古遗存中前所未有的屈肢、蹲踞和坐姿埋葬形式，以及二次葬和火葬的专门墓地，在东南亚很多地区广泛存在（图4.4）。动物可能被用于精神活动。尼亚洞西口的B27号墓葬是一座全新世早期的屈肢葬，犀牛桡骨作为"枕头"放置在头部下方。相邻的B83号屈肢葬，随葬有犀牛的牙齿（Rabett et al. 2013）。爪哇特鲁斯洞有一座全新世早期的屈肢葬，在左臂和胸腔之间放置了一只完整的爪哇叶猴(*Trachypithecus auratus*)头骨(Sémah and Sémah 2012)。

在全新世早期,随着冰后期海平面上升,大型红树林和淡咸水交汇贝丘出现,反映出沿海资源的丧失,其中一些已经在关于越南、马来半岛和苏门答腊的部分进行了描述。尼亚洞西口(距今8 000年)、巴拉望岛的杜羊洞及伊勒洞(距今9 000～6 000年)都出现了贝丘。虽然这些贝丘中一般都有鱼骨,但捕猎陆生动物以及收集贝类似乎才是主要的生计。

末次冰期后觅食策略发生变化的一个典型案例,是菲律宾南部伊林岛南海岸的布博格I号和II号岩厦遗址。在更新世最后阶段,这些岩厦俯瞰位于伊林岛和更大的民都洛岛之间的低地沼泽森林、湖泊和河流。在全新世早期,随着海平面的上升,昔日暴露的低地被淹没,岩厦出现了很大的贝丘。从距今1.1～0.6万年,附近的水生环境从红树林和棕榈林沼泽转变为开阔的潟湖。伊林岛的居民们还捕猎当地的野猪(*Sus oliveri*)及几种特有的鼠类(Pawlik et al. 2014)。

人们普遍认为,在更新世晚期出现,并在全新世早、中期逐步升级的一种生存策略,是将哺乳动物从其原生地迁移到新几内亚周边资源贫乏的岛屿和整个华莱士区。例如,有人认为,早在距今2.4万年,灰袋貂(*Phalanger orientalis*)就被从新几内亚运到了新爱尔兰(Allen et al. 1989)。这种新的物种随后被引入所罗门群岛、俾斯麦群岛及摩鹿加群岛(Heinsohn 2003)。灰袋貂最远到达的地方是东帝汶,最初认为到达的时间大约在距今1万年(O'Connorand Aplin 2007)。

然而,现在最新的研究开始严重质疑4 000年前动物转移的可能性。例如,对东帝汶灰袋貂的直接测年表明,其更可能是

在距今3 000年之后引入的(O'Connor 2015b)。弗兰纳里等人
(Flannery et al. 1998)认为,在盖贝岛果洛洞及韦特夫岩厦距今
8 000年的考古遗存中出现了现已灭绝的森林小袋鼠(*Dorcopsis
sp.*),它应该就是在这个时间来到这里的。但一项埋藏学研究表
明,首次出现的这些森林小袋鼠只是表明骨骼残骸存在这一事
实,而无法判断最初它是如何到达这里的。它也可能是自行到达
盖贝岛的,而非人类携带而来(Hull 2014)。

此外,有人认为苏拉威西疣猪(*Sus celebensis*)是在全新世中
期从苏拉威西岛转移到各个近海岛屿的。这一尚未得到证实的
假设主要基于弗洛里斯岛布阿洞沉积物中的一个间接碳十四年
代,同一地层中出土了一块猪骨,通过古代DNA分析确定其为疣
猪(Larson et al. 2007)。早期动物转移的说法在得到骨骼和牙齿
直接断代的可靠支持之前,还是应该持谨慎态度。现在看来,动
物转移只是发生在全新世晚期,特别是新石器时代。

关于岛屿东南亚智人和旧石器时代晚期的思考

岛屿东南亚晚更新世和早全新世的石器工业(包括和平文
化),石核、石片和砾石的基本特征与澳大利亚和新几内亚高地
最早的石器工业非常相似,这两个地区的最早居民都是在距今
5～4.5万年来自印度尼西亚(Hiscock 2008; Summerhayes et al.
2010),所以这些相似之处并不令人惊讶。然而,可能有人会问,随
处可见的区域差异(例如大陆的和平文化石器和岛屿的砾石和石
片工业之间)是否主要与石料产地有关,或者它们代表了不同人
群的偏好。后一种解释肯定适用于马来半岛和平文化和廷卡尤湖
石器的双面削片技术。在更远的东方,巴布亚新几内亚的胡恩半

岛（Huon Peninsula）和巴布亚新几内亚高地，也出现了一种不同寻常的器物——束腰斧状砾石工具，胡恩半岛的这种工具可以追溯到距今大约4万年（Groube et al. 1986）。在印度—马来群岛还没有发现这种束腰形工具，尽管类似石器偶尔单独出现在一些和平文化遗址中（见图5.2）。

关于岛屿东南亚旧石器时代智人的生活，一个重要问题是是否已经出现定居生活。人们通常认为流动性才是常态——随着资源富集地点的转移，人们一年中频繁地在不同资源域之间流动。大多数洞穴堆积序列体现出这一点，即使是最大的洞口，如尼亚洞西口，似乎也是被周期性地占据，而不是长期稳定居住。该地区狩猎采集者民族志所记录的生活方式也表明了流动性。当然我们并不相信，现代狩猎采集者之所以幸存，是因为他们的流动性，没有固定资源引来农耕人群的侵夺。后者实际上是不得不生存在茂密雨林这样不适宜农业的边缘环境。

事实上，由于研究时间跨度很长，也许有人会问，我们是否真的能够了解定居的稳定程度。毕竟，虽然尼亚洞有175个放射性碳年代数据，但我们必须明白，这些年代的跨度达5万年，是一个非常惊人的时长。在这种情况下，充满随机性的考古地点和探方又能反映出多少事实？某类遗址的缺环，比如婆罗洲大多数地区缺少全新世早期遗址，是否是因为尚未发现？寻找过去人类活动的"整个宇宙（the whole universe）"永远是一项令人沮丧的工作，因为它的大部分已经消失或遥不可及。

但是，我们也不必太过灰心丧气。岛屿东南亚旧石器时代晚期，磨制蚌器的出现，新型石器技术如托利安石器的兴起，以及岛屿间交流程度的增加，都见证了这一区域发展进程的加快。然而，新石器时代人群入侵的重要性并没有因此而淡化。事实上，旧石器时代晚期，岛屿东南亚地区各个岛屿之间的直接交流迹象很少。

就连摩鹿加群岛北部有袋动物被人为迁移到哈马黑拉岛和盖贝岛的案例，现在看来也需要重新审视（更不用说美拉尼西亚岛更早的动物迁移了）。廷卡尤湖双面斧、托利安石器、帝汶贝壳鱼钩和圆盘珠，以及尼亚和萨贡洞的磨刃斧，都是非凡的创造，但在空间分布上具有显著的区域性特征，即使它们所代表的观念在更新世末期和全新世早期在世界上许多地方都很普遍。岛屿东南亚这时期是真的与世隔绝吗？只有更多的考古发现才能告诉我们。

然而，正如第四章默里·考克斯（Murray Cox）的基因研究所述，岛屿东南亚土著的、前新石器时代的狩猎采集者奠定了澳巴人种的基因基础，在许多操南岛语的现代人群中，这个基础非常牢固，尤其是菲律宾黑人和印度尼西亚南部和东部的人群。岛屿东南亚的人类历史是一幅经过多支人群反复书写的画卷，而非一座遗世独立的象牙之塔。

注释：

1. 金门岛和马祖岛位于福建近海，具有与中国大陆相似的考古遗存。本书中提到的"台湾岛"是指主岛以及附属岛屿，如澎湖和兰屿。

2. 矛盾的是，波利尼西亚人现在主要是亚洲人群而非澳巴人群的后裔。如果你仔细阅读华莱士的著作（Wallace 1962），特别是第15页，就会发现他的真正意图是区分他在书中所说的马来人种和巴布亚人种，提及波利尼西亚人显然是事后的一个偶然想法。正如华莱士还指出的那样，这条人种分界线不应与他的"印度—马来和澳洲—马来"地区划分相混淆，后者今天被称为华莱士线。

3. 未校准的放射性碳测年。

4. 关于这些很早的发掘，见 van Stein Callenfels and Evans 1928; Tweedie 1940; van Stein Callenfels and Noone 1940。

5. 见 van Heekeren 1972: 85–92; Brandt 1976; Glover 1978a; McKinnon 1991; Wiradnyana 2016。

6. Forestier and Patole-Edoumba 2000: 37; Forestier et al. 2005; Simanjuntak 2016。

7. 亨特等人2012年讨论了爵床属（*Justicia*）植物。亨特和雷伯特（Hunt and Rabert 2014）最近声称，砂拉越人开始种植水稻的时间约为距今11 000～8 000年，这是基于从沼泽钻探岩芯中提取的植硅体得出的结论，该岩芯位于尼亚内陆距海40公里处。这个年代甚至超过了中国中部和印度北部稻作农业的年代。在尼亚洞，（陶器中的）水稻遗存只能追溯到新石器时代及以后。关于西米利用的说法或许更可信，尼亚洞对野纱、海芋、棕榈果等食物资源的利用当然也是一样，毫无疑问，自直立人或更早时期以来，世界各地狩猎采集者都食用这些植物。

8. 关于东南亚洞穴艺术的综述，见Tagcon et al. 2014。

9. Sémah et al. 2003; Hameau et al. 2007; Morwood et al. 2008。

10. Louys et al. 2007进行了综述，关于欧亚大陆北部的年代测定精度，见Cooper et al. 2015。

11. 这一问题目前正在研究中，2002年在巴丹岛迪奥斯迪彭（Diosdipun）洞穴出土的一具高度屈肢的人骨有望很快进行直接碳十四年代测定和古DNA测试。但事实仍然是，到目前为止，没有证据表明巴丹群岛在前新石器时代有人类活动。

12. 澳大利亚所谓的"穆杜克（Muduk）"骨尖状器两端都有尖，用作鱼钩。

13. 见Mulvaney and Soejono 1970, 1971; Glover 1976, 1977a, 1978b; Glover and Presland 1985; Chapman 1986。

14. 这里我省略了果洛洞及韦特夫岩厦出土的14件新石器时代蚌锛，这些将在第八章中讨论。

15. O'Connor et al. 2002; O'Connor and Veth 2005; O'Connor 2015a。

第六章 岛屿东南亚南岛语系的
早期历史

一旦大家分道扬镳,每支人群都会忘记过去的习俗,

他们都过上了新生活,语言也变得不一样,

有些人的舌音长,有些人的舌音短。

所有人群都给自己起了新名字。

——一个砂拉越本南族(Penan)酋长的叙述

阿诺德(Arnold 1958)

　　大约在公元前3500年,岛屿东南亚的史前史发生了一个根本性的变化,来自中国南方的新石器人群出现在了台湾岛。公元前2200年左右,他们从台湾岛向南迁徙,到达菲律宾群岛北部。然后在公元前1600年,继续南进,到了婆罗洲和苏拉威西岛。随后,他们又迅速进入岛屿东南亚的其余部分,在公元前1300年到达了印度尼西亚东南部大部分地区、苏门答腊和爪哇。其中一些分支人群向东扩散,先是到达了新几内亚北部,公元前1500年到达马里亚纳群岛,公元前1300年到达俾斯麦群岛。马来半岛和越南有大陆东南亚血统的土著新石器人群,在公元前1000年之前,一直将南岛殖民者拒之门外。新几内亚内陆的高山也对南岛人的殖民形成了很大的阻力,只有沿海地带受到这些亚洲新石器人群殖民运动的侵入,到达了岛屿西端的鸟头地区(Bird's Head)和巴布亚新几内亚海岸。这场殖民运动,覆盖了从俾斯麦群岛直到新几内

亚北部和东部沿海的广大地区。

我们将在第七章和第八章对这些问题进行考古研究，但非常重要的一点是要知道，考古资料主要反映的是器物、经济和人骨方面的内容，考古对文字发明之前的语言束手无策。然而，语言可以说是人类社会最重要的文化创造，在沟通交流、身份标识、社会结构和宗教信仰方面都是必不可少的。没有语言，人类就不成其为人类。

语言在追溯近一千年来的人类史和移民史过程中的重要性是不可否认的。我强调"近一千年"，是因为所有的语言都会随着时间的推移而改变，如果某种语言的两支方言分离的时间足够长，它们就会高度分化，它们基因的共性不再明显，至少是严重丧失，以至于无法分辨出其关联性。经过大约1万年的时间，如果相隔遥远的语言之间还有些细微相似之处（特别是在词汇方面），那与其归因于同源或交流，还不如说是出于偶然。但在万年之内，越接近现代，语言的清晰度越高。我们现在已经对世界上许多主要语系的原始语言、语系树和地理扩散情况做了比较语言学重建，对现代世界残存的食物生产者和狩猎采集者也做了类似工作（Bellwood 2005, 2013）。

在本书中，我们主要关注的是南岛语系的语言。岛屿东南亚的新石器文化和南岛语系都源自台湾岛（台湾岛今天仍有南岛语），这一点一直让我感到震惊。这肯定不是巧合。当然，南岛语并不是由台湾岛古人类的语言进化而来的，这些人说什么话我们今天已经无从知晓。很明显，南岛语的祖先语言曾经存在于中国南方大陆，现在已经被浙江、福建和广东沿海各省占绝对优势的汉语取代掉了。汉语的统治地位开始于大约公元前500年的战国时期。在秦汉王朝之后，中原人从中部省份大规模向南迁徙，彻底占领了南方地区。在中国南方，海南岛、广西、贵州和云南等地仍可

181 / 182

见到有人群说泰语（或者壮侗语系、侗台语系），但在靠近台湾岛的沿海省份已经见不到了。

然而，我想强调的是，即使将考古学和语言学资料完全分开各自独立研究，也可以得出结论，岛屿东南亚的新石器文化和原始南岛语系不仅都来自台湾岛，而且都可以在中国大陆找到早期源头，尽管微茫。台湾岛和中国南方在考古学和语言学上的这种一致性一直非常明显。历史观察同样显而易见地表明，语言以洲际语系——例如南岛语系、印欧语系和汉藏语系的规模传播，只能通过讲这些语系早期方言的人群的流动来实现。毫无疑问出现过一些语言混合现象，部分土著人群通过语言借用和语言转变学会南岛语的情况可能非常普遍。例如，菲律宾的尼格利陀人和西大洋洲许多讲巴布亚语的人群就是如此。当然，现代英语和西班牙语的传播过程也是如此。但仅靠语言转变，还不足以让南岛语遍布几乎整个岛屿东南亚，除了讲巴布亚语的新几内亚之外。在这本书中，我预设读者已经了解这个观点，因为在以前的许多论著中，我都用了相当长的篇幅讨论过这个问题。[1]

182
183

我们的第一个任务是搞清楚南岛语系的分布范围和规模，并关注与它相邻的一些语言。一个名为 Ethnologue[2] 的在线语言数据库收录了南岛语系的全部语言，共1 257种，仅次于非洲尼日尔—刚果语系的1 545种。然而，就欧洲殖民时代之前的语系分布范围而言，南岛语无疑是最大的语系——由经度来看，从马达加斯加到复活节岛，横跨半个地球；由纬度来看，从北温带的台湾岛直到南温带的新西兰二岛（图6.1）。南岛语系中有一多半的语言见于从新几内亚往东的大洋洲地区。现在说南岛语的居民大致分布如下：印度尼西亚2.55亿人，菲律宾1亿人，马来西亚和文莱3 000万人，马达加斯加2 200万人，越南中部（占语）100万人，台湾岛（台湾南岛语）50万人，大洋洲（不包括巴布亚新几内亚）大约300万人。[3]

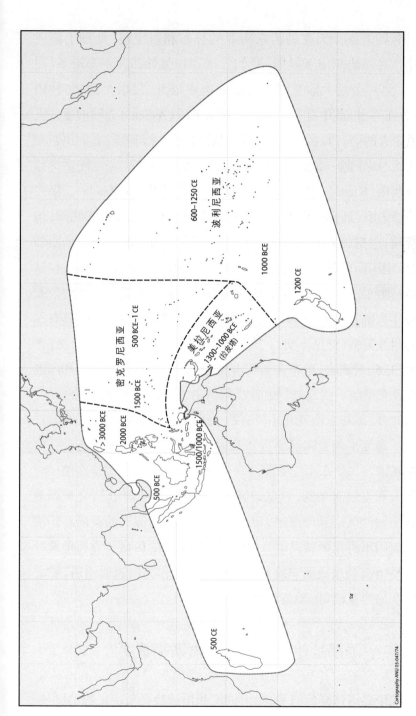

图 6.1 南岛语系分布（图中无阴影部分）及其形成的考古学年代
来源：珍妮·希恩（Jenny Sheehan）绘制

南岛语系今天在岛屿东南亚的分布相对完整,地理上连成一片。在岛屿东南亚周围,我们发现存在另外四种主要语系(图6.2)。第一个是大陆东南亚地区的南亚语系,包括大约150种语言,分布零散,其中有马来半岛的亚斯里语(Aslian)(内陆的塞芒人和色诺人的语言),孟—高棉语(包括高棉语,柬埔寨的官方语言),越南语(属于越—孟语支),尼科巴语(Nicobarese),印度阿萨姆邦的卡西语(Khasi),以及印度半岛东北部的蒙达语(Munda)。第二个是泰语系(或称侗台语系),分布在大陆东南亚的中部和北部,包括泰国、老挝、越南北部内陆,以及中国南部的广西、贵州、云南和海南,中国南部各省是侗台语系的故乡。第三个是汉藏语系,包括藏语、缅甸语和汉语。汉语和南岛语的接触主要发生在大约公元1660年大陆移民到台湾岛之后,但南岛语和汉藏语系之间具有深厚的渊源关系(详见下文)。第四种是巴布亚语系,有多个语支,包括大约750种语言,分布在新几内亚、美拉尼西亚群岛西部,和印度尼西亚东部的一些岛屿(如帝汶、阿洛尔、潘塔尔和哈马黑拉)。

如今,岛屿东南亚几乎所有的土著居民都说南岛语系的语言,只除了印度尼西亚东部靠近新几内亚的小块地方,那里还说一些巴布亚语。岛屿东南亚除了南岛语之外的其他方言都是在殖民时代传入和发展起来的,这些语言包括台湾岛的"国语"、马来西亚和新加坡的汉语和印度语,以及马来西亚和菲律宾的英语。印度尼西亚则不再需要殖民语言,因为独立政府在1945年睿智地选择了贸易语言马来语而非统治阶级的爪哇语作为国家通用语,称之为印度尼西亚语(Bahasa Indonesia)。

语系是什么? 为什么语系很重要?

像南岛语这样的语系,是由词汇和语法特征来定义的,其组成

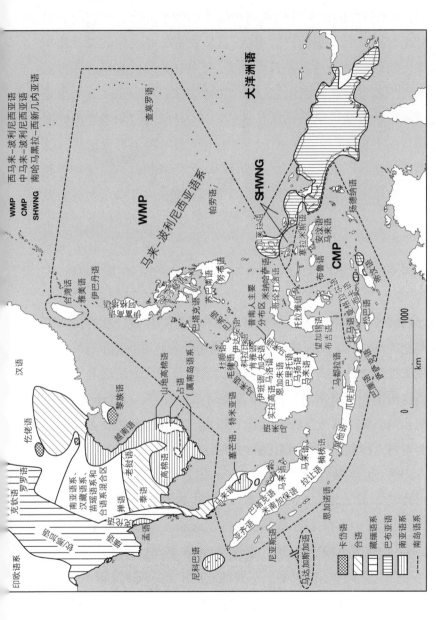

图 6.2 东南亚地区的民族、语言、语言,南岛主要分支及其他语系

在下文中台乐思(Robert Blust)讨论的马来—波利尼西亚中东部语支包括了本图上的CMP、SHWNG和大洋洲诸语言。

来源:珍妮·希恩(Jenny Sheehan)绘制

语言直接来自很久以前的共同祖先。语系通常会有一个多层分支结构，每个较大的语支又包括两个以上的较小分支。所有层次上的分支都由许多相关的语言组成，这些语言相互之间的关系比与外部任何语言之间的关系都要亲密，每个分支都由其语言共有的一系列创新来定义。当然，这里所说的"共有（Sharing）"，必须是通过语言学方法证明该词汇是遗传而来的（即语言学术语中的同源词[4]，如表6.1南岛语的例子），而不是从另一种语言借来的。这些语言分支的产生，是因为一个语系从起源地辐射出来，使用者超出了能够相互频繁交流的活动范围，因此自己、同伴和后代各自发展出了独有的语言创新。本章开头引用的酋长的话说的就是这么回事。

185
186

　　语系的起源给人类迁徙研究提供了重要帮助，因为很明显，大多数人所说的语言（有时不止一种）是他们从父辈那里继承来的，而且通常一生中不会改变。当然，人类可以不时地改变语言，语言也可能灭绝，但是，使用某种语言作为民族身份的标志，是民族志和现代世界中所有人类群体的特性。语言及其代际传递是大多数人类社群相当稳定的特征，除非发生了战争冲突、人口迁徙（如奴隶贩卖）或人口骤减等特殊情况。因此，人类迁徙是语言传播的主要渠道，在整个史前时期可能也是如此。

　　此外，大多数以农业人口为主的语系（如南岛语）都有大量可重建的原始词汇，从中可以看出，最初的传播者是早期的食物生产者人群，而不是狩猎采集者（Diamond and Bellwood 2003; Bellwood 2005, 2009, 2013）。当然，狩猎采集者也有迁徙行为，特别是在前农业时代，但世界上主要的农业语系，如印欧语系、汉藏语系、尼日尔—刚果语系（包括班图语），以及美洲的乌托·阿兹特克语系和阿拉瓦克语系，可以说基本上都是通过食物生产者人群传播的。

表 6.1　常见南岛语同源词词汇表

表格中的空缺可能有两种情况，要么当地没有这个同源词，要么在欧洲殖民者来的时候当地没有这种事物。

PAN 即原始南岛语系；鲁凯语是一种台湾少数民族语言；他加禄语是菲律宾国语；拉帕努伊岛即复活节岛。资料来源：马尔科姆·罗斯（Malcolm Ross）提供

	PAN*	鲁凯语	他加禄语	爪哇语	斐济语	萨摩亚语	拉帕努伊语
二	*duSa	dosa	dalawa	lo-ro	rua	lua	rua
四	*Sepat	sepate	apat	pat	vā	fā	hā
五	*lima	lima	lima	limo	lima	lima	rima
六	*enem	eneme	anim	enem	ono	ono	ono
鸟	*manuk	—	manok	manu?	manumanu	manu	manu
头虱	*kuCu	koco	kuto	kutu	kutu	?utu	kutu
眼睛	maCa	maca	mata	moto	mata	mata	mata
耳朵	*Caliga	caliga	taiga	—	daliŋa	taliŋa	tariŋa
肝脏	*qaCay	aθay	atay	ati	yate	ate	?ate
路	*zalan	ka-dalan-ane	daan	dalan	sala	ala	ara
露兜树	*paŋudaN	paŋodale	pandan	pandan	vadra	fala	—
甘蔗	*tebuS	cubusu	tubo	tebu	dovu		
雨	*quzaN	odale	ulan	udan	uca	ua	?ua
天空	*lagiC	—	lagit	lagit	laŋi	laŋi	raŋi
石头	*batu		bato	watu	vatu		—
锅	*kuden	—	—	—	kuro	?ulo	
吃	*kaen	kane	ka?in	ma-gan	kan-ia	?ai	kai

★ Blust and Trussel 2014.

一个非常惊人的事实是,包括南岛语在内的所有主要语系,它们的起源和传播远早于有文字记载的历史。此外,在各个区域开始有历史记载之前,所有主要语系的分布已经接近了它们今天的地理范围,也就是说,肯定比公元1500年欧洲人开始殖民早得多。当然,少数印欧语系语言,如英语、西班牙语、葡萄牙语、俄语和法语,自1500年以来,通过殖民征服、灭绝土著(流行病所致)和移民定居,也得到了广泛传播。但这些都是庞大的印欧语系中的单一语言,只是纷繁复杂的印欧语系谱系树一些分支的末梢。这些语言属于近代强国征服的殖民地,里面包括大量并无关系有时甚至是敌对的民族语言群体,文明程度差别很大,因此在过去一个世纪,迫切需要所有居民都能学习和掌握通用语言。当然,在当代社会,得益于国家语言政策、普及性学校教育,以及互联网时代的各种大众媒体,语言的这种发展趋势越来越快。

遥远过去的这些语系,它们的存在远在文字发明以前,起源和传播都没有留下任何记载,那么我们该如何了解它们的历史?答案是通过语言的比较和重建,这是一个科学研究的过程(语言学"比较方法"参见Blust 2014),通过比较今天正在使用的完整语言,去补充史书和铭文记载的灭绝语言或者今天仍在使用的古老语言。但是,南岛语系中,只有占语、马来语、爪哇语和巴厘语拥有年代超过800～1 000年的铭文,而且这些铭文中的许多词属于印度语系,如梵语和巴利语(Pali)。

正如后文中白乐思所说,正是由于比较方法的应用,让我们十分清楚地知道,台湾岛是南岛语系的"故乡",至少是在某种程度上可以追溯到的故乡。当然,如前所述,南岛语系的原始语言并非在很久以前某个时候独立形成于台湾岛。像所有语系一样,它的起源必须追溯到更早的开端。我们能让时光倒流,回看到那个几乎如神话般的事件吗? 由于相关语言基因特征的年代模糊不清,要在台湾岛以外的某个特定地区,或者说在全新世中期中国的语言景观中去发现南岛语系之根,那真是难如登天。

南岛语言发展史简述

原始南岛语(Proto-Austronesian,简称PAN)是整个南岛语系的祖先语言,起源于台湾岛,台湾岛以外的所有南岛语属于一个分布广泛的次级亚群,称为"马来—波利尼西亚语(Malayo-Polynesian)"。这一观点最初由我的合作者、语言学家白乐思提出(Blust 1976, 1995, 1999, 2013a),获得了绝大多数现代语言学家的认同。原始南岛语本身是重建的结果,包含整个南岛语系的祖先词汇(见表6.1),以及它的祖先音系和许多语法特征。语言学家们在整个南岛世界现存语言中寻找共有的继承性同源词,从而重建了该语言。

根据大多数语言学家的说法,在南岛人定居台湾岛之前,南岛语的祖先语言业已存在,分布于中国大陆沿海地区,源头在长江以南的某个地方,这一重建结果受到广泛认同。经过早期的大陆祖先阶段之后,最初的南岛语开始在台湾岛传播,后来岛上的原始南岛语分裂,成为现代某些或所有土著南岛语的根源。但是,被称为马来—波利尼西亚语的南岛语分支在今天的台湾岛并不存在。一般认为这个语支的源头是在台湾岛,由台湾岛扩散到菲律宾群岛北部,并在菲律宾群岛北部发生了语言分化,逐渐远离了台湾岛的母语。传播范围并不限于菲律宾群岛,原始马来—波利尼西亚语后来从岛屿东南亚传播到大洋洲——先到马里亚纳群岛,然后稍晚从菲律宾群岛或印度尼西亚等地,经过美拉尼西亚,到达东波利尼西亚,向西又传播到马达加斯加。这条传播之路的终点,是波利尼西亚人在公元13世纪到达新西兰(Perry et al. 2014),这时距离原始南岛语在台湾岛的分裂已经四千年之久。以上路线描绘出一条持续4 000多年、跨越半个世界的南岛语人群迁徙轨迹。

因为后文中白乐思详细介绍了南岛语系在台湾岛以外的传播过程，所以这里我不再赘述，但有必要介绍一下南岛语系最常见的语言分支结构（见表6.2）。我在《印度—马来群岛史前史》（Bellwood 2007：图4.3）一书中，将此表现为一个连续分叉的树形图。然而，尽管语言分叉（sharp bifurcation）概念可能适用于太平洋偏远岛屿上的孤立人群，但对岛屿东南亚却不太适用。这里的许多人群，特别是沿河和沿海人群（毫无疑问这些人占人口的大多数）会在多个方向上与其他人群保持联系，从而形成语言学家所称的"方言链"，而不是完全离散的语言。这种情况会造成重叠的语支缓慢展开，因为语言创新往往会在某些互动区域聚集和积累，而不是因人们彼此隔绝而出现急剧分裂。因此，我在表6.2中重新使用了一个从台湾岛到东波利尼西亚的展开模型，而非原来那个连续分叉的模型。

就南岛语系统发育的整体形态而言，很有必要注意到的是，与台湾岛内部各支南岛语的绝对异质性相比，遥远的马来—波利尼西亚语具有相对的同质性。所有语言学家都同意这一点，尽管他们对于台湾南岛语存在多少分支意见不一。例如，白乐思（表6.2）认为台湾南岛语有10个语支。马尔科姆·罗斯（Malcolm Ross，2009）认为，从动词形态来看，只存在四种语言，即卑南语、邹语、鲁凯语（以上全部在台湾岛）和核心南岛语，而马来—波利尼西亚语只是核心南岛语八个分支中的一个。但是，不管台湾岛存在多少语言分支，台湾南岛语极其丰富的多样性毫无疑问地表明，台湾岛使用南岛语的时间比南岛世界的其他地方都要长得多。因此，我们毫不奇怪地发现，当南岛文化遗存首次在岛屿东南亚地区出现的时候，台湾岛新石器时代已经存在大约2 000年了，比南方南岛世界的任何地方都早得多。

表6.2　南岛语系的标准分组（据Blust 2014：表7）

注意，本表所列主要语支是从台湾岛到东波利尼西亚展开过程的一部分。在南岛人群迁徙主要路线之外发展起来的语支，例如在巨大的西马来—波利尼西亚地理分区内的多个语支，没有列入。

1. 泰雅语
2. 东台湾语
3. 卑南语
4. 排湾语
5. 鲁凯语
6. 邹语
7. 布农语
8. 西部平原语
9. 西北台湾语
10. 马来—波利尼西亚语（MP）
 西马来—波利尼西亚语（WMP）
 中东部马来—波利尼西亚语（CEMP）
  中马来—波利尼西亚语（CMP）
  东马来—波利尼西亚语（EMP）
   南哈马黑拉—西新几内亚语
   大洋洲语（OC）
    阿德米勒尔蒂语
    残存大洋洲语
     圣马提亚语族
     雅浦语
     西大洋洲语群
     萨米/查雅普拉语族
     北新几内亚语系
     巴布亚高地语系
     中美拉尼西亚语系
    中东部大洋洲语
     东南所罗门语族
     密克罗尼西亚语族
     乌图普阿—瓦尼科罗语
     南部大洋洲语群
     中太平洋语群
      罗图曼—西斐济语
      东斐济—波利尼西亚语
       汤加语
       波利尼西亚核心语
        北缘—东波利尼西亚语
        非北缘语
        残存波利尼西亚核心语

岛屿东南亚南岛语社群的语言史

特邀撰稿人

白乐思（Robert Blust）

多年来，研究南岛语（AN）的历史语言学家们普遍相信，台湾岛是南岛语的故乡。这种共识的原因是台湾南岛语言的极端多样性，以及在语言学和植物学中被广泛接受的原则——系统发育的多样性与年代早晚有关。不用说，台湾岛并不是唯一的选项，台湾岛和大陆沿海可能都在使用原始南岛语，但大陆沿海在历史时期并未发现有南岛语保存下来，故而这成了一个悬而未决的问题。

西方殖民者第一次到台湾岛的时候，当地至少存在24种语言（"台湾语"），其中有14或15种仍在使用，另有一些濒临灭绝。近年来关于台湾岛是否是南岛语系故乡的争论，大多数都集中在岛上母语分裂发生地这种细节上，看法包括西北角（Sagart 2004: 437）、中央山脉南部（Ross 2009、2012; Aldridge 2014; Zeitoun & Teng 2014），以及环岛沿海地带（Ho 1998; Blust 1999, 2013a）。从考古学的角度来看，最后一个位置可能与已知的原始定居形态较为契合。有两个原因。首先，严重依赖海洋资源的人群不太可能远离海岸，只有人口增加，或对理想栖息地的竞争加剧，才会迫使他们离开海岸。第二，要说移民人群只居住在周长约600英里的台湾岛沿海地带，无论再过多少代人都不迁往其他尚无人占据的地区，这也是极不可能的，尽管语系树最高层语支的嵌套结构暗示是这样。

台湾语之外的所有南岛语，统称为"马来—波利尼西亚语"（MP），表现出某些独有的共同特征，对此最简单的解释是，它们都是单一祖先语言——原马来—波利尼西亚语（PMP）的创新残留。观察台湾岛和菲律宾群岛新石器时代的碳十四测年结果（第七章），会马上发现两个问题：（1）台湾岛新石器时代开始于大约公元前3500年，但菲律宾群岛进入新石器时代已经到了大约公元前2200年，中间有一个很长的文化传播停滞期，对此应该如何解释？（2）菲律宾群岛新石器时代历史意味着其语言应该具有高度的多样性，然而事实并非如此，这是为什么（如下图6.3所示）？

第一个问题主要涉及考古学而非语言学，但语言学中也有线索。这个问题的答案是航海技术的原因，这在语言中有发现，但很难找到考古遗存。特别是，尽管原始南岛语中"帆"（*layaR）一词的分布从台湾岛东部延伸到夏威夷（Blust and Trussel 2014），但原始马来—波利尼西亚语中"边架艇"（*saReman）一词的分布仅限于马来—波利尼西亚语言区。这表明是边架艇独木舟增强了南岛漂泊者的航行能力。这一发明使得南岛人中的一支离开台湾岛到达了菲律宾群岛，且在出发地并未留下这项技术。

由于菲律宾群岛是南岛语在台湾岛以外南岛世界的第一个登陆地，所以我们预计它的语言将具有仅次于台湾岛故乡的高度多样性。然而，令人惊讶的是，事实并非如此。除了外来的海上游民萨玛巴兆语（Sama-Bajaw），以及最北方的巴丹语（Bashiic），菲律宾的所有语言形成了一个相当明确的单一语支，另外还包括了苏拉威西岛北部的桑吉利克语（Sangiric）、米纳哈萨语（Minahasan）和戈伦塔利语（Gorontalic）。对于这种意料与现实之间的不一致，最简单的解释是，菲律宾语言在过去的某个时期经历了一次重大的统一事件（Blust 2005）。语言统一在世界上某些地方有很好的例证，例如拉丁语的扩张，是以消灭伊特鲁里亚语、奥斯坎语、翁布里亚语、法利斯坎语和2 500年前意大利半岛其他语言为代价的。我们知道，拉丁语的扩张，包括其他语言人群转用拉丁语，是由于罗马帝国在军事和政治上的胜利，但我们几乎没有办法知道，是什么使得菲律宾早期的一种南岛语拥有了类似的优势。尽管如此，就像戴蒙德（Diamond 1992）所说的那样，几乎肯定发生过这样的"时钟重置（reset the clock）"事件，因为该地区现代语言的状况与目前所知新石器时代应有的语言多样性是很不相符的。[5]

里德（Reid 1982）怀疑菲律宾语支的真实性，他试图将菲律宾语言划分为南岛语系的几个主要分支，但他的尝试受到了多位学者（Zorc 1986; Blust 1991, 2005; Blust and Trussel 2014）的质疑。这些学者注意到菲律宾语言存在独有的数百个词汇，其中一些明显是替代创新。近来罗斯（Ross 2005）初步提出一个观点，认为分布在吕宋北部巴布延岛和巴丹群岛以及台湾岛东南离岛兰屿上的巴丹语可能是马来—波利尼西亚语的一个主要分支。但事实上，菲律宾群岛语支丰富的词汇群中很少包括巴丹语同源词，这也表明南北语言曾经长期分离（Blust and Trussel 2014）。

如果因为巴丹语偏离了菲律宾语的共享创新词汇，就说巴丹语属于马来—波利尼西亚语的一个主要分支，这个判断为时过早。可能还不如退一步说，与其他菲律宾语言相比，巴丹语的特征不太像菲律宾语的分支。无论采取哪种解释，菲律宾所有语言（萨玛巴兆语除外）的多样性都出人意料地低，这对认识史前史有着重要含义，因为这意味着在新石器人群的语言发生分化之后不

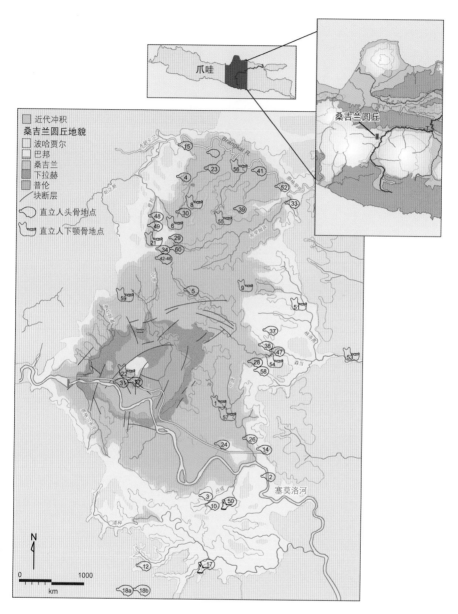

图版1 桑吉兰圆丘的侵蚀地貌

古人类化石地点见头骨和下颚骨符号标记所示，并按照出土年代顺序编号。资料来源：Bettis et al.（2009：图1）。提供者：E.A.贝蒂斯III（E.A. Bettis III）及《人类进化》期刊（*Journal of Human Evolution*）. 经爱思唯尔（Elsevier）授权使用

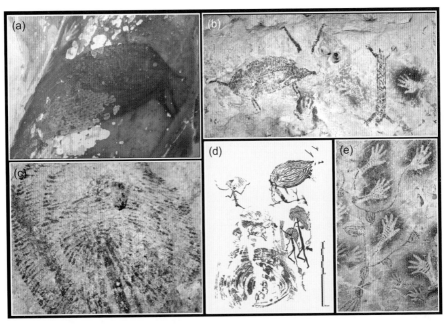

图版 2　苏拉威西和加里曼丹更新世或全新世早期的红色赭石岩画艺术

（a）一只红色赭石画的野猪［马来野猪（*babirusa*）或苏拉威西疣猪（*Sus celebensis*）］，头部模糊，隐约可见下面之前还有一块手印岩画。可以清楚地看到覆盖在野猪身上的方解石皮。该岩画位于南苏拉威西马洛斯（Maros）的皮塔克洞（Leang Pettakere）。（b）东加里曼丹桑古里让（Sangkulirang）哈托洞（Gua Harto）的有角动物或昆虫岩画，下面之前有蜥蜴状动物和手印岩画。（c）一个人像上"浓密毛发（big hair）"光环的惊人特写，该岩画位于东加里曼丹的桑古里让。（d）东加里曼丹桑古里让塔姆林洞（Gua Tamrin）的拟人化鹿岩画。（e）手印及树木岩画，位于东加里曼丹桑古里让的特韦特（Tewet）。以上资料来源：（a）安格拉埃尼（Anggraeni）摄影；（b）~（e）卢克—亨利·费奇（Luc-Henri Fage）供图（Fage and Chazine 2010）

图版5　卑南遗址的新石器时代晚期聚落(约公元前1500～前1000年)

(a)一排石砌房基;一排有高墙的小型贮藏室,与房屋平行;房屋之间的石板墓。(b)砾石及石板铺成的道路。(c)随葬玉器的石板墓,包括箭镞和耳环(人骨已朽)。以上照片来自20世纪80年代的原始发掘记录。(d)翻倒的石"梯",在发掘中被揭露出来,据推测,石梯是用来通向房基后面的一座房子。(e)典型的卑南文化红陶素面大双耳罐,口径7.5厘米。来源:(a)~(c),连照美供图;(d)和(e)作者拍摄;(e),台东史前博物馆提供

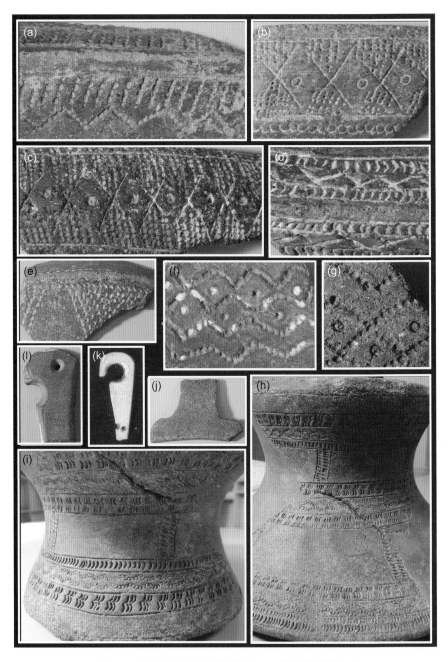

图版6　马格皮特遗址出土的戳印和环形拍印纹磨光红陶

（a～i）卡加延河谷马格皮特遗址出土磨光红陶器上的各种图案，包括戳印和环形拍印，使用石灰填充，公元前1500年左右。（h）和（i）都是圈足敞口碗，右侧图系倒置，以更清晰地显示纹饰。（j）是镂空器座残片。（k）钩形蚌饰，长6.5厘米，出土于阿纳罗（Anaro）遗址（约公元前1200年）。（l）也是钩形装饰品，已残，火山岩制作，长4厘米，出土于马格皮特遗址（约公元前1500～前1000年）。资料来源：田中和彦（Kazuhiko Tanaka）提供

图版7　那格萨巴兰、阿楚高和拉皮塔遗址出土的戳印纹、齿形或环形拍印纹磨光红陶

1. 卡加延河谷那格萨巴兰（Nagsabaran）遗址。2. 马里亚纳群岛塞班岛阿楚高（Achugao）遗址。3. 新喀里多尼亚拉皮塔13号遗址。来源：Hung et al.（2011：图3），剑桥大学出版社授权

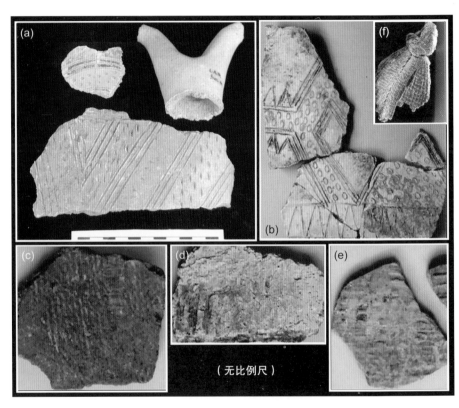

图版 8　尼亚洞（Niah）、风洞（Lubang Angin）和栳叶洞（Gua Sireh）出土陶器

（a）风洞出土三色陶片和双流无桥联陶器残片，下方是尼亚洞出土刻划纹和戳印纹陶片（约公元前 500～前 1 年）。（b）风洞出土三色陶片，上有刻划纹和环形拍印图案，约公元前 500～前 1 年。（c）栳叶洞出土绳纹陶片，可能属于新石器时代。（d）（e）栳叶洞出土"篮纹"陶片，可能属于新石器时代。（f）栳叶洞出土钻石形压印纹陶片［类似于图 9.8 中的（e）和（g）］，羼和有稻壳和小穗基部，直接测年为公元 500 年（Bellwood et al. 1992）。资料来源:（a）～（e），作者拍摄;（f）吉莉·汤姆森（Gillian Thompson）拍摄。感谢古晋砂拉越博物馆提供

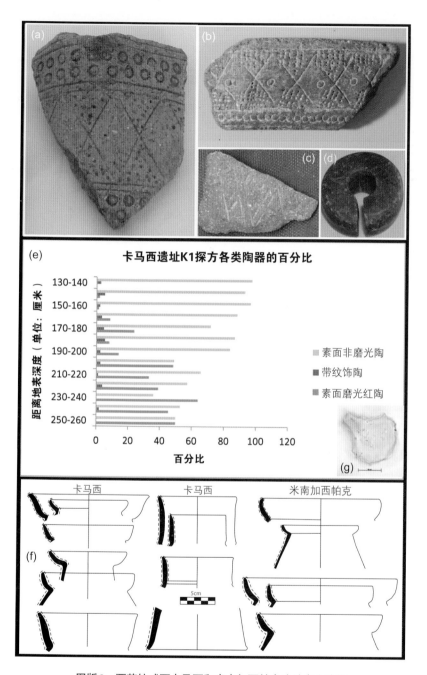

图版9　西苏拉威西卡马西和米南加西帕克遗址出土遗物

（a）（b）卡马西出土戳点纹和环形拍印纹陶片，（a）与卡加延河谷马格皮特遗址（约公元前1500～前1200年）出土陶片几乎相同，（b）另见图7.14。（c）拉皮塔文化晚期风格的齿形拍印纹陶片，出自潘塔拉安（Pantaraan）I号遗址表层，约公元前800年。（d）卡马西遗址出土叶蜡石（pyrophyllite）耳块，约公元前1500～前1000年。（e）公元前1500年至前1000年，卡马西遗址陶器从素面磨光红陶为主逐渐转变为带有小装饰部件的素面非磨光陶为主。（f）卡马西和米南加西帕克遗址出土高敞口磨光红陶器口沿对比（巴丹群岛类似陶器参见图7.11，图8.4也是这类器形）。（g）卡马西遗址主要文化层出土的泡状（bulliform）水稻植硅体。资料来源：安格拉埃尼（Anggraeni）和剑桥大学出版社提供；见Anggraeni et al. 2014

图版 10　苏拉威西中部的石雕像和瓮棺葬遗存

（a）（b）"佩林多（Palindo）"是一座高约4米的男性石雕像，而"兰克布拉瓦（Langke Bulawa）"是一座较小的女性石雕像，前额围着一串很大的圆形珠子，两座雕像都位于巴达谷（Bada Valley）（Kaudern 1938：图55给出了珠子和性器官的清晰图案）。（c）据说是来自卡伦邦的陶人像，可能是"塞子（stopper）"。（d）出自波索（Poso）塔马杜瓦（Tamadua）的小雕像。（e）～（g）贝索亚谷（Besoa Valley）中的石瓮棺和棺盖，图（f）中的棺盖上有四足动物浮雕。图（g）的石缸上雕刻了八张人面，脸形与佩林多和兰克布拉瓦相同，考登曾经把它们清晰地画了出来（Kaudern 1938：图33）。资料来源：（a），杜鲁门·西曼朱塔克（Truman Simanjuntak）提供照片；（b）（e）～（g），玛格丽特·里德（Margaret Reid）提供照片；（c）（d）作者拍摄照片

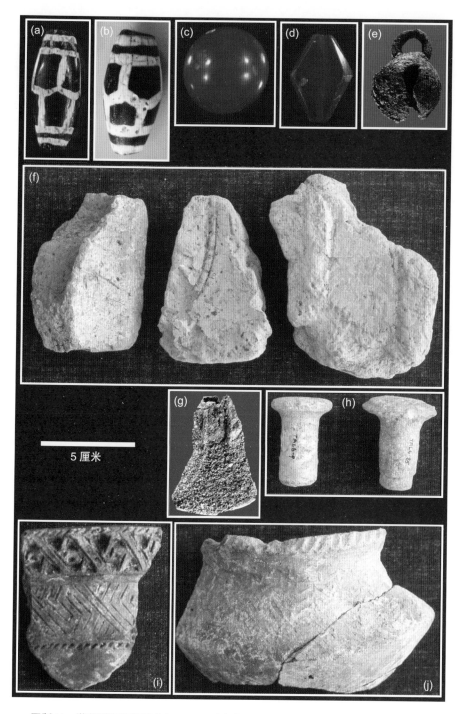

图版11　塔劳群岛萨莱巴布（Salebabu）岛布伊丹洞（Leang Buidane）瓮棺葬随葬品

（a）布伊丹洞（Leang Buidane）出土印度蚀花玛瑙珠。（b）越南和檐（Hoa Diem）遗址出土的同类印度蚀花玛瑙珠（公元1至2世纪）。（c）球形玉髓珠。（d）多面玉髓珠（注意用金属钻加工的非常规则的孔）。（e）青铜铃。（f）三个陶范浇注口。（g）有銎铜斧。（h）两个珊瑚制作的塞子，可能是高颈瓶上的（遗址中发现一些高颈瓶碎片）。（i）（j）：凿槽、刻划、戳点等纹饰见（i），人字形拍印纹饰见（j），都见于折腹小罐（无比例尺）。资料来源：作者拍摄

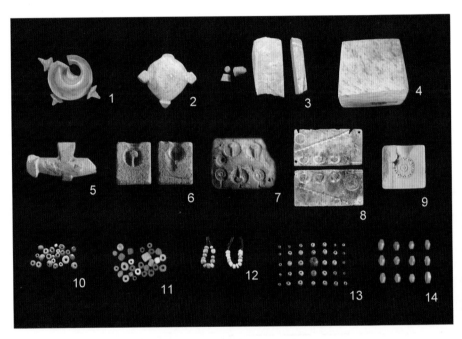

图版12　公元前500年后环南海地区的典型器物及制作工具

采自：Hung et al. 2013：图3。1. 越南中部灰坟丘（Gò Mã Vôi）遗址出土的典型三突起 *lingling-o* 玉玦，台湾玉制作。2. 三突起 *lingling-o* 玉玦半成品，出自泰国南部三乔山遗址，可能是菲律宾群岛云母制作。3. 菲律宾群岛云母材料，出自三乔山遗址。4. 台湾玉四方坯材，出自越南南部大鱼头丘（Giong Ca Vo）。5. 双头兽台湾玉耳坠半成品，出自三乔山遗址。6、9. 台湾岛东部旧香兰遗址出土石范（Li 2005: 177）。7. 泰国詹森（Chansen）遗址出土的石质铸范（Indrawooth 2004: 133），与台湾岛东部发现的石范相似。8. 越南南部美林（Mỹ Lâm）遗址出土石范。10. 菲律宾群岛马林杜克岛（Marinduque）三王（Tres Reyes）遗址出土的单色玻璃珠。11. 菲律宾群岛卡加延河谷那格萨巴兰（Nagsabaran）遗址出土的单色玻璃珠。12. 台湾岛南部龟山遗址出土的单色玻璃珠（Li 2001：图版17）。13. 台湾岛东部旧香兰遗址出土单色玻璃珠。14. 台湾岛东部旧香兰遗址出土多面玉髓珠。来源：经泰勒和弗朗西斯（Taylor & Francis）许可复制

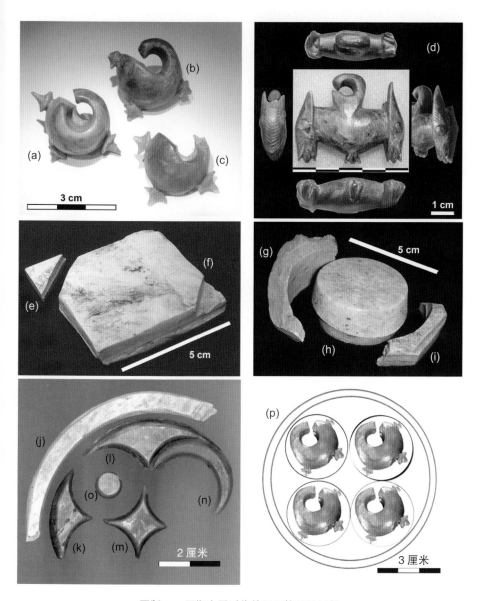

图版 13 早期金属时代的绿玉饰品及玉料

采自 Hung et al. 2007：图 1。（a）～（c）三突起 lingling-o 玉耳饰 [（a）越南中部灰坟丘（Gò Mã Vôi）遗址出土。（b）巴拉望塔邦文化乌尧洞（Uyaw Cave）出土。（c）塔邦文化杜羊洞（Duyong Cave）出土]。（d）菲律宾出土双头兽玉耳饰。（e）～（o）lingling-o 玉耳饰的制作流程，根据台湾岛东部平林和菲律宾群岛伊拜雅岛（Itbayat Island）阿纳罗（Anaro）遗址出土废料复原（Bellwood and Dizon 2013：这些废料不是来自同一个制作活动）。（k）～（o）都出自阿纳罗遗址，我们推测，制作玉饰的大块坯料来自台湾岛，每板坯料均分为 4 个部分，钻制出 4 只 lingling-o，如图（p）。资料来源：美国国家科学院（National Academy of Sciences, USA）

图版14　巴厘岛北部塞姆比兰（Sembiran）遗址出土的印度陶器和本地陶器

（a）1987年，艾·瓦扬·阿迪卡（I Wayan Ardika）发掘塞姆比兰——探方底部暗淡的白色火山灰地层下方是一层印度陶器。（b）～（e）是早期金属时代本地制作的陶器，纹饰有方格纹（b）、刻划纹（c、d）和环形纹（e）。（f）阿里卡梅杜（Arikamedu）18型陶器残片（Wheeler）。（g）阿里卡梅杜10型陶器残片上的拍印纹，据说是受到公元1世纪罗马沙玛音（Arretine）陶器的影响。（h）可能是制作铜鼓的陶范残片，上有一排三角纹，类似佩砧鼓（图9.4）。（i）印度制造的滚印纹陶碗残片（是阿里卡梅杜I型，典型"滚印纹陶器"）。（j）黑色磨光陶器残片，上面潦草地写有3个婆罗米（Brahmi）或佉卢（Kharoshthi）文字母。资料来源：作者拍摄

图版 15　爪哇岛和南苏拉威西岛出土的新石器时代石片石器

（a、b）南爪哇蒲种（Punung）地区出土方形石锛，系用硅质石灰岩粗加工［a，出自布木—泰伦（Bomo-Teleng）石器制作场；b，出自蒲种］。（c）蒲种地区出土硅质石灰岩箭镞（扁平且底部中空）。（d）南苏拉威西岛鸟洞（Leang Burung）1号遗址出土的锯齿形和底部中空的马洛斯（Maros）石镞。资料来源：澳大利亚国立大学考古与人类学学院藏品。见 Mulvaney 和 Soejono, 1970, 1971

图版 16　西爪哇展玉（Cianjur）南部巴东山（Gunung Padang）玄武岩棱柱围成的建筑基址（部分）

该建筑年代不明，目前争议很大。资料来源：维达·库斯马托诺（Vida Kusmartono）拍摄

图版 17　巴厘岛和弗洛里斯岛的现代水稻梯田

上图：巴厘岛塞肯（Ceking）附近刚插秧的现代水稻梯田（2015）。下图：收获前的梯田，弗洛里斯岛恩德（Ende）附近（2015）。资料来源：作者拍摄

久，就出现了一次重大的语言统一事件。此外，也有人提出，所有巴丹语之间极为密切的关系表明，吕宋岛和台湾岛之间的岛链后来也发生了类似的语言统一事件。

马里亚纳群岛的查莫罗语与菲律宾语在语言创新上毫无共同之处，无论菲律宾语是否包括了巴丹语。然而，查莫罗语中有一个表示"台风"的土著词pakyo（原始南岛语中"台风"一词是 *baRiuS），由于太平洋台风带大致从菲律宾中部延伸到日本南部，所以查莫罗语中也有马来—波利尼西亚语的独特创新。很难不得出这样的结论：马里亚纳群岛的居民是从菲律宾中部或北部迁徙而来的。但是，如果查莫罗语是从菲律宾中部或北部到达马里亚纳群岛的，为什么它没有包含代表原始菲律宾语的语言创新呢？最简单的答案似乎是，当查莫罗人的先辈在公元前1500年之前离开，开启太平洋航海史上第一次超过1 000公里的远洋航行（如果他们直接航行到马里亚纳群岛，可能超过2 000公里）时，原始菲律宾语还不存在（Blust 2000b; Rainbird 2004; Hung et al. 2011; Carson 2014）。但与此相反的是，根据吕宋岛新石器时代的碳十四测年结果，我们可以断定，在查莫罗移民之前，有些南岛语已经在菲律宾存在了几个世纪，可能与原始马来—波利尼西亚语的形式稍有不同。

因此，可能是在查莫罗人祖辈离开后的某个时候，菲律宾最早的马来—波利尼西亚人群形成的语言多样性被铲平，这是某个群体以牺牲其他群体为代价扩张的结果。可以进一步指出的是，菲律宾中部大部分地区的语言多样性比北部吕宋岛和中部棉兰老岛的语言多样性更低，这表明这里后来也发生过语言统一事件，从而导致了大菲律宾中部语群（the Greater Central Philippine language group）的崛起，其年代可能不早于公元前500年（Blust 1991）。

除了马里亚纳群岛的迁徙是从菲律宾直接向东之外，因为菲律宾群岛总体上是南北向的，所以必须通过巴拉望和苏禄群岛向南迁移到婆罗洲，或通过桑吉尔—塔劳群岛到苏拉威西岛，或通过塔劳群岛到摩鹿加群岛北部。这三个地区不同的地理面貌决定了迁徙的模式，因此也决定了语言分裂的模式。

长期以来，人们认为南岛语系中有一个西马来—波利尼西亚语（WMP）亚群，包括菲律宾语、婆罗洲语（含马达加斯加语）、苏拉威西语、大陆东南亚语、苏门答腊语、爪哇语、巴厘语、龙目语（Lombok）和西松巴哇语（western Sumbawa），以及密克罗尼西亚西部的帕劳语和查莫罗语，但不包括印度尼西亚东部的语言和太平洋上的其他语言。然而，马里亚纳群岛的碳十四测年结果表明，在菲律宾新石器时代开始不久，该群岛也迎来了新石器人群。同时，无法将帕劳语或查莫罗语与其他所谓的西马来—波利尼西亚语进行分组，这与西马来—波利尼西亚语形成了单基因语支而非多基因语支的观点不一致。对菲律宾南部潜在迁徙路线的研究还表明，苏拉威西语与婆罗洲或印尼西部—马来西亚的语言并不存在预期中的分组，因此现在看来西马来—波利尼西亚语可能不是有效的语言组，西马来—波利尼西亚语与马来—波利尼西亚语无法区分。这一观点以考古学表达就是说，西马来—波利尼西亚新石器文化可能不是由来自单一方向的一群移民形成的，而是由最早讲马来—波利尼西亚语言的人群多次迁徙形成的（如下图6.4所示）。

马来—波利尼西亚语人群从菲律宾迁入婆罗洲，由于该岛面积巨大，加上人们首先选择沿着岛屿两侧的海岸前进，几乎肯定会造成人群分裂。一支人流沿着南海海岸向西南移动，另一支人流沿着望加锡海峡向南移动。有证据表明，婆罗洲西部语群源自一种叫作大婆罗洲北部语（Greater North Borneo）的古语言，其后裔包括了沙巴语、婆罗洲中部和西部大部分语言，以及分布在苏门答腊南部和大陆东南亚沿海（从马来半岛北部到越南中部）的马来—占语（Malayo-Chamic languages），年代可能在公元前500年到公元前1世纪之间（Blust 1994, 2010）。望加锡海峡语群的历史不太清楚，但在讲马来—占语的西支人群进抵苏门答腊岛和马来半岛之前，这一支人群可能已经迅速向南迁移，占据了爪哇及其周边岛屿和苏门答腊的大部分地区。苏门答腊岛北部及其离岛（锡默卢、尼亚斯、明打威和恩加诺）的语言，除了似乎是从占婆回流的亚齐语（Thurgood 1999）之外，显然在马来语入侵苏门答腊之前就已经存在了。它们可能与爪哇语、巴厘语和萨萨克语一样，来自婆罗洲东海岸的那一支移民流。

　　另一种明显源于婆罗洲东海岸移民流的语言是马达加斯加语，但受到三佛齐马来语的强烈影响（Dahl 1951; Hudson 1967; Adelaar 1989）。近年来还发现，萨玛巴兆海洋居民（*orang laut*）的语言明显属于婆罗洲东南部巴里托语（Barito）的分支，巴里托语和马达加斯加语属于同一语群。萨玛巴兆海洋居民的方言分布广泛但密切相关，分散在印度尼西亚大部分地区，向北延伸到萨玛北部西海岸的苏禄群岛和卡普尔岛。以上这两个案例，似乎都是三佛齐马来贸易活动导致了巴里托河流域语言的外流。第一个案例涉及一次或多次穿越印度洋到达马达加斯加的运动，在那里最终断绝了与东南亚的联系。第二个案例揭示出，马来人长期从事摩鹿加群岛香料的海上贸易，直到17世纪，来自欧洲人的竞争终结了这一活动。萨玛巴兆人沦为船民，最终在很多地方又重新上岸定居（Blust 2005, 2007）。[6]

　　莫肯语/莫克伦语（Moken/Moklen）是泰国和缅甸南面丹老

群岛（Mergui Archipelago）的海上居民所说的语言，尽管拉里什努力将其与马来—占语联系起来（Larish 1999），但对此仍有争议（Thurgood 1999: 58—59）。与几乎可以肯定在欧洲殖民者到来之前的香料贸易中与马来人一起扮演重要角色的萨玛巴兆人不同，莫肯人和他们的岛民同胞莫克伦人似乎是为了保护自己而非为了商业利益而选择了海上漂泊的生活。

　　在南岛人最初定居婆罗洲之后的某个时候，大菲律宾中部语（the Greater Central Philippine）开始扩张，在沙巴语中产生了大量外来词，沙巴语的外来词与大菲律宾中部语和砂拉越北部的非菲律宾语的词汇相似程度大致相同。大约在同一时间，这一波扩张运动中的另外一群——讲原始戈伦塔利语（Proto-Gorontalic）的人群，离开菲律宾中部或南部，定居到苏拉威西北部。他们绕过了当地菲律宾语系的桑吉利克人和米纳哈萨人，并可能取代了先前居住此地的其他南岛人群（Blust 1991）。苏拉威西岛比婆罗洲小很多，海岸线长而复杂，可能导致了一种更为复杂的迁徙模式，而不像婆罗洲那样可以根据语言简单地划分为东西两路，其具体模式尚待进一步研究。现存的苏拉威西语似乎分为两大组：塞莱比克语（Celebic）（Mead 2003）和南苏拉威西语（Mills 1975）。它们各自原始语言的年代尚不清楚，造成其分布形态的迁徙过程也不清楚。南苏拉威西语包括布吉语（Buginese）和望加锡语（Makasarese），几乎完全局限于苏拉威西的西南半岛。艾迪拉尔曾经提出，位于加里曼丹西部卡普亚斯河（Kapuas）上游的塔曼语（Tamanic）来自苏拉威西南部的史前移民，与布吉语特别相似（Adelaar 1994），但这一点有待进一步证实。

　　从菲律宾向南迁徙的人群到达的第三个重要登陆点是北摩鹿加群岛，在这里，南岛语族群的遭遇与西边的旅伴们有很大差异。很明显,新来的南岛人在语言和文化方面都受到了该地区土著的巨大影响。事实上,印度尼西亚东部及太平洋地区的南岛语在结构上发生了根本性的变化,导致与西部地区的南岛语截然不同。例如,许多台湾语、几乎所有菲律宾语、大部分沙巴语、北苏拉威西语和马达加斯加语,它们动词系统中的典型菲律宾式语态或"焦点(focus)"词形,在印度尼西亚西部、苏拉威西中部和南部、帕劳和查莫罗,都以各种方式进行了转换,但这些转换至少保持了与祖先类型的一般相似性。相比之下,中东部马来—波利尼西亚语言(CEMP)有着完全不同的底层结构,这表明广泛的交流导致了变化,就像大陆东南亚的占语由于几个世纪以来与孟—高棉语近邻频繁交流而发生了根本性变化一样。这两个案例的不同之处在于,我们有相当详细的证据证明是地域适应将一种结构非常类似于马来语的前占语(pre-Chamic)转变为一组类似孟—高棉语邻居的语言,但对印度尼西亚东部的语言交流过程却很不清楚。

　　北哈马黑拉语系(属于巴布亚语)统治着哈马黑拉岛的北部,南部为南岛语所占据(van der Veen 1915)。然而,哈马黑拉岛讲巴布亚语的人群在外貌上较像西方讲典型南岛语的民族,而岛南讲南岛语的族群则更像新几内亚沿海的人群。语言和外貌的这种不匹配表明了人群交流和语言替代的历史十分复杂——同样的例子见于帝汶,讲法塔卢库语(属于巴布亚语系)的人也是如此。北哈马黑拉(巴布亚)语系和南哈马黑拉—西新几内亚语支(属于南哈马黑拉南岛语)的年代都远早于罗曼语系或日耳曼语系。这只能意味着,在过去的两三千年里,由于一次重大的毁灭性事件,造成了哈马黑拉岛上的语言多样性减少。哈马黑拉岛的情况可能与新几内亚相似,在新几内亚,巴布亚语和南岛语

194
195

也是同处一岛。再后来，来自印尼鸟头湾（Cenderawasih Bay）地区的南岛人群明显回撤，并重新定居在摩鹿加群岛北部地区。

根据语言学证据，我们可以推断，从菲律宾向南的移民潮大约同时在婆罗洲北部、苏拉威西岛北部和摩鹿加群岛北部开始殖民。史密斯正确地观察到，关于菲律宾三条向南迁徙路线的观点，与考古资料以及西马来波利尼西亚语的特征更为一致，而与白乐思提出后开始流行的马来—波利尼西亚语二元分裂模式（分为WMP和CEMP）（Blust 1977）不符（Smith，未注明发表年代）。

正如南岛人在婆罗洲的南迁，由于岛屿巨大，以及最初沿岸前行的趋向，南岛移民流分为东西两支，摩鹿加群岛北部的移民似乎很早也分为两支，一支向南通过摩鹿加中部到达小巽他群岛，另一支通过某条路线（可能是阿德默勒尔蒂群岛）进入俾斯麦群岛。第二支移民与太平洋的拉皮塔文化有着广泛的联系，但已经超出本书研究范围。第一支移民则与本书内容高度相关。

印度尼西亚东部的大多数语言被归入一个叫作"中部马来—波利尼西亚语（CMP）"的语支（Blust 1982, 1983–1984, 1993）。对中部马来—波利尼西亚语支（CMP）及其下属的中东部马来—波利尼西亚语（CEMP），都有人提出质疑（Donohue and Grimes 2008; Schapper 2011），本人对以上质疑一一进行了辨驳（Blust 2009, 2012）。中东部马来—波利尼西亚语群（CEMP）包括印度尼西亚东部和太平洋地区的所有语言（帕劳语和查莫罗语除外），其内涵相当清晰，它引入了两个来自前中东部马来—波利尼西亚语（PCEMP）的新元音*e and *o，部分继承了南岛语，对 *i and *u 的发音做了不规则的降低，还有一部分是明显的词汇创新。后者最重要的是关于有袋目哺乳动物的一组同源词，包括袋貂（cuscus）和袋狸（bandicoot），这些词广泛分布在印度尼西亚东部和太平洋地区。原始中东部马来—波利尼西亚语（PCEMP）中，袋貂（*kandoRa）一词最东到了所罗门群岛中部，袋狸［*mans(aa)r］一词最东到了斐济。[7]如果南岛语人群来自华莱士线以西，他们遇到有袋目哺乳动物，只会是在穿过苏拉威西岛（这里有袋貂）和摩鹿加群岛北部（这里有袋貂、沙袋鼠和袋狸——见第五章）的时候。如果各人群的迁徙互不相干，那么这些动物后来的名称也不太可能同源。苏拉威西岛正是如此，那里关于袋貂的词汇与印度尼西亚东部关于袋貂的词汇没有任何关系。因此，袋貂（*kandoRa）和袋狸［*mans(aa)r］同源词的广泛分布，只能解释为印度尼西亚东部的南岛语和太平洋上的大洋洲语二者祖先语言单一创新的产物。

中部马来—波利尼西亚语（CMP）有许多创新，但这些创新并没有覆盖整个语系，这意味着该语言在印度尼西亚东部传播速度非常快，以至于形成了长达数百英里的方言链。之后创新显然沿着这条链条传播，影响更为中心的地区，但因为某些原因，并没有到达东西两边的边缘地带。也有人提出了一个问题，即中部马来—波利尼西亚语在印度尼西亚东部的传播方向，到底是从东到西还是从西到东？鉴于中东部马来—波利尼西亚语（CEMP）所处地理位置及其明确的证据，从西向东的运动显然不合理，因为它需要中东部马来—波利尼西亚语从苏拉威西进入小巽他西部。然而，没有任何语言证据表明苏拉威西语言与印度尼西亚东部语言有关，尽管偶尔也有人这么说（Donohue and Grimes 2008）。从西向东的迁移还意味着中东部马来—波利尼西亚语最高等级的分裂应该出现在该语言分布区的西部（即小巽他群岛西部），而实际上中部马来—波利尼西亚语（CMP）和东部马来—波利尼西亚语（EMP）（分布在哈马黑拉南部、新几内亚西部和大洋洲）最初的分裂发生在摩鹿加群岛北部。简言之，无论是地理证据（从菲律宾南迁到摩鹿加群岛北部），还是语言分支证据（CMP 和 EMP 同为 CEMP 的分支），都支持以下推断——印度尼西亚东部的语言来自摩鹿加群岛北部，然后向南和向西传播，最终在小巽他西部遇到来自婆罗洲东部的远支同族语言（图 6.4）。

简单地谈一下最后一个问题。一直以来都有人提出，南岛语扩散根本没有涉及大规模的人群迁徙，而是当地的前南岛居民采用了南岛语言。很难理解这种立场的逻辑。诚然，语言可以通过征服传播，正如拉丁语在原有语言截然不同的大片地区推广所证明的那样，但对于小规模的新石器时代人群来说，这几乎是不可能的。他们只是想寻找新的土地居住，而不是进行大规模的军事征服。如果岛屿东南亚在新石器时代早期就流行大规模语言转换这种不可思议的状况，很难理解为什么它没有延续到历史时期。事实上，我们所观察到的主要形态是持续的方言分化，甚至在长期统一于一个政体之下的多个族群中，情况也是如此，例如爪哇岛（Nothofer 1981）。

语言分布表现出的一些问题，确实意味着语言转换或语言灭绝，比如菲律宾（特别是菲律宾中部）的语言多样性低得出乎意料，巴丹群岛的语言历史短得匪夷所思，哈马黑拉群岛北部是巴布亚语而南部却是南岛语。然而，这不过是一场历史大潮中的局部漩涡，从考古学和语言学的角度可以合理地解释这一现象。数千年来的人群迁徙几乎肯定始于台湾岛，并逐步促成了一系列相关语言的诞生。这些语言的分布，西起马达加斯加岛，东至复活节岛，北至台湾岛，南至新西兰岛，跨越的纬度达到 72°，经度达到 206°。

关于南岛语系历史的进一步讨论

台湾岛之前：原始南岛语的前身

5 000多年前定居台湾岛的原始南岛人（或者说第一代南岛人），学术界普遍认为其文化和语言的根源位于华南或非常接近华南，而非在中南半岛或岛屿东南亚。这个时期，中南半岛和台湾岛以南的群岛上居住的仍然是狩猎采集者，他们的语言没有以任何明显的形式幸存下来，尽管多诺霍和德纳姆认为该地区现代南岛语的底层残存有这些语言的元素（Donohue and Denham 2010）。很有可能，这些早期人类所说的语言现在已经灭绝了，可能印度尼西亚东部原来的巴布亚语就是如此。艾迪拉尔还提出了一种可能性，即马来半岛某些语言，如亚斯里语（Aslian），和砂拉越西部某些语言，特别是比达尤语（Bidayuh），也就是陆达雅语（Land Dayak），其底层可能有这个时期古语言的少量残留（Adelaar 1995）。

以上推测确有可能，但在台湾岛正南方的群岛上，今天只有菲律宾群岛的尼格利陀人（小黑人）作为更新世土著的直系后裔延续下来，他们都采用了南岛语，总共约30种，与菲律宾主体民族的语言相同（Reid 1994a, 1994c, 2013）。根据里德的说法，其语言转化发生在南岛扩散过程相当早的时候，因为许多尼格利陀语保留有原始马来—波利尼西亚语的非常古老的同源词，而这些同源词在其他语言中已经消失。里德认为，很久以前两者的文化接触可能与南岛人的猎头活动有关，猎头行为常常迫使尼格利陀人躲藏起来，从而有助于他们作为一个独特的人种（但不是语言）生存到现在。有趣的是，许多菲律宾尼格利陀人用"红人"（red，可能指肤色）或"稻农"等词汇来称呼低地菲律宾人（lowland Filipinos）。

　　一个多世纪以前就有人主张,南岛语与亚洲大陆东部现存的一个或多个语系同属于一个系统发育的大语系。在文献中不难找到明显的同源语(Blust 2014),但通常很难区分到底是真正的同源,还是在几千年来的语音同化中发生了借用。大语系这类观点,包括保罗·本尼迪克特的"澳泰(Austro-Thai)"基因假说(Paul Benedict 1975),瑟古德1999年提出它们之间其实只是早期借用关系(Thurgood 1999),但2004年,沙加尔又重新提出它们之间完全是遗传关系(Sagart 2004)。沙加尔认为,壮侗语系(Tai-Kadai)是马来—波利尼西亚语的姊妹群,因此可能源于台湾岛。如果这是正确的,那么就是早期讲壮侗语的人群在大约4 000年前从台湾来到了广东。

　　但是,大多数语言学家认为,广东所在的华南地区才是壮侗语系的故乡(如Ostapirat 2005),沙加尔的假设未来能否经得起语言学和考古学的检验恐怕还是未知数。约翰·沃尔夫认为沙加尔的观点可以成立(Wolff 2010),但白乐思则持反对态度(Blust 2014),白乐思同时还讨论了其他一些涉及南岛语的大语系观点,认为这些看法从语言学上都站不住脚。然而,语言学家们普遍认为,南岛语系和壮侗语系在某种程度上确实有共同祖先。对我来说,公元前3000年之前的新石器时代中国南部沿海将是寻找相关线索的地方,至少在考古学方面具有可行性。

　　还有人提出存在一个所谓的大语系,即古老的"南方语系(Austric)",在深层基因水平上,南岛语系和南亚语系(Austroasiatic)是它的两个分支(Reid 1994b, 2005)。这一假说最早是由施密特在1906年提出的(Schmidt 1906),之后讨论不断,但是一直找不到有力的证据。正如里德所说(Reid 2005: 150):"作为一个语系,'南方语系'这一概念最终可能需要放弃,而以一个更广泛的语系概念取而代之,后者可以同时包含'南岛语系'和

'南亚语系',但二者未必是隶属同一祖先的姊妹关系。"

1994年以来,劳伦特·沙加尔(Sagart 1994, 2008)一直主张存在一个"汉—南岛(Sino-Austronesian)"大语系,其中包括汉藏语系中的汉语。他认为该语系源于中国新石器时代的河南或长江流域,种植水稻和粟,有拔除门齿的习俗,这一特征在中国大陆和台湾岛的新石器时代墓葬中很常见。沙加尔还注意到,汉语和南岛语共享大量的稻作词汇,与南亚语系和壮侗语系很不相同。然而,与澳泰语系和南方语系的情况一样,汉—南岛语系的存在目前也缺乏公认的有力证据。[8]

从史前史的角度来看,这些大语系假说相当重要(Bellwood 1994),即使它们的存在无法得到确凿无疑的证实。无论南岛语系是与泰语、南亚语系有关,还是与汉语(汉藏语系)有关,无论这些语言之间的关系是遗传起源还是早期借用,其结论的历史意义都同等重要。在台湾岛殖民和原始南岛语系形成之前,南岛语系的祖先语言显然是中国南方大陆各地交流网络中语言群的一部分。这些语言尚没有清晰地独立分化为后来各语系的祖先,但它们可能形成了一个网络,其中还包括了早期南亚语系、早期泰语和早期汉藏语系的萌芽,特别是早期汉语。作为农业/语言传播假说(Bellwood and Renfrew 2002)的一部分,我在前些年出版的两本书(Bellwood 2005, 2013)中已经讨论了这一观点,本书第七章将对此进行更深入的研究。基本上,在农业兴起之后的几千年里,世界各地迅速增长的农业人口都需要对外扩张,在此过程中,他们会向不同方向带去他们的语言。

因此,南岛扩张的最终根源隐藏在中国中部和南部的新石器时代文化中,当然,这并不意味着本文讨论的所有后来东南亚语系人群都来自长江流域或附近某地。中国的农业发展是一个宏大的人口和地理现象,在公元前5000年已经远远超过东南亚公元元年时的发展水平。甚至在公元前5000年的中国，一定已经有了一个由相关语言群组成的网络，将中国黄河、长江中下游和其他较小流域联结了起来。

从这一地区，最终涌现出了南岛语、泰语和南亚语的前身语言，以及讲这些语言的族群的基因祖先。当然，当时所说的语言没有分化成我们今天可以重建的基本原始语言，直到成熟的粮食生产者开始迁徙到新的景观才会形成它们（Bellwood 2009）。在此期间，人口扩张及其对周边狩猎采集人群形成的"多米诺骨牌效应（domino effects）"，使中国南方成为人口增长、族群融合和周期性外迁的温床。最终，有一支族群从福建或广东出发，跨越台湾海峡，定居在台湾岛，后来形成了全新世人类历史上最大规模的民族语言迁徙。

南岛语系在岛屿东南亚的最初传播

白乐思已经探讨过上面这个问题，我想从自己研究的角度进行一些扩展，因为这个问题非常重要。仅就地理分布而言，南岛语系的范围之广确实令人印象深刻。我完全赞同白乐思的观点，即南岛语系的扩张实际上就是讲南岛语的族群在这一广大区域内迁徙的过程（Bellwood 1991, 2013）。这似乎是不言而喻的，特别是在远大洋洲（Remote Oceania）（所罗门群岛除外），那里先前根本就无人居住。但是，岛屿东南亚先前是有人居住的，这也是造成众说纷纭的原因。

如今，所有语言学家都承认，先前讲其他语言的美拉尼西亚西部群岛居民和菲律宾的尼格利陀人，后来广泛采用了南岛语（Reid 2013）。但最近也有人提出，岛屿东南亚上通用南岛语的广泛存在，其传播途径只是通过语言转换，或者至多是通过少数精英男性之口，后者可能借此传播一种充满诱惑力的宗教（Donohue and

Denham 2010; Blench 2012）。

　　在我看来，这些观点几乎得不到现代遗传学或考古学的支持，也不符合南岛语系在其他地区传播的常态。世界上其他南岛社会，南岛语都是以巨大的规模进行传播的。精英统治和宗教并不一定会在整个人口中传播新的语言。公元400年，罗马帝国征服区的臣民并不都说罗曼语（Romance），公元1世纪的西亚和南亚人民也并不都说亚历山大征服时带来的古希腊语（Hellenistic Greek）。世界历史上，没有哪一种大宗教（如基督教、伊斯兰教、佛教、印度教）的传播能让信徒都改说同一种语言，甚至是一组密切相关的语言。希伯来语在19世纪和20世纪被人为复兴之前，根本就不是一种方言。因此，大多数语言学家毫不怀疑，南岛语系的语言基本上（但不是全部）是通过母语人群传播的。正如马尔科姆·罗斯（Malcolm Ross 2008: 165）非常坚定地指出的那样："大家奔向四面八方，带着自己的语言。"

　　事实上，早期讲南岛语的人群扩张到东南亚诸岛时所发生的情形并不难想象。遗传数据非常清楚地告诉我们，新来南岛移民和本地土著人混合在一起，具有不同遗传和语言背景的男女结为夫妻，这样的结合发生过成千上万次，正如默里·考克斯（Murray Cox）在第四章讨论遗传学所说的那样。然而，语言混合和基因混合的机制绝不相同（Hunley et al. 2008）。大多数语言学家认为，巴布亚新几内亚的皮钦语（Tok Pisin）（该语言结构是美拉尼西亚式，使用英语词汇）等真正的混合语言，是由于在殖民环境下人口经常发生灾难性剧变，从而洋泾浜化（pidginization）的结果。真正的混合语言或者说洋泾浜语言，在殖民时代之前并不常见，而且在整个人类历史中，语言整体上并不像人种基因那样容易混合。

　　换句话说，染色体在每次出生时都会重新组合，一半来自母亲，一半来自父亲，但语言的混合方式并不完全相同。[9]如

Franglais（译者注：指英式法语）一词，我手上的《牛津词典》将其定义为"一种借用了许多英语词汇和俚语的改造版法语"，从结构上讲，它并非一半是法语另外一半是英语。语言学家马尔科姆·罗斯（Malcolm Ross 2001）使用"元类型（metatypy）"概念讨论了国家产生之前社会之间语言交流和借用的情况。"元类型"意味着，使用不同语言的人相互交流，在功能性多语言环境中，从一种语言到另一种语言的元素转换，已经超出了简单的词汇层面，常常达到了语法的水平。但是，元类型并不像洋泾浜化那样，是一个剧烈或灾难性的混合过程。经历了元类型化的语言，仍然属于可识别的语系，而巴布亚新几内亚的现代皮钦语，严格来说，既不是南岛语，也不是印欧语。

多诺霍和德纳姆（Donohue and Denham 2010）非常正确地指出，在南岛扩张过程开始时，就发生了类似元类型化级别的互动。因此，他们十分关注非南岛同化的底层事件。但是，这种关注导致他们拒绝接受南岛人群发生过的任何实际迁徙活动，而只接受表面上的南岛人"精英统治"。考虑南岛语系人群首次迁徙到岛屿东南亚已经有4 000年，并且今天仍在迁徙，越来越多的南岛语农人逐渐同化了他们大多为非南岛语族群的狩猎采集者邻居，接受这种元类型变化过程已经发生了几十代或数百代的事实，似乎更现实。这种同化最终达到了这样的程度——如今在帝汶和摩鹿加群岛以西的东南亚岛屿上只使用南岛语系语言，其他语言已经全部消失。尽管有些语言学家注意到，在1815年前，松巴哇岛上可能仍存在巴布亚语（如，Donohue 2007）。[10]

早期南岛迁徙运动的路线和相对年代

在前文中，白乐思已经描述了南岛语系传播的总体模式。然而，正如他所指出的，南岛人走出台湾岛之后，他们继续迁徙的具体路线现在很难判定。这是因为口头方言的混合度有限，尚没有分化成今天这些语支，所以，语言无法体现出最早时期迁徙的确切路线。南岛语系起源于台湾岛，已经是大多数语言学家的共识，但在台湾岛以外的东南亚其他岛屿，情形如何就不那么清楚了。

换句话说，早期移民几乎同时向多个方向行进，他们都说着源自原始马来—波利尼西亚（PMP）的方言，非常接近。这些语言近亲可能会反复多次相遇、混合、再混合，同时一直在调整和融合它们的词汇，减缓语言的孤立主义倾向。在这方面，马来—波利尼西亚语（MP）的早期传播可能与近现代殖民语言（如英语、西班牙语和法语）的传播过程类似。欧洲殖民语言各自独立传播了几个世纪之后，今天在广大的区域范围内仍然完全可以相互理解。新石器时代语言的交流强度和范围远远不如欧洲殖民语言最近几个世纪的语言传播活动，所以相互之间进行沟通和理解也是没有问题的。

诚然，原始马来—波利尼西亚语（PMP）可能不像现代英语的传播那样同质化，但二者不管是谁，如果要形成明确的语言分支，那么语言群体就必须有相当程度的隔绝。我们今天可以确定的南岛语系的分支（尤其是马来—波利尼西亚语），并不是在第一次移民时立即形成的。马来—波利尼西亚语是经过几代人、几个世纪才逐步积累了它们的共同创新。当然，英语在这方面还积累有限，但未来到了公元3000年，情形可能会有所不同。

因此，语言的孤立，无论是相对的还是绝对的，都会导致相互理解的丧失，并造成语言分支的形成。进而我们可能会问，来源相同的两种语言，互相要隔绝多久，它们在词汇、音韵和语法上的相通之处才会消失。我们可以通过两个案例来观察这个问题。

首先来看第一个案例。1769年10月，詹姆斯·库克船长在新西兰的波弗蒂湾（Poverty Bay）有一次非常重要的观察。他的随从中有一个若伊雅提族（Raiatean，位于社会群岛）人，名叫图皮亚（Tupia），对波利尼西亚中部许多岛屿的位置了如指掌，这些知识是代代相传下来的。据库克的记载，在与一群毛利人会面时，"图皮亚用自己的语言与他们交谈，发现对方完全理解，我们感到非常惊讶"（Beaglehole 1955: 169）。

考虑到新西兰在社会群岛西南5 000公里之外，库克的惊讶是可以理解的。当时波利尼西亚的词汇还没有收集起来，并与他第二次航行（1772～1775）时收集的词汇进行比较。库克并不知道，早在他到达新西兰的500年前，大约13世纪左右，波利尼西亚人已经开始在新西兰定居了。我们永远不会知道库克所说的"完全理解"到什么程度，但很可能毛利人和若伊雅提人两者的基本词汇表中保留了很多同源词，即使有些单词变得不同，他们之间的沟通也毫不困难。

研究古代语言变化速率的第二个案例，是根据陆续重建起来的原始语言在同源词中的占比，开展比较研究。安德鲁·帕利指出，从原始南岛语系（PAN）发展到原始马来—波利尼西亚语（PMP），发生了15%～30%的词汇替换，他认为这一过程大约需要1000年的时间（Pawley 2002。参见Blust 1993）。这个估算，与考古资料反映出的新石器时代文化最初到达台湾岛（约公元前4000～前3500年）和后来到达菲律宾群岛北部（约公元前2200年）之间大约1 500年的时间差很一致。然而，之后从原始马来—波利尼西亚语（PMP）到原始大洋洲语（Proto-Oceanic）的发展仅有12%的词汇损失，这意味着从菲律宾群岛到俾斯麦群岛（可能是原始大洋洲语的故乡）的移动相对较快。12%的同源词损失几乎不会影响人群间的相互理解，库克在1769年的记录，无意中透露出毛利人和若伊雅提人之间的同源词情况就是如此。

这些观察结果表明，早期的马来—波利尼西亚语人群分布在从菲律宾群岛北部（这里可能是原始马来—波利尼西亚语人群的故乡）到俾斯麦群岛（可能是原始大洋洲语人群的故乡）的广大地区，他们走过了这么远的距离，共享词汇只丢失了12%。考古资料也印证了这一点，公元前第二千年期间，此区域新石器文化扩散迅速（见第七章和第八章）。迁徙在任何时候都可能在多个方向发生，但是我们永远无法确定具体路线，因为语言之间的相通之处掩盖了各种迁徙的情况，没有在马来—波利尼西亚语的最终语支结构中留下清晰的痕迹。

在南岛历史语言学上，语言变化速度也是非常重要的问题，因为它关系纯粹使用语言资料进行时间估算的准确性。若伊雅提语和毛利语是孤岛居民的语言，他们从未遇到过其他非波利尼西亚语言，因此他们的语言变化速度相当缓慢。也许要花上一千年或更长的时间，他们之间才会完全失去相互理解的能力。然而，美拉尼西亚西部和新几内亚沿海的马来—波利尼西亚语有着完全不同的历史。由于来自巴布亚语的影响，语言变化迅速，许多人现在只懂得很少的南岛语同源词。

事实上，纯粹使用语言资料来测算东南亚和大洋洲南岛语的发展史，这方面已经开展了很长时间的研究工作。有两种词汇分析技术最为常用，即词汇统计学和语言年代学。我在这里不讨论这些技术，因为近年来它们已经过时了。读者可以在我的《印度—马来群岛史前史》一书第113～116页找到一篇文章，其中我讨论了白乐思对这种研究方法的批评（Blust 2000a），里面还提到，更早的时候，伊西多尔·戴恩使用词汇统计方法，居然得出了南岛语系起源于俾斯麦群岛的结论（Isidore Dyen 1965）。

最近还有人应用源自生物科学的系统发育计算方法，对南岛迁徙过程中跃动和停顿的整个时间顺序进行了研究（Gray et al. 2009; Gray and Jordan 2000; Greenhill and Gray 2009）。格雷团队将贝叶斯统计方法应用到南岛语同源词研究中，此方法可以了解系统发育的情况，既可以了解扩散过程中的跃动，也可以了解扩散过程中的停顿，还可以通过使用有确切纪年的古代铭文进行年代校正。在马来—波利尼西亚语系中，留下铭文的语言包括（古）爪哇语、马来语、占语和巴利语，最早都是使用沙卡历（Saka，始于公元78年），镌刻在石板或铜板上，时间在公元一千年晚期至公元二千年早期，当时是印度王国的全盛时期。

图6.3是根据这一方法得出的树状图，它非常清楚地揭示出南岛语系形成和扩散的过程。台湾岛的语言从大约5 300年前开始了缓慢演化，形成早期南岛语，随后在4 300年到3 500年之间，早期马来—波利尼西亚语发生了一次规模很大的星爆（starburst）现象，很快到达密克罗尼西亚西部和美拉尼西亚。更晚的扩散运动发生在密克罗尼西亚东部和波利尼西亚，考古证据也显示出这一点。因此，南岛语系从台湾岛到新西兰岛的扩散需要4 000年的时间，但扩张速度显然不是能够事先确定并且一成不变的。正如所有的人类史前史一样，环境条件，毫无疑问还有随机性以及纯粹的偶然性，都发挥同等重要的作用。

上述讨论的结果说明，东南亚和大洋洲西部的大片地区，最初居住的是马来—波利尼西亚语系人群，他们说的是同一种语言，至少是一组关系非常密切的、可以相互理解的语言或方言。语言学家们今天认识到的语言支系，无论是在台湾岛还是在南岛世界的其他地方，在最初几个世纪里似乎并没有完全形成，但随着各个社群在迁徙中逐渐分离，这些语支很快开始显露出苗头。事实上，原始马来—波利尼西亚语解体的最初几个世纪，除了出发地台湾岛和直接通往菲律宾群岛的岛链有明确线索之外，其他可以确定迁徙方向的线索非常少。在菲律宾群岛之外，更是存在多条可能的路径，部分如图6.4所示。

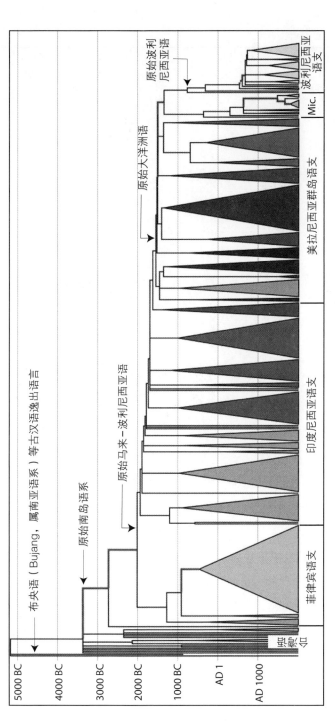

图 6.3　400 种南岛语最大细分语言树

Mic. 即核心密克罗尼西亚语（亦即不包含查莫罗语和帕劳语，此二者属于西部马来－波利尼西亚语）。资料来源：据格雷等人原图改编（Gray et al. 2009：图 1），由拉塞尔·格雷（Russell Gray）和西蒙·格林希尔（Simon Greenhill）制作。语支的详细划分见格雷等人的著作（Gray et al. 2009），本图仅供概览

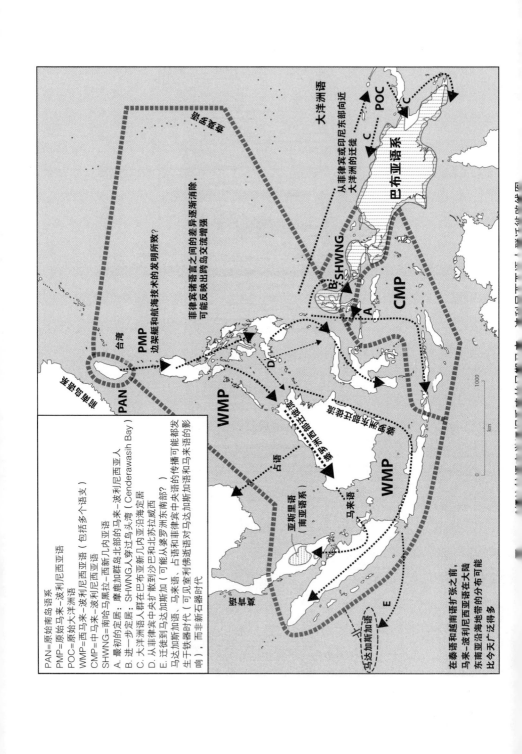

早期南岛人的物质文化与经济方式

我们现在可能会问,是什么驱使南岛人和马来—波利尼西亚人带着他们的语言扩散到如此广阔的地区居住？在我看来,最重要的答案与食物生产和造船/航海技术有关,考古资料显然为此提供了一个直接的信息来源(见第七章和第八章)。语言学家们也承认,在南岛世界的边缘地带,例如台湾岛、岛屿东南亚和波利尼西亚,都至少有一种语言存在具有稳定意义的同源词,可以作为重建原始南岛语(PAN)的候选词(Blust 1976,见表6.3)。台湾岛没有发现同源词的候选词,语言创新在某些情况下的损失也是一个可能的解释；但它们出现在东南亚和大洋洲,可能属于可重建的原始马来—波利尼西亚语(PMP)。由于原始南岛语和原始马来—波利尼西亚语被分开了至少一千年,并且分别处于亚热带的台湾岛和热带的菲律宾群岛,这两种重建的原始语言之间的区别,对于揭示南岛语系从台湾岛迁移到菲律宾群岛和印度尼西亚等地的细节具有深远的意义。

例如,一些表达热带植物的词汇,如棕榈和面包果,重建时毫无疑问只能归入原始马来—波利尼西亚语。在横跨北回归线的台湾岛的大部分地区,不适宜它们生长。适应较冷气候的品种,如水稻、粟和甘蔗,可以追溯到原始南岛语,前两种显然是在台湾岛种植的,因为在台湾岛新石器时代考古遗存中发现了它们(见第七章,但甘蔗的考古发现尚不确定)。在表6.3中,重建条目分为潜在的原始南岛语和潜在的原始马来—波利尼西亚语。我以"潜在(potentially)"加以表述,是因为如果后期借用符合声音变化要求,那么它们总是有可能伪装成更深层次的同源词,相反,必须记住,在特定层面上,没有能够重建该词汇并不一定意味着现实生活中缺少这种事物。它可能只是反映了用词的替换,比如桨(paddle)、锛(adze)和苎麻

表6.3　基于考古资料与原始南岛语（PAN）和原始马来—波利尼西亚语（PMP）的潜在相关性所做语言重建

资料来源：Blust 1976; Zorc 1994; Pawley 2002; Wolff 2010; Blust and Trussell 2014, 以及表中所示其他文献

物质文化与生业经济类型	语言重建类型	重建事物的英语表达
食物生产经济	原始南岛语	家猪，狗，田里的水稻，糙米，米饭（Sagart 2003），稻草，谷子，甘蔗，香蕉，海芋，槟榔[11]，园圃/农田，运河/沟渠，灰泥，杵，簸谷，露兜，醉酒（形容词）
	原始马来—波利尼西亚语	公鸡，芋头，山药，椰子，面包果，姜，柑橘类水果，西米，黄瓜，槟榔石灰粉
渔猎经济	原始南岛语	狩猎，弓，射箭，鱼钩，渔笼，竹编渔篮，鱼藤毒鱼，猴子，松鼠，穿山甲（Blust 1982），猎头（Wolff 2010; Reid 2013）
	原始马来—波利尼西亚语	吹箭筒（Zorc 1994），竹径及带钉陷阱，诱饵，渔网，黏鸟胶，罗网，鲮鳅，金枪鱼，鲣鱼
房子及相关设施	原始南岛语	房子/家庭住宅，粮仓
	原始马来—波利尼西亚语	屋脊，椽子，茅草屋顶，灶上方的架子，灶，公共建筑，梯子
劳动工具，生活用具，武器	原始南岛语	针，文身，壶，织机和编织（Buckley 2012），赤铁矿石（Blust 2013b）
	原始马来—波利尼西亚语	灰泥/填缝材料，梳子，螺号，枕头/木制头枕，挖掘棒，火把，斧/锛，苎麻（一种天然纤维）
独木舟	原始南岛语	独木舟/船，帆，季风，粗绳/细绳
	原始马来—波利尼西亚语	桨，独木舟边架，用于独木舟上岸的滚木，独木舟护舷板，舵/舵机，木筏

（ramie, 一种植物纤维）等词汇，这些词汇虽然在技术上无法从原始南岛语中重建出来，但在更早时期的中国南部新石器时代考古遗存中实际上已经存在这些事物。同时，还必须记住，从现存14种左右的台湾语中获得的信息相对有限。大多数中国台湾少数民族现在生

活在内陆和东海岸,许多人已经被讲汉语的现代人群高度同化了。

下面我还会进一步补充此表,但目前可以看出,其中没有由食草动物驯化而来的家畜,如黄牛、水牛、绵羊或山羊等。帕利(Pawley 1981, 2002)和白乐思(Blust 1976)提出的另外一个观点是,良好的沟通强烈表明物质文化传统(如盆栽、农业、捕捞等)一直是延续的。尽管在婆罗洲内陆和新西兰南部,以前的食物生产者由于迁入地不适宜农业,确实放弃了食物生产而专注于食物采集,但他们从未与广泛分布的南岛人群失去联系,后来他们又通过再创新或外部引入重新获得了农业。

但是,很重要的一点是要注意到,原始南岛语显然属于食物生产者的词汇,有某种形式的船运,有陶器和编织知识,以及猪和狗等家畜。原始马来—波利尼西亚语人群更专注于种植热带薯类、水果和坚果,养殖家鸡,驾驶边架帆船在岛屿之间航行(另见:Pawley and Pawley 1994; Zorc 1994)。从考古学的角度来看,所有这些人群都属于新石器时代,而非金属时代,但他们仍然从事捕捞、采集和狩猎活动,只要这些活动有开展条件并且有利可图。

南岛扩散:来自印度尼西亚的观察

特邀撰稿人

达乌德·阿瑞斯·塔努迪乔(Daud Aris Tanudirjo)

印度尼西亚是全世界南岛语人口最多的国家——今天不少于2.5亿人。更重要的是,这个群岛国家占据着环太平洋的重要战略位置。印度尼西亚群岛位于西印度洋和东太平洋之间,亚洲大陆和澳洲—大洋洲之间，南北方向从北纬6°延伸至南纬11°，东西方向从东经95°延伸至140°。因此，正处于南岛语系分布的中心。这些特点，使得该地区在寻找南岛人群起源和扩散形态方面始终发挥着重要作用。

共同的南岛文化长期以来被视为现代印度尼西亚的文化根源，正如古爪哇语和梵语的格言，"多元一统（Bhinneka Tunggal Ika）"，说的就是这个意义。然而，因为政治和历史的变化，人们对共同的南岛文化遗产作为国家认同基础的看法也一波三折。1945年《独立宣言》发表之后的苏加诺政权时期，对此很有兴趣，因为需要一种文化认同，以团结整个国家。然而，在苏哈托的新秩序时期（1965～1998年），共同的南岛身份显然不是一个有用的概念。当时在印度尼西亚，关于南岛问题的讨论和研究很少，尽管在国际学术界，有关该问题的语言学和考古学讨论不断升温。直到2002年之后，南岛问题才得到印度尼西亚学者的更多关注，特别是在印度尼西亚的社会政治显示出分裂迹象的情况下。在这种状况下，加强国家认同被视为一种解决办法。因此，证明历史上印尼文化的伟大，如今被一些人认为是十分必要的。这种热忱表现在旨在寻找印度尼西亚大南岛文化起源证据的研究中。

印度尼西亚南岛研究简史

我们现在所称的南岛语系，人们认识到它的广泛存在始于16世纪末。1596年，荷兰第一支舰队的船长科内利斯·德·霍特曼（Cornelis de Houtman）在西爪哇的万丹（Banten）登陆，他注意到马达加斯加语和马来语之间存在联系（Blust 1984-1985）。17世纪，斯考滕（Schouten）和勒梅尔（Le Maire）探险队的队员们在东富图纳群岛（East Futuna，位于波利尼西亚西部）收集到一批语言学词汇资料，引起了语言学家阿德里安·雷兰（Adrian Reland）的关注。1708年，雷兰揭示出马来语和大洋洲某些语言之间的密切相似性（Blust 1984-1985; Tryon 1995）。19世纪初，威廉·马斯登（William Marsden）推测，这个不知名的语系起源于亚洲（Anceaux 1965）。1885年，R. H. 科德林顿（R. H. Codrington）指出，某些美拉尼西亚语言与马来语和波利尼西亚语有关（Terrell 1981）。1889年，亨德里克·科恩（Hendrik Kern）称此语系为"马来—波利尼西亚语"，这一术语显然是语言学家弗兰兹·波普（Franz Bopp）在1841年最先使用的，但科恩的研究更为系统（Ross 1996）。科恩还进一步提出，该语系的故乡可能位于亚洲大陆沿海，特别是越南南部，印度尼西亚西部和中国南部也是有可能的起源地。

另一位著名的语言学家W. 施密特神父（Father W. Schmit）也得出了同样的结论，并将科恩所称的马来—波利尼西亚语系的起源地也定位在亚洲大陆的东南部。但是，他在1906年创造了"南岛语系"一词命名整个语系，本书仍然使用此一词汇。他提出南岛语系起源于"南方语系（Austric）"。南方语系分裂出了原始南亚语系（Ausronesian）和南岛语系两支。分裂后，南亚语系人群留在了亚洲大陆，而南岛语系人群则进入了岛屿世界（Anceaux 1965; von Heine-Geldern 1945）。在印度尼西亚，关于南岛语系源于中国南部或越南的科恩—施密特假说，直到几十年前几乎无人提出质疑。

起初，科恩—施密特假说也得到了在该地区开展工作的考古学家的有力支持。20世纪20年代，卡伦菲尔斯（P.V. van Stein Callenfels）研究了他认为由南岛人带到印度尼西亚的某些类型的石锛的分布情况。根据研究结果,他赞同这个语系的故乡在中国南部或越南。1932年,*海因·戈尔登*(Robert von Heine Geldern 1932)发表了他颇具影响力的文章《南岛人的起源与扩散》(*Urheimat und früheste Wanderungen der Austronesier*),在这篇文章中,他提出了一个相当全面的假设,以解释南岛人向东南亚和大洋洲岛屿的迁徙。他把南岛人的故乡放在中国南部,特别是云南。他还认为,至少存在两次南岛移民潮,一次是在公元前2000年左右,另一次是在公元前500年左右。尽管他把南岛人的远古起源地放在中国南部,但他坚持认为,南岛人的直接故乡在马来半岛,南岛人的祖先在那里发展了所谓的方角石斧文化(*Quadrangular Adze Culture*)。该文化的元素丰富,诸如直角方形石锛(untanged and quadrangular-sectioned stone adzes)、石镰、稻作和粟作、养猪和养牛、酿酒、制陶、树皮布、猎头、长方形干栏、巨石纪念碑和一种特殊的艺术风格。他认为,这种文化传播广泛,向西从马来半岛传播到马达加斯加,向东通过印度尼西亚群岛传播到太平洋深处,这得益于制造和驾驶边架艇的航海技术。

1948年,长期在菲律宾开展工作的美国考古学家H. O. 拜耶(H. O. Beyer)提出,南岛人的故乡在中国南部或越南北部。他还认为南岛人的迁徙分为几个阶段,但路线是通过菲律宾群岛而不是马来半岛,然后进入印度尼西亚东部和波利尼西亚西部。后来,罗杰·杜夫也得出了类似的结论,认为南岛人是从中国南部沿海地区出发,经由台湾岛和菲律宾群岛,将直角方形石锛带到了印度尼西亚东部和波利尼西亚(包括新西兰)(Roger Duff 1970)。

这一"走出华南"说("Out of South China" model)已成为当今重建印尼新石器文化历史的最重要理论。除此之外,也存在其他理论,较有影响的观点来自语言学家伊西多尔·迪恩(Isidore Dyen 1965),他根据对基本词汇的统计分析,将南岛语的起源地定在美拉尼西亚西部。这一看法当时引起了一定关注(Murdock 1964; Koentjaraningrat 1997),但现在已被语言学家们普遍否定。从20年前开始,几乎所有的印尼文化史教科书(例如, Soekmono 1972; Soejono 1984),包括小学和高中的教材,都采用了"走出华南"说。它已经成为印度尼西亚人民的共识,"南岛人"现在被广泛认为是印度尼西亚民族认同的一部分。

自20世纪90年代以来,早期南岛人迁徙的"走出华南"说和"走出台湾"说,主要通过彼得·贝尔伍德介绍给了印度尼西亚考古学家,途径包括双方在北马鲁古(Maluku Utara)的合作考古研究(1991～1996),以及贝尔伍德的诸多论著(例如, Bellwood 1984–1985, 1995, 2000, 2007; Bellwood et al. 2011)。我自己在印度尼西亚东北部的博士论文研究(Tanudirjo 2001)主要是为了检验这一假设,我的新资料使我能够根据全球化理论提出另一种南岛扩散模型(Tanudirjo 2001, 2004, 2005)。我将南岛扩散及其史前史分为五个连续阶段:起源时期、扩散初期、扩散晚期、区域互动时期、区域形成时期。

南岛语和民族认同

由于上述原因,关于早期南岛人起源和扩散的研究开始受到越来越广泛而严肃的关注。基于此,印度尼西亚国家科学院(Indonesian Institute of Sciences, 又名 Lembaga Ilmu Pengetahuan Indonesia, 简写为LIPI)在2003年第八届全国科学大会期间召开了一次关于南岛史前史的特别会议。这次会议吸引了来自多个不同学科的学者,展现了多种不同的南岛起源理论。其中包括索尔海姆(Solheim)(1984～1985)和秦威廉(Meacham)(1984～1985)分别提出的本土起源论;特里尔(Terrell 1988)提出的"混合库(Entangled Bank)"理论,认为南岛人并非移民,可能来自美拉尼西亚群岛;以及奥本海默(Oppenheimer 1998)根据巽他古陆(Sundaland)变迁提出的冰期后沉没说(postglacial drowning)或"东方伊甸园(Eden in the East)"说(LIPI 2004)。一些印尼著名学者似乎也持类似的观点。例如,古生物学家德乌古·雅各(Teuku Jacob 2004)和社会语言学家马西南博(E. K. M. Masinambouw 2004)都认为,南岛语系只是一个由语言替代产生的语言实体,并不是直接由南岛人群的大范围迁徙造成的。巽他古陆假说最近引起了较广泛的关注,因为正如奥本海默所说,它将印度尼西亚群岛认定为许多早期文明的起源中心。这个假说,与阿利西奥·桑托斯(Arysio Santos 2005)的假说异曲同工,即柏拉图所说的失落的亚特兰蒂斯大陆即位于印度尼西亚。桑托斯的假说风靡一时,近来还得到了一些地理学家的力捧(Natawidjaja 2013)。

上述理论可能引发民族主义倾向,将印度尼西亚吹捧为一个臆想中的最早的世界文明中心(如 Samantho 2011; Tempo 2012)。这种解释往往走得太远,变得政治化。旨在证明这种理论的研究已经陷入了"伪考古学"的境地,并确实经常引发争议(Tanudirjo 2012)。不幸的是,印度尼西亚政府有时会暗中支持此类研究。例如,有一个多学科研究项目,研究重点是西爪哇的巴东山(the Gunung Padang)巨石梯田遗址(见第八章和图9.6)。据称这里是土著部落在公元前5200年左右建造的比婆罗浮屠还要大的金字塔(Dipa 2014),内室藏有数吨黄金(Tempo 2012)。2014年,一个研究团队进行了一次大规模发掘,印尼教育和文化部出资雇佣军队参加,耗资超过30亿卢比(约215 000美元)。尽管许多学者和名人反对这一活动,发掘仍然进行,但最后并未找到埋藏黄金的墓室。

　　站在现代印度尼西亚的视角来看,所有多学科研究的结果都清楚地表明,在南岛人群扩张期间,并没有发生简单的人口更替。更有可能的是,本地土著和移民之间发生了复杂的互动,后者可能在多个时期来到这里,移民和语言转换(可能是通过双语)都是南岛扩散的根源。因此,"南岛(Austronesia)"这个术语最适合用于语言,而不是大范围的人群或文化实体。

注释:

1. Bellwood 2001a, 2001b, 2005, 2008, 2009, 2010, 2013, 2015; 也见: Ostler 2005.

2. http://www.ethnologue.com/browse/families.

3. 将这些数字与《印度—马来群岛史前史》第一版(Bellwood 1985)中的数字比较,可以了解东南亚人口增长的速度。自1985年以来,印度尼西亚人口增长了近60%,马达加斯加人口增长了一倍。

4. 真正的同源词会经历有规律的音系变化,所有包含同源词的语言都具有这一特征。由此,可以将它们从借词中分离出来,借词通常带有来自母语的语音特征。

5. (彼得·贝尔伍德的评论)菲律宾群岛的地理构造特征是岛屿围绕着几个内陆海,可见第二章的描述(图2.2),这可能与海平面上升有关。在岛屿东南亚,菲律宾群岛的这种地理特征是独一无二的,沿海地区之间可以很容易地保持往来,群岛东端因为地表崎岖裸露除外。

6. (彼得·贝尔伍德的评论)库苏马等人(Kusuma et al. 2015)根据基因遗传证据认为,马达加斯加的居民应该是源自海上游民萨玛巴兆人。

7. 但斐济群岛并没有袋狸,因此这个词指的是本地一种有胎盘的鼠类动物。

8. 阅读过第四章的读者会注意到,在图4.5中,颅面测量数据显示,古代和现代说南岛语的人群与古代和现代的东亚人而不是与说南岛语的大陆东南亚人之间的联系最为密切。这表明南岛人确实与中国人有关。

9. 正如语言学家安德鲁·帕利(Pawley 2002: 266)所指出的那样,"根据语言学理论,在从台湾岛到波利尼西亚传播南岛语的人群中,语言的传播存在遗传连续性,但一定也会存在生物学意义上的遗传连续性"。

211
——
212

10. 但是,摩鹿加群岛北部的贸易苏丹国德尔纳特(Ternate)和蒂多雷(Tidore)的居民直到今天还在讲巴布亚方言,这引发了一个问题——如果松巴哇巴布亚语真的属于巴布亚方言的话,那是什么时候开始向西传播的? 也许这就是历史时期的开端。

11. 南岛语比较在线词典(http://www.trussel2.com/ACD/acd-ak_b.htm)列出了香蕉和槟榔的原始南岛语重建词汇表。

第七章　新石器时代中国南方、台湾岛和菲律宾群岛的农人与航海者

　　自2005年以来，我出版了两本内容具有普遍性和世界性的书，一本是关于粮食生产社会的起源和传播，另一本是关于人类迁徙的历史。[1]这些书包含了多方面的内容，反映了我目前对整个人类历史的认识，包括狩猎采集和食物生产时代。我还发表了几篇文章，重点研究了岛屿东南亚的新石器时代考古及相关的语言和基因史前史。[2]自从对1997年出版的《印度—马来群岛史前史》（Bellwood 1997, 2007）做最后一次全面修订以来，我对岛屿东南亚的基本观点没有太大改变，但需要根据新资料做一些重要调整，特别是关于中国稻作农业的发展和新石器时代人口数量、整个岛屿东南亚新石器时代考古组合的绝对年表，以及岛屿东南亚与越南、马来半岛、新几内亚和大洋洲等周边地区的关系。

　　我目前的观点是，生物学、语言学和考古学的证据都清楚地证明，在全新世中期的新石器时代，说马来—波利尼西亚语的人群进行了扩张。他们拥有食物生产和造船技术，大约4 000年前从台湾岛开始，穿越东南亚的岛屿继续前行。前一章中已经考察了语言学证据，我和白乐思都认为，马来—波利尼西亚语的祖先语言主要是通过使用者传播的，而不是完全通过语言转换。从人群迁徙假说的角度来看，岛屿东南亚唯一一个与南岛语系（包括马来—波利尼西亚语）传播现象相关的重大考古变化是新石器时代的开

始。当然,这个理论并不能解释我们所拥有的关于南岛语系迁徙的所有证据,但它确实阐明了一个非常重要的基本事实——从台湾岛出发到达波利尼西亚,最终抵达马达加斯加,这一路的进程越来越快。

现有生业经济证据表明,在新石器时代之前,岛屿东南亚普遍流行狩猎和采集经济。然而,不乏有文献提出,新石器时代之前当地已经存在水果/块茎种植和树木种植系统,属于该地区农业起源历史的一部分。[3]事实上,全新世中期独立发展出来的这种食物生产形式现在在新几内亚内陆仍然存在(Lebot 1999;Denham 2011)。将它们排除在新石器时代之前的岛屿东南亚之外是非常不明智的。巴布亚人在生物和语言上对新几内亚和邻近岛屿上的南岛人定居点能够构成坚固"屏障"。这意味着,当讲马来语的波利尼西亚人第一次抵达时,当地巴布亚语人群已经拥有某种形式的经济优势,可能是植物性食物的生产,就像新几内亚高地表现出的证据一样。然而,我们需要进一步在印度尼西亚东部以远和大洋洲附近的低地和岛屿地区找到同样的证据,然后才能确凿无疑地宣称,在新石器时代之前那里已经有了粮食生产。[4]

岛屿东南亚在这个问题上的实质,不是新石器时代以前的人类是否100%都是狩猎采集者,新石器时代的人类是否100%都是农人。无论哪种经济体系,更重要的问题是,当时能养活多少人口(Bellwood 2009)。它们能够支持多大的人口密度,每一代的人口增长率是多少?源于亚洲大陆的新石器时代物质文化和南岛语言取代了之前的物质文化和语言,这本身就是一个值得认真思考和研究的事情。

事实上,在岛屿东南亚范围内,公元前一千年代从台湾岛到东南亚和大洋洲岛屿新石器文化面貌的完全一致,以及今天在摩鹿加群岛以西和努沙登加拉岛以东马来波利尼西亚语的普遍存在,都表明旧石器时代晚期和前马来—波利尼西亚人从事低水平食物生产的强度有限，对人口或文化发展影响不大。[5]然而，在新几内亚内陆的科迪勒兰山区，存在广阔的高海拔赤道山谷。这些山谷非常有利于当地粮食生产的发展，在岛屿东南亚的火山弧或巽他陆架部分则没有类似的地貌。需要强调，这是一个非常重要的观察结果。在新几内亚，马来—波利尼西亚移民人群只能在沿海小块地区保持他们的语言。

虽然岛屿东南亚许多地区的新石器文化扩张迅速终结了漫长的史前狩猎和采集时代，但这肯定不是一个普遍、彻底的人种和文化取代事件。正如米杰雷斯（Mijares 2006）提出的，吕宋岛北部，在新石器文化到来之后很久，仍有旧石器时代晚期人群继续生活在洞穴中。狩猎和采集生活方式已经逐渐被摧毁，但它肯定没有完全消失。直到最近，在一些地区，尤其是印度尼西亚的南部和东部，仍有狩猎、采集和农业人群使用打制石器。即使现代社会，农人们也在继续狩猎和采集。因此，近几千年来，相邻甚至同一处遗址群可能确实会存在不同的技术和经济，从而创造出马赛克式的文化分布。[6]

中国稻作农业的起源

目前，考古发现并未表明岛屿东南亚的食物生产有独立的起源。那里种植的主要作物，水稻和粟来自中国南方，在语言学上与猪和狗一起被认为是原始南岛农业词汇的一部分。从中国南部到新几内亚的许多地方，在不同的时间也驯化了一些非谷物类食用植物，如天南星（类似芋头）、山药、香蕉和棕榈，而真正的热带作物，如面包果和椰子，则是在岛屿东南亚或大洋洲西部驯化的（Bellwood 2007: 245–249）。然而，除了新几内亚高地以外，我们没有直接证据表明本土植物刺激了当地狩猎采集人群的农业起源。更可能的情况是,随着移民的传播,土著居民也采用了南岛作物种植系统,并发掘出一些有用的本地物种,他们之前在一定程度上已经懂得管理这些物种。

现在有足够的植物学、语言学和考古学证据可以清晰地重建中国史前农业的早期阶段,从而揭示出新石器时代人群迁移到岛屿东南亚的经济背景。黄河和长江是亚洲最大的两条河流,两河的下游河道都长达1 000公里,二者南北相距约500公里。在黄河和长江中下游及两者中间地带的考古资料中,记录了三种非常重要的早期作物的栽培和驯化——南方湿润地区的粳稻(*Oryza sativa*),以及北方和西部干旱地区的粟(*Setaria italica*)和黍(*Panicum miliaceum*)。粟和稻同时出现在黄河流域的许多新石器时代遗址中,也出现在黄河和长江之间的淮河流域,但长江流域最早的驯化重点是稻。

粟和黍是黄河流域新石器时代最早的主要农作物,据推测是在本地驯化的。它们最终与南方驯化的水稻一起,推动了中国文明的崛起,在公元前1500年左右,中国进入了早期青铜时代(商朝)。在这里,我们的研究重点并非中国文明的诞生,但应该指出的是,汉语与其他东亚语言如藏语和缅甸语有着深刻的联系,这些语言构成了汉藏语系,在大陆东南亚北部极其广泛地传播,当然,传播范围也包括中国境内以及喜马拉雅山脉周边的中亚地区。

从岛屿东南亚研究的角度来看,我们的关注点需要更多地集中在长江流域(图7.1)。长江及其众多支流流经一个广阔的温带季风气候区,其特点是夏季多雨与冬季寒冷干燥交替,其间植物生长受到严重阻碍。在这样的气候条件下,如果没有灌溉,稻农每年只能种植一季作物,然而正是在这些特殊条件下,在这个特定的纬度上,作物栽培萌芽、发展,最终形成了成熟的稻作农业。

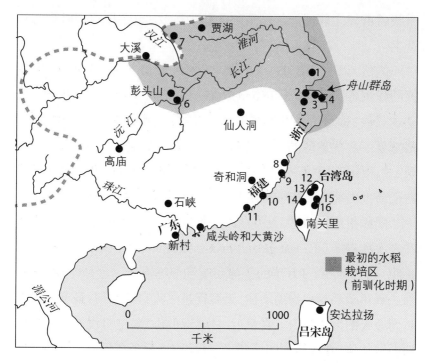

图7.1 中国南方大陆和台湾岛的新石器时代遗址和早期稻作分布区

　　阴影部分显示的是公元前6000年之前水稻在前驯化时期的分布地区。虚线显示的是全新世早期野生稻分布的最北和最西界限,据: Fuller et al. 2010。编号遗址名称如下: 1. 草鞋山; 2. 跨湖桥; 3. 河姆渡; 4. 田螺山; 5. 上山; 6. 汤家岗; 7. 八里岗; 8. 昙石山; 9. 壳丘头; 10. 富国墩; 11. 大帽山; 12. 大坌坑、圆山、讯塘埔; 13. 红毛港; 14. 牛骂头; 15. 花岗山; 16. 大坑。台湾岛和吕宋岛的其他遗址,参见图7.3和图7.4。

　　不幸的是,没有一个考古学家、植物学家或动物学家能够确切地解释,为什么在过去的12 000年里,生活在世界上这么多不同地方的人类,会在不同的时间独立地发展出食物生产,并对人类这个物种的数量和文化轨迹产生如此巨大的影响。[7]部分学者提出农业社会产生的背景包括:人类所采取的定居生活本身含有土地私有而非集体所有的因素(Gallagher et al. 2015);气候不稳定情况下对风险的规避,人口增长超过可用资源,需要有意识地生产而不是采集食物,以及竞争宴飨活动的经济需求(Hayden 2011)。狩猎采集者群体之间冲突加剧造成的防卫需要，也会导致定居行为的产生。

诚然，以上所有这些，在促进定居和栽培方面，在不同地区发挥的作用各不相同（Bellwood 2005）。同时，我们还必须补充一个基本条件，即事情要发生在正确的时间、正确的地点，这一点确实很重要。一些地区的野生动植物种类比其他地区丰富得多，如中东、中国中部、中美洲以及安第斯山脉北部和中部，所以这些地方在全新世史前史上能够扮演非常重要的角色（Diamond 1997）。

同样很清楚的是，人类在旧石器时代之后的进步，一定与发生在末次冰盛期（the last glacial maximum，简写为LGM）之后，特别是距今1.8万～1.3万年的全球变暖和湿润有关。这种变暖，伴随着二氧化碳和动植物的增加，无疑促进了人口的繁衍，最终一直增长到今天的数十亿人。在最后一次冰河期之前绝对没有任何这样的发展迹象，在之前的间冰期肯定也没有，只是在最后一次间冰期或其后，现代人类才第一次走出非洲。在第四章中曾经谈及这个话题。但现代人类走出非洲这一运动并没能催生食物生产，可能是旧石器时代中期的技术水平太低，特别是在作物管理方面。在我看来，人类走出非洲只是末次盛冰期（LGM）后气候变暖的最后一支插曲，为我们的文化和人口崛起搭建了舞台，尽管气候变暖并不是唯一起作用的因素。

如果冰期后变暖真的是产生粮食生产的唯一"动因"，那么我们可能会认为，在全球更温暖和有农业可行纬度（温带和热带）的任何地方，粮食生产都会发生。显然，事实并非如此。在欧洲殖民者到来的时候，澳大利亚、美洲和旧大陆的许多人群仍然是狩猎采集者（实际上基本都在澳大利亚和塔斯马尼亚），即使是在今天农业发达的地区，如加利福尼亚、佛罗里达、东澳大利亚，甚至是热带的马来西亚和菲律宾部分地区，情况也是如此。对我来说，这意味着,寻找食物生产发生的任何普遍性原因,比如全球冰期后变暖,都将永远受挫。这迫使我们寻找更直接的具体原因。从东亚来看,我们需要问,中国中部除了在粮食生产开始发展时一定有野生稻和粟这一明显事实之外,这个地区还有什么特殊之处?

答案可能是这样的。两万年前,在干燥寒冷的最后一次冰期的盛期,平均温度比现在低5℃,海平面下降了100多米。黄河和长江的下游切入中国东部裸露的大陆架,河口在现代海岸线以东1000公里处。当时,农业因土地肥力有限,对人类来说意义不大,但发展潜力已经存在,特别是冰川上方冷空气下沉产生的风将冰川尘埃带来,形成广阔的黄土地带。在这片土地上生长着猪和狗的野生种祖先,可能还有耐寒的粟和黍,但那时野生稻只存在于中国遥远的南方。

随着冰期后气候转暖,野生植物的产量迅速增加,以这些植物为食的野生动物和以动植物为食的人类数量也迅速增长。全新世早期海平面在快速上升60米后,在公元前9500年(新仙女事件代表小冰期结束。Smith et al. 2011)至公元前5000年之间逐渐达到最高值。黄河和长江的下游被海水淹没,河口变得很深。在全新世早期温暖湿润的季风条件下,野生稻向北几乎扩展到黄河流域,但驯化的长江亚种(粳稻)源于多年生湿地野生种(普通稻—图7.2),因此需要生长在永久性的湿地环境中。公元前5000年之前,这种湿地在中国东部遭到海侵的海岸地带不太常见,但可见于未受海侵的内陆地区。

从考古资料来看,这类相对安全的湿地存在于如下地带:

a)浙江省北部杭州湾以南的内陆小山谷,最早的水稻种植证据就是在这里的上山文化遗址发现的(Zheng et al. 2016);

b)太湖周边新生的长江三角洲淡水湿地,沙脊的存在阻挡了海侵(Zong et al. 2007);

222
223

图 7.2 野生稻和驯化稻

上图，从右到左：多年生野生稻（*Oryza rufipogon*）；一年生野生稻（*Oryza nivara*）；一年生驯化稻（*Oryza sativa*）。下图：砂拉越州伊班，人们正在用金属指刀收割驯化稻。来源：上图，科林·托特德尔（Colin Totterdell）拍摄，CSIRO，堪培拉；下图，赫达·莫里森（Hedda Morrison）拍摄

c）长江中游的湖泊冲积地带，主要分布在湖北和湖南两省；

d）长江和黄河之间的淮河流域以及沿海某些地区。

然而，公元前5000年之后，海平面相对稳定下来，在长江下游沿海和三角洲形成了新的冲积地带，适合农业生产。从此以后，长江和淮河流域的人口开始增加，考古资料上有显著的体现。

多年生普通稻，很可能通过夏季风这几个月在有降水的地方种植，最终转化为一年生栽培和驯化稻。[8] 这种有目的迁移到只有夏季降雨而不是全年湿润地带的行为，将有助于水稻的驯化过程。由于季节性湿地不支持多年生普通野生稻的生长，因此，早期驯化稻与多年生野生稻持续回交的可能将被最小化。结果，人类种植选择形成的任何特征都可以保留在种群中（Allaby et al. 2008）。

　　然而,仍然有很多问题——为什么人们开始种植水稻等谷物?为什么不继续从野外采集植物性食物,尤其是在冰期后变暖野生资源更加丰富的情况下?

　　要研究这个问题,我们必须从一些概念开始。"栽培"是指一系列的人类活动,包括清理土地、种植、浇水、除草、驱赶掠食者、收割、脱粒、储存和下一季播种。一些狩猎采集者利用野生谷物,并将其加工成面包(烤饼)和粥类食物,他们并不从事上面一系列复杂的季节性活动,而这些活动加在一起正是农业经济的特征。简单的栽培技术,既可以用于驯化作物,也可以很好地用于纯粹的野生植物,从技术上并不能判断植物的性质,故而这里需要从遗传学角度介绍一下"驯化"的定义。

$\frac{223}{224}$

　　驯化动植物是由人类管理进行选择的,通常是通过干预种籽或种畜的繁殖来促进有利的特性。在谷类作物上,包括谷物在成熟时能够成束留在穗上(这种习惯被称为不脱粒),每穗的谷物更大、更多,单个植株和成片作物同步成熟,旱季休眠丧失(意味着种子可以全年种植),以及口味、颜色和黏性(尤其是大米)的变化。家养动物也发展出偏向温驯和易于繁殖的特征。古代人类是否有意识地选择这些特征,是一个不容易回答的问题,但我总是认为我们的祖先和我们一样聪明。当然,从旧石器时代开始,可能每一位狩猎采集者都知道,一粒种子放在地里浇水,可以长成有趣的植株,养宠物并让它们多生崽才回报更高。

$\frac{224}{225}$

　　然而,遗传驯化本身并不是食物生产的起源,在这方面,栽培的作用才是最重要的。我们决不能忘记,正是栽培所包括的在某个地方一系列的食物生产活动,促进了定居生活,不可避免地造成人口增长,从而以滚雪球的方式催生了更多的种植活动,毫无疑问也导致了我们现代世界的人口爆炸。

　　但我们仍然需要追问,如果人类可以简单地从野外采集,为什么他们开始耕种？请记住，在全新世早期，全球气候甚至比现在还要温暖，当然比冰期时候更温暖，所以当时野生稻的生长扩展到了长江以北地区。有人提出，在这个压力较大的边缘性纬度地区，每株野生稻的平均产量高于中国南方（Lu 2006），因此可能有相当多的人口以此为生（Yan 1991: 125）。然而，从更新世到全新世过渡时期，气候仍然相当不稳定。大约从公元前10000年开始，延续一千年左右的新仙女木事件（小冰期）缩短了夏季生长季的时长，尤其是在长江和淮河较为靠北的地带，这足以减少野生稻的产量。难道是为了生存，人们决定在这个时候种植和维护一些野生稻吗？

关于世界各地早期农业起源的原因，人们都提到了新仙女木事件的作用。尽管很难将其确定为中国早期有意识栽培发生的直接原因，但在气候暖湿化和食物资源丰富的总体趋势下，短期恶化的爆发可能刺激了栽培的起源，这种具有普遍性的观点有可取之处。这个解释可能适用于早期农业发展的许多不同地区，包括中东、中国、中美洲和安第斯山脉（Bellwood 2005; Lu 2006）。

然而，栽培活动本身仍然不能解释动植物的驯化，因为对于驯化来说，需要某种行为因素来诱导人类偏好特征的产生。无论种植的范围有多广，简单的采集甚至未经选择地种植野生稻，都不会导致作物基因发生变化。例如，如果为避免脱粒而在水稻不太成熟时收割，那么选择行为造成的特征就无法传给后代种子。为了鼓励野生谷物不脱粒的基因，我们必须以某种方式从收获的稻谷中进行选择，以备在下一个生长季节种植。例如，如果一个人使用镰刀或指刀（图7.2）收获稻谷，那么那些遗传基因倾向于不脱粒或穗部成熟较晚的稻谷，很可能比那些脱粒较早的稻谷被人们收割到。如果稻谷收割得很晚，将出现类似以上情况的选择。当容易脱粒的植物种子已经淘汰，只有那些带有不脱粒基因的种子才最有可能在植物上存留并被收集（Fuller 2007）。在野生种群中，不脱粒基因实际上非常罕见，因为它阻碍了植物的繁殖。所以，在中国大陆和台湾岛一些新石器遗址中发现的用于收割的石镰、蚌刀或竹刀，可以作为存在这方面选择机制的证据。

　　由于驯化特征的选择是渐进的，所以中国水稻驯化考古资料的延续时间相当长，主要发生在公元前7000～前4000年之间。驯化标志是考古标本中不脱粒稻粒的比例逐渐上升；提高速度较为缓慢，可能是由于与野生种群的不断回交所致（Fuller 2007; Fuller et al. 2009）。然而，早在公元前6000年，就有一些地方，尤其是在黄河和长江之间的淮河流域，以及杭州湾以南，存在相当高比例的驯化稻（通过显微镜观察小穗形态的改变得以确认）。[9]我们看到的似乎是一幅拼图，展示了各地向水稻驯化的转变，进程有快有慢。到公元前4500年左右，驯化稻在整个长江中下游和淮河流域占据了主要地位，橡子和栗子等野生食物的收集量急剧减少。从那时起，中国中部开始了历史上最大规模的人口扩张，数千年后移民潮最终波及波利尼西亚和马达加斯加。

中国新石器时代社会的演变

　　在中国中部，到公元前6000年时，粳稻成为一种被驯化的湿地作物，种植在小块水田里。伴随着它的驯化，形成了什么样的文化和人口特征？关于这方面，我们拥有大量的考古材料，大部分是在过去十年中发现的（图版3）。根据区域聚落形态计算，在公元前7000～前3000年期间，中国中原地区的人口增长了10倍甚至50倍。[10]人口的增长越来越多依靠驯化动植物的生产，不仅包括水稻，还包括果树、草类和块茎等作物，如棕榈（Yang et al. 2013）、香蕉，可能还有甘蔗和芋头。到公元前2500年时，长江中游的屈家岭文化和下游的良渚文化人口可能都达到了数百万。中国中部无疑是世界上人口最稠密的地区之一，至今仍然如此。实际上，比拉本（Biraben 2003: 2）指出，中国中部人口在公元前2000年至公元前1年之间最高达到了2 000万，尽管这一估算是基于跨文化推理而非考古资料。

此前五千年，在长江下游杭州湾以南的沼泽地带，第一次出现了定居村落，即上山文化（大约公元前7000年）（Liu et al. 2007; Long and Taylor 2015）。房屋很清楚是干栏式的，用木材建造而成。人们在夏末收割水稻，由于小穗基部存在不脱粒的特征，这种作物肯定已经处于驯化的早期阶段（Zheng et al. 2016）。上山人将水稻的谷壳、茎秆和叶子打碎混合，作为烧制陶器的羼料。

两千年后，约公元前5500年，在长江流域跨湖桥遗址的饱水地层中出现了更多的稻米和陶器，以及一只独木舟和几只桨的残骸（图版3b）。此时，有考古证据表明，史前人群从海上航行到了舟山群岛，这片岛屿是冰期后海平面上升在杭州湾外新形成的（ZPICRA 2004）。这是我们掌握的第一个直接证据，证明了中国南部发生的越洋活动，从后面即将发生的事情来看，这是非常重要的。

到公元前5000～前4500年，在著名的河姆渡和田螺山遗址，史前居民建造了由干栏式排房组成的大型村落，两处遗址都位于浙江省北部杭州湾以南的冲积低地。[11]河姆渡遗址于1973年首次发掘，其发现闻名世界。这是一个由多座长方形木屋（单座房子宽7米，长23米）组成的村庄，木屋以高超的木工技术建造，并用成排的木桩架空（图版3a）。遗址中出土了大量的稻壳，在一个发掘区内发现稻壳、谷物、稻草和树叶形成了厚厚的一层，平均厚度为40～50厘米，这里可能曾经是一个打谷场。这种水稻仍然不是完全不脱粒品种，主要在两处稻田种植。另外还有一系列非驯化的植物性食物，包括核桃、荸荠和大量的橡子。橡子可能来自人们有意种植的橡树，以用于喂猪。橡子贮藏在很大的窖穴中。猪占动物骨骼的绝大部分，根据牙齿尺寸的退化表现，我们推测猪可能和狗一样都是家畜。狩猎得来的哺乳动物包括水牛、鹿、犀牛、大象和猴子。在田螺山遗址（图版3c），发现一处适合烹饪此类动物的大型炉灶，用大团的黏土块围护起来以便于保持炉温（本地属于冲积区，缺乏石料）。

河姆渡和田螺山的物质文化给人留下特别深刻的印象（图版3d～h）。遗物包括精雕细刻的木质用具和建材，榫眼、榫头和榫钉，可拆卸的木铲，动物肩胛骨制成的骨耜，骨器，骨哨，玉耳环，石英小锥（与沙巴骷髅山遗址出土物很相似，见第八章），以及横截面呈椭圆形或四边形的石质装饰品。还发现有曲尺形的锛柄，这种造型，据欧洲殖民者记录，在大洋洲讲马来—波利尼西亚语的民族中普遍存在。陶器包括便携式陶灶、纺锤形陶轮、动物塑像，以及一系列圜底或平底绳纹容器，通常器身有锯齿纹，口沿有刻划纹。这种陶器传统表明，在台湾岛和岛屿东南亚早期文化中发现的所有陶器知识，至少在台湾岛新石器时代开始前的一千年就已经存在于长江流域了。这并不意味着河姆渡和田螺山遗址肯定就是南迁人群的起源地，但它们的遗物在饱水环境中得以良好保存，使它们成为指示公元前4000年之前长江流域新石器时代文化成就的灯塔。

227\
228

近年来，通过分析杂草的植硅体，特别是重点关注表现环境干湿的那些植物，使得建立长江下游部分考古遗址农业耕作系统的时间发展序列成为可能（Weisskopf, Harvey et al. 2015; Weisskopf, Qin et al. 2015）。由此可知，最早的新石器时代农田是在河岸和沼泽旁的常年湿地中开辟出来的。然后，稻作从永久性湿地扩展到季节性降雨的冲积平原，围垦出小块低洼或者带围堰的水田，依靠季节性降雨种植。最终,在新石器时代晚期,约公元前2500年,发展出真正的灌溉水田稻作农业系统。这个演变序列实际上相当重要,因为随着稻作传播到岛屿东南亚,它似乎经历了类似的变化,从湿地农业,经过季节性降雨轮作,最后发展到灌溉稻作农业系统,在东南亚良好环境中形成的早期印度教王国的稻作农业就是典型(Bellwood 2007: 249-253)。

新石器文化进入中国南方

公元前4500年之后,随着稻作农业的完全成熟,可易地生长的驯化动植物经济所具有的流动性,使得新石器时代人口开始从长江流域向南扩散。[12]一些人群沿着海岸线向南走向福建,另一些人群则沿着长江的支流向南走向广西、广东和越南北部。根据雷斯伯里(Rispoli 2007)的观点,后一个运动的显著特点,是有着独特的刻划纹、戳印纹或锯齿纹陶器的传播。这两次运动都在公元前4000年至前3500年,将新石器时代农业社会带到了大陆东南沿海地带。

人们从中国中部向南方移民的原因,并不纯粹是因为人口数量超过了土地载能,虽然有时候长江下游地区发生周期性的气候和海平面波动,会对某些地区文化发展造成不利影响(Zong et al. 2007)。也没有必要将新石器时代的人口迁移想象成大规模的群体性运动,类似于当代的难民潮。相反,我们必须考虑小规模的连续性运动,进入新的适宜环境中保持较高的生育率。如果每个家庭平均生育三个以上的孩子,且总人口中只有25%的孩子在育龄前夭折,那么不需要具有多高的数学才能就能意识到农业人口将不断向外扩张。正如19世纪美洲和澳大拉西亚(Australasia)殖民地,以及1660年后台湾岛的大陆移民,人口增长率都很高(Chen 1987)。毕竟,如果一个100人的人群每年仅以1%的速度增长，在1 000年内就会变成约200万人，除非死亡率上升或采取节育措施。

这种增长导致了遗传学中通常被称为"人口扩散（demic difussion）"的现象（Cavalli-Sforza 2002），即不断扩大的外来人群在土著人群（假设迁入地已经有原住民）之间扩散，与土著人基因混合，导致移民的原初基因图谱不断减少。与此同时，土著基因图谱却呈现持续的离心式增长。毫无疑问，对于源自旧石器时代的土著人群来说，其基因图谱是相当多样的。在我最近两部关于全球人口迁徙理论的著作中（Bellwood 2005, 2013）中，"人口扩散"的概念非常重要。人口扩散无疑在中国和东南亚的新石器时代起到了重要作用，就像我们审视过去几个世纪在美洲、澳大利亚和新西兰发生的殖民人口扩张过程一样。

到底是在何种耕作制度下，水稻种植通过华南传播到了台湾岛之外的东南亚地区？傅稻镰和秦岭（Dorian Fuller and Ling Qin 2009）提出，水稻最初是作为一种湿地作物传播的，与上文所述长江下游的发展序列一致。然而，它也从中国中部继续向南蔓延，当时海岸线被全新世海平面上升所淹没，因此不存在多少常年性淡水湿地。长江中下游特别是三角洲地区有大量的沼泽（Zong et al. 2007：图1；Zheng et al. 2009），但在杭州湾以南开阔的海岸线上，不太可能有这样适宜的环境。

例如，福建省昙石山新石器时代遗址，现在位于距福州市75公里的内陆，在公元前3000～前2300年之间，遗址所在地是一个岛屿，位于一处大河入海口的顶端（Rolett et al. 2011）。我注意到，菲律宾北部北伊洛科斯省（Ilocos Norte）的海岸和河流也存在类似情况（Bellwood et al. 2008）。全新世的海平面上升，淹没了这里狭窄而深切的山谷，这些山谷是在末次冰期海平面最高的时候形成的，陡峭的海岸被劈开（菲律宾不位于大陆架上），形成了长而深的入海口,两侧是陡坡。迈克·卡森(Mike Carson)将在下面的特邀撰稿中进一步介绍台湾岛东南部和吕宋岛卡加延河下游河谷的类似情况。

所有这一切都意味着,由于缺少沼泽环境,在全新世中期的高海平面阶段,湿地稻作农业在最初向长江流域以外扩散时遇到了困难。因此,水稻种植可能部分通过福建和广东地区丘陵地带的轮作而向台湾岛传播,方法是在修筑围堰的地块上依靠降雨种植,这只有在拥有较多平地的山谷底部才有可能。当然,正如焦天龙(Jiao 2016)所强调的,这一时期狩猎、捕鱼和采集活动也在继续保持。然而,尽管焦天龙在描述中国南部沿海新石器时代人群时使用了"低水平食物生产(low-level food production)"一词,但我们必须认识到,实际上许多遗址根本没能保存下来任何植物遗存,所以我们无法真正知道他们的生业经济是什么,而且"低水平"适用于较贫瘠的环境,而不是较富裕的环境。当我们考察台湾岛南关里遗址水浸环境下的遗存时,这个意义将变得很清晰。南关里遗址独特的环境保存下来的大量植物遗存彻底改变了人们对该地区新石器时代经济的认识。

我们不再用更多的篇幅去描述中国南方考古资料的具体细节,但有一个问题需要进一步探究。在公元前3500年左右的新石器时代,哪些稻作人群最有可能从中国南方大陆迁徙到台湾岛?焦天龙等人(Jiao 2007a, 2007b)在福建进行的综合考古研究表明,沿海地区和冰期后海平面上升形成的小型近海岛屿存在多处连续发展的新石器文化,可能与向台湾岛的移民有关。位于福建沿海或近海小岛上的亮岛、富国墩、壳丘头、昙石山、大帽山、黄瓜山等遗址,均面向台湾岛,记录了公元前6500~前1500年之间一系列连续的文化发展。[13]在此期间,主要文化特征是绳纹和压印纹陶器逐渐转变为素面陶器，中间还出现过红色磨光陶器。我们在台湾岛的新石器时代也看到了类似的趋势，只是时间稍晚一些。在东亚范围内，红色磨光陶的起源地可能是在中国中部，最早出现于距今约7 000年的浙江上山遗址，是羼杂稻壳的陶器。公元前3500年以后，福建昙石山和大帽山的陶器出现了拍印的圆形和点状的纹饰，这种纹饰技术广泛出现在岛屿东南亚和大洋洲西部一些最早的陶器上。

此外，福建沿海遗址中最早的石锛是常形石锛（例如壳丘头），但在公元前2500年后，方便装柄的有段石锛变得很常见，尤其是在昙石山和黄瓜山遗址（Jiao and Rolett 2006）。这些横截面呈梯形或三角形的有段石锛与台湾岛和菲律宾群岛新石器时代的许多石锛相似，包括巴丹群岛也是如此（Duff 1970; Bellwood and Dizon 2013）。公元前3000年，在福建昙石山、黄瓜山以及广东一带遗址还出现了其他重要的文化和贸易物品，如玉玦、纺轮和稻米（Yang et al. 待刊）。今天，福建是中国农业较为落后的省份之一，耕地较少，只有一条非常狭窄的沿海平原，而且气候周期性干旱。因此，这条海岸线在19世纪和20世纪初华侨向东南亚和大洋洲移民中发挥了重要作用，在新石器时代可能也是如此。

近年来，台湾地区的考古学家对广东的新石器文化表现出极大兴趣，认为它们可能是台湾岛新石器文化的来源。相关遗址分布在深圳（咸头岭和大黄沙）、香港和珠江三角洲一带（Tsang 2005）。该地区的新石器时代文化来自大约公元前5000年的长江中游，如汤家岗、高庙和大溪文化，而不是长江下游的三角洲。广东的这些遗物，包括常形和有肩石锛、石刀、树皮布石拍、刻划纹和拍印纹陶器（Yang 1999），可能是台湾岛新石器文化的来源之一，下面洪晓纯的特邀撰稿说明了这一点。海南东部的一个沉积岩芯实验也发现了可追溯到公元前3500年的驯化稻植硅体（Wu et al. 2016），尽管这个战略位置十分重要的岛屿其考古遗存面貌仍然不清楚。

当然，来自中国南方沿海多个地区的人群可能都会过境台湾岛，从而带来多种语言。岛上所有现存土著语言都是南岛语，但实际情况可能是，如果新石器时代的移民人口起初很小，那么那些经济最有活力、增长速度最快的人群最终可能会把自己的语言强加给较小的群体。为任何新石器时代的岛屿人群寻找一个考古学上的单一源头可能并不现实，在这方面，将广东和福建都视为来源地区可能是更明智的选择。

南岛人群向岛屿东南亚扩散的"走出台湾"说

在第六章，我已经从语言学角度介绍过南岛人群的"走出台湾"说，这个假说将在本章和下一章发挥非常重要的结构性作用。这一假说表明，现代岛屿东南亚绝大多数的南岛语人群，尤其是那些明显具有亚洲血统的人，有共同的生物、语言和文化来源，他们是来自新石器时代中国南方的移民，大约从距今5 500年前开始，经由台湾岛迁徙到岛屿东南亚。这就是南岛人"走出台湾"说的基本内容。目前，它既有支持者也有批评者。[14]

"走出台湾"说的语言学证据在第六章已经详细介绍过。从台湾岛到菲律宾群岛和印度尼西亚等地的南岛迁徙运动，产生了原始马来—波利尼西亚语（最初可能只有一种或几种密切相关的语言）。因此，今天台湾岛之外的东南亚，包括大洋洲，所有现存的南岛语，都属于庞大的马来—波利尼西亚语族。从考古学和年代学方面来看，从台湾岛经巴丹群岛进入吕宋岛的迁徙，实际开始于公元前2200年左右，经历了几个世纪。本章在下文中会进一步证实这一假设，但最重要的是要记住，年代框架主要来自考古证据，并参考了古马来语、古爪哇语、古占语的碑刻材料加以校正（碑刻材料主要是公元第一千年中、晚期；见Gray et al. 2009）。

　　然而，在进一步讨论之前，我需要强调"走出台湾"说的三个重要前提，以避免产生误解：

　　a）这一假说并不是说所有现代南岛人的祖先都是从台湾岛或通过台湾岛迁徙而来的。许多澳洲—巴布亚（Australo-Papuan）土著，以及菲律宾群岛尼格利陀人和美拉尼西亚人，都说南岛语，因此也可以称为南岛人，但他们的基因图谱主要源自新石器时代之前的东南亚和美拉尼西亚当地，层次更深。

231
／
232

　　b）它也不意味着大规模的移民迁徙或土著人口的大批灭绝。最初的新石器移民群体可能人数很少，但出生率很高，移民女性人数及其生育率将决定最终的人口数量。

　　c）大约5 000年前，新石器文化人群从中国南部迁徙到台湾岛，这并不是说所有现代东南亚人都有"汉族"血统。在新石器时代，中国南部并不流行汉语。现代中国的文化景观是中国中部地区王朝扩张的结果，始于周朝，并曾经于公元前100年延伸到越南北部。长江以南的中国，在商周（约公元前1600年至公元前221年）之前，甚至秦汉（公元前221年至公元220年）之前，在文化、语言和人种方面与东南亚关系密切。

　　因此说，台湾岛这一小岛在新石器时代人口、物质文化和语言从中国南部进入岛屿东南亚的过程中发挥了重要作用。最近一项基于东南亚人群的全基因组祖先成分分析结果有力地证实了这一点（Mörseberg et al. 2016）。就在我撰写本书期间，支持马来—波利尼西亚语系人群来自台湾岛的资料证据还在以惊人的频率出现。例如，构树（桑科）的内皮，是太平洋群岛和东南亚大部分地区用来制作树皮布的来源，其叶绿体DNA主要分支最近就被证明起源于台湾岛（Chang et al. 2015）。

中国东南、台湾岛和吕宋岛的新石器文化

特邀撰稿人

洪晓纯

在中国南部，稻作农业出现的最早证据比陶器要晚得多。虽然黄河中游和长江中下游的水稻栽培可以追溯到公元前6000年，但在华南，特别是福建、广东和广西，水稻种植的出现不早于公元前3000年（Zhang and Hung 2010；Yang et al. 待刊）。考古证据表明，在公元前3000年之前，中国南方沿海地区主要依靠海洋资源为生（Zhang and Hung 2014），如公元前5000年至公元前3000年之间的众多贝丘和沙丘遗址就是如此。其中包括福建的壳丘头和广东的咸头岭（图7.1），这两处遗址都出土了拍印纹和刻划纹夹砂陶器。

广东新村沙丘遗址（公元前3350～前2470年）出土了大量可食用植物的遗存。在磨盘和磨棒表面发现的淀粉粒和植硅体，表明这里曾利用过棕榈淀粉、香蕉、莲藕、荸荠、橡子、蕨类植物的根茎和多年生薏米。还发现少量水稻植硅体，但没有证据表明其属于栽培种还是驯化种。但是，因为这些淀粉颗粒分布在石器工具的工作端，意味着存在一定的食物加工过程（Yang et al. 2013）。

从公元前3000年开始，这些全新世渔猎采集人群经历了不同程度的文化转型，特别是受到了来自良渚等农业文化的影响，后者系从长江中下游向岭南和东南沿海传播而来。在福建，最早的炭化稻谷可以追溯到昙石山文化（公元前2870～前2340年）（Yan 1989）。庄边山是昙石山文化最大的聚落之一，其沉积物中的植硅体和孢子花粉证实了当时水稻的存在（Ma et al. 2013）。

广东北部的石峡遗址(公元前2600～前2300年;图7.1)中下层出土了大量稻谷和茎秆遗存,被认为是栽培稻(Yang 1978)。除了石峡文化,广东另外一些新石器时代遗址也发现了水稻遗存,包括稻粒和植硅体,年代都在公元前3000年之后,包括石峡遗址的前石峡文化地层(Yang 1998; Yang et al. 待刊)、香港沙下遗址(Lu et al. 2005)、高明古椰遗址(Relics from the South 2007)和封开杏花河遗址(Xiang and Yao 2006)。

与中国南方早期农业相关的驯化动物考古材料发现很少,但现有资料表明,家畜出现的年代从北到南逐渐变晚。福建奇和洞遗址,据称在两个文化层中发现了家狗的骨头,年代分别是公元前13000～前7000年和公元前7000～前5000年(Fan 2013: 369-370)。然而,在广西南部,早期狗骨的年代已经接近公元前5000年(见Lu 2010)。据报道,昙石山文化驯养的狗和猪的历史可追溯到公元前2600～前2000年(Fujian Museum 1984, 2004; Luo 2012)。再向南,广东的村头遗址也出土了家狗和家猪,年代约为公元前2100～前1200年(与张弛个人交流)。

在评价中国南方对于台湾岛和菲律宾群岛新石器时代出现的作用时,还必须考虑第四章中谈到的墓葬人骨资料。松村博文与我合作在中国南部开展了持续研究,他辨认出存在一个两层人种序列,即澳洲—巴布亚狩猎采集者类型和亚洲新石器时代农人类型。在大约公元前3000年之前,前者一直是当地主要人种,以无随葬品的蹲踞葬或屈肢葬为典型特征。公元前3000年之后,葬式转变为直肢葬,通常有随葬品。

台湾岛

这种两层人种序列也存在于台湾海峡中亮岛的两处相邻遗

址,台湾本岛亦是如此(遗址位置见图7.1、7.3)。亮岛发现了两座
墓葬,较早者为公元前6300年左右,墓主人是一位澳洲—巴布亚

图7.3 台湾岛南部、巴丹群岛和吕宋岛北部的主要考古遗址

类型成年男性，屈肢葬；较晚者为公元前5500年左右，系一位亚洲类型成年女性，仰身直肢葬（Chen and Chiu 2013）。在台湾岛，迄今为止发现的唯一一座旧石器时代墓葬在东南部的小马洞，墓主人是一个成年男性，屈肢葬，年代大约在公元前4000年。我与松村的研究表明，这个人与澳洲—巴布亚人有亲缘关系，与菲律宾群岛的尼格利陀人关系最为密切。这一点特别有趣，因为它表明台湾岛曾经生活着尼格利陀人（小黑人），这个情况在汉语文献和台湾岛口头传说中也有所记载。随着新石器时代大坌坑文化的开始，台湾岛转而流行仰身直肢葬，一直延续到金属时代。

大坌坑文化（the Dabenkeng Culture，简写为TPK）的开端可以追溯到公元前4000/前3500年，一直延续到公元前2200年，是台湾岛一支早期新石器文化（Hung and Carson 2014）。文化内涵包括陶器、磨光石锛（见图版4）和带有墓地的聚落，取代了2.5万年以来在台湾岛占统治地位的旧石器时代晚期长滨文化。大坌坑文化的发展经历了早期（公元前4000/公元前3500～前2800年）和晚期（公元前2800～前2200年）两个阶段。早期阶段是贝丘遗址或者沙丘遗址，迄今为止尚未发现存在稻作的证据。贝丘遗址通常地势稍高，当初应该是滨临沼泽或浅水海岸环境，现在则成了冲积地带。

大坌坑文化晚期阶段（公元前2800～前2200年），在台湾岛西南部的台南科技园南关里和南关里东遗址都发现了水稻（*Oryza sativa*）和粟的证据（Tsang and Li 2016；Hsieh et al. 2011；Tsang et al. 2016, 2017）。这两处遗址出土了鱼、鹿、猪和狗的遗骸，南关里东有4具完整的狗骨架。在南关里遗址发掘之前，由于缺乏植物考古资料，也缺乏对植物的测年数据，对于大坌坑文化的生业经济并不了解。在台湾岛，水稻和粟是从新石器时代开始种植的，还是后来移植到渔猎采集经济中的，目前还没有答案。根据现有证据，台湾水稻的碳十四年代仅为公元前2500年。大坌坑文化的一个可能源头可以追溯到广东的珠江三角洲（Tsang 2005；Hung 2008），同时来自福建和浙江的文化影响则进入台湾北部（Liu and Guo 2005）。到目前为止，未发现大坌坑文化只有一个单一的文化源头。

之后的台湾岛新石器时代中期，约公元前2500/前2200年至公元前1500年，考古资料显示出对水稻和粟的依赖显著增加。这一时期的遗址主要出土细绳纹陶器和红色磨光陶器，这两种陶器通常被认为是由大坌坑文化的粗绳纹陶器直接发展而来的（Li 1983；Tsang 1992；Liu 2002；见图7.6下）。然而，这一阶段的某些陶器仍然显示出与大陆沿海地区的联系，表明文化交流仍在继续。新石器时代中期的典型器物包括磨光的石刀（可能是用来收割稻谷的）、石锛、玉饰、瓮棺葬，以及更大的聚落，表明人口数量和密度都有所提高。

台湾岛北部的迅塘浦文化（图7.1，第12号），很好地记录了新石器时代早期向中期的过渡，年代可以追溯到公元前2600～前1700年（Liu et al. 2008；Liu 2007）。目前已经发现至少92处迅塘浦文化遗址（Kuo 2008；Chu 2012）。收割用的石刀已经很常见，在大龙峒遗址出土了炭化稻谷（Chu 2012）。在这一阶段，台湾地区其他地方也发现有炭化稻米或者陶器上的稻谷印痕，如澎湖群岛的赤坎B（Tsang 1992）、台湾岛南部的垦丁（Li 1985）和台南的右先方（Tsang and Li 2016）。邓振华最近与我合作进行了一项水稻植硅体研究，证实台湾岛东部几处新石器时代中期遗址有驯化稻，包括公元前2000年的潮来桥遗址（Deng et al. 待刊）。

　　新石器时代中期，台湾岛各文化组合之间的差异明显超过了之前面貌较为统一的大坌坑文化，可以分辨出存在五个区域类型或者考古学文化。它们包括北部的迅塘浦文化、中西部的牛骂头文化、南部的牛稠子文化、东部的富山文化，以及北部和中西部之间的红毛港文化（Liu 2007）。全岛发现300多处新石器时代中期遗址（Tsang 1990; Li 2003），是新石器时代早期的7倍多。这个统计数据令人印象深刻，当与人口增长以及稻和粟的增产有关。

　　与此同时，海洋捕捞和海上航行技术也有了长足的发展，这对解释当时马来—波利尼西亚人向菲律宾群岛的成功扩散具有重要意义。在台湾岛南部的鹅銮鼻和鹅銮鼻II遗址（Li 2002），我们发现了石网坠、鱼钩，还有大型海鱼如石斑的骨头，特别是还发现了海豚和马林鱼等大型海洋动物。最后两个物种的捕捞，意味着需要独木舟在远海进行拖钓（Campos and Piper 2009）。当时台湾岛各地的石料也广泛进行交换。澎湖的橄榄石玄武岩被用来制作石锛，台湾岛东部的丰田玉被用来制作装饰品和锛，这些玉饰和玉锛流通到了澎湖、绿岛和兰屿（Hung 2004, 2008）。

台湾岛和吕宋岛之间

　　吕宋海峡宽约350公里，位于台湾岛南端和菲律宾吕宋岛北岸之间（图7.3）。这里大多数岛屿属于巴丹群岛和巴布延群岛，前者发现有重要的考古证据，有助于认识台湾岛与岛屿东南亚之间的长期互动。温暖的黑潮从南向北流过这一地区，这让一些学者推测，新石器时代人类从台湾岛迁徙到菲律宾群岛即便不是不可能，也是十分困难的（Solheim 1984–1985: 81）。但新的考古资料确凿无疑地表明，从北到南的穿行发生过不止一次。

绿岛和兰屿

　　绿岛和兰屿是离台湾本岛最近的岛屿,位于巴士海峡北侧(图7.3)。绿岛距离台湾岛东南海岸33公里,肉眼清晰可见,现在这里居住着达悟人(以前称为雅美人)(Kano 1946: 398–424)。绿岛和兰屿的考古资料可分为三期:以细绳纹陶器为代表的新石器时代中期(公元前2200～前1500年)、新石器时代晚期的卑南文化(公元前1500～前300年)和金属时代的雅美文化(公元500年后)(Liu et al. 1995: 36–38; Liu et al. 2000: 147)。这些岛屿上尚未发现大坌坑文化遗存。到目前为止,新石器时代中期遗址只发现一处,即绿岛的渔港,出土少量细绳纹陶片,器物组合主要是圈足高沿的红色磨光陶器,与台湾岛东部新石器时代中期的富山遗址面貌相近。

　　绿岛和兰屿新石器时代晚期的卑南文化,源于台湾岛东部成熟的卑南文化,其中一个重要遗址是绿岛上的油子湖,年代为公元前1620年至公元前1455年。该遗址出土了许多贝壳珠,以及来自台湾本岛的人工制品,如丰田玉饰品和废料、板岩矛头和变质岩(俗名"西瓜石")制成的石锛。在这个时期,绿岛与台湾岛,以及南方的巴丹岛和吕宋岛之间,都发生了非常密切的文化互动。

　　金属时代的雅美文化,仅存在于绿岛和兰屿,与同时期台湾岛的铁器时代文化差别很大,表明此时文化差异性正在增加。目前,此地从卑南文化末期到雅美文化的开始,有一段大约800年的空白期,十分奇怪。这就引出了一个问题,即兰屿(和以前的绿岛)达悟人(或雅美人)历史上是否为巴丹移民的后裔?在语言学上,这个观点得到了非常有力的证明。也许这些岛屿无人居住,或者在公元500年前后人烟稀少,因此新的人群移居于此。

巴丹群岛

巴丹群岛由10个岛屿组成,今天只有伊拜雅岛(Itbayat)、巴丹岛(Batan)和沙坦岛(Sabtang)有人居住。巴丹群岛位于台湾岛以南约190公里,吕宋岛以北160公里(图7.3)。当地居民是伊巴丹人(居住在巴丹岛和沙坦岛)和伊拜雅人(居住在伊拜雅岛),他们的语言密切相关,属于马来—波利尼西亚语系的巴丹语(Bashiic)(Li 2001: 277; Ross 2005)。语言重建表明,马来—波利尼西亚语系人群在巴丹群岛居住的时间相当久远,尽管伊巴丹语、伊拜雅语和雅美语(达悟语)之间的许多区别出现很晚(见第六章中白乐思对巴丹语的评论)。

237
238

巴丹群岛的新石器时代(见图7.8和7.9下)从公元前2200年延续到公元前500年或更晚,之后铜器和铁器开始出现。与绿岛和兰屿一样,目前没有发现这些岛屿在新石器时代之前有人类定居的考古证据(Bellwood and Dizon, 2005, 2013)。与台湾岛的陶器组合对比,从类型学角度来看,巴丹群岛最早的陶器当属伊拜雅岛上雷拉努姆(Reranum)洞穴遗址的出土物(图7.8b)。主要是磨光红陶,素面,少量装饰有细绳纹,后者是一个重大发现,因为它是迄今为止菲律宾群岛北部唯一一例,与台湾岛新石器时代中期细绳纹陶器传统密切相关。另一个早期陶器组合来自托隆根(Torongan)洞穴,没有细绳纹,但在其他方面相同,也是素面磨光红陶。尤其是巴丹群岛诸遗址出土陶器的口沿和器形,与台湾岛东部的富山、潮来桥等新石器时代中期遗址的陶器相似。

到公元前1200年,巴丹岛的萨盖特(Sunget)和沙坦岛的萨维迪格(Savidug)沙丘遗址的底层出现了丰富的器物组合。萨盖特遗址的出土物包括装饰一圈印纹的红色磨光圈足带把陶器,陶纺轮,火山岩和丰田玉制作的锛,台湾岛板岩石矛,台湾风格两侧打出凹口的卵石网坠（Koomoto 1983: 55−61; Bellwood and Dizon 2013）。这种器物组合与同时代台湾岛新石器晚期的文化有明显的相似性，尤其是与东海岸的花岗山和卑南文化相比。例如，两侧带把的球形圈足陶器，在萨盖特、卑南和花岗山都很常见，但是前面以细绳纹陶器为代表的新石器时代中期，以及后来台湾岛东部的三河类型（铁器时代）中，都没有发现这种陶器。

　　巴丹岛的一些遗址，如萨维迪格（Savidug）沙丘遗址，出土的瓮棺葬陶罐与台湾岛东部发现的十分相似。瓮棺葬在台湾岛长期流行，从公元前2000年开始，新石器时代中期就使用磨光红陶罐作为葬具，在西南部的牛稠子文化遗址中最常见（图7.6b）。到了新石器时代晚期，在公元前1000年左右变得非常普遍，尤其是在东海岸的沙丘遗址，如花岗山、大坑和盐寮（Ye 2001）。在公元前500年至公元前1年左右的萨维迪格沙丘遗址，除了陶罐瓮棺葬之外，还发现了一些丰田玉制品和一把绿贝（*Turbo marmoratus*）制作的贝"勺"。类似贝勺见于很多遗址，如巴拉望塔邦洞穴（Tabon Caves）（Fox 1970），以及台湾岛东南部同时期的许多遗址，如加路兰（Egli 1972）和志航基地（Sung et al. 1992），台湾岛南端的鹅銮鼻和鹅銮鼻II（Li 1983）等。[15]台湾岛东部的阿美人，直到历史时期一直在使用类似的物品（National Museum of Natural Science 1990）。

　　事实上，台湾岛的原材料输出到巴丹群岛显然发生过很多次，至少从公元前1200年已经开始，伊拜雅岛的阿纳罗（Anaro）玉作坊遗址出土了相关考古证据，该作坊遗址大约就是从这个时候开始使用的，相当于台湾岛东南部的卑南文化晚期。在阿纳罗遗址发现了大量加工过的台湾岛软玉和板岩，这两种矿料在巴丹群岛和巴布延群岛的火山和珊瑚礁地带都不存在。板岩在台湾岛中部山区则很常见。

因此，从中国南部沿海到菲律宾群岛北部最早的新石器时代文化，其源头可以向北或向西追溯，这一点由中国南部沿海和台湾岛新石器时代文化向外传播的碳十四年代的递减所证实。公元前5000~前3500年，珠江三角洲早期陶器的特征是红陶，装饰粗绳纹和刻划纹。之后在台湾岛，这类粗绳纹和刻划纹红陶在公元前4000~前2500年的新石器时代早期大坌坑文化中占主导，再往后到公元前2500~前2200年，被新石器时代中期的细绳纹磨光红陶所取代。最终，在公元前2000~前1500年，台湾岛新石器时代中期晚段，素面红陶和红色彩陶占据了主要地位。在绿岛、兰屿和伊拜雅岛，一些最早的陶器上仍带有细绳纹，其年代相当于台湾岛新石器时代中期。

最后，每个地区"新石器时代"开始的标志都是具有新特征的文化综合体的出现，包括永久性大型聚落、先进的陶器制造技术、驯化动植物的证据，以及其他方面的物质文化，如纺线、编织、树皮布等。亚太地区广泛分布的树皮布技术可以追溯到中国南部（Ling 1963; Tang 1997），早在公元前4000~前3000年，珠江三角洲就出现了树皮布石拍（Tang 2003）。再向东，树皮布石拍分布广泛，如台湾岛长光、大坌坑和南关里等大坌坑文化遗址（Tsang and Li 2016），公元前1500~前1000年的菲律宾吕宋岛北部（Thiel 1986-1987）。臧振华等人（Chang et al. 2015）的最新研究表明，制作树皮布的构树（桑科）源于中国南部和台湾岛，后来人们将其在太平洋岛屿进行无性繁殖栽培。这个研究结果上文已经提到。

吕宋岛北部

台湾岛和吕宋岛北部的考古资料表现出相似的发展史，它们都接受了外来的新石器时代传统,最终取代了当地旧石器时代的砾石和石片工具组合(巴丹群岛没有这些工具)。在吕宋岛,最有代表性的新石器时代遗存位于卡加延河谷,那里有菲律宾最长的河流。自1971年以来,在卡加延河下游发现了30多处新石器时代和铁器时代的贝丘遗址,形成了菲律宾群岛最密集的史前聚落群。其中一些遗址出土素面磨光红陶,当是在公元前2200年左右受到了来自台湾岛新石器时代中期文化的影响,两地陶器的口沿和器形非常相似。卡加延出土的其他人工制品,如陶坠、纺轮、丰田玉玉器和树皮布石拍,也源于台湾岛(Hung 2005, 2008; Hung et al. 2007; Thiel 1986-1987)。到目前为止,菲律宾最早的家猪是在那格萨巴兰(Nagsabaran)遗址发现的,可以追溯到公元前2000年之前(Piper et al. 2009)。

　　吕宋岛北部新石器时代早期(公元前2000~前1000年)的农业状况尚不清楚,但索拉纳(Solana)附近的安达拉扬新石器时代遗址烧制了磨光红陶,对羼料中稻壳的AMS测年表明,其年代为公元前2050~前1400年。该遗址的木炭标本测年是公元前1950~前1050年(Snow et al. 1986: 3)。我们最近在马加皮特(Magapit)遗址进行发掘,发现了炭化稻谷和香蕉的植硅体,放射性碳年代可追溯到公元前1000年。在那格萨巴兰的新石器时代地层中浮选出200多颗炭化稻谷(与邓振华合作),下面有一层厚厚的炭屑,包含低温烧过的黏土块,碳十四年代为公元前2200年。这些炭屑意味着该地区的第一批定居者从事过清除植被的活动。

　　正如迈克·卡森在下文中所做的复原,我们推断,公元前2200年后,在卡加延下游地区存在两种类型的聚落。那格萨巴兰代表了一处位于河谷中的干栏建筑组成的村落,所在地高度和河流差不多,毗邻沼泽地;马加皮特代表了另一类村落,建在俯瞰河流的石灰岩小山上。

　　直到公元前1500年之后,河谷中才出现高于河面的大片冲积平原,因此,那里最初的新石器时代土地利用模式不可能是大面积的水稻种植。事实上,帕斯(Paz 2005)指出,在菲律宾史前时期,稻米可能不如山药和芋头等块茎作物更受欢迎。拉提尼斯(Latinis 2000)也强调过东南亚和大洋洲岛屿依靠果树维生策略的重要性。为了解释从东亚到东南亚和西太平洋群岛生业经济的这些变化,杜瓦(Dewar 2003: 369-388)指出,菲律宾北部(包括巴丹群岛)降雨的极端不稳定限制了水稻等喜水作物的可靠程度。正如本章后面所讨论的,随着新石器人群从台湾岛经菲律宾群岛扩散到印度尼西亚和大洋洲等地,这种环境状况似乎已经导致驯化植物经济方式的性质发生了某些重大变化。

岛屿东南亚新石器时代的文化景观

特邀撰稿人

迈克 T. 卡森(Mike T. Carson)

　　中国南部、台湾岛和菲律宾群岛的新石器时代殖民和迁徙发生在多种多样的地貌环境中。东南亚热带岛屿的许多新石器时代遗址,现在被厚厚的沉积层所掩埋,或隐藏在业已变化的地貌结构中。古景观研究提供了一种方法,可以了解新石器时代遗址的环境背景(Carson 2011, 2014)。一般说来,今天的海岸景观与新石器时代早期的景观几乎没有相似之处，为了追踪景观的变化，有必要根据海平面变化和构造运动的现有记录，绘制古代地表和沉积单元的深度和年代。因为大陆板块的俯冲，构造运动在该地区非常活跃。

这里使用的地形模型是由中国台湾地区和菲律宾政府免费提供的在线地理空间数据生成的，并使用2013年航天飞机雷达地形测绘任务（Shuttle Radar Topography Mission，简写为SRTM）3.0版本中的等高线进行了优化。根据2013～2015年的地理空间数据和实地考察结果，对地表单元进行了地质构造和土壤类型的划分。等高线根据不同的时间间隔进行编码，等高线的高程值根据构造抬升速率并参考所在地地层的年代和厚度调整确定。根据年代，确定模型的海平面变化数据。

这两次古景观重建都处于台湾岛和菲律宾群岛北部全新世的关键时期，每一次都经历了从冰期后最高海平面到随后的海退和沉积的转变。公元前4000～前3000年是大陆新石器文化第一次向台湾岛迁徙的时间，这时候的中国东南部海岸线由山坡组成，山坡下是狭窄的海滩和又深又窄的河流入海口，海平面很高，通常有一些离岸小岛。低地沉积物尚未开始堆积，最适合种植水稻的土地应该位于内陆地区。到公元前4000年，沉积物已经填满了内陆的河谷。在沿海地区，沉积剖面显示，由冲积（来自河流）和崩积（来自山坡）造成的堆积显著发生在公元前3000年之后，很可能是内陆的森林清理和农业活动加速了这个过程。然而，在公元前3000～前1000年，这些新形成的沉积低地海拔仍然很低，大约在+1.5～−2.5米之间（Zong 2004; Zong et al. 2009）。

这时期的一个典型聚落是福建昙石山遗址（公元前3000～前2300年），位于福州盆地，正对着台湾岛。这里的人们生活在河口沿岸的低山和海岬上，河口今天距离海岸线将近80公里（Rolett et al. 2011）。当时可以利用的水田很少，台湾岛也是如此，第一批到达台湾岛的新石器人群可能居住在刚刚形成但已经稳定下来的滩脊。到公元前2800年，台湾岛西部海岸线开始堆积冲积物，原因可能是由于砍伐森林导致斜坡侵蚀加剧。台南科技园南关里和南关里东的考古发现表明，聚落就是在这些新地貌上开始发展起来的，这两处遗址现在都埋在7米深的沉积层之下，在距离海岸超过20公里的内陆（Tsang 2005），公元前1000年后海平面的下降使得该遗址远离了海边（Chen et al. 2004）。

公元前3000年，台湾岛东部地貌系隆起的丘陵，多为滨水环境，与连接亚洲大陆架的西海岸缓坡有显著差异（图7.4）。直到公元前1500年之后，今天形态的沿海平原和河流阶地才出现并稳定下来，良好的农业土地条件使得一些很大的新石器时代晚期聚落得以发展起来，如卑南遗址（图版5）。东海岸的新石器时代中期，人们生活在富山和潮来桥等聚落，这些遗址位于由海岸阶地抬升形成的大体平坦的山顶（Hung 2008）。当初这些聚落的海拔不到20米，后来，东南部以每年约7～9毫米的速度快速抬升，东北部以每年4～6毫米的速度快速抬升，今天这些遗址的海拔达到了约40～50米。这个抬升速度是地质记录中最快的（Liew et al. 1993），会造成严重的地表侵蚀和土壤流失，河流高度下切，这可能是迫使人们南迁寻找新土地的一个因素。

到公元前2200～前1500年时，海平面仍比今天高出约2米，吕宋岛的卡加延河下游河谷地带出现了几个新石器时代聚落，这里是菲律宾群岛最长最宽的河谷。直到公元前500年之前，这里的河流旁边还是大片的沼泽，靠近一个非常大的入海口（图7.5），后来逐渐被冲积物覆盖而成为灌溉稻田。人们在这片沼

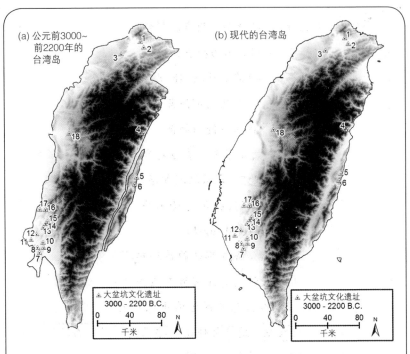

图7.4 大坌坑文化(公元前3000～前2200年)时期的台湾岛海岸线与现代海岸线之比较

注意板块俯冲形成的大坌坑文化时期东部沿海岛屿。遗址名称:1.富基; 2.万里加投;3.大坌坑;4.月眉2号;5.港口;6.长光;7.凤鼻头;8.孔宅;9.六合; 10.福德爷庙;11.港口仑;12.新园;13.八甲;14.七甲;15.大昌桥;16.南关里东; 17.南关里;18.安和路。来源:迈克·卡森(Mike Carson)制图

泽地带选择高处修建干栏房屋,略微高出水位,如那格萨巴兰 (Nagsabaran)遗址就是如此(Hung 2008)。河谷附近的石灰岩断崖远远高于河流,环境相对稳定,可以居住,马加皮特(Magapit)聚落就是其中之一。到公元前1000年左右,海平面开始下降,卡加延河下游地带才出现了适宜居住的沿海平原。

在上述每一个例子中,海岸边的新石器时代居民都选择居住在淡咸水交汇地带的低地山坡,当时缺少今天广泛存在的适宜作为水田的平地。湿地水稻大规模种植可能在最初迁徙之后很久

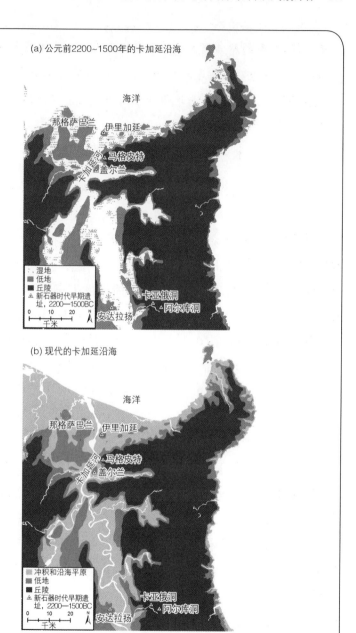

图7.5　新石器时代之初的卡加延河谷沿海与现代海岸之对比

注意从公元前2000年后沿海和河流低地有了巨大的扩展。来源：迈克·卡森（Mike Carson）制图

才出现，最早的新石器时代粮食生产很有可能集中在旱地稻作方面，并辅之以水果、块茎和狩猎。以上观察的启示在于，在世界上任何地方，人们不能轻易地单纯根据今天的景观特征重建古代的食物采集或生产策略。

关于台湾岛新石器文化的进一步考察

正如前文中洪晓纯所说，台湾岛的新石器时代始于公元前3500年左右，在沿海地区兴起了大坌坑文化。张光直（Chang 1969）通过在大坌坑和凤鼻头海岸遗址的发掘资料，首次将该文化详细介绍给了考古界。两处遗址都位于西部沿海平原内陆的高地（Hung and Carson 2014），过去，由于地表侵蚀和有机质遗存保存不佳，以及缺乏可靠的年代，人们对大坌坑文化了解甚少。但是，近年来在台南市郊的南关里和南关里东发现了两处浸水遗址，带来了一场知识革命，情形类似于长江下游跨湖桥、田螺山和河姆渡等遗址的发现所引发的那样。

2000年，在台南科学工业园基础建设施工期间，对南关里遗址首次进行了抢救性发掘。该遗址的堆积属于浸水状态，位于地表7米以下，实际上略低于当前海平面。[16]该地点现在距海20公里，但当初距离海岸线非常近，其年代可追溯到公元前2800～前2200年。保存完好的木桩表明，海岸边有干栏式房屋。墓葬成排分布，大部分是仰身直肢葬，共发现82具人骨，其中一具置于独木舟中[17]。也有一些屈肢葬，人骨存在拔牙、嚼槟榔以及佩戴贝壳项链和耳饰的证据。到目前为止，还没有进行过头骨形态测量分析，但面部重建展现出亚洲人种的形态。有趣的是，对这些骨骼的医学检查表明，死者生前健康状况相对较好，类似于2 000年后铁器时代十三行遗址人骨的身体素质（Pietrusewsky et al. 2016），这表明在过去的几千年中，人类身体健康的总体水平没有下降。然而，在一名南关里人身上发现5处创伤，证明当时存在社会冲突，可能还有资源的争夺（Tsang and Li 2016: 132）。

南关里墓葬随葬有完整的陶器，包括圜底罐和圈足罐，纹饰有绳纹、刻划纹、拍印纹、红色彩绘、红色磨光等（图版4）。同时期地层中还出土了半锥形和双锥形陶网坠、树皮布石拍、穿孔石镞和骨镞、两侧有凹口的砾石网坠、有肩有段石锛（制作材料有些是来自澎湖列岛的玄武岩，还有一些是花莲附近出产的丰田玉），以及用扁平的珍珠牡蛎壳制成的锯齿状蚌刀（Tsang 2005; Tsang and Li 2016; Li 2013）。此外，还发现了4具完整的狗骨架（图版4h）、猪骨（可能是驯养的，但有争议），以及数千粒炭化的粳稻、粟和黍（Hsieh et al. 2011: 180; Tsang et al. 2017: 9）。从骨骼来看，狗的数量实际上超过了猪（Li 2013），因此可能有些狗是作为肉食被吃掉了，就像越南南部新石器时代的情形一样（Piper et al. 2014），另外也有一些狗是作为人类的同伴随葬的。现代中国和越南仍然存在类似的人狗关系。[18]海洋鱼类和贝类在食物结构中也具有重要地位。

台湾地区的考古学家们长期以来一直在争论大坌坑文化到底是农业文化还是狩猎采集文化[19]，但南关里的发现让我坚信，至少在公元前2500年，食物生产已经是经济的重要组成部分，正如前文洪晓纯所讨论的那样。然而，台湾地区的考古学家认为南关里遗址属于大坌坑文化晚期类型，因此我们无法确切知道最早一批到达台湾岛的大坌坑人对食物生产的依赖程度。在我看来，大坌坑文化完全依赖狩猎采集是极不可能的，因为该文化具有高度的扩张性。但是，无论答案是什么，大坌坑文化都是非常重要的，因为它可能与台湾岛最早阶段的南岛社会有关。这种文化不仅明确起源于中国大陆,而且我相信它在台湾岛新石器时代的后续阶段,以及菲律宾和印度尼西亚最早新石器时代文化中也有明确的继承者。

正如洪晓纯上文所述,随着大坌坑文化的兴起,有充足的证据表明台湾岛的人口有了相当大的增长。根据刘益昌(Liu Yi-chang 2007)的研究,到公元前2000年,台北地区的遗址数量增加了20倍,遗址总面积也增加了20~30倍,单个遗址最大面积达到60公顷。台湾岛东部的数据与此类似,表明公元前三千年代是整个台湾岛人口增长很大的一个时期(Hung 2005)。大约在公元前2200年,新石器人群从台湾岛迁移到菲律宾北部,也与这一时期人口密度的增长相吻合。

这一时期同步发生的气候干冷化似乎也为迁徙提供了某些潜在的支持,特别是在长江流域,人口减少,文化衰落(Liu and Chen 2012: 246)。在台湾和福建之间的澎湖列岛,考古遗址数量在距今大约4000年时急剧下降(Tsang 1992)。这种下降可能还与台湾岛东海岸以每千年10米的惊人速度抬升相关,正如迈克·卡森在前文中所讨论的,这是东南亚有史以来速度最快的抬升之一。人们不禁会想到,严重的地表侵蚀和河流下切等环境状况的恶化,再加上台湾岛东部人口数量达到峰值,是否在引发新石器人群迁徙到菲律宾的过程中发挥了重要作用? 在这个时间深度上,因果关系很难得到证明,但此时此地,这些移民诱发因素都叠加在了一起,似乎绝非巧合。

到了公元前2200年,台湾岛各地的陶器纹饰发生了剧变,绳纹等所占比例下降,素面磨光红陶越来越流行(图7.6)。一些地方文化类型,如台北盆地的迅塘浦、东海岸的富山和潮来桥,以及西南海岸台南地区的牛稠子文化等,都清晰地显示出这一趋势(Hung 2005, 2008; Hung and Carson 2014)。公元前2200年时,潮来桥和小马洞等东南部遗址的陶器几乎都是素面陶。正是在这个时期，这种以素面磨光红陶为代表的新石器时代传统与稻作农业一起，从台湾岛经由巴丹岛进入吕宋岛，最终进一步向印度尼西亚中部和东南部迁移。因此，素面磨光红陶是识别菲律宾和印度尼西亚第一批新石器时代文化的重要线索。

新石器时代中期也出现了一些新的文化现象，如台南附近的右先方遗址（牛稠子文化时期——见图7.6b）使用了大型瓮棺葬，这是岛屿东南亚瓮棺葬传统的最古老证据，早了大约有一千年。石镰越来越多，丰田玉的使用也很流行，特别是用来制作精美的手镯。蝾螺壳打制的一体式鱼钩，以及石棒和骨钩组合而成的鱼钩，是独木舟深海捕鱼的关键设备，用于捕捞在水面游动的肉食性鱼类，如金枪鱼、马林鱼和海豚，这些遗存在台湾岛南端这一阶段的新石器时代滨海遗址都有发现（Li 1997）。据报道，澎湖列岛锁港新石器时代中期遗址（Tsang 1992）也发现了一体式骨鱼钩。

到公元前二千年代中期，磨光或不磨光的素面红陶器在台湾岛已经相当普遍，也出现少量齿形条带拍印纹，台北圆山遗址就是如此。当我第一次写作《印度—马来群岛史前史》（1985）时，我认为圆山文化对于台湾岛南部的新石器时代迁徙运动具有重要意义，因为当时几乎没有其他参考资料。圆山可能太偏北、偏西，并未在这场迁徙运动中直接发挥作用，但它的物质文化仍然为了解公元前1500年左右台湾岛的情况提供了一个很好的窗口。当时传入菲律宾群岛的圆山文化陶器，特点是圈足、鼓腹、带柄，有些装饰刻划纹和拍印纹，系红色磨光陶，没有发现绳纹陶器，卡加延河谷和岛屿东南亚东部的新石器时代分布区的早期陶器组合情况就是如此（第八章）。圆山文化的其他遗物还包括有肩有段方形石锛、石镞、凹口石锄、树皮布石拍和陶纺轮等。

近年来，在台湾岛东海岸的卑南遗址有重大考古发现，这是

246
247

247
248

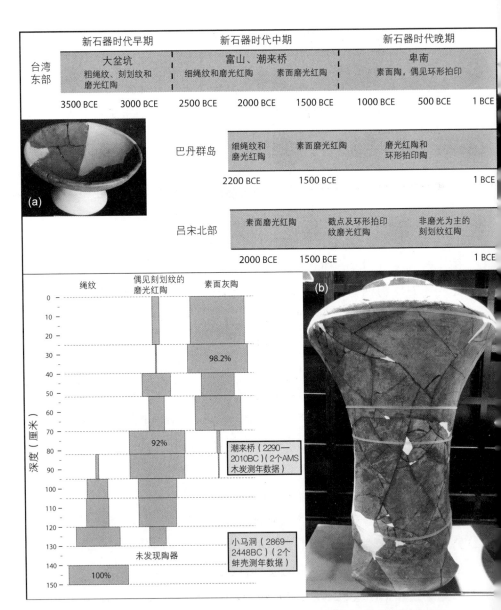

图7.6 台湾岛、巴丹群岛和吕宋岛北部新石器时代陶器序列与部分典型陶器

上图：台湾岛、巴丹群岛和吕宋岛北部公元前3500年至公元前1年的陶器序列。下图：约公元前20○年，台湾岛东南部的小马洞和潮来桥遗址，陶器从绳纹转变为磨光红陶。磨光红陶罐(a)和(b)，出自新○器时代中期台南牛稠子文化右先方遗址。陶罐b(器口直径16.5厘米)被用作瓮棺，尽管这不一定是该陶○最初的功能。陶罐a，是岛屿东南亚新石器时代非常典型的磨光红陶器器形(见图8.4)，直径24厘米。资○来源：Hung 2008。照片系作者拍摄于台东史前博物馆

一处40～80公顷的聚落（Lien 1989, 1991, 1993），与圆山文化属于同一时代。这里主要的发掘工作是配合火车站建设的结果，发现了50处房址和1 500多处墓葬，年代主要在公元前1500年至公元前800年之间，叠压在大坌坑文化地层之上。这些房屋是用木头建造的，成排分布在长方形的石径或石台上，有些石径和石台需要通过壮观的石雕"梯子"进入（图版5）。房子旁边是一排排干燥的石砌库房。室内以及房屋之间有成排的石板墓，许多墓中有多具遗骸，表明婴幼儿的死亡率很高（Lien 1991: 344）。这是一个典型的转向依靠粮食生产的高密度人口社会（Bellwood and Oxenham 2008）。

卑南墓葬出土的陶器主要是一种精美的橙色陶，有时也出红色磨光陶，没有纹饰。最常见的器形是竖向大双耳罐（类似圆山陶器）和圈足罐。另外还有陶纺锤、陶猪和陶狗，以及树皮布石拍。随葬品中还有著名的丰田玉制作的串珠、手镯、边缘呈环形凸起的耳环（即所谓的 lingling-o，在东南亚非常流行，尤其是在后来的青铜时代）、人形耳环和穿孔石镞。与一千多年前的南关里墓葬一样，大多数成年人都拔除了四颗上门齿——两侧的犬齿和第一门齿（Tsang and Li 2016: 135），而且牙齿上的污渍证明他们嚼食槟榔。

从岛屿东南亚的角度来看台湾岛史前史，最令人感兴趣的显然是公元前2000年之前的文化阶段，因为很明显，此时南岛人群已经迁徙到了菲律宾群岛北部。因此，对于探讨南岛迁徙史来说，卑南文化有些过晚，但其公元前1500～前1000年的壮观聚落揭示了当时的生活方式，朴素的陶器风格与台湾岛南部最早的陶器组合有一定的亲缘关系。考虑到石头建筑在后来南岛人殖民地的重要意义，特别是在印尼南部和大洋洲岛屿，从考古学来看，卑南遗址可以说是一座照亮了后来3 000年南岛历史的灯塔。

菲律宾群岛新石器时代

　　马来—波利尼西亚人通过印度尼西亚和大洋洲向太平洋扩散，菲律宾群岛（考古遗址分布见图7.7）对于寻找其来源具有根本的重要性。如第二章所述，菲律宾群岛是围绕许多小型内海构成的一个紧密的岛屿群，为孕育帆船、边架艇等航行技术提供了理想的环境。菲律宾群岛也是南岛人祖先从中国南部经台湾岛迁徙过程中到达的第一个真正的热带地区。菲律宾群岛能够建立起来的连续发展的新石器时代文化序列大部分来自遥远的北方，尤其是巴丹群岛和卡加延河谷。我们已经知道，台湾岛的新石器人群大约在公元前2200年左右来到这里定居，到了公元前1500～前1300年间，携带着纹饰精美的磨光红陶器的人们从菲律宾群岛出发，到达了密克罗尼西亚西部的苏拉威西岛。最重要的是，美拉尼西亚西部俾斯麦群岛的拉皮塔文化"心脏地带"，是波利尼西亚以东最初移民的源头（Valentin et al. 2016）。有趣的是，拜耶和杜夫曾经提出，波利尼西亚东部特别是新西兰毛利文化的玉饰和有段石锛，与其故乡菲律宾群岛的同类物品极为相像（Beyer 1948: 50; Duff 1970）。[20]这样的说法仍是可供海洋史前学家们讨论的有趣话题，我觉得拜耶和杜夫的看法可能有一定的合理性。

巴丹群岛

　　正如洪晓纯所说，位于台湾岛和吕宋岛之间的巴丹群岛的考古发现（Bellwood and Dizon 2005, 2008, 2013），充分揭示出菲律宾群岛新石器时代最早聚落的情况。在晴朗的日子里，从吕宋岛北部海岸可以看到巴布延群岛和巴丹群岛（反之亦然），巴

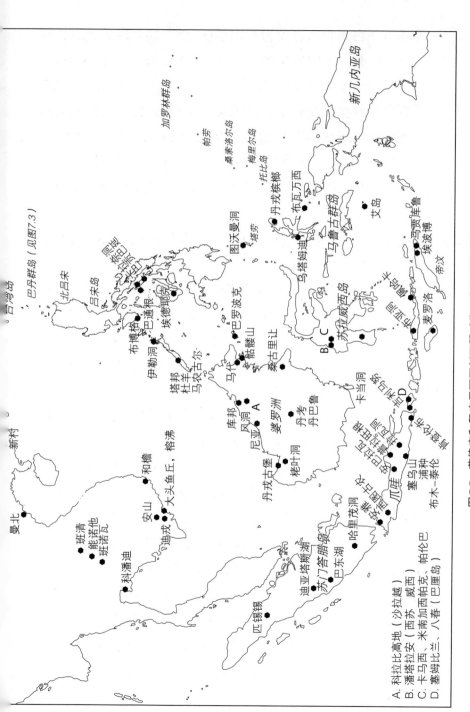

图 7.7　菲律宾和印度尼西亚新石器时代至金属时代遗址

A. 科拉比高地（沙拉越）
B. 潘塔拉安（西苏威西）
C. 卡马西、米南加西西、帕伦巴
D. 塞姆比兰、八春（巴厘岛）

布延群岛和巴丹群岛也可以互相望见，但兰屿与巴丹之间看不到。尽管巴丹岛上的伊拉亚（Mt Iraya）火山海拔高达1 000米，但这里距离兰屿150公里，实在太远了。[21]巴丹群岛位于向北流动的黑潮暖流的路径上。虽然我们研究发现，在大约公元前1200年到公元前500年之间，巴丹群岛出现了大量台湾岛产的软玉和板岩，但台湾与巴丹之间的频繁交流毫无疑问应该是双向的。还有证据表明，在过去的数千年中，双方交流的强度波动很大（Pearson 2013: 23）。

　　巴丹群岛的研究涵盖了4 000年的史前史，考古证据来自四座岛屿——巴丹、萨维迪格、伊拜雅和锡亚扬的多处遗址，发掘工作是澳大利亚国立大学和菲律宾国家博物馆在2002～2007年间合作进行的。出土遗物及其风格特征，尤其是陶器和纺轮、台湾岛的板岩和软玉，以及其他石器和蚌器，构成了建立年代框架的坚实基础，可以在更广阔的范围内去认识菲律宾群岛北部史前史以及与邻近地区的关系（图7.8、7.9）。

　　这一文化序列大约开始于距今4 000年前，最早的遗址是伊拜雅岛上的托隆根（Torongan）和雷拉努姆（Reranum）洞穴。这两处遗址都出土高沿素面磨光红陶器，有些束颈，类似的陶器口沿也见于同时期台湾岛东南部遗址，如潮来桥（公元前2200年）、富山和小马洞。雷拉努姆洞穴还出土了一些绳纹陶片，这是巴丹群岛唯一一处出土绳纹陶的遗址。我们推测，雷拉努姆的绳纹陶年代可能早到公元前2000年左右，当时绳纹陶器在新石器时代中期的台湾岛已经很罕见。很遗憾这两处洞穴没有出土动植物遗存，但存在人类定居迹象，是这些岛屿中最早的。没有发现任何考古证据表明巴丹群岛在新石器时代之前有人定居，尽管可能也有少量狩猎采集者曾经在此短暂生活过。即使有，他们在这些资源贫乏的小岛上生存也会很艰难。[22]

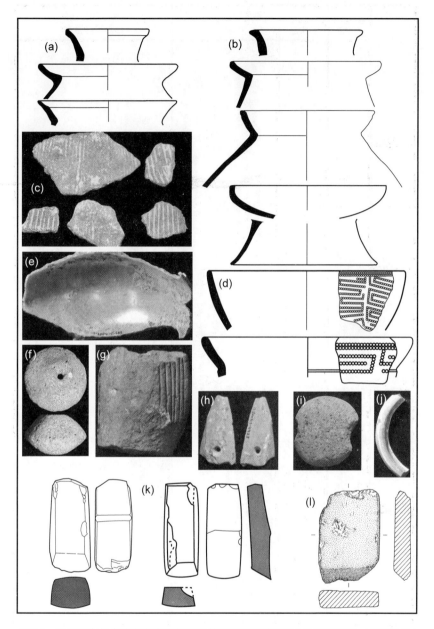

图7.8　巴丹群岛与台湾岛存在文化关系的新石器时代遗物（公元前2000～前500年）

（a）台湾岛潮来桥遗址出土素面红陶口沿（公元前2200年）。（b）雷拉努姆洞穴出土磨光红陶器（公元前2000～前1500年），有口沿和器座，口沿与潮来桥遗址类似。（c）雷拉努姆洞穴出土绳纹陶片。（d）阿纳罗遗址出土环形拍印纹饰陶片（约公元前1000年）。（e）沙坦岛萨维迪格沙丘遗址出土"蚌勺"（约公元前1000～前500年）。（f）阿纳罗遗址出土双锥形陶纺轮，直径5厘米。（g）阿纳罗遗址出土树皮布石拍残件［参见图版4（f）南关里遗址出土同类石拍］。（h）阿纳罗遗址出土穿孔板岩尖状器。（i）萨维迪格遗址出土双侧凹口石网坠。（j）萨维迪格遗址出土蚌镯残件。（k）阿纳罗遗址出土有段石锛。（l）阿纳罗遗址出土丰田玉方形石锛。来源：照片和线图均来自作者；感谢菲律宾国家博物馆

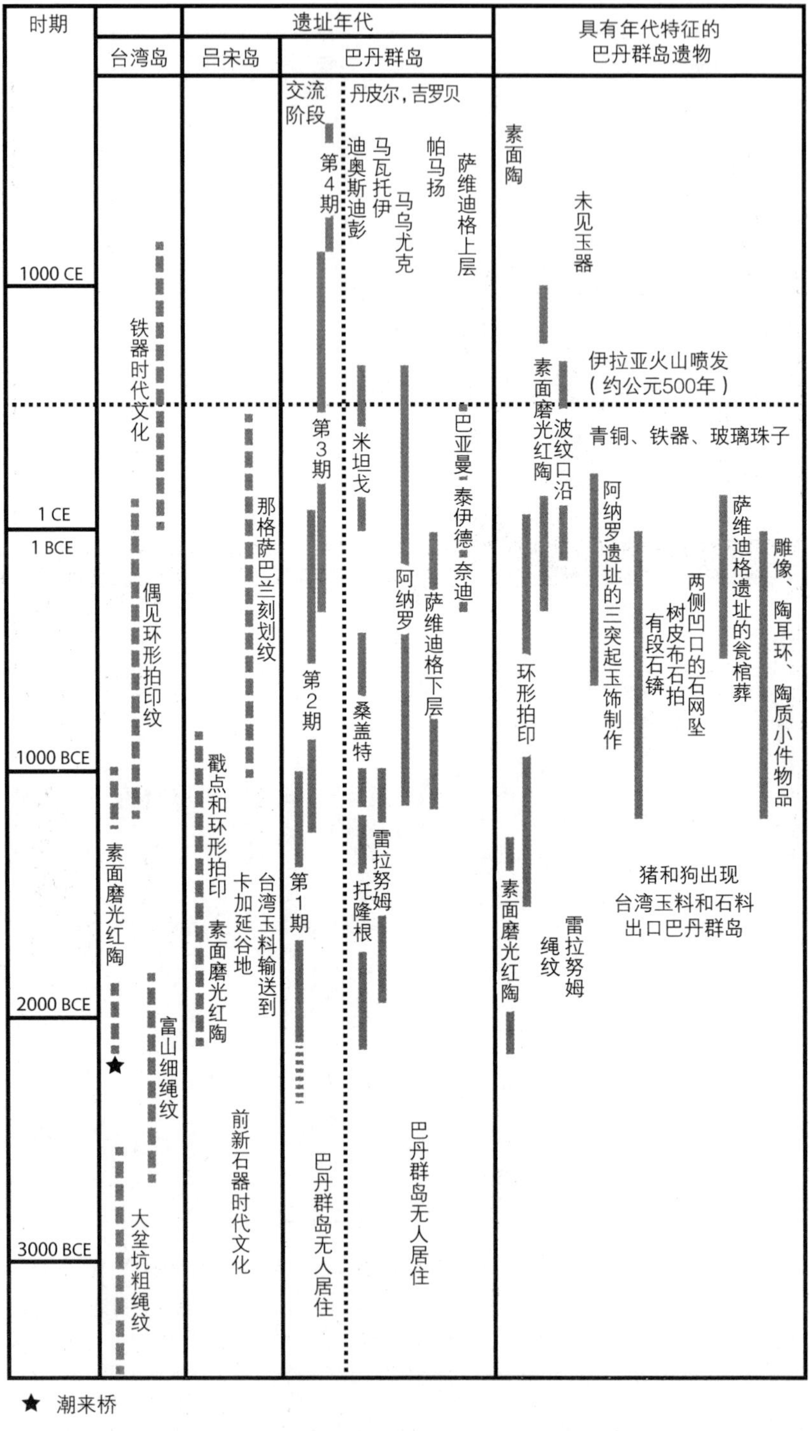

图7.9 巴丹群岛史前史的四个阶段以及巴丹诸考古遗址的放射性碳测年年表与台湾岛、吕宋岛的同时期文化

详见：Bellwood and Dizon 2013

我们关于巴丹群岛考古研究的报告（Bellwood and Dizon 2013），将巴丹群岛史前史分为四个阶段（图7.8），到17世纪末日本和英国殖民者来到这里之前结束。第一阶段，从公元前2200年到公元前1500年，以托隆根和雷拉努姆洞穴出土的素面磨光红陶为代表，文化面貌不清楚，目前也只发现了这两处洞穴遗址。第二阶段，从公元前1300年至公元前1年，可能是巴丹群岛史前史上最辉煌的阶段，主要是一些大型旷野遗址，如萨盖特遗址（Sunget，巴丹岛）、萨维迪格沙丘遗址（Savidug Dune，沙坦岛）和阿纳罗遗址（Anaro，伊拜雅岛），出土了大量遗物。巴丹群岛第二期出土文物与台湾岛的非常相似。这些遗址首次展现了明确的证据，证明台湾岛东部花莲附近丰田玉制品（特别是锛）以及台湾岛板岩制品（尤其是镞）流入了巴丹群岛。这些人工制品包括压印条带磨光红陶片、陶纺轮、侧槽砾石网坠（与台湾岛大坌坑文化类似）、打制石锄、有肩有段[23]磨光石锛（与新石器时代中期台湾岛的相似），以及贝壳手镯等其他装饰品。在这一阶段，还发现了家猪和家犬的遗骸，再次表明其与台湾岛的联系。这种联系在公元前500年后一直持续到金属时代（巴丹第三期），我们在第九章中将会看到软玉饰品的资料。从台湾岛到菲律宾群岛，再到印度尼西亚东部，新石器时代文化发展上的渐进性否定了新石器文化起源于南部华莱士地区（包括菲律宾）的任何可能。

然而，巴丹群岛陶器的纹饰图案，着重单纯使用成排的拍印纹，而非戳印纹或锯齿纹，这一点相当独特，只有台湾岛和兰屿与其有直接相似之处。这可能与巴丹文化景观的相对封闭有关。事实上，这些岛屿经常干旱缺水（Dewar 2003），这意味着水稻种植从来都不占重要地位。今天仍然如此，尽管偶尔也会种植一点夏季季风地区才有的旱稻。第一批到达的新石器时代人群很可能会迅速离开此地，进入更肥沃的吕宋岛地区，尤其是广阔且水源充足的卡加延河谷。

吕宋岛卡加延河谷

　　从巴丹群岛向南,进入吕宋岛北部广阔的卡加延河谷,这里存在一个与巴丹群岛非常相似的文化序列。最早是磨光红陶器,大多素面,与巴丹第一期类似(图7.6,7.8)。这个时期的遗存发现于马加皮特贝丘遗址的底层(尚未做科技测年,目前洪晓纯和迈克·卡森正在研究中),公元前2200年的那格萨巴兰贝丘叠压其上。在卡加延河谷中部的帕米坦(Pamittan)和安达拉扬有一些旷野遗址。洞穴遗址存在于河谷中部的马班戈(Mabangog),以及图古加劳(Tuguegarao)附近佩尼亚布兰卡(Peñablanca)岩溶地带的拉贝尔(Rabel)、阿尔库(Arku)、劳伦特(Laurente)和穆桑(Musang)。所有这些遗址的年代都在公元前二千年代早期(Hung et al. 2011; Ogawa 2002)。阿尔芒·米贾雷斯(Armand Mijares, 2007)认为,洞穴中的陶器来自新石器人群的聚落,旧石器时代晚期狩猎采集人群一直居住在这些洞穴中,并延续到新石器时代。

　　阿尔库洞穴中的墓葬出土了包括素面磨光红陶器在内的一系列随葬品,这些器物形制特征与台湾岛和巴丹群岛的出土物非常相似。其中包括蚌珠和蚌镯、陶质或石质的耳环(其中有两件系用台湾岛软玉制作,可能来自卑南),一件树皮布石拍,半锥形或双锥形陶纺轮,带倒钩的骨镞,两把骨制或鹿角文身刀,和巴丹群岛一样的梯形石锛(Thiel 1986-1987)。阿尔库洞穴的墓葬保存很差,有一次葬,也有二次葬,还有瓮棺葬,有些撒有赭石。遗物的年代不是很早,当在公元前两千年之后,但重要的是,它与台湾岛东南部和巴丹群岛公元前1500年至公元前1年的考古材料有许多惊人的相似之处。此外,在那格萨巴兰的底部沉积层中还发现了两件台湾岛软玉手镯残片,属于新石器时代中期。

卡加延河口有许多双壳贝（Batissa childreni）堆积而成的大型贝丘，如马加皮特和那格萨巴兰遗址，数量超过30个，有的高达5米。公元前1500年后，这些遗址中出现了一些典型陶器，纹饰与同时期巴丹第二阶段极其相似，但添加了平行的戳印（圆形和尖形）或齿状（矩形）小孔组成的刻划条带图案（图版6）。吕宋岛这种纹饰的陶器目前很难精确断代，但马加皮特、伊里加延和那格萨巴兰的一系列碳十四测年结果将其置于公元前1500～前1000年之间。[24]马加皮特和那格萨巴兰的后续研究有望解决这一问题。

搞清楚这个确切年代真的非常重要，因为这种纹饰的磨光红陶器明显代表了马里亚纳群岛移民的最早源头（约公元前1500年），后来越过先前有人居住的所罗门群岛，进入了美拉尼西亚（公元前1300年）和西波利尼西亚（公元前900年）的拉皮塔文化区。因此，寻找这些移民的来源，包括查莫罗人和波利尼西亚人在文化和人种上的祖先，并不是一个小问题。毫无疑问，这种风格的陶器在公元前二千年代早期在吕宋发展到了顶峰，并从那里传播到苏拉威西岛、婆罗洲、马里亚纳群岛和俾斯麦群岛（图版7）。然而，吕宋岛不一定是它的最初起源地。在台湾岛的一些新石器时代遗址（例如南关里、卑南和圆山），以及如菲奥雷拉·雷斯伯里（Rispoli 2007）对长江中游新石器时代考古遗存（如大溪文化）的研究中，类似的戳点和齿状拍印纹已经以简单的形式出现了。上文中洪晓纯提到，它还以简单的形式出现在近来在亮岛出土的一些陶器上，年代可以追溯到公元前5500年。

事实上，这种纹饰风格的最初源头相当模糊。公元前1500年，它在卡加延河谷占据主导地位的真正意义，并不是说它可以追溯到中国大陆或台湾岛的某些具体来源，而是体现了这是马来—波利尼西亚人最重要的早期迁徙之一，并最终到达了大洋洲的波利尼西亚和密克罗尼西亚。

卡加延之外菲律宾群岛其他地区

总的来说，除了巴丹群岛和卡加延河谷之外，近年来发现的菲律宾群岛新石器时代的资料很有限。这可能反映了上文中迈克·卡森的看法，菲律宾群岛的新石器时代旷野遗址已经被大海淹没在全新世中期陡峭的海岸之下（Bellwood et al. 2008）。这类遗址短期内不太可能被找到，因为常规的地面采集和钻探方法对它们无效。希望有一天这种情况会改变。目前菲律宾和印度尼西亚都没有国家资助的抢救性考古项目，无法在基建施工时开展考古工作。

卡加延山谷中有如此多的新石器时代旷野遗址得以幸存的原因是，这些遗址属于高大的贝丘堆积。卡加延河下游的河口贝类资源特别丰富，尤其是与菲律宾群岛其他地方较小的河流和小溪相比更为突出，因此可能会吸引大量的贝类在此繁殖。虽然最近对菲律宾群岛的一些洞穴进行了发掘，如巴拉望的伊勒（Ille）和卡加延的卡亚俄（Callao），但发现物主要体现了旧石器时代背景。虽然存在新石器时代丰富堆积的旷野遗址很少，但已经足够清楚地表明，以素面红色磨光陶器为特征的新石器时代文化在公元前二千年代中期扩展到了卡加延地区以外，最终到达苏拉威西岛、婆罗洲东部和印度尼西亚东南部。

在卡加延以外菲律宾群岛其他地方，这一早期素面陶文化有多处发现，如马斯巴特（Masbate）的巴贡巴延（Bagumbayan）、内格罗斯（Negros）的埃德耶克（Edjek）和苏禄（Sulu）的巴洛波克洞穴（Balobok Cave）等（关于这些遗址的资料见 Bellwood 2007: 223）。然而，最有趣的遗址可能在吕宋岛东岸，沃伦·彼得森（Warren Peterson 1974）在伊莎贝拉省帕拉南湾（Palanan Bay）的迪莫利特

（Dimolit）发掘了一处旷野遗址。这里的下部地层年代可能在公元前2000年至公元前1500年之间（碳十四测年数据有些混乱），是岛屿东南亚新石器时代考古的首次发现。此处发现了两座方形房址，根据柱洞判断，边长为3×3米，每栋房屋都有两道墙，外墙柱洞排在一圈沟槽中（见Bellwood 2007：图7.6）。迪莫利特陶器是素面磨光红陶，与巴丹I期和卡加延河谷新石器时代早期陶器类似，器物有鼓腹或折腹的罐和盘，有些带镂孔圈足。不幸的是，最近这一地区社会动荡，阻碍了考古学家的进一步发掘。

很早以前索尔海姆（Solheim 1968）也报道过，在菲律宾中部255
256马斯巴特岛的巴通根山（Batungan Mountain）洞穴墓葬中发现了与卡加延贝丘遗址纹饰相似的陶器，该墓葬已经被扰乱，年代不明。出土物是磨光红陶片，器形为折腹罐，纹饰包括刻划、齿形拍印和圆形拍印，与卡加延的陶器非常相似。另一个更神秘的发现是在巴拉望岛的杜羊洞（Duyong Cave），洞中有一座俯身屈肢葬，男性，随葬品包括一把方形石锛、四把砗磲（*Tridacna*）制作的蚌锛（最大的一个如图5.6所示）、两个芋螺（*Conus*）耳盘、一个芋螺胸坠（Fox 1970: 63；参见Bellwood 2007：图7.10），和六个舟蚶（*Anadara*）贝壳。舟蚶可能是盛放咀嚼槟榔石灰的容器，因为这具人骨的牙齿上有槟榔污渍（Fox 1970）。这种墓葬很不常见，没有出土陶器，也没有绝对年代，当然最早可以追溯到旧石器时代晚期的贝丘遗址，大约公元前4300年。鉴于在菲律宾群岛、摩鹿加群岛北部和阿德默勒尔蒂群岛（Admiralty Islands）（见第五章）等地新石器时代之前的环境中也发现了砗磲蚌锛。人们不禁会猜想，这座墓葬是否属于一个狩猎采集者？他既使用自己制作的蚌锛，还从附近的新石器社群那里得到了一把方形磨制石锛。

罗伯特·福克斯（Robert Fox 1970）20世纪60年代对塔邦洞穴群（Tabon Caves）进行了大规模发掘，出土了大量陶器，但这些材料从未被全面整理过，因此无法判断其文化性质。这些洞穴中确实有一些绳纹陶器（Fox 1970: 83），但尚不清楚它是属于新石器时代还是金属时代。正如我们下面将在第八章中看到的，婆罗洲西部尼亚洞（Niah）和梣叶洞（Gua Sireh）在新石器时代之初显然已经出现绳纹陶器，但婆罗洲东部和苏拉威西岛直到金属时代才明确出现了绳纹陶器（Bellwood 1988; Anggraeni 2016）。

关于中国南部、台湾岛和菲律宾群岛新石器时代的认识

在这一章中，我们回顾了从中国狩猎采集环境中原生出的农业起源，随后农业人群在公元前3500年左右通过中国南部进入台湾岛，并在公元前2200年左右进入菲律宾群岛。南岛人今天广泛分布在广阔的地球上，从马达加斯加直到复活节岛，而这里就是迁徙发轫之地。在上文所讨论的地区，毫无疑问，新石器时代始于具有亚洲颅骨特征的移民的出现，他们带来了农业和家畜饲养的知识，以及一系列新的技艺，从磨光红陶到磨光石锛，以及用来纺织的纺轮。他们还带来了独木舟制作和海洋航行方面的先进知识。我们从生物人类学（包括遗传学）、比较语言学和考古学中了解到了这一切。

₂₅₆
₂₅₇

从人骨和考古资料中也可以清晰地看出，这些人不是该地区的第一批殖民者。具有澳洲—巴布亚人颅骨特征的狩猎采集者在他们之前已有数万年的居住历史，可以追溯到5万多年前现代智人的初现时期。到公元前2000年左右或之后不久，新石器时代人群到来时，这些古老的人种在生物学和语言学方面已经有了根本性的分化。在生物学方面，一些人（以尼亚洞穴居住者的头骨为代表——见第四章注释5）似乎与现代尼格利陀人相似，而另一些

人则更像澳大利亚和新几内亚的近现代土著。

关于旧石器时代的语言,我们知之甚少,但也无法断定在南岛人到来之前该地区的所有语言都是新几内亚的巴布亚语。一旦南岛语／马来—波利尼西亚语开始在该地区传播,土著语言必然会大面积灭绝。当然,这个过程可能会经历相当长的一段时间。今天,在印度尼西亚的偏远地区,印尼语正在取代小范围内存在的巴布亚语和马来—波利尼西亚语,实际上也是这一过程的延续。

菲律宾群岛许多地区生活着尼格利陀人,这一点很有意思,因为这表明他们在全新世早期的人口数量超过赤道森林覆盖的婆罗洲内陆地区,那里现在已经没有尼格利陀人的踪影。尼格利陀人在菲律宾群岛的存在确实表明,南岛扩张并不是彻底消灭土著居民,而是不同程度的混合或渗透。南岛人之前的狩猎采集者,通过基因混合,在包括菲律宾群岛在内的当代岛屿东南亚民族和文化中留下了清晰的印记,即使他们已经完全采用了马来—波利尼西亚语。但相比而言,他们的贡献在印度尼西亚南部和东部以及新几内亚周边地区更为突出,下一章我们将讨论这些区域。

注释

1. Bellwood 2005, 2013; Bellwood 2009; Bellwood 2015.

2. 例如,Bellwood 2011a, 2011b; Bellwood et al. 2011; Bellwood 待刊a,待刊b。

3. 例如,Sauer 1952; Barker and Janowski 2011; Barker 2013; Denham 2013。

4. 我与同事蒂姆·德纳姆(Tim Denham,澳大利亚国立大学)、艾莉森·韦斯科普夫(Alison Weisskopf,伦敦大学学院)和艾莉森·克劳瑟(Alison Crowther,昆士兰大学)在岛屿东南亚的洞穴和旷野遗址进行了多年的发掘工作,利用土壤样本对植硅体和淀粉粒进行了研究。结果尚未公布。

5. 语言学家安托瓦内特·沙珀(Antoinete Schapper, 2015)认为,在马来—波利尼西亚人抵达之前,华莱士地区就有海上农业人群。但她使用的考古证据极为薄弱。然而，华莱士东部和南部地区许多以前讲巴布亚语的人群可能转而采用了马来—波利尼西亚语，这一点并无争议，而且这些岛屿上广泛使用巴布亚语"*muku*"表达"香蕉（banana）"的语言学证据也是确凿无疑的。

6. Hutterer 1976; Sather 1995; Denham 2011.

7. 全球各大洲的粮食生产全部来自某个单一源头的观点已经得不到任何支持。

8. Fuller and Qin 2009; Crawford 2011; Weisskopf, Harvey et al. 2015.

9. Zhang and Hung 2013; Deng et al. 2015 关于贾湖遗址的研究；Zheng et al. 2016 关于上山文化的研究。

10. 中国中部粮食生产的发展造成的人口数量的增加，是可以根据聚落遗址的数量及其面积的历时变化计算出来的。李小强等人（Li 2009）整理了中国中部 11 000 多处考古遗址的数据，表明在公元前 5000 ~ 前 2000 年之间，长江下游地区的人口增长了 10 倍。张弛和洪晓纯（Zhang and Hung 2008）提到，湖南洞庭湖区（长江中游）的遗址，从彭头山文化（公元前 6000 年）的 22 处，到屈家岭—石家河文化时期（公元前 3000 年）增加到 200 处，包括一些非常大的遗址；这表明增长幅度远超过了 10 倍。根据聚落面积，乔玉（Qiao 2007）估计，面积为 219 平方公里的河南伊洛河地区，在裴李岗文化（公元前 6000 年）和二里头文化（公元前 2000 年）之间，人口增长了 50 倍，裴李岗遗址的总人口估计为 217 人，二里头遗址的总人口估计为 10 000 多人。诚然，最后一项研究的对象是黄河流域，而不是长江流域，但研究结果表明，东亚一直是文化和人口增长的源泉，持续影响着亚洲和太平洋其他地区的人类史前史。

11. Chekiang 1978; Hemudu 2003; Li and Sun 2009; Nakamura 2013.

12. Fuller et al. 2010; Zhang and Hung 2008, 2010, 2015; Cohen 2014; Silva et al. 2015.

13. Ko et al. 2014; Zhang and Hung 2008, 2010, 2015.

14. 在贾雷德·戴蒙德（Jared Diamond 1988）专门就西太平洋的拉皮塔文化发表一篇文章之后，批评者经常错误地将南岛语族"走出台湾"说称为"特快列车"假说。然而，讲南岛语的人群从台湾岛迁徙到新西兰用了 3 000 多年的时间，即从公元前 2000 年到公元 1250 年。尽管拉皮塔文化扩张的速度明显加快，但它并非这趟列车的全程，戴蒙德本人也从来不赞同这种解读。

15. 菲利普·派珀(Philip Piper,个人交流)曾表示,这些"蚌勺"实际上可能代表着亡灵之船,其艺术化的柄部与巴拉望岛马农古尔遗址(Manunggul)瓮棺葬陶罐上描绘的船尾部相同(Fox 1970:卷首插图)。

16. 这种情况值得一提,因为在台湾岛西部沿海平原南关里地表7米以下的浸水层发现两处遗址之前,由于几乎缺乏任何植物考古证据,人们普遍认为大坌坑文化不是农业文化。

17. 在台湾岛东部的大坌坑文化分布区,也发现有石棺葬(Hung and Carson 2014: 1126)。

18. 吕宋岛北部的那格萨巴兰新石器时代遗址也发现一具完整的狗骨架。

19. Chang 1981; Hung and Carson 2014; Jiao 2015.

20. 也见贝尔伍德和希斯科克(Bellwood and Hiscock 2013: 287)的论述,菲律宾铁器时代和新西兰毛利人的软玉耳坠有一些惊人的相似之处。

21. 与杰弗里·欧文(Geoffrey Irwin)的个人交流,他是古代航海研究方面的权威。

22. 在巴丹岛迪奥斯迪彭洞穴(Diosdipun Cave)发现一具蹲踞葬人骨,目前正在进行年代测定和古DNA测试(Bellwood and Dizon 2013: 43-44)。年代可能在新石器时代之前。

23. 早在公元前4500年,在长江流域的河姆渡遗址就出现了有段石锛。参见图版3h。

24. Aoyagi et al. 1993; Ronquillo and Ogawa 2000, 2002; Ogawa 2002; Hung et al. 2011; Carson et al. 2013.

第八章　东马来西亚和印度尼西亚的新石器时代

从菲律宾向南,在印度尼西亚和东马来西亚一些遗址中发现了公元前二千年代中后期新石器文化扩张的考古迹象。赤道一带的旷野遗址保护状况相对较差,尤其是在华莱士群岛,海岸陡峭,侵蚀严重,常常被后期冲积掩埋,这意味着只能在偏远的石灰岩和珊瑚洞穴中才能找到人类遗迹。许多发掘过的洞穴遗址,如砂拉越州的尼亚洞穴群(Niah Caves),都位于人口密度低、农业潜力差的地区,因此,许多洞穴的居住者可能一直都是狩猎采集者而非农人。事实上,尼亚洞传统上就是普南人的栖身之所,他们是狩猎采集者和鸟巢搜寻者,洞穴中发现的许多新石器时代和早期金属时代遗物可能来自他们外地的食物生产者姻亲。与台湾岛或卡加延河谷规模相当的低地开阔地带,遗址可能埋得太深,只有大型工程机械设备才能将其挖掘出来。当然也不排除个别比较难得的案例,比如苏拉威西岛内陆的卡伦邦(Kalumpang)遗址群。

印度尼西亚和东马来西亚的陶器传统表明,从菲律宾向南的新石器迁徙运动,至少存在两支文化流。在这方面,考古证据与白乐思在第六章中提出的语言证据一致,表明从婆罗洲北部开始,新石器文化流分为东西两支。东面的一支,主要携带素面磨光红陶,对水稻的依赖逐渐减少,扩散到了婆罗洲东部(沙巴和东加里曼丹)、苏拉威西岛、爪哇东部和摩鹿加群岛北部。由于缺乏足够丰富的新石器时代遗存资料,努沙登加拉和帝汶的情况仍然不清楚。

西面的一支，经过了巴拉望和砂拉越，人们对它的了解更少，只知道它将绳纹和拍印纹陶器带到了婆罗洲西部、苏门答腊和爪哇西部，少见素面磨光红陶器。在语言上，西支移民流在早期金属时代从婆罗洲继续前进，产生了马来半岛的马来语人群和越南中部的占语人群，他们在中南半岛打下了自己的地盘，原本这里居住着南亚语系新石器时代人群，后者至少从公元前2000年起就出现在这里了。南岛人群向大陆东南亚迁徙的考古资料现在还不清楚，似乎与青铜和铁的使用有关，因此将放在第九章进行讨论。

　　有趣的是，确定来自台湾岛的物品，例如丰田玉制作的工具和装饰品，以及台湾风格的其他器物，如纺轮、钻孔板岩石镞、凹口砾石网坠、有段石锛等，在新石器时代并没有传播到巴丹群岛和吕宋岛以外的东南亚岛屿。台湾文化特征向南逐渐消失，这一点表明，走出台湾岛的新石器时代早期移民并不与他们的故乡保持经常性联系——这与以前许多关于"生命线（lifelines）"的假说正好相反。移民们的主要精力可能都用在了不断寻找新的资源上，尽可能迁移到新的岛屿或景观中去。

　　这种"拓殖（foundership）"趋势，以及随之而来的文化丧失和创新，在大洋洲表现得非常明显（Bellwood 1996），那里水稻和粟的种植从未得到传播，制陶和纺织技术最终在波利尼西亚完全消失。至少根据语言学证据可以判断，台湾岛以外的创新包括边架艇和双体独木舟。考古学和民族志告诉我们，殖民时代之前的波利尼西亚人，经历了多种社会形态，从平等部落直到原始国家。在印度尼西亚东部和美拉尼西亚的热带地区，经济形态也出现了从水稻向本地果树和块茎作物的转变，如香蕉、椰子、面包果、芋头和山药。在走向大洋洲的路上放弃谷物，可能是因为赤道气候常年潮湿，不适宜稻作，并且习惯了新几内亚果树栽培和块茎园艺的巴布亚食物生产者对种植谷物明显缺乏兴趣（Barton and Denham

2016)。即使在今天,印尼赤道地区的水稻种植也不发达。[1]

事实上,岛屿东南亚新石器时代考古最引人注意的一个方面是,没有发现集中分布的大型土丘遗址。这种聚落往往是由河滨的水稻种植人群形成的,在泰国东北部和越南很常见(Bellwood 2015)。我怀疑,这反映了在新石器时代早期的菲律宾和印度尼西亚,土地利用不是一种长期稳定的行为,当时的农业应该是依靠轮种,并且放弃了水稻种植。大陆东南亚的新石器时代大型聚落通常靠近大河河边和河口,那里广泛分布着冲积地带,稻田灌溉和筑堤都很方便(印尼语将稻田称之为sawah),而在岛屿东南亚大部分地方,尤其是华莱士群岛,海岸陡峭,洪水频发,很难进行水稻种植。这支持了这样一种观点——在岛屿东南亚,梯田稻作是直到金属时代早期甚至更晚才广泛出现的。

现在,在讨论东马来西亚和印度尼西亚的考古资料时,结合下文对于文化内涵的描述,我必须强调,在岛屿东南亚任何地方都不可能将新石器时代和早期金属时代截然分开。从社会或人群的现实出发,这两个时期都不可分割。对于在岛屿东南亚开展工作的考古学家来说,这两个名词只是提供了一种记录方式,以描述考古资料的历时变化,这两个时期的分界点在公元前500年左右。目前,岛屿东南亚出土青铜斧和镯(或其他种类的金属制品)最早的年代数据来自苏门答腊南部哈里茂洞(Gua Harimau),此遗址出土人骨的测年表明,其年代在公元前650年至公元前350年之间(Simanjuntak 2016)。有人推测,这些物品来自大陆东南亚的西马来西亚、泰国或越南。

在中国和大陆东南亚部分地区,公元前1500~前1000年之间青铜时代的到来,与精英阶层出现并掌握社会权力有关,尤其是在中国中部的商朝(公元前第二个千年晚期)。公元前500年之后进入铁器时代,这些地区的人口密度和遗址规模增加更快,对于所有致力于森林砍伐、农业生产和国家战争的人们来说,铁器是一种非常强大的金属工具。罗马人和汉朝人都很清楚这一点。但到目前为止,我们还没有充足的证据表明,在岛屿东南亚,青铜器或铁器的到来造成了类似的社会剧变,至少我们不能脱离该地区与权力和意识形态轴心地区交流的背景来谈这一点。从公元前200年左右开始,岛屿东南亚就与印度有了密切的联系。如果岛屿东南亚本土确实产生了与大陆东南亚不同的冶金术(这个问题我们将在第九章进一步讨论),那么也许在印度早期金属时代之前,这里已经兴起了某些类似波利尼西亚那样的血缘等级制度,但在找到确凿证据之前,我们还难下定论。

因此,在岛屿东南亚,新石器时代和早期金属时代是一个连续一体的文化发展序列。在我看来,现代岛屿东南亚的人类景观,包括土著人种、土著语言和土著宗教与文化(不是外来的印度教、伊斯兰教和基督教),其根本基础都是在新石器时代奠定的,到了公元前500年就已经完全形成。公元前500年后的早期金属时代是一个有趣的时期,南岛人进一步向越南、马来半岛和马达加斯加迁徙,无疑进一步加强了人群融合以及贸易和交流。从那以后的历史时期、殖民时期和独立时期也大致如此。回首过去,岛屿东南亚的人口地理面貌,没有一个时期像新石器时代那样发生了如此巨大的变化。

新石器时代扩散的西部移民流: 砂拉越及周边地区

下面,我将继续讨论第五章中谈到的尼亚洞考古发现,介绍岛屿东南亚的新石器时代西部移民流。尼亚洞穴群最初的发掘者是汤姆·哈里森(Tom Harrisson)(Harrisson 1970:表6),他根据尼亚洞出土的新石器时代"方形石锛（quadrangular adze）"，推测其年代在公元前2500年左右。这种方形石锛出自新石器时代和早期金属时代的墓地，但该墓地的发掘资料无法建立起可供比较的文化发展序列（B. Harrisson 1967）。最近，英国和马来西亚也在尼亚洞开展工作（Barker 2013），但他们的研究集中于较早期的更新世和早全新世地层，因此这个问题仍然没有解决。然而，尼亚洞穴群的不少墓葬已经做了碳十四测年，有些类型的陶片可以通过与墓葬资料的对比进行断代（Lloyd Smith, 2013; Cole 待刊），也可以通过与砂拉越和文莱等地已经测年的遗址出土物进行类型学对比确定年代。

一份很短的原始考古简报（Solheim et al. 1959）描述了尼亚洞穴群出土的各类陶器，大多数可能出自墓葬。

1. 绳纹和篮纹陶器［见图版8c～e，出自梇叶洞（Gua Sireh）］，鼓腹，折腰，敞口，少数底座上有镂孔。2005年，我观察了存放在古晋砂拉越博物馆的尼亚洞出土陶片，结果令我相信，这些非几何拍印纹陶片中有一些可能源于新石器时代。尽管这种纹饰风格一直延续到青铜时代早期，正如风洞（Lubang Angin）遗址的发现。但在砂拉越西部的梇叶洞，这种类型的陶器显然是在公元前第二千年或者更早就开始使用了（下文还会讨论风洞和梇叶洞）。

2. "三色陶器"，上有刻划和拍印的蜿蜒和涡卷形红色或黑色纹饰（图版8a、b）。这种类型的陶罐，以及双流无桥联水罐（图8a），从风洞遗址墓葬证据来看，可以追溯到公元前一千年晚期，因此其年代范围集中在早期金属时代，尼亚洞穴的这种陶器估计也是如此。

3. 文莱库邦（Kupang）遗址出土另外一种类型的双流罐，两个流之间有桥联，年代在公元700～1500年（图9.8a; Bellwood and Omar 1980）。库邦遗址的这种陶器，纹饰风格为几何刻划拍印，被称为"丹戎古堡（Tanjong Kubor）陶器"，根据砂拉越西部一处典型遗址丹戎古堡命名（Solheim 1965）。这种陶器也出现在尼亚，并贯穿栳叶洞遗址的整个发展过程。毫无疑问，它属于早期金属时代甚至更晚，我们将在第九章详细描述。它的制作仍然是使用刻划纹木板拍印，和进口的中国陶瓷共出，直到现在，伊班族（Iban）和马来半岛的马来族仍然掌握这种制陶工艺。[2]

　　上面的分类描述表明，尼亚洞穴群出土陶器中可能只有绳纹和篮纹陶属于新石器时代，其余都是早期金属时代。在印度尼西亚东部新石器时代移民流中占主导地位的素面磨光红陶器，在尼亚洞、风洞或栳叶洞都很少出土，只是偶尔发现陶片。但是，这里仍然有很多问题不清楚，我们需要进一步考察尼亚洞的新石器时代墓葬资料。

　　汤姆和芭芭拉·哈里森过去在尼亚洞西口（the West Mouth）发掘了大约145座新石器时代至早期金属时代的墓葬，史密斯最近对其重新做了研究（Lindsey Lloyd Smith 2013）。这些墓葬的年代大多在公元前1500年至公元200年之间［但据科尔（Cole）的未刊论文，尼亚其他洞穴的年代只有公元前800年至前200年］，尽管尼亚洞穴的碳十四年代数据确实有少数最早达到了距今2 000年（表5.1）。这表明，有些洞穴一直使用到了民族志时代，中国外销瓷残片和丹戎古堡刻划拍印纹陶器的存在也暗示出这一点。尼亚新石器时代和早期金属时代的墓葬之前是旧石器时代的墓葬。这期间，洞穴的使用中断了4 000多年。

270
271

　　尼亚洞西口最早的新石器时代墓葬似乎是屈肢葬，后来的葬式以仰身直肢葬为主，有些是带盖的木棺[3]，有些使用竹棺，有些用织物包裹尸体。根据劳埃德·史密斯的观点，这里的仰身直肢葬始于公元前1300年左右。大约从公元前1000年起，出现了瓮棺葬,不久之后又出现了火葬。事实上,在尼亚,瓮棺葬一直延续到很晚,因为有些瓮棺使用的是宋朝、元朝或明朝的中国外销瓷器。其中一些瓮棺葬瓷器顶部被破开,放入骨骸,然后再将瓷器重新拼合在一起,就像更早时期巴丹群岛沙坦岛萨维迪格沙丘遗址和巴厘岛北部八春(Pacung)地区早期金属时代的瓮棺葬陶罐一样。尼亚有几座墓葬没有发现头骨。墓中发现赭石粉,将泥土和骨头染成红色,随葬品还有藤篓和棕榈纤维织物(Cameron,待刊),露兜树叶垫子,苎麻绳,木头、竹子或树叶制成的枕头,一个方形石锛,三色陶器残片,两个骨环和一个木质盘形耳塞。一些年代较晚的墓葬中有玻璃珠、纺织品和金属制品残片。

最近,弗兰卡·科尔(Franca Cole,待刊)根据西口之外的小型墓葬遗物重建了尼亚洞穴群的陶器序列。她将双流无桥联陶罐和高沿鼓腹折腰陶罐置于"早期"阶段(公元前800年至公元前200年)。这与我上面建立的序列大体一致。她所谓的中期阶段一直延续到早期金属时代,典型器物是三色陶器和双流桥联罐。最后是晚期阶段,使用公元1300年以后的中国外销瓷。

尼亚洞穴群的墓葬很有意思,因为洞穴里面并没有新石器人群的居住迹象,只发现了墓葬。西口似乎在公元前200年至公元前900/1000年之间不存在任何人类活动。然而,有14座尼亚墓葬出土的陶器上有稻谷印痕(Doherty et al. 2000),表明这些死者至少对水稻种植有一些了解。对牙釉质进行锶和铅稳定同位素分析表明,许多墓主人并不生活在尼亚一带(Valentine et al. 2008),他们是死后被带到洞穴埋葬的。可能是用烘干或烟熏的方法处理尸体(一些遗骸显示出火烧的迹象),并用棺材或垫子包裹起来运到苏比斯山(Gunung Subis),最终将其埋葬。

因此可以说,这些陶器可能不是尼亚本地生产的陶器。这并不奇怪,因为考虑到该地区的茂密森林和沼泽地形,在新石器时代,尼亚一带不太可能种植水稻。对骨骼的碳同位素研究还表明,死者生前生活在相当开阔的景观中,可能是为了发展农业而清除掉了森林(Krigbaum 2003, 2005)。但仅仅根据稳定同位素证据无法判断这些景观的具体位置,稳定同位素只是反映了地下水所含化学物质的细微差异。瓦伦丁等学者(Valentine et al. 2008: 1471)将尼亚墓地的资料总结如下:"西口似乎是新石器时代丧葬活动的中心,运送人类遗骸以及新石器时代各类人群来到此地可能需要走很远的路程。"

所以说,尼亚洞至今仍是一个未解之谜。就像当时其他许多东南亚洞穴一样,它们可能是新石器时代和早期金属时代人群的圣域,主要用来与死者和掌管来世的神灵进行交流。1989年在穆鲁山(Gunung Mulu)国家公园风洞遗址(尼亚东南约160公里,距海90公里: Ipoi 1993; Ipoi and Bellwood 1991)进行的发掘揭示出类似的现象,在洞穴底层发现了很浅的墓穴,是用树皮布裹尸的直肢葬。这里的随葬品似乎放置在死者身体上面,以至于和遗骸混杂在一起。而且像尼亚洞一样,该遗址没有在新石器时代或早期金属时代居住的迹象。风洞遗址的陶器与尼亚陶器(图版8a、b)大部分相同,包括绳纹和刻划拍印纹陶器、无桥联双流陶器,以及装饰红色、黑色(第三种颜色是陶器本身的颜色)的大型三色折腹陶罐。风洞遗址的放射性碳十四年代介于大约公元前600年至公元前500年之间,因为在该遗址也发现了玻璃珠和铁刀,所以很明显,该遗迹的年代属于早期金属时代。

尼亚洞和风洞的三色陶器与沙巴岛其他新石器时代晚期和金属时代早期遗址出土陶器相似,与菲律宾出土陶器更为接近,巴拉望岛马农古尔A洞(Manunggul cave A)就有出土,推测为公元前一千年(Fox 1970:卷首插图)。类似的陶片在巴拉望北部的伊勒(Ille)洞穴也有发现。[4]与尼亚的三色陶器一样,马农古尔陶器也有复杂的刻划曲线纹饰，刻槽内是点状填充物。这种三色纹饰还见于沙巴东部骷髅山（Bukit Tengkorak）遗址上层出土陶器，年代可追溯到公元前300年（见下文）。很有意义的是，位于内陆的穆鲁山出土的这件三色陶器，可能反映了南岛人从沿海向内陆的扩张。维达·库斯马托诺（Vida Kusmartono）近期在澳大利亚国立大学进行的博士学位论文研究表明，新石器时代文化在公元前1000年到达了位于婆罗洲中心的卡普亚斯河（Kapuas）上游地区，但不清楚该文化来自哪里。水稻种植也在至少公元200年到达了砂拉越内陆的科拉比高地（the Kelabit Highlands）（Jones et al. 2013），同时还伴随着对棕榈的利用。但对于这方面的了解，数据来自古河道泥芯取样，而不是考古资料。

到目前为止，尼亚洞和风洞的遗存都无法确定是不是真正代表了砂拉越的新石器时代。一些带有绳纹和篮纹的陶器似乎有早期的"感觉（feel）"，根据劳埃德和史密斯（Lloyd-Smith）建立的年代框架，至少尼亚西口遗址有些墓葬可以追溯到公元前1300年左右，然而缺乏清晰的陶器序列证据。这里的新石器时代显然缺乏婆罗洲东部移民流中占主导地位的素面磨光红陶，那么，它的性质到底是什么呢？

想要回答这个问题，我们必须考察岛屿东南亚文化面貌最为模糊的新石器时代遗址之一——栳叶洞（Gua Sireh）。该洞穴位于砂拉越西部的纳姆比（Gunung Nambi）石灰岩山区，在古晋东南约55公里处。洞穴两侧是平坦的冲积地带，今天是稻田，可能从新石器时代就已经开始种稻了。该遗址最早由哈里森和索尔海姆（Harrisson and Solheim）于1959年发掘，然后由祖莱纳·马吉德（Zuraina Majid）于1977年发掘，最近由伊波伊·达坦（Ipoi Datan）于1989年发掘。[5] 遗址主要部分的堆积厚度只有60厘米，底下是石灰岩基岩，地层布满了早期金属时代供睡眠或丧葬使用的平台留下的柱洞。因此，地层被严重扰乱，遗物混杂，毫不令人惊讶。

　　栳叶洞在1989年发掘时发现有前陶时代的地层堆积，延续时间很短，包含石片和淡水贝壳，碳十四测年最早为距今2万年。陶器出现在地表下25厘米处，但无法确定其年代。在这个25厘米深的地方，还发现了早期金属时代的玻璃珠和玛瑙珠。与尼亚洞和风洞的许多陶器一样，栳叶洞陶器的纹饰主要是拍印纹，包括绳纹、篮纹（最常见），以及丹戎古堡（TK）类型的几何纹。如上所述，古邦出土的TK类型陶器的年代为公元700～1500年，而在栳叶洞，发现一块带有菱形拍印的TK类型陶片（类似于图9.8e和g），上面有一粒水稻，对其进行了直接碳十四测年，大约为公元650年。栳叶洞陶器的口沿大多较短而有凹口，这是岛屿东南亚地区早期金属时代的典型特征。总之，这个遗址几乎没有任何迹象表明它经历过新石器时代，刻划纹和磨光红陶器极其罕见。

　　然而，出自含陶地层底部的一个碳十四数据可以追溯到公元前1500年左右，表明洞穴中可能存在新石器时代遗存。另一个数据达到公元前2500年，可能属于前陶时期。但最令人惊讶的是，对一粒嵌在菱形纹及篮纹（非绳纹）陶片中的水稻进行碳十四测年，居然早到了公元前2300年（Bellwood et al. 1992）。这是一个非常重要的发现，后来在洞穴内的土壤中发现了许多稻壳碎片，对此是一个支持（Sen 1995）。这个年代准确吗？有人认为是准确的。当然也有可能，实验室在设法从陶片黏土基质中提取有机材料时，无意中将古老的成分与稻谷木炭样本混杂在了一起。由于这个测年是在20世纪90年代初进行的，采样方法以现在的标准来看已经很落后，我们永远无法知道其是否准确了。

　　我在写作1997年版的《印度—马来群岛史前史》（Bellwood 1997: 237-238）时，这些材料还属于新发现，当时我乐观地表示，较早的年代和水稻的发现，意味着在公元前2000年之前，这里发生了与大陆东南亚新石器文化的交流，后者可能来自泰国中部、南部或马来半岛。我还提出，它们可能表明，在马来—波利尼西亚人到来之前，这里存在一支南亚语系新石器时代人群，因为据亚历山大·阿德拉尔（Alexander Adelaar）的观察，达雅克语（在砂拉越）和亚斯里语（在马来西亚半岛中部）的前辅音（例如 -pm 和 -tn）存在相似之处。但是，阿德拉尔并不认为婆罗洲的南亚语系（亚斯里语）是直接移民的结果，而是认为马来半岛和婆罗洲西部曾经是一个拥有共同祖先的语言复合体，从而具有同样的语言底层（Adelaar 1995: 91）。人们立刻想到了晚期和平文化，这一文化在某些偏远地区延续到距今 3 500 年，当时觅食者人群可能在仍为陆地的巽他古陆上游荡，活动范围从马来半岛到苏门答腊岛和婆罗洲西部。

20年后，关于大陆东南亚（Higham 2014）特别是越南新石器时代的资料剧增，部分来源是我直接参加的越南考古工作（包括红河三角洲、越南中部和湄公河三角洲以北地区；Bellwood 2015）。在这些地区，我没有发现栳叶洞的同类遗存，很明显，栳叶洞陶器与泰国—马来半岛的新石器时代陶器没有任何共同之处，我在新版的《印度—马来群岛史前史》第九章中阐述了这一点。[6]我在20世纪90年代的追问确实引发了对亚斯里（南亚语系）人群和婆罗洲的亚洲大陆新石器移民问题的讨论（Anderson 2005; Blench 2010, 2012），但这些与越南或泰国—马来半岛新石器时代考古实际上并没有什么关系。

如果在马来—波利尼西亚人到来前后，确实有南亚语系人群曾经生活在婆罗洲西部——这当然不是不可能的——那他们留下的遗迹实在少得可怜。[7]栳叶洞陶器的来源当然不可能追溯到越南北部旧石器时代晚期或准新石器时代（Para-Neolithic）（如Bulbeck 2008所述）。越南沿海地区的新石器时代陶器风格有刻划纹和压印纹（但没有篮纹），出土有肩石锛，与栲叶洞遗址不同。如果砂拉越西部真的在公元前2300年出现了新石器时代的水稻，那么我会把它看作马来—波利尼西亚扩散运动西支的早期表现，类似晚一点的尼亚洞和风洞遗址。但不幸的是，这几乎超过了我们目前所能上溯到的婆罗洲西部新石器时代迁徙流的年代极限。

爪哇和苏门答腊

年代不明的绳纹和刻划纹陶器在西爪哇非常常见（Sutayasa 1973, 1979），但至今还没有将其与栲叶洞和尼亚的拍印纹陶器进行过细致的比较。目前只有语言学证据表明，现代巽他人和爪哇人的祖先马来—波利尼西亚人来此定居，可能是在公元前1500年至前1300年之间，系从婆罗洲东部向南扩张（见第六章）。但这一运动似乎属于新石器时代人群扩散的东支而非西支，其根据是，在爪哇岛东端的肯登伦布（Kendeng Lembu）遗址发掘出了一个制作方形石锛的制造场，同时出土磨光红陶器（van Heekeren 1972; Noerwidi 2009）。但很不幸的是，这个遗址年代不明。

事实上，自从《印度—马来群岛史前史》一书1997年最后一次修订以来，关于爪哇岛新石器时代的认识几乎没有什么新的进展。爪哇岛和苏门答腊岛考古的一个主要难题是，其靠近南海的北部海岸线上，如果存在新石器时代遗址的话，可能就像台湾岛的南关里遗址那样，已经被深埋在冲积层之下，而且地下水位很高。因此，如果没有重型机械，无法对它们开展考古发掘。

尽管如此，爪哇的博物馆仍然收集到大量制作精良的方形石锛（Duff 1970, 2A 型和 7A 型），通常由蛇纹石、玛瑙或玉髓等准宝石性质的石料制成。这表明，爪哇岛曾经普遍生活着新石器时代人群，尽管其中许多石锛实际上可能属于早期金属时代。在爪哇西部和中部的几个地方，尤其是在日惹（Yogyakarta）东南部蒲

种(Punung)附近的塞乌山(Gunung Sewu)硅质石灰岩山区,发现
大量制作这种石锛和石镯的制造场。达乌德·塔努迪乔(Daud
Tanudirjo 1991)详细分析了在塞乌山区某个遗址地表采集到的这
类材料(图8.1a～b),该遗址位于布木(Bomo)和泰伦(Teleng)两
个村子之间。在恩格里扬甘村(Ngrijangan)附近还发现了一个分
布范围极大的硅质石灰岩石锛制造场。

虽然目前爪哇岛没做多少新石器时代考古发掘工作,但随着
苏门答腊岛南部巴东宾度(Padang Bindu)石灰岩地带哈里茂洞
(Gua Harimau)遗址的发掘,我们对苏门答腊岛新石器时代至早期

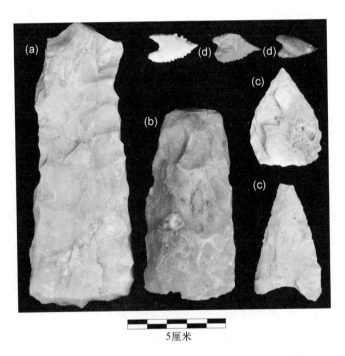

5厘米

图8.1　爪哇岛和南苏拉威西的新石器时代石片石器

(a、b)南爪哇蒲种遗址出土硅质石灰岩方形石锛毛坯[a出自布木泰伦(Bomo Teleng)
制造场;b出自蒲种地区]。(c)蒲种地区的硅质石灰岩箭镞(扁平,基部中空)。(d)南苏拉
威西岛鸟洞(Leang Burung)1号遗址出土的基部中空的马洛斯型齿缘箭镞。资料来源:澳
大利亚国立大学考古学和人类学学院藏品(参见Mulvaney and Soejono 1970, 1971)(另见
图版15)

金属时代考古却有了革命性的认识。松村博文等人在第四章的特邀撰稿中已经重点讨论了这个洞穴遗址，墓葬人骨资料显示出，在公元前1000～前600年左右，头骨形态发生了从较早期的澳洲—巴布亚人向亚洲新石器时代移民的变化。新石器时代之前的墓葬，采用的都是旧石器时代晚期常见的屈肢葬（见图4.3），而新石器时代晚期和金属时代早期的76座墓葬，采用的是新石器时代常见的仰身直肢葬，其中一些墓葬的年代在公元前750年到公元200年之间。

哈里茂洞遗址出土陶器的纹饰大多是绳纹和刻划拍印纹，素面磨光红陶器非常罕见（到目前为止只发现了4块陶片）。因此，在印度尼西亚南部，新石器时代扩散的东部支流似乎从未向西渗透到这个遥远的地方。然而，该遗址中也有少量刻划纹和点状印纹陶片（Simanjuntak 2016），在附近的塞拉贝亭洞（Gua Pondok Selabe）遗址也发现了至少3块同类陶片（Widianto 2011: 131），确实为寻找南岛人到来之前南亚语系人群业已迁徙到岛屿东南亚西部的证据带来了一线希望。在桲叶洞和砂拉越地区，我认为不存在这种可能，但考虑到苏门答腊岛与泰国—马来半岛的距离很近，而且在越南南部［如安山遗址（An Son）; Sarjeant 2014：Figure 7.32]、泰国中部［如科潘迪遗址（Khok Phanom Di）]以及马来半岛内陆［例如查洞遗址（Gua Cha）; Bellwood 2007：第九章]等这些约公元前2000～前1500年的遗址中，确实有与哈里茂洞和塞拉贝亭陶器相似的刻划纹和压印纹［或"滚印纹（rouletted）"］新石器时代陶器，这并不令人惊讶。桲叶洞没有发现这类资料，也可能需要做进一步的调查。但哈里茂洞的标本也有疑问，其年代似乎比越南和泰国的标本要晚得多。此外，我还没有看到过苏门答腊岛有这方面的第一手材料。

如第九章所述，哈里茂洞的许多仰身直肢葬都有青铜器和铁器,目前尚不清楚洞穴中的这类墓葬是否真的属于新石器时代。洞穴中有一座澳巴风格的屈肢葬,年代为公元前600年,这表明亚洲新移民的到来已经到了新石器时代末期,甚至是在这个偏远地区的早期金属时代。在遗址的前陶地层底部出土有黑曜石,年代可追溯到距今约1.5万年,可能来自苏门答腊。但一般情况下,黑曜石最常见于含陶地层的上部。

新石器时代扩散的东部移民流:
婆罗洲东部、苏拉威西和摩鹿加群岛

关于新石器时代扩散的考古资料,东支流比西支流更加连贯。现在已经发掘了众多地层清晰的遗址,表明最早的新石器时代陶器主要是素面磨光红陶,随着时间的推移,刻划纹和压印纹(包括缺口环、齿状和点状)纹饰越来越多,经常以条带状出现在磨光红陶上,并填充石灰或白色黏土(见第七章)。这种纹饰至少在公元前1500年出现在吕宋岛北部,与马里亚纳群岛(Carson et al. 2013)和美拉尼西亚岛和西波利尼西亚岛的拉皮塔文化区(图版7)有密切关系。

276
277

我们目前知道的是,素面磨光红陶传统在公元前2200年左右从台湾岛东南部出发,经过巴丹岛和吕宋岛,传播到婆罗洲北部和东部、苏拉威西岛、东爪哇岛和摩鹿加群岛,到达摩鹿加群岛的时间是在公元前1500年后不久(见图8.2)。图8.3显示了这类陶器的口沿形态,从中国南部,经过台湾岛和菲律宾群岛,进入印度尼西亚中部和东部。随着传播的进行,变革也在发生。最初的变化可能发生在吕宋岛,在经历了几个世纪的素面陶时代之后,在公元前1500年左右,刻划纹和压印纹成为陶器纹饰的主流形态。其实早在公元前4500年,这种刻划纹和压印纹在中国长江流域中游已经出现,因此它并非完全是岛屿东南亚的发明,但它在新石器时代

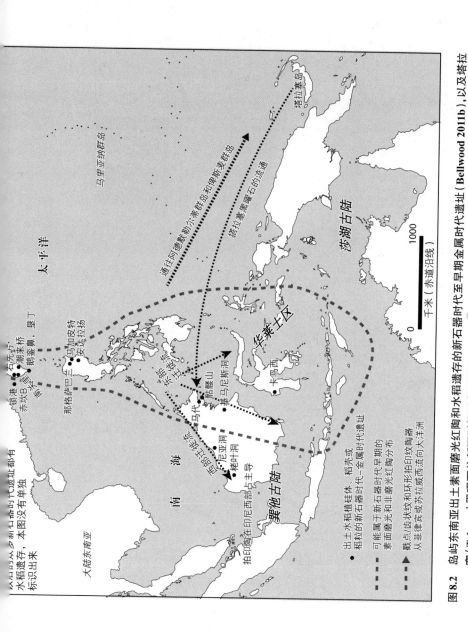

图 8.2　岛屿东南亚出土素面磨光红陶和水稻遗存的新石器时代至早期金属时代遗址（Bellwood 2011b），以及塔拉塞（Talasea）黑曜石从新不列颠群岛到婆罗洲的流动

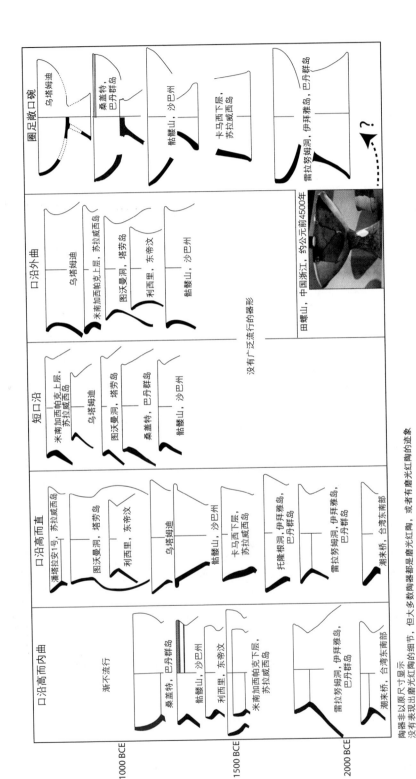

图 8.3　素面磨光红陶在岛屿东南亚的分布和口沿的演变

请注意右下角田螺山出土器座（约公元前 4500 年），可能是敞口碗的祖型

岛屿东南亚一跃成为占据统治地位的纹饰，分布非常广泛，这绝非巧合。

在印度尼西亚东部，纯粹的素面磨光红陶最初出现在一些很小而偏僻的洞穴中。塔劳群岛的图沃曼洞（Leang Tuwo Mane'e）岩厦遗址出土有素面磨光红陶，是鼓腹、敞口的容器，器壁很薄，年代可能在公元前1500～前1300年之间（Bellwood 2007：图7.11）。[8]穿过苏拉威西海，在沙巴州的阿戈阿塔斯（Agop Atas，又称Madai）洞穴，全新世早期的砾石和石片工业经过一个很长的间断期，通过与塔劳类型的素面磨光红陶（Bellwood 2007：图7.11）组合得以延续，并发展出燧石石片工业（Bellwood 1988）。卡丽娜·阿里芬（Karina Arifin, 2006）在东加里曼丹贝劳地区的基马尼斯洞（Gua Kimanis）发掘出了这种类型的素面磨光红陶，有非常多的拍印陶器，表明可能与砂拉越的新石器时代扩散西支流有关。基马尼斯陶器中有一些在羼料中加入稻壳的例子。

277
279

在摩鹿加群岛北部，哈马黑拉岛（Halmahera）以西的卡约亚岛（Kayoa），有个名为乌塔姆迪（Uattamdi）的岩厦遗址出土了相同类型的素面磨光红陶器。乌塔姆迪磨光红陶仅仅出现在堆积的下层，碳十四年代为公元前1300～前800年。堆积上层出土有早期金属时代的瓮棺葬和刻划纹陶器（Bellwood et al. 1998；Bellwood，待刊）。一些乌塔姆迪陶罐上的红色彩绘条带，也见于图沃曼遗址的某些陶器上。出土遗物还包括蚌珠和蚌镯（图8.4a）、蚌勺、蚌刀，横截面呈透镜形的石锛、石凿（Bellwood 2007：图版34），以及大量的石锛废片。此外，乌塔姆迪遗址还出土了地层关系十分明确的太平洋分支类型的猪（见下面菲利普·派珀的文章）和狗的骨骼，这两种动物都是该地区引进和养殖的家畜。

在哈马黑拉以东盖贝岛（Gebe）上的布瓦万西（Buwawansi）旷野遗址，出土了与乌塔姆迪类似的磨光红陶器，但部分有刻划

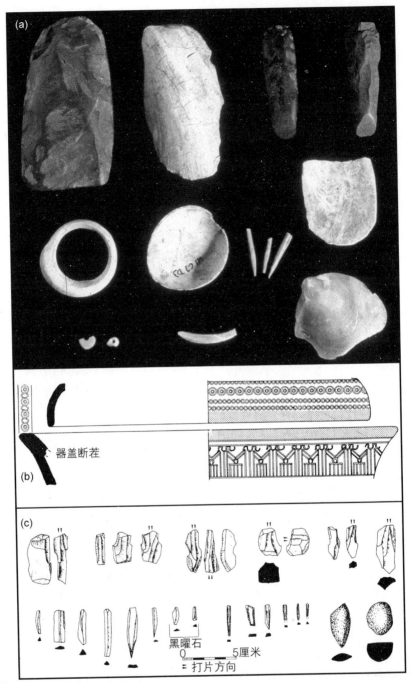

器盖断茬

黑曜石

0   5厘米

'' = 打片方向

图8.4　乌塔姆迪和骷髅山遗址出土遗物

（a）石锛和石凿（上排左起第一和第三），蚌壳制品和三支骨镞，出自摩鹿加群岛北部卡约亚岛乌塔姆迪遗址，公元前1300～前500年。右上角的石凿出自东波利尼西亚的皮特凯恩岛，很有意思的是与南岛传统石器十分相似，尽管年代可能晚了2500年。（b）骷髅山遗址出土的刻划纹、环形拍印纹以及磨光（点状带）红陶带盖陶器，约公元前1200年。（c）玛瑙石核、石片和石钻，火山岩锉刀（下排右侧图），两件塔拉塞黑曜石小石片，公元前1200～前800年。来源：（b）和（c）出自 Bellwood and Koon 1989，因系草图，清晰度不高

纹，年代可以追溯到公元前900年左右。在摩鹿加中部班达群岛的艾岛（Pulau Ai），出土了素面磨光红陶，年代可到公元前1000年左右，同时还伴出燧石、黑曜石工具以及猪的骨骼（Lape 2000）。[9]

再往东，在弗洛里斯岛的佩哈卡（Pain Haka）发掘了一处墓地，迄今为止发现48座墓葬，墓主有55人，有些葬式为仰身直肢葬，用未能辨识出的布料（可能是树皮布）包裹，有些葬式为瓮棺葬，将尸体从肩部切开并蜷曲，以放置在大陶罐中。对木炭和人骨做碳十四测年可知，这些墓葬的年代是公元前1000年到公元前200年。该遗址没有出土金属或玻璃，但一份简报（Galipaud et al. 待刊）提到有玄武岩和唐冠螺制作的蚌锛（Cassis shell adzes），后者与摩鹿加群岛高鲁（Golo）和韦特夫（Wetef）洞穴中的发现物相似，可追溯到距今3 000年。遗址还出土有芋螺（*Conus*）和钟螺（*Trochus*）制作的蚌镯，较深地层中有素面磨光红陶，然后在公元前500年后又出现了刻划纹和附加堆纹。

佩哈卡遗址还发现了至少一个高颈瓶，这件器物与龙目岛（Lombok）比零山（Gunung Piring）仰身直肢葬墓葬中的出土物完全一样，但后者年代不明（Gunadi et al. 1978; Bellwood 2007：图版60e）。比零山遗址曾被认为属于早期金属时代，但很可能受到了扰乱。一些佩哈卡墓葬的墓主没有头骨，这种现象见于卡加延山谷的那格萨巴兰、尼亚洞、苏门答腊的哈里茂洞，最东见于瓦努阿图的图玛（Teouma）拉皮塔文化遗址（约公元前1000～前800年）（Bedford et al. 2010）。所有这些似乎都不是巧合。

279
281

我们继续向东考察，最近在帝汶进行的研究还没有发现多少证据，能够证明该岛确实存在过新石器时代遗存［例如，O'Connor 2015：表15.1中的碳十四年代数据出自杰里马莱（Jerimalai）岩厦遗址］。阿鲁（Aru）群岛也几乎没有什么发现。但在东帝汶的马贾库鲁（Matja Kuru）洞穴中发现了一具狗骨，非常重要，年代可追溯到公元前1000年左右（Gonzalez et al. 2013）。伊恩·格洛弗（Ian Glover 1977, 1986）于20世纪60年代在葡属帝汶（Portuguese Timor）发掘过年代更早的洞穴，出土了素面但非磨光的陶器，通过从岩厦遗存中多处测定的碳十四年代数据推断，当在公元前2500年至公元前2000年之间。但是，在公元前1500年之前，马来—波利尼西亚语系移民不太可能到达帝汶，这个岛屿实际上是他们在印度尼西亚东南部迁徙之路的终点。如第五章所述，帝汶洞穴遗址还出土了包括旧石器时代和新石器时代的蚌珠、钟螺壳制作的一体式鱼钩以及蚌镯。

因此，新石器时代扩散东支流中的早期素面磨光红陶传统似乎标志着来自菲律宾的广泛扩张，可能始于公元前1500年之前，向东最远可追踪到爪哇东部，或者帝汶。到目前为止，还没有迹象表明这种素面磨光红陶传统进一步传播到了大洋洲。马里亚纳和拉皮塔移民最初是从公元前1500或前1300年开始迁徙到大洋洲的，他们带来了更为精美的红色磨光和刻划纹/压印纹风格的陶器，如图版6和图版7所示。然而，这种后来的刻划纹和压印纹陶器，之前并没有出现在印度尼西亚东南部苏拉威西以外的地方，也没有出现在新几内亚甚至爪哇。在密克罗尼西亚西部的帕劳群岛，尽管进行了密集的调查，但到目前为止仍然没有发现这种陶器的存在。

新石器时代扩散的东西两个分支，西支以素面磨光红陶为代表，东支以刻划纹和压印纹磨光红陶为代表。对于这两个分支，我们可以从沙巴和苏拉威西两处非常重要的考古遗址得到更清晰的认识。

沙巴：骷髅山

1987年，在沙巴东南部仙本那（Sempona）附近一座名为骷髅山（Bukit Tengkorak）的死火山边缘，发掘了一处岩厦遗址，该岩厦处于滚落的巨石之间。这里发现了一个埋藏很深的文化层,叠压在基岩上,用木炭测得的碳十四年代为公元前1300至公元前1000年。出土物包括带有素面或刻划纹器座的磨光红陶器,一件装饰着极其精美刻划纹的带盖容器,以及许多蚌器,包括蚌锛、珠子、手镯和疑似鱼钩的柄,和蚌壳残片(图8.3和8.4b、c)。石器包括梯形截面的常形石锛,横截面类似于巴丹群岛伊拜雅岛(Itbayat)上阿纳罗(Anaro)遗址出土的同时代石锛(约公元前1200年至公元前800年)。

石器组合还包括火山岩石料,石锛残片,一种漂亮的玛瑙石叶和石锥工业,石核呈棱柱状(图8.4c),也许最引人注目的是黑曜石碎片,来自三个来源地。其中一个来源地仍然未知,但这类黑曜石也出现在塔劳岛的遗址中。第二个来源地(仅发现1件)位于新几内亚北部的阿德默勒尔蒂群岛。第三个来源地,也是一个主要来源地,是美拉尼西亚新不列颠群岛北部塔拉塞岛(Talasea)的库陶(Kutao),也称为巴奥(Bao)(图8.2)。[10]西太平洋的拉皮塔人使用塔拉塞岛和阿德默勒尔蒂岛的黑曜石,而骷髅山发现的塔拉塞黑曜石,说明利用这类原材料的地理范围在公元前1000年左右大大扩展,从婆罗洲到斐济,距离达到了相当惊人的6 500公里,因此可能是新石器时代世界上分布最广泛的物质原料。

骷髅山岩厦遗址的上层可追溯到公元前一千年,出土了许多陶器,纹饰和造型丰富多彩,包括刻划纹和点状纹、凹口、绳纹和压印等。素面磨光红陶不那么突出。因此,这一阶段代表了上述刻划纹和压印纹陶器传统的扩张,最早的源头可能来自菲律宾。最近,在东加里曼丹省桑古里让(Sangkulirang)的喀斯特洞穴中发现了类似纹饰的陶器,出土位置与第五章中描述的岩画(Chazine and Ferrié 2008)相同。年代早至公元前4500年的浙江河姆渡遗址曾经出土过陶灶(残)。这是一种很重要的炊具类型,在骷髅山遗址很常见,和带纹饰的器盖和器座情形相似。从骷髅山岩厦的遗存来看,这个时候已经不再输入塔拉塞黑曜石,但蚌器和石器工业仍在延续。

骷髅山遗存的两个阶段都有大量鱼骨,再加上黑曜石、陶灶[今天沙巴—苏禄一带的萨玛巴兆(Sama Bajaw)海洋游民仍在使用]和蚌饰制作等证据,说明这些居民是娴熟的渔民,可能还是商人。事实上,骷髅山的玛瑙棱柱状石叶工业在岛屿东南亚岛是非常独特的,如果不是一项本地创新(这似乎不太可能,因为岛屿东南亚其他地方从未有过类似的产品),可能反映了与新石器时代中国南方类似石叶产地的交流。中国南方可能的地点包括广东西樵山遗址群(Huang et al. 1982),以及浙江北部田螺山新石器时代遗址(公元前5000～前4500年;Li and Sun 2009: 128)。淮河流域的河南省李家沟遗址也从全新世开始制作石叶工具(Wang et al. 2015),尽管李家沟和田螺山一样,年代太早,不可能与骷髅山有直接交流。在同时期的新喀里多尼亚拉皮塔遗址发现了类似的石叶钻具(Sand 2010:图122),这表明,随着拉皮塔文化的扩散,这种石器技术也传播到大洋洲西部,源头可能来自菲律宾或印度尼西亚东北部。

²⁸²／₂₈₃ 骷髅山遗存是否体现了一种面向海洋的传统,代表了马来—波利尼西亚人向大洋洲最早的迁徙?除了少量的水稻植硅体之外,该遗址还没有发现存在农业的直接证据,岛屿东南亚这一阶段其他大多数遗址的情况也是如此。问题可能更多地与保存状况和采样有关,而不是真的没有。1994～1995年,马来西亚塞恩斯(Sains)大学的斯蒂芬·贾(Stephen Chia 2003)再次发掘了骷髅山遗址,出土材料及年代与1987年的发掘类似,但这次发掘集中在遗址的露天区域,这里的地层可能因为过去的耕作活动而产生了混杂。1987年的发掘是岩厦里进行的,地层保护较好,因此这里

的文化序列,从以素面磨光红陶为主发展到以刻划纹和压印纹陶器为主,演变路线似乎要清晰得多。

　　然而,值得注意的是,骷髅山遗址最早的年代已经到了公元前1300年,它可能没有体现出素面磨光红陶传统最初传播到婆罗洲或苏拉威西岛的情况。下面我们将会看到,苏拉威西岛存在更早的遗址,保留有这种传统。

苏拉威西

　　与骷髅山同样重要的是卡马西(Kamassi)和米南加西帕克(Minanga Sipakko)两处新石器时代旷野遗址,属于卡伦邦(Kalumpang)遗址群,均位于卡拉马河(Karama River)上游约95公里处的内陆,靠近西苏拉威西的卡伦邦市(Anggraeni et al. 2014)。卡马西遗址曾经在1933年由范·斯坦·卡伦费尔斯(van Stein Callenfels)、1949年由范·希克伦(van Heekeren 1950, 1972: 184-190)先后主持发掘。这里原本是一处山顶遗址,但许多考古堆积下滑到山侧。荷兰人在卡马西最早的发掘品引起人们很大兴趣,出土物包括截面呈四边形和透镜形的石锛,有些石锛的外形呈独特的束腰形或圆球形;磨制石镞与台湾岛新石器时代的石镞类型相似,但没有穿孔;还发现一个树皮布石拍,一些可能是石镰的石器(Bellwood 2007:图版 33)。另一处遗址米南加西帕克位于湍急的卡拉马河北岸的阶地上,在卡马西遗址的下方,地层保存状况比卡马西要好。

　　这两个遗址最新的工作提供了一个清晰的文化序列。两组碳十四年代数据(每个遗址一组)表明,新石器时代是在公元前1500年左右开始的,素面磨光红陶明显来自台湾岛南部和菲律宾群岛,特征是高敞口,通常束颈,口沿形制就像巴丹群岛、卡加延河谷和台湾岛东南部新石器时代中晚期遗址如潮来桥和东河北出土的公元前二千年代的陶器一样(图版9f)。在大约600年的文化发展期间,素面磨光红陶逐渐转变为素面非磨光陶器。带纹饰的陶器数量有限,在每个遗址的中间地层最为常见,可能接近公元前1200年。卡马西遗址出土了一块陶片,上有圆形拍印和点状纹,与卡加延河谷马加皮特(MagApit)遗址的某些陶器纹饰非常相似(图版9a)。[11]在这一地区,类似婆罗洲西部那样的刻划拍印纹陶器,直到金属时代早期才出现在卡伦邦内陆的帕伦巴(Palemba)遗址(Anggraeni 2016)。

283
—
284

　　在印度尼西亚考古出土的所有新石器时代的遗物组合中,卡伦邦的这两处遗址,至少其石制品和磨光红陶器,与菲律宾群岛和台湾岛的新石器时代遗物非常相似。像卡加延河谷遗址群一样,这里也没有发现绳纹和其他类型的拍印纹饰。这两个遗址都有来自未知地点(可能是苏拉威西)的黑曜石,但遗址下层未见黑曜石,这与骷髅山的情况不同,骷髅山的底层存在塔拉塞黑曜石。因此,卡伦邦的这两个遗址显然与美拉尼西亚的塔拉塞或阿德默勒尔蒂群岛黑曜石矿区没有来往。从类型上看,如上所述,骷髅山的素面磨光红陶器似乎比最早的卡伦邦陶器要晚一些,因为它的口沿较短,尽管比卡拉马河下游的潘塔拉安(Pantaraan)遗址陶器口沿要长一些(Anggraeni et al. 2014)。潘塔拉安遗址的年代可以追溯到公元前800年,因此与卡伦邦遗址年代序列的末端衔接,卡伦邦这两处遗址似乎都是在公元前900年左右被废弃的。

　　因此,骷髅山和卡伦邦遗址的器物组合在一些令人感兴趣的方面有所不同,尤其是黑曜石的来源,另外只在前一个遗址中存在玛瑙钻具工业,而后者没有。也可能卡伦邦遗址距离海岸太远,没有使用此类钻具取食海洋贝类的需求。事实上,卡伦邦遗址已经深入内陆约100公里,位于一条湍急的河流的上游,地势相当陡峭,来此不易。这表明,苏拉威西沿海地区最初的新石器时代文化，估计比卡伦邦遗址的公元前1500年要早得多。骷髅山和卡伦邦遗址之间的关系可能反映出他们具有共同的祖先，而不是密切的交流关系。卡马西遗址还发现一些水稻植硅体（图版9g），但是否存在水稻种植仍不清楚。

在苏拉威西中部，特别是在洛尔林杜（Lore Lindu）国家公园的巴达（Bada）和贝索亚（Besoa）山谷，发现了由大石缸（kalamba）和石雕人像（图版10）组成的遗迹，十分壮观。过去人们认为其属于金属时代早期，我也是这样的观点（Bellwood 1978: 228; 2007: 306）[12]，但现在我觉得有必要探索一下这些奇迹属于新石器时代的可能性。在考德恩（Kaudern）早期考察的基础之上（报告出版于1938年），对巴达地区的进一步调查（Sukdar 1980; Siswanto and Fahriani 1998）发现了更多的石缸和雕像，并证明其与铁器和刻划拍印陶有关，后者可能属于早期金属时代。然而，在这里，我想提出一些关于石像和石缸的初步想法。它们可能远早于早期金属时代，尽管直到1917～1920年考德恩考察之前，历经千年，它们一直被认为是金属时代的神圣之物。

巴达山谷中的石雕人像［例如，"帕林多（Palindo）"和"兰克布拉瓦（Langke Bulawa）"，分别见图版10a和10b］，雕琢的是大腿根部以上的半身人像，刻划出了性器官（10a明显为男性，10b为女性），指尖交叉，朝向肚脐。尽管复活节岛的雕像没有性器官，但巴达雕像与复活节岛雕像显而易见具有一般意义上的相似性（例如，Bellwood 1978: 图12.31）。这并不意味着双方存在直接交流，甚至并不意味着属于同一时期，但我认为，我们所面对的是马来—波利尼西亚社会表现祖先形象的一个共同传统——即将其刻画（最初可能是用木头）为手臂和手指位置风格化的半身像。

第二个观点是关于年代，更为重要。在巴达山谷的布利利（Bulili）附近，有一幅岩画，如图8.5a所示。我本人从未去过该遗址,所以必须感谢照片的提供者德里克和玛格丽特·里德(Derek and Margaret Reid)。考德恩(Kaudern, 1938: 106)说,这件东西曾经是石缸盖的一部分,中心有一个钮。研究美拉尼西亚和西波利尼西亚拉皮塔文化的考古学家会立即意识到,此岩画构图与罗杰·格林(Roger Green)在圣克鲁斯群岛(所罗门东南部)尼南波(Nenumbo)遗址发掘的陶片构图几乎相同,后者的年代约为公元前800年(Sheppard et al. 2015;图8.5b)。这两幅构图中,尖尖下巴的人脸和左侧四花瓣图案都清晰可见,尽管后者明显增加了精细的齿状印纹条带。大约15年前,有位收藏家带了一件状似"塞子(stopper)"一样的陶像到我办公室,该陶像也呈现出类似的表情。他告诉我这件文物来自卡伦邦。幸运的是,他让我拍了一张照片,我在图版10c展示了这件物品。我记得它有10～15厘米高,上面有一个齿状印纹条带(卡拉马河谷和吕宋岛的类似印纹参见图版9a～c)。乳头雕刻与图版10b石像很相似。波索(Poso)附近塔马杜亚(Tamadua)出土了一座小石像,见图版10d,这座石像的姿态与"塞子"陶像相似,已经有些风化,同样也有一条齿状印纹带。目前尚不清楚这两件人像上是否刻有武器。

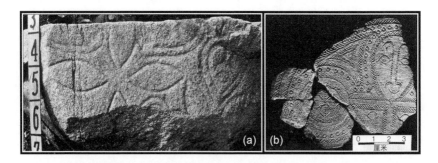

图8.5 巴达山谷布利利遗址的刻纹石缸盖残片和尼南波遗址的拉皮塔文化陶片

(a)巴达山谷布利利(Bulili)刻纹石缸盖残片(尺度单位为10厘米)。(b)圣克鲁斯群岛尼南波(Nenumbo)遗址出土的拉皮塔文化陶片,约公元前1200年。资料来源:(a)玛格丽特·里德(Margaret Reid)提供照片;(b)罗杰·格林(Roger Green)提供照片

鉴于对布利利石缸残片的上述讨论，石缸本身可能属于新石器时代。图版10g中的贝索亚山谷石缸上还有一个八张人面组成的圈，人面上的鼻子、眼睛和眉毛的形状与图版10中的石像a和b相同。这些石缸之所以被认为属于早期金属时代，可能与多个世纪之后它们旁边出现的金属时代墓葬有关，当然这仍属猜测。[13]

从以上这些我们能得出什么结论？如果不进行更深入细致的研究，对于苏拉威西岛中部石雕属于新石器时代的可能性仍然无法确定。毕竟，巴厘岛的佩砬（Pejeng）铜鼓上也出现了下巴尖尖的人面（图9.4），二者相差可能超过2 000年。但正如我的阐述，这个巨石文化与复活节岛、拉皮塔（公元前800年）和卡拉马河谷新石器时代（公元前1500～前1000年）的联系表明，它很有可能主要是新石器时代的遗迹。如果这一点是真的，确实令人兴奋。

最后一点，在苏拉威西岛西南部，一些托利亚文化（Toalian）岩厦遗址的上层也出现了少量陶器，可能是这里幸存下来的狩猎采集人群所使用的。格洛弗（Glover 1976）报道了乌卢冷（Ulu Leang）岩厦中与马洛斯（Maros）尖状器共存的陶器，布尔贝克（Bulbeck 1992: 13）根据鸟洞（Leang Burung）1号遗址出土人骨的放射性碳十四年代，提出南苏拉威西的陶器开始于公元前1500年。这里的陶片是非磨光的素面球形炊器，敞口，当然也可能原来是磨光红陶，但已经褪色，或者没有发现。

基部圆空、有时边缘带锯齿的马洛斯尖状器（图8.1d）构成了南苏拉威西史前史的一个特别有趣的方面，前面在第五章中已经提到了这一点，其中指出了这种器物与旧石器时代晚期托利亚文化修背石片/石叶和细石器工业之间的延续关系。然而，马洛斯尖状器通常与新石器时代，甚至可能更晚的陶器一起发现。东爪哇地层混乱的拉瓦洞（Gua Lawa）岩厦下层出土过类似的基部圆空尖状器（第五章），爪哇中部蒲种（Punung）附近塞乌山

（Gunung Sewu）的旷野遗址地面也采集到类似之物（图8.1c），马洛斯尖状器似乎与之相关。蒲种尖状器主要是在地表发现的，通常认为与方形石锛的半成品共存，但在塔努迪乔（Tanudirjo 1991；van Heekeren 1972: 198–199）发掘的爪哇中部布木泰伦石锛制造场中明显不存在这类尖状器。目前，这些引人注目的小型尖状器的准确年代尚不清楚。在塞乌山区许多发掘精细、地层清晰的洞穴中（第五章），如旧石器时代晚期的凯普莱克（Keplek）文化地层，也没有发现这类器物，因此不能明确地将其归属于旧石器时代晚期。希克伦（Van Heekeren）将爪哇的这类发现归属于新石器时代。

　　我个人的观点是，多种类型的这些尖状器或者说箭镞，可能是土著狩猎采集群体的狩猎工具，在新石器时代人群到来之后，这些人仍然继续生活在爪哇岛和苏拉威西岛的部分地区，尤其是在洞穴中，延续了很长时间。在新石器时代的中国大陆、台湾岛或菲律宾群岛找不到这种石器技术的源头。这些地区的新石器时代文化，在石器技术方面主要集中在磨制石锛和磨制石镞上。在许多遗址中，除了骷髅山的石叶和石锥外，很少见到从石核上剥片修整而成的石叶和石片工具。明显属于旧石器时代晚期的托利亚文化可能是以上打制石器技术的源头，正如同时期爪哇中部的凯普莱克工业是当地打制石器技术的源头一样。

重现岛屿东南亚新石器时代的史前史

　　随着本章以下考古发现的渐次展开，新几内亚的高科迪勒拉山（high cordillera）河谷地带水果和块茎园艺的独立发展道路逐渐清晰起来。这里是一种赤道褶皱山脉景观，在岛屿东南亚（包括婆罗洲）几乎没有同类地貌。新几内亚高地居民在技术上属于新石器时代,他们使用磨光石斧,在高地山谷沼泽地带修建水利系统,种植粮食作物,包括芋头、香蕉,可能还有甘蔗,在海拔较低的地方种植山药。从大约公元前2000年开始,在巴布亚新几内亚高地的库克(Kuk)遗址就已经出现了此类基础设施,而且在此之前,显然已经有了粗放的种植形式,包括修建台地以帮助植物生长(Golson 1977; Denham 2011)。

然而,新几内亚高地人群没有发明陶器,直到公元前1000年左右,与岛上的新石器人群(可能是马来—波利尼西亚人)建立了断断续续的联系才有了陶器,最初可能是通过巴布亚新几内亚的马卡姆(Markham)山谷通行的(Gaffney et al. 2015)。在与新石器时代人群接触之前,他们没有谷物以及家畜,也是在大约公元前1000年左右,引进了猪和狗,分别进入岛的西端和东端。

新几内亚巴布亚土著居民的基因和文化影响超越了新几内亚本身,直达美拉尼西亚群岛,尤其是所罗门群岛、瓦努阿图、新喀里多尼亚和斐济。[14]除了所罗门群岛在更新世已经有人定居之外,今天这些岛屿的人口构成,都是原始亚洲/波利尼西亚(如拉皮塔)居民和后来澳洲—巴布亚移民之间在后拉皮塔时代的基因混合后裔(Skoglund et al. 2016)。此外,今天在印度尼西亚的最东部,帝汶(Timor)、阿洛尔(Alor)、潘塔尔(Pantar)和哈马黑拉(Halmahera)的部分地区也使用巴布亚语。在帝汶以西更远的地方,可能也曾经使用过巴布亚语(第六章)。沙珀(Schapper 2015)令人信服地总结出巴布亚语言的一系列特征,这些特征通过大量的语言转换,融入努沙登加拉语、马鲁古语和西巴布亚语等马来—波利尼西亚语系中。

然而,目前没有确凿的语言学或考古学证据表明,新几内亚本岛位于马来—波利尼西亚语系新石器人群自西向东从东南亚岛屿迁移到大洋洲的路线上(图6.4)。所罗门群岛以外太平洋岛屿上第一批马来—波利尼西亚居民的祖先是美拉尼西亚和波利尼西亚的拉皮塔人，可能还包括密克罗尼西亚西部的最初定居者。他们从菲律宾群岛开始的迁徙路线，是通过新几内亚北部的各个岛屿，包括马里亚纳群岛、帕劳群岛和阿德默勒蒂群岛。卡罗琳群岛的环礁当时可能尚位于高海平面之下，因此不包括在内（Dickinson 2003）。

新石器时代的食物生产

不幸的是，除了台湾岛和菲律宾群岛北部以外，其他地方几乎没有开展炭化植物浮选、植硅体和淀粉颗粒分析等方面的植物考古研究。这使得对这些地区史前生业经济方面的认识还不如中国大陆或大陆东南亚。虽然菲利普·派珀（Philip Piper）在下文讲述了驯化动物遗存的情况，但在大多数遗址中，我们确实没有能够获得植物考古的资料，而且洞穴和旷野遗址的风化作用都非常强烈，以至于连木炭都无法保存下来。虽然岛屿东南亚的新石器时代居民没有将谷壳之类作为陶器羼料的习惯，但偶尔会见到有稻粒和谷壳意外残留在陶器中。事实上，新石器时代至早期金属时代的炭化谷物、稻壳和水稻植硅体在岛屿东南亚北部和中部的不少遗址确有发现（图8.2）。

为了认识粮食作物在岛屿东南亚新石器时代食谱中的地位，我们可以参考原始语言中关于农业的词汇证据（表6.3）。在欧洲殖民者记录的民族志中，除了一些菲律宾尼格利陀人和生活在诸如婆罗洲北部内陆普南等不适宜农业区域的少数人群之外，所有讲南岛语的人口都是农作物种植者。任何认为向岛屿东南亚的新石器扩张是由一帮狩猎采集者完成的观点，都只能这么解释后来出现的粮食生产——要么这些人的后裔机缘巧合地独立发明了粮食生产,要么粮食生产通过文化传播从某个外部来源引入进来。在我看来,这两种看法都没有什么说服力,都与粮食生产语言词汇的重建结果不符,也无法解释许多新石器时代和早期金属时代遗址中出现的稻米遗存(Bellwood 2011a; Bellwood, Chambers et al. 2011)。

的确,新石器时代的土地清理行为可能与粮食生产有关,这也是一个了解后者的非常有效的途径。到目前为止,通过人骨研究古代饮食结构的稳定同位素(碳、氮)分析在岛屿东南亚开展极少,尽管第七章讨论了尼亚洞墓葬这方面的情况。另一个资料来源是古代孢粉研究,这些孢粉是从软质沉积物土样中提取的,尤其是在沼泽地带。测年有时是一个问题,分析人员必须在多个碳十四年代之间进行推断,因为采集来的样本碳十四年代经常范围很大,而且关于地层形成的假设可能未必总是正确的。即便如此,苏门答腊岛北部和中部以及爪哇岛西部高地沼泽的一些孢粉图谱为森林砍伐的存在提供了一些有趣但并不确定的证据,这些证据可能反映了农人在这些地区的定居,尽管大多数时候没有相关的考古发现。

例如,采自苏门答腊北部多巴(Toba)湖附近匹锡锡(Pea Sim Sim)沼泽(海拔1 450米)的孢粉样本表明,在公元前一千年时大型草类孢粉突然增加,可能发生了较大规模的森林砍伐活动。苏门答腊岛中部巴东(Padang)附近的迪亚塔斯湖(Lake Diatas)(海拔1 535米)也有类似的现象。采自巴东湖(Lake Padang)(海拔950米)畔的样本表明,大约在公元前2000年,沼泽植被遭到清除并焚烧;还有证据表明,在2 000年前,可食用的虎尾棕(Arenga)得到了越来越多的照料。大约在公元前2800年,西爪哇的西图古农湖(Situ Gunung)(海拔1 015米),露兜(pandanus)和蕨类植物孢粉增加,表明可能发生了砍伐森林现象。[15]但是,来自婆罗洲、苏门答腊和爪哇高海拔地区的孢粉样本证明，年代到了公元前1000年后，这里才出现了较大规模砍伐森林的活动。[16]此外，对于以上所观察到的植被变化，到底是出于人类活动影响还是气候变化所致，也经常存在不同看法。[17]

以上高地地区的孢粉资料多为公元前1000年，因此我们可以合理地推断，苏门答腊和爪哇沿海低地的森林焚烧拓殖开始时间应该略早于这个年代。事实上，卡尔卡耶等人（Carcaillet et al. 2002）注意到，自公元前2000年起，印度尼西亚和巴布亚新几内亚土壤剖面中木炭的含量大幅增加。当然，狩猎采集者也经常会在旱季焚烧森林，即使在赤道一带也是如此，例如新几内亚（Haberle 1993）和文莱（Cranbrook and Edwards 1994: 339）的古土壤中，孢粉土样的木炭颗粒经过碳十四测年，发现早到了更新世，这些木炭颗粒就反映了焚烧森林的情况。但大多数孢粉样本反映出的变化与新石器农业扩张之间在年代上具有非常强的总体一致性，所以不可能是纯粹的巧合。

岛屿东南亚新石器时代作物生产的阶段性

我在《印度—马来群岛史前史》第二版（Bellwood 2007）扩充了第一版（Bellwood 1980）中关于印度—马来群岛新石器时代内涵的讨论，其中包括对岛屿东南亚最重要的农作物水稻起源的讨论，然后描述了耕作制度，如轮作农业和灌溉稻田（Sawah）。在第七章，我再次阐述了稻作问题，尤其是关于中国的情况。此外，香蕉、芋头、山药、面包果、甘蔗和椰子等作物，都是在岛屿东南亚和美拉尼西亚西部（包括新几内亚）的几个不同地点被驯化出来的，或至少受到了人类的有意照料。[18]考古发现和语言分布（马来—波利尼西亚语与巴布亚语）表明，岛屿东南亚与新几内亚的食物生产之间没有关系，而与中国大陆和台湾岛有关，新几内亚高地则明显是独立发生的。

在《印度—马来群岛史前史》一书中，我还提出了南岛农业史前史存在三个连续发展且紧密衔接的阶段，与中国长江流域史前农业的情况相当（Weisskopf et al. 2015）。第一阶段，当新石器时代移民最初来到岛屿东南亚，开始种植水稻时，他们会优先选择沼泽地或冲积后的沼泽地种植作物，在这种条件下，少量投入劳力就可以修建起简单的湿地，易于维护，并持续产出比旱地系统更高的作物产量。在此之后的第二阶段，随着人口密度的增加，并且在全新世中期高海平面条件下，可以便捷地利用沿海和河岸边的小片沼泽区，人们必然会转向冲积平原边缘，从事雨水灌溉种植或山坡上的旱地轮种（图8.6）。所有主要作物，包括喜水的水稻和芋头，都可以在降雨量充足的条件下通过旱地技术种植，而旱地（或山地）水稻类型，可能是在此时通过选择厚而深的须根和早熟的趋

图8.6　婆罗洲中部卡普亚斯河上游在雨林中开辟旱稻田（当地称为*ladang*）

来源：作者摄于2014年

势以避免干旱影响而发展起来的（Chang 1989）。如前所述，稻作从水田转向轮种可能是导致岛屿东南亚许多地区缺乏大规模、永久性和厚堆积新石器时代聚落的原因。轮作农业的周期和休耕迫使人们持续处于流动之中。

　　在新石器文化向赤道地区扩张的过程中，水稻被生态适应性更好的块茎作物部分取代，如山药和天南星（aroids），以及果实或富含淀粉的树木（Latinis 2000）。轮种耕作制度可能也发生了变化。在远离赤道的季风地区，种植谷物的土地表面需要做相当彻底的清理，同时烧掉这些植被，因为谷物需要充分吸收阳光才能生长。在潮湿的赤道地区，清理工作并不容易，尤其是对那些只拥有石器的古人来说。这里的植被一年四季都在茂盛地生长，雨林中的树木更是巨大，可能只能通过环剥令其枯死，而不是砍伐。更重要的是，大雨会使焚烧变得不可能。棉兰老岛的部分地区，在一个能够彻底焚烧植被的完整旱季，作物产量可以翻一番（Yengoyan，见 Geertz 1963: 22）。因此，古人在赤道地区将面临明显的压力，需要发展种植系统，减少森林砍伐，更多地强调树木和块茎的利用，因为这些树木和块茎不像谷物那样需要持续、普遍的日照。

　　这种类型的农业系统，今天仍然广泛存在于印度尼西亚和美拉尼西亚的偏远地区。今天，赤道地区塞兰岛（Seram）的努乌鲁人（Nuaulu）（Ellen 1978）在混合作物园圃中种植芋头、山药、香蕉、甘蔗、木薯、椰子和西米（平时也采集野生西米），同时种植的各类作物多达15种。由于该地区没有可靠的旱季，在种植之前可能需要断续进行多达十多次的烧荒才能清掉植被。不难看出，在拥有铁器之前，在这样的环境中进行大规模的园地清理对于新石器时代人群来说并不是一个非常可行的选择。另一个例子来自苏门答腊岛西海岸的明打威群岛（Mentawai），那里的西米、芋头和香蕉种植在沼泽中，因为沼泽地带不需要清除植被，也不必烧荒。在这里，砍掉植被只是用来覆盖作物（Mitchell and Weitzell 1983）。以上两个地方的人群都不种植谷物，我相当怀疑，这种类型的植物文化系统，在公元前1500年左右，最终被带到了大洋洲热带地区，在赤道一线和永久潮湿的低地地带，越来越成为南岛经济模式的典型特征。

第三个也是最后一个阶段，到目前为止只有历史学和民族志的记录。它涉及采用梯田或水田（sawah）进行集中灌溉种植水稻的区域性重大变革，这可能是人口增长的结果，也可能受到了印度和大陆东南亚当代集约稻作农业体系的影响。这种筑坝稻田利用季风降雨或人工运河提供的水源，可以为今天到访的游客提供极其愉悦的景观体验（图8.7）。但是，我们仍然没有直接证据证明在史前岛屿东南亚曾经存在这样的集约农业系统。近年来，通过考古发掘和植硅体分析，中国成功地辨别出了古代稻田，这给我们带来了希望，但我们目前应该注意到的是，爪哇最早关于灌溉的铭文（可能是水稻）只能追溯到公元8世纪（van der Meer 1979: 8-9）。

然而，我们不应该忘记，早在公元前4000年，新石器时代的中国就已经有了稻田灌溉技术，正如上文所说，这可能是第一种引入岛屿东南亚的新石器时代耕作方式。大洋洲的史前人类也有类似的池塘—田地系统，以栽培天南星，他们只有石器，没有役畜。这可能意味着广大的马来—波利尼西亚语系人群在灌溉和水田方面存在共同起源，尽管基尔希和莱波夫斯基（Kirch and Lepofsky 1993）不赞同这个观点。但是，根据里德（Reid 1994）的说法，吕宋岛北部山区水稻农业和梯田的词汇源自原始核心科迪勒拉语（Proto-Nuclear Cordilleran），重建的时间点可能是新石器时代或早期金属时代。但是，该类耕作形式中著名的伊富高（Ifugao）梯田，最有盛名的一块是在巴瑙（Banaue）（Bellwood 2007：图版41），其年代似乎很晚（Acabado 2009）。

291
292

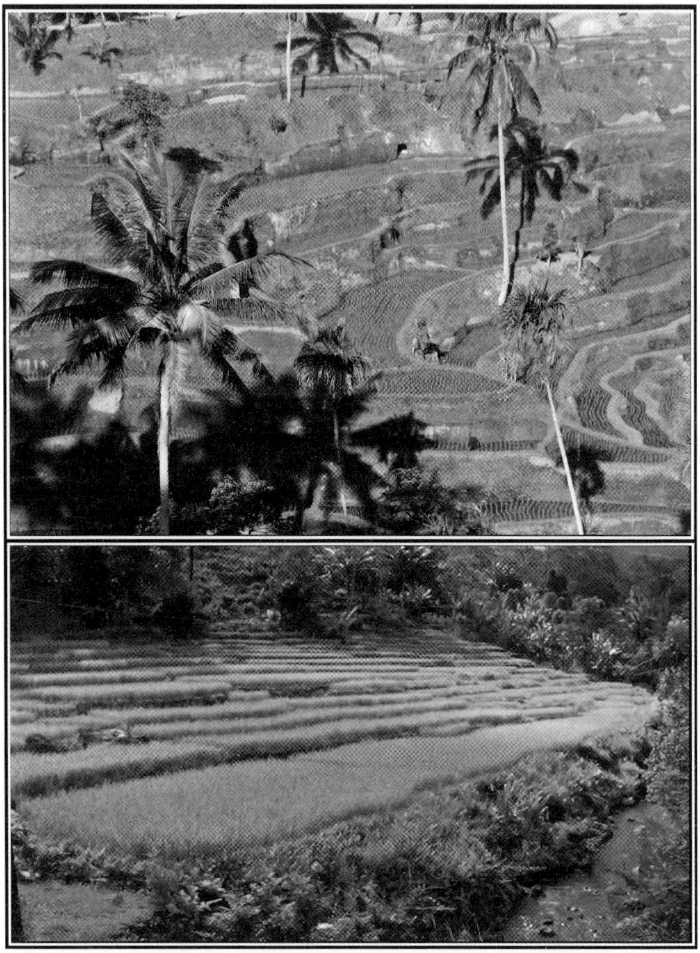

图 8.7　巴厘岛和弗洛里斯岛的现代水稻田

上图：巴厘岛色肯（Ceking）附近的现代水稻梯田（*sawah*），水稻刚刚插秧（2015年）。下图：收获前的梯田，靠近弗洛里斯岛的恩德（Ende）（2015）。资料来源：作者拍摄（另见图版17）

岛屿东南亚的史前稻作及其衰落

　　我们将目光从婆罗洲向东移向华莱士区（Wallacea），就会发现，尽管稻米今天已经成为这里最常见的粮食，但在1950年之前并不重要，而且稻米从未渗透到新几内亚及其周边（Spencer

1966)。为什么新石器人群迁徙到大洋洲时没有携带稻作农业呢？我在《印度—马来群岛史前史》中认为，由于赤道环境天然不适合种植水稻，稻作逐渐衰退。早期南岛人不完全是一支稻作人群，里面也包含有海洋适应或觅食生计的亚群体（Sather 1995）。这些亚群体中的一些人我们推测可能正是乘船远航的那批人，他们本来就没有稻作，而是去开发新的岛屿资源。

杜瓦（Dewar 2003）后来提出了一个气候方面的解释，即越来越不稳定的降雨条件阻碍了稻作通过岛屿东南亚向美拉尼西亚东部的迁移。到目前为止，杜瓦和我都没有看到太多证据表明中国或东南亚大部分地区在稻作兴起之前存在块茎和水果栽培，直到在新几内亚，特别是其高原地区，才公认存在独立发展的水果和块茎种植经济。如上所述，这种新几内亚类型的农业可能会将水果和块茎种植传播到相邻的美拉尼西亚低地，包括印度尼西亚东部部分地区（Donohue and Denham 2010; Lentfer et al. 2010）。但目前这方面的证据还很薄弱。

然而，环境条件是阻碍水稻向东传播的唯一原因吗？毫无疑问，这种谷物在赤道以南的一些非赤道气候岛屿，如爪哇岛和巴厘岛，找到了非常有利的气候和土壤条件继续种植，它一定是越过赤道迁移到那里的。这表明，在南岛迁徙过程的很早阶段，就选择了发芽触发因素对日长不敏感的品种。事实上，没有令人信服的原因可以解释为什么水稻在接近新几内亚时会一下子完全消失。毕竟，如前所述，许多太平洋岛屿的居民开发出了非常集约化的水田栽培方法来种植天南星，新几内亚高地的沼泽水利系统也有着非常悠久的传统，为种植芋头服务。因此，很难想象原因完全是环境因素。

尽管如此，稻作农业对于印度尼西亚东部和美拉尼西亚（包括新几内亚）的巴布亚土著来说可能没有什么价值，尤其是在与当地占主导的块茎和水果园艺植物栽培模式竞争时。巴顿和德纳姆（Barton and Denham 2016）已经指出了这一点。正如佩尔泽（Pelzer 1948: 7）所说，"如果一种植物的引入需要改变传统的栽培方法，那么只有在受到压力的情况下才能接受"。新几内亚人没有谷物农业，依赖块茎和菜果如香蕉和甘蔗为生，这些作物都采用栽培方法繁殖，而不是播种。此外，虽然全新世中期的新几内亚人确实懂得利用沼泽中凸起的台地，并排水控制土地水位，但他们还不会使用美拉尼西亚和波利尼西亚东部岛屿马来—波利尼西亚人群常用的水田方法种植芋头。因此，巴布亚人不采用稻作或许是意料之中。但考虑到许多大洋洲岛屿有适于栽培芋头的水田，故而水稻未与新石器人群一起前往大洋洲的许多处女地仍然令人不解。

我认为这个问题的答案需要从历史过程来考虑，应当与东南亚新石器人群向大洋洲岛屿迁徙的具体路线有关。多年来，人们一直认为（包括我的《印度—马来群岛史前史》一书），迁徙活动大约在公元前1350年源于印度尼西亚东部，最有可能开始于哈马黑拉群岛，并沿着新几内亚北部海岸线到达俾斯麦群岛。如上文所述，其实没有强有力的语言学或考古学证据支持以上图景，而且已经有语言学证据表明，早期马来—波利尼西亚人向东迁移到美拉尼西亚和波利尼西亚时没有经过新几内亚，无论是其沿海还是内陆。从考古学角度来看，拉皮塔文化陶器出现在新几内亚岛的东南海岸，而且年代很晚。印度尼西亚出土类似拉皮塔文化的少量陶片，可能反映了从美拉尼西亚返回的运动，就像沙巴的骷髅山遗址出现的新不列颠和阿德默勒尔蒂群岛的黑曜石一样。这意味着，第一批在俾斯麦群岛（或附近某处）定居的马来—波利尼西亚人穿过的是新几内亚以北的小岛——可能穿过密克罗尼西亚西部或阿德默勒尔蒂群岛。这种跨越广阔大洋的早期运动，可能是水稻未能成功输送到马里亚纳群岛以外大洋洲的原因之一。

在雨林中狩猎采集的农人

岛屿东南亚农业史前史的基本框架和人口密度，并非全都遵循从简单到复杂的路径。婆罗洲和棉兰老岛的一些非尼格利陀人（non-Negrito）走的就是另一条道路，他们从某种形式的农业转向了狩猎采集。我在另外一本书（《最早的农人》——译者注）（Bellwood 2005: 37-39）中讨论了婆罗洲、新西兰南部和北美大盆地的这种转变，这是对不适宜进行农业生产地区的特殊适应。

普南人（Punan）[19]占据了砂拉越内陆和加里曼丹北部内陆的许多森林地区（图4.4）。传统上，他们几个家庭一起居住在临时营地，用吹箭筒狩猎野猪、猴子和其他森林动物，利用生长在海拔1 000米以下的小型野生旱地棕榈（*Eugeissona utilis*），采集野生红毛丹、榴莲和山竹。[20]如今，大多数普南人生活在定居村落，在山坡上采用轮种方式种植玉米和木薯，并使用步枪和40马力的舷外马达。但正如我在2014年与印尼考古学家维达·库斯马托诺（Vida Kusmartono）一起考察卡普亚斯河（Kapuas River）源头时看到的那样，他们仍然非常热衷于在雨林营地捕猎野猪和其他森林动物。

在语言方面，普南人之间没有明显的统一性；许多群体似乎与附近的农业人群关系密切，霍夫曼（Hoffman 1986）特别强调过这一点。在民族志中，许多普南群体收集森林产品，如蜂蜡、鸟巢、樟脑和藤条，用于和农业群体贸易，这往往使得他们与居住在长屋中的肯亚（Kenyah）和卡扬（Kayan）等农业等级社会建立起密切的联系。这种密切的联系可能造成一些普南社会发生了文化适应，如偶尔种植作物（Nicolaisen 1976）、炼铁和头人制度（Arnold 1958），都是证明。这些特征可能反映了一个事实，即普南人一直徘徊在定居园艺和森林狩猎采集之间，只有部分群体完全回到后一种经济模式。

自1985年《印度—马来群岛史前史》第一版面世以来，普南人的案例在关于赤道雨林深处狩猎采集者的讨论中成了一个重要对象（见第五章）。如果今天的尼格利陀人（婆罗洲没有这类人群）是马来半岛和菲律宾古代和前农业时代森林觅食者的后裔，那么普南人又是谁？他们是尼格利陀人那样"天生的（genuine）"狩猎采集者，还是（据我推断）从半农人转变而来的觅食者？根据霍夫曼（Hoffman 1986）的观点，普南人最初是一群商人性质的狩猎采集者，与农业人群从事贸易，实际上他们自身也源自农业人群。塞拉托（Sellato 1994）则提出了截然相反的观点，即普南人一直是狩猎采集者，直到很晚才与农耕人群发生联系。

像克利福德·萨瑟（Clifford Sather 1995）一样，我更倾向于折中的观点。如果第六章中描述的早期南岛社会的语言重建是正确的，那么很明显，在印度尼西亚没有普遍发生早期南岛人放弃农业转向狩猎采集的情况。与菲律宾的尼格利陀人不同，普南人可能从更新世起就不再是觅食者。然而，正如塞拉托所说，南岛人最初向马来群岛的扩张可能带来了以农业、渔业和采集为基础的混合经济。随着南岛人继续向河流上游前进，渗透到婆罗洲的热带雨林，他们拥有了大量棕榈和各种动物资源，一些人群尤其是那些已经习惯于沿海觅食经济的群体，可能会倾向到上游地区转向流动觅食生活（Brosius 1988）。另外一些人可能是逃避农业村落仇杀的难民，正如白乐思最近（Blust，待刊）所说的那样。从这个角度来看，普南人（Punan/Penan）一直与农耕人群保持一定接触，但自身是自给自足的觅食者，而不是霍夫曼所说的觅食者兼商人。

此外，如果普南人的适应方式与南岛人农业传统完全无关，那么我们在婆罗洲的内陆雨林中应该随处都能发现独立的普南人群，但实际上却并非如此。普南人的分布范围非常有限（图4.4），只生活在农业社会附近。这里还有必要提到，在婆罗洲中部和北部的内陆，过去和现在都有大片无人居住的雨林，偶尔只有猎人来此，农人和普南人都不生活在这里。我认为，除了将普南人视为南岛农业人群的伙伴，二者携手沿着河流渗透到雨林地带之外，别无其他解释。

同样不容忽视的是，所有普南人都是近代亚裔，就像大多数菲律宾人和印度尼西亚人一样。普南人皮肤颜色较浅，有黑色的直发（图4.2c）。早在新石器时代之前，人类已经进入了婆罗洲的偏远内陆地区，从头骨形态判断，可能是澳巴人或尼格利陀人，但没有可供鉴定的人骨遗骸，在现代人类中几乎找不到相似的表型。极有可能的是，婆罗洲内陆深处的更新世和全新世早期觅食者数量很少，比马来半岛或菲律宾少得多，而后者距离全新世海岸线要近得多。

事实上，我们现在有一些重要的考古证据，可以让我们了解普南人的史前史。维达·库斯马托诺（Vida Kusmartono）最近在卡普亚斯河上游霍汶安（Hovongan）地区发掘了两个洞穴遗址，一处名为丹考（Diang Kaung），另一处名为丹巴鲁（Diang Balu），沃姆和哈托利认为霍汶安这两处遗址属于普南人（Wurm and Hattori 1983：地图41）。在这两个洞穴中，狩猎者们留下了从距今1.4万年到距今1万年之间短暂的考古遗存，这与旧石器时代晚期尼亚洞的主要阶段相当。之后进入文化空白期，直到公元前1000年，才有少量新石器时代陶器出现在丹考（Fage and Chazine 2010: 38）。附近一个名为南迦巴朗（Nanga Balang）的旷野遗址也发现了陶器，但数量多得多。在公元500年之后，尤其是公元1500年之后，这两个洞穴的堆积达到了最厚，当时霍汶安人可能在该地区过着狩猎生活，会使用铁器和陶器。丹巴鲁遗址的一个窖穴出土了大量稻壳，年代为公元1500年，但这些稻米到底来自哪里，是霍汶安人自己的产品还是来自其他农业社会，现在仍不确定。[21]

综合考察卡普亚斯河上游地区这些考古遗址的资料，很难断定霍汶安人是旧石器时代觅食者的直系后裔。这里的旧石器时代觅食者在一万年后已经消失了，之后的大部分时间里，这些洞穴都没有人居住。更有可能的是，霍汶安人是在新石器时代进入该地区的，他们曾经是讲马来—波利尼西亚语的低地农人。

比较一下棉兰老岛的塔萨代人（Tasaday），关于普南人部分来自农业人群的观点就更有说服力。塔萨代人是一个觅食者群体，他们于1970年被"发现（discovery）"，受到媒体的广泛关注。[22]塔萨代人生活在棉兰老岛热带雨林深处海拔约1 300米的洞穴中，1972年的时候，这个群体拥有13名成人和14名儿童（包括12名男孩和2名女孩，女孩存活率很低）。这一群体的文化被人们非常简单地描述如下：流行一些常见的南岛习俗，如文身、嚼槟榔和拔牙，但不狩猎，没有篮子等携带物品的工具，没有弓箭，只使用打制或磨刃石器。食物主要是水果、野生山药（山药在收获后将其顶端切下重新种植）、蛴螬、鱼和青蛙。

自从被世人发现以来，关于塔萨代人的争议不断，许多学者声称他们是人为制造的"冒牌货（fakes）"，是菲律宾马科斯当政时代与木材和采矿公司有利益关系的政客勒令他们进入洞穴的（不同观点的具体内容见Headland 1992）。然而，我更愿意与劳伦斯·里德（Lawrence Reid）和白乐思站在一起，把塔萨代人视为一种货真价实但却很晚才转型的觅食者，也许是因为一场世仇或瘟疫，才导致他们的先人逃离故土并隐藏在雨林中。从语言来看，塔萨代人讲的是附近农人使用的马诺博语（Manobo）的一种方言，二者的分离似乎发生在西班牙殖民者抵达菲律宾之后（Reid 1992；Blust 待刊）。塔萨代人之所以引起人们的兴趣，是因为他们展示了避难生活方式在史前史上的重要性，以及在雨林环境中从粮食生产者转变成纯粹的觅食者是多么困难。

岛屿东南亚新石器时代的家畜

特邀撰稿人

菲利普J.派珀（Philip J. Piper）

公元前2500年至公元前1500年之间，人类从中国南部和台湾岛迁徙到东南亚，带来了新的定居形态和多种多样的物质文化。传统上，人们认为，这些早期的南亚语系或南岛语系人群将三种家畜——猪、狗和鸡——"打包（package）"引入了东南亚。然而，目前没有证据支持这种绝对的观点，也没有任何强有力的证据表明，除了狗之外，这些动物中的任何一种在公元前2500年之前到达了岛屿东南亚（台湾岛除外）。最近的遗传学和动物考古研究表明，家畜传入岛屿东南亚存在多条途径。

猪和狗

在大陆东南亚，越南新石器时代定居聚落中发现了家猪和狗，年代是从公元前2200年到前2000年（Bellwood, Oxenham et al. 2011; Sawada et al. 2011）。岛屿东南亚所有的家猪可能都源于中国中部的长江或黄河流域，但在各区域间交流时，通过渐渗捕获获得了特定的线粒体DNA特征。岛屿东南亚存在两种独特的单倍型，表明家猪的地理传播途径肯定不止一条。其中一种单倍型被称为太平洋分支，记录了猪从中国南部或越南北部经印度尼西亚进入大洋洲的传播路线（Larson et al. 2010）。在公元前二千年中后期（Larson et al. 2007），它出现在摩鹿加群岛的乌塔姆迪（Uatamdi）、弗洛里斯的布亚洞（Liang Bua），以及美拉尼西亚的拉皮塔（Lapita）遗址。在公元前1100年，出现在班达群岛的艾岛（Pulau Ai）（Lape 2000）。在瓦努阿图的特乌马（Teouma）遗址出土的太平洋分支的猪和波利尼西亚鸡（见下文），其年代都在公元前1000年至公元前700年（Petchey et al. 2015）。

　　第二条路线经过菲律宾。大约在公元前2000年，家猪出现在卡加延河谷的那格萨巴兰旷野遗址，至少在公元前1200年出现在巴丹群岛（Amano et al. 2013; Piper et al. 2009; Bellwood and Dizon 2013）。这些猪与台湾岛的新石器时代家猪有明显的相似之处（Hung et al. 2011），但现代和古代的基因证据表明，它们并非直接起源于台湾岛，而是经过了与台湾本岛和菲律宾群岛之间兰屿上的野猪渗入或混合，或是从其他未知来源引入的。它们与太平洋分支没有关系。目前没有证据表明兰屿猪在史前时期曾被输送到菲律宾群岛以外的地方（Larson et al. 2007）。

　　除上述内容外，猪骨形态分析表明，公元前1500年，西苏拉威西卡伦邦地区的米南加西帕科和卡马西遗址出现了东亚起源但线粒体DNA单倍型未知的家猪（Anggraeni et al. 2014; Linderholm et al. 资料尚未发表）。卡马西晚期遗存（公元前1000年后）中发现一颗猪臼齿，具有太平洋分支特征。但是，如果不能在菲律宾、婆罗洲、爪哇和苏拉威西岛找到更多的古DNA样本，家猪输入岛屿东南亚的确切时间和路线仍难以确定。

野狗一直是研究犬科动物引入岛屿东南亚的主要关注对象,因为考古学和遗传学数据表明,至少在公元前1500年,野狗就已经迁移到了澳大利亚。奥斯卡森等人(Oskarsson et al. 2011)提出野狗的血统起源于中国南部,并提出了一条野狗穿过大陆东南亚和印度尼西亚的迁徙路线,类似于太平洋分支猪的迁徙之路。萨克斯等人(Sacks et al. 2013)提出了一个更为复杂的假设,即第一批狗可能来自新石器时代之前的南亚(但没有指明起源地),后来在席卷整个东南亚的农业人群扩张过程中被取代。他们认为,与台湾岛相比,野狗更可能起源于亚洲大陆,尽管也不能完全排除后者的可能性。萨沃莱能等人(Savolainen et al. 2004)认为,澳洲野狗可能是在南岛扩张时期引入该地区的。台湾岛南关里和南关里东遗址出土了整具狗骨,年代在公元前2800年至前2200年,这表明在菲律宾群岛出现狗之前,台湾岛西南部存在狗的潜在来源(Hung and Carson 2014)。

关于岛屿东南亚的狗,最早的记录是吕宋岛北部佩纳布兰卡(Penablanca)地区卡亚俄(Callao)洞穴中出土的第三左距骨,用木炭测定的年代约为公元前1500年(Mijares 2007; Piper et al. 2013),还有巴拉望岛帕辛巴汉(Pasimbahan)洞穴中的狗枕骨残骸,年代在公元前1700年左右(Ochoa et al. 2014)。卡马西遗址出土了残碎的骨头,间接表明可能有狗的存在,年代可以追溯到公元前1500年,但确凿无疑的完整狗骨在公元前1000年以后才出现。摩鹿加群岛的乌塔姆迪遗址出土了狗骨,年代约为公元前1200年(Hull 2014)。在帝汶的马贾库鲁(Matja Kuru)2号洞穴发现了一具完整的狗葬,测年为公元前1000年左右(Veth et al. 2005)。

生物特征分析表明,帝汶狗与东南亚和太平洋岛屿上史前和当代的"柴犬（village dogs）"形态相似（Gonzalez et al. 2013）。这些柴犬的形态似乎与澳大利亚野狗不同，可能有完全不同的血统和来源。这与萨克斯等人（Sacks et al. 2013）根据现代基因数据得出的结论非常吻合，即在公元前1000年之前，有两种不同的狗引入，一种到达澳大利亚，另一种通过岛屿东南亚传播到了大洋洲。太平洋地区显然没有野狗，证明这肯定是一个外来输入事件，菲利奥斯和塔贡（Fillios and Tagon 2016）最近主张狗是新石器时代之前从苏拉威西引入澳大利亚的。但对野狗起源和迁徙路线的解释，仍然缺乏来自整个岛屿东南亚考古资料和古DNA样本的支持。东南亚柴犬似乎被引入了大洋洲，但拉皮塔文化早期遗址中没有狗，这表明它们到达美拉尼西亚的时间比猪和鸡要晚（Anderson 2009）。

鸡

从公元前1800年起，泰国中部和北部的新石器时代聚落就有了鸡，鸡可能就是在那里驯化的（Storey et al. 2013）。因此，鸡可能是从泰国转移到越南和马来半岛，通过印度尼西亚西部被输送到岛屿东南亚。鸡的线粒体DNA基因单倍型群D中的现代印度尼西亚单倍型和猪的太平洋分支都可以在东南亚大部分岛屿和大洋洲找到，可能是由拉皮塔文化人群引入的（Larson et al. 2007；Herrera et al. 待刊）。

菲律宾新石器时代考古仍然没有发现鸡骨实物，但在菲律宾的现代鸡中发现了线粒体DNA单倍群D中的第二个单倍型，被称为波利尼西亚分支或"南岛鸡"，而在岛屿东南亚其他地方都没有发现（Herrera et al. 待刊）。瓦努阿图的特乌马（Teouma）拉皮塔文化遗址有此鸡的单倍型，碳十四年代在公元前1100至公元前700年之间，证实了该单倍型的古老性（Thomson et al. 2014; Petchey et al. 2015）。它的地理分布表明是从菲律宾北部直接进入所罗门群岛和瓦努阿图的。此外，这种鸡的单倍型群是唯一一个从瓦努阿图迁移到包括波利尼西亚在内的远大洋洲（Remote Oceania）的单倍型群。

　　瓦努阿图兼有印度尼西亚鸡和波利尼西亚鸡的线粒体DNA单倍群D分支，但继续向东，则没有发现前者，这意味拉皮塔文化区的鸡群是交错抵达的。据推测，波利尼西亚分支是在印度尼西亚分支到达之前从菲律宾带到远大洋洲的（Herrera et al. 待刊；另见Anderson 2009）。在特乌马遗址最早的堆积中同时发现了太平洋分支猪和波利尼西亚分支鸡（Hawkins 2015），这增加了家畜在极短时间内从两个或更多来源抵达瓦努阿图等美拉尼西亚群岛的可能性。

299
300

牛

　　目前，关于牛的驯化以及如何引入岛屿东南亚的情况知之甚少。系统发育研究表明，家养沼泽水牛可能源于4 000年前中国的野生水牛（*Bubalus arnee*）（Yang et al. 2008）。牛的驯化一般认为最早发生在公元前8500年左右的西亚，由此产生了没有背瘤的黄牛（*Bos taurus*），而有背瘤的印度瘤牛（Bos indicus）驯化于公元前6500年左右（Zhang et al. 2013）。在泰国东北部的新石器时代遗址能诺他（Non-Nok Tha）和班诺瓦（Ban-Non Wat），发现有驯化的瘤牛和种类不明牛的骸骨，年代在公元前1500年左右（Higham and Leach 1972; Kijngam 2011），但在越南新石器时代考古中至今还没有发现。目前，岛屿东南亚新石器时代晚期或金属时代早期驯化牛的唯一可靠记录来自吕宋岛的那格萨巴兰遗址,那里的水牛骨骼在公元前500年后已经很常见(Amano et al. 2013)。很可能水牛在此之后迅速扩散开来。

人们对山羊进入岛屿东南亚的时间和路线知之甚少,一般认为,印度、缅甸、泰国、马来西亚和印度尼西亚之间的海上贸易导致了大约公元前400年家养山羊(可能还有瘤牛)的迁移。山羊也可能从中国南部来到岛屿东南亚,但目前在大陆东南亚尚没有青铜或铁器时代山羊的考古发现。在巴丹群岛上的阿纳罗(Anaro)、帕马扬(Pamayan)和萨维迪格(Savidug Ijang)遗址发现了最早的山羊遗骸,可能来自中国,年代已经到了公元1000年以后(Piper et al. 2013)。

在岛屿东南亚,格洛弗(Glover 1986)报道了公元前500年后帝汶埃波博(Uai Bobo)1号和2号洞穴中的山羊遗骸。在巴厘岛北海岸的八春(Pacung)和塞姆比兰(Sembiran)遗址发现的山羊骨骸,年代已经到了公元前200年,与来自印度次大陆的滚印纹陶器(Rouletted Ware)共存(Calo et al. 2015)。根据目前的证据,山羊可能至少两次被引入岛屿东南亚:第一次是从印度到印度尼西亚西部,第二次是从中国到菲律宾。

文化背景下的家畜

在新石器时代的岛屿东南亚,家畜的社会和经济重要性在一定程度上体现在动物考古记录中出现的频率,以及动物死亡前后的处理方式上。例如,在菲律宾北部的那格萨巴兰遗址,与野猪相比,家猪骨骸出现的频率较低,这意味着饲养家猪不仅仅是为了食物,相反,它们可能扮演了重要的社会和意识形态角色,因此只有在特定的政治或仪式场合才会被宰杀。那格萨巴兰狗的角色也很明显。一些狗骨上的切割痕迹表明屠宰和食用,但有一具公元前500年的完整狗葬,可能体现出当时人类对猎犬或家犬的情感依恋(Amano et al. 2013)。

新石器时代的渔业

深海捕鱼和远洋航行可能也是源于台湾岛和菲律宾群岛北部的新石器时代文化。例如,在台湾岛南部的鹅銮鼻遗址,有证据表明当地社会至少在公元前1700年就已经发展出专门技术去捕捞大型远洋鱼类。鹅銮鼻遗址发现的大量鱼骨主要是游速很快的大型食肉鱼类,如旗鱼、金枪鱼和海豚,以及大鲨鱼和深海石斑(Li 2002;Campos and Piper 2009)。捕捞这些鱼类需要载有多人的船只和娴熟的航海技术,使用类似史前密克罗尼西亚人和波利尼西亚人的那种拖曳式饵钩。鹅銮鼻遗址的居民主要使用鹿角和鹿骨制作一系列捕鱼设备,包括一体式鱼钩、组合式鱼钩或拖钩,以及双刺吞钩(fishing gorges)。

公元前500年之前,岛屿东南亚唯一一个专门捕捞远洋洄游鱼类的遗址是巴丹群岛沙坦岛的萨维迪格,那里的屠宰和加工证据表明,纵向分割海豚并将其晾干的技术至少可以追溯到公元前1000年(Campos 2013)。

新石器时代迁移(Translocations)

有确凿证据表明,公元前1500年后,一系列野生和家养动物从亚洲大陆和巽他群岛向东穿过了华莱士线。其中包括几种鼠类,它们可能是在人类穿行岛屿之间时搭了便车,也可能是作为食物资源有意携带。其他的“偷渡客”可能还包括亚洲壁虎(Hemidactylus frenatus)、麻雀(Passer domesticus)和亚洲树蛙(Kaloulapulchra)等。一些物种被人类有意带来,可能是为了充实资源贫乏的华莱士群岛上的物种，包括爪哇三趾鹿（*Rusa timorensis*）、西里伯斯疣猪（*Sus celebensis*），以及北方常见的袋貂 [灰袋貂（*Phalanger orientalis*），可能来自新几内亚]。还有一些可能是出于其他原因引入的，比如捕鼠的灵猫。海因松（Heinsohn 2003）列了一个清单，包括 58 类来自东方和印度—马来半岛的动物，指示出岛屿东南亚和澳大拉西亚的人们输入野生动物的多样性，但这些动物输入的时间还未有定论（见第五章）。

关于岛屿东南亚新石器时代的总结

　　我再次强调，新石器时代在创造今天东南亚大部分民族和语言方面发挥了巨大的作用。磨光红陶的传播，以及后来增加的独特的刻划纹和拍印纹，似乎标志着在公元前第二个千年，新石器人群从菲律宾向南扩散到印度尼西亚中部和东部，并迅速越过新几内亚北部海岸线进入大洋洲的遥远岛屿。与这种陶器一起传播的还有许多其他物质文化，包括石锛和树皮布石拍，但人类进入太平洋之后，一些技术逐渐消失，包括陶器和纺织。随着人们接近赤道地区，种植稻米的气候条件愈来愈不利，同时他们遇到新几内亚地区经济方式完全不同的土著居民，于是也开始选择了非谷物系统的食物生产和植物栽培，而放弃了种子作物的种植。

　　与此同时，以及在此之后，一些来自新几内亚巴布亚人居住区的西太平洋农业人口（他们与亚洲新石器时代移民的基因不同）扩散到东印度尼西亚和美拉尼西亚群岛，在这个过程中许多人采用了马来—波利尼西亚语。在所罗门群岛以外的美拉尼西亚群岛，人口扩散与第一批波利尼西亚殖民者的到达有关，据推测这些殖民者说的是马来—波利尼西亚语（Skoglund et al. 2016）。

　　印度尼西亚西部新石器时代的面貌仍然不太清楚,但在苏门答腊岛的哈里茂洞遗址,也可以观察到类似中国大陆、台湾岛和美拉尼西亚岛发生的那种人口变化。相关证据主要是具有澳巴人种颅面形态的土著居民与亚洲新石器时代移民(第五章)之间的混合,后者最终在岛屿东南亚的北部和西部地区占据了主导地位。与这种体质形态变化相关的是,葬式从无随葬品的屈肢葬转变为随葬陶器和装饰品的仰身直肢葬。在岛屿东南亚东部,随着时间的推移,演化趋势有所不同,如第四章所述,代表土著的澳巴基因组仍然占主导地位。亚洲分布区和澳巴分布区之间的过渡带非常接近阿尔弗雷德·拉塞尔·华莱士(Alfred Russel Wallace)在19世纪60年代划分的华莱士线(图5.1)。

　　岛屿东南亚可能也存在与大陆东南亚南亚语系人群的交流,但除了婆罗洲西部和苏门答腊南部有些可能性之外,我几乎看不到有什么证据直接表明他们之间有什么密切关系。在台湾岛和菲律宾群岛的新石器时代文化到来之前,确实没有证据表明大陆东南亚的新石器时代文化广泛输入了印度尼西亚。然而,正如菲利普·派珀(Philip Piper)所说,家猪和鸡的存在表明和大陆东南亚存在一定联系,尽管交流规模有限,无法在泰国—马来半岛和尼科巴群岛之外形成新的南亚语系人群和语言层。

注释

1. 本节关于作物、园艺和植物栽培系统的资料参见: Barton and Denham 2016; Bellwood 2011b; Denham 2013; Gunn et al. 2011; Spencer 1966。

2. 伊班族陶器见 Freeman 1957;马来族陶器见马来西亚怡保霹雳州博物馆藏品。

3. 木棺还见于苏比斯山的乌布洞(Kain Hitam),明显属于早期金属时代。乌布洞以其赭红色人像和船只壁画而闻名,时代不明。

4. 在2009年印度—太平洋史前学会（IPPA）大会（河内）时与伊维特·巴利戈（Yvette Balbaligo）的个人交流。

5. Ipoi 1993; Ipoi and Bellwood 1991; 以及其中引用的一些早期资料。

6. 本书没有讨论西马来西亚新石器时代考古，因为马来半岛不属于岛屿东南亚。马来半岛新石器时代延续下来的人群仍然说亚斯里语（Aslian）（属于南亚语系）[关于塞芒人（Semang）和色诺人（Senoi）的情况，见Bellwood 1993, 2007]。

7. 公平地说，布伦奇只是认为南亚语系人群到了砂拉越西部很有限的一块地方（Roger Blench 2010：图1）。

8. Bellwood 1976, 1981; Tanudirjo 2001.

9. 彼得·拉普（Peter Lape）和熊仲卿（Shiung Chung-ching）（在2009年河内IPPA会议上的个人交流）也注意到，艾岛（Pulau Ai）遗址出现了口沿高而束颈的磨光红陶器，与巴丹和吕宋卡加延河谷新石器时代早期文化的陶器口沿一样（图8.3），此外还有一块环形拍印纹饰的陶片。

10. Bellwood and Koon 1989; Bellwood 1989; Chia 2003.

11. 这类环形齿状/点状拍印纹饰陶器还见于北苏拉威西内陆的曼西里（Mansiri）遗址，年代可能是公元前1000年（与Christian Reepmeyer的个人交流）。在这个案例中，拍印区域被红彩水平条带隔开，风格与瓦努阿图维罗岛（Vao）的拉皮塔陶器非常相似（Bedford 2006）。这一观察结果的意义仍需进一步探索。

12. 维基百科（https://en.wikipedia.org/wiki/Bada_Valley）很神秘地告诉读者这些雕像的年代属于公元14世纪。我不知道这个数据是怎么来的。

13. 在此，我必须感谢澳大利亚墨尔本的德里克·里德（Derek Reid）。他是一位业余考古学家，参加了1990年在马来西亚日惹（Yogyakarta）举行的印度—太平洋史前学会大会，以及后来举行的几次大会。他给了我他和妻子玛格丽特在1983年考察巴达（Bada）和贝索亚（Besoa）山谷岩画时拍摄的35毫米幻灯片的复制件。我还必须感谢一位匿名人士，他大约也是在1990年的时候来到我的办公室，让我拍摄了图版10c所示的陶制人像。他在苏拉威西购买了它，据说这件文物来自卡伦邦地区，但我现在想不起这位先生的名字了。

14. Burley 2013（考古学）; Valentin et al. 2015（体质人类学）; Skoglund et al. 2016（遗传学）。

15. 相关总结见：Flenley 1985a, 1985b, 1988; Maloney 1985, 1994。

16. 关于砂拉越科拉比（Kelabit）高地的资料见：Flenley 1988; Stuijts 1993; and Jones et al. 2016。

17. 例如，Sémah et al. 2003 对中爪哇安巴拉瓦（Ambarawa）的调查，Stevenson et al. 2010 对吕宋北部北伊罗戈（locos Norte）帕瓦伊湖（Paoay Lake）地区的调查。

18. Lentfer et al. 2010; Gunn et al. 2011; Denham 2011.

19. Punan（普南）人也被称为 Penan 人，见 Needham 1954. Sellato 2007 消除了这种差别，将其统称为 Pnan 人。

20. Hose and McDougall 1912; Sellato 1994; Sather 1995.

21. 维达·库斯马托诺（Vida Kusmartono）目前在澳大利亚国立大学（ANU）使用该材料进行博士论文的研究。见 Kusmartono et al. 2016。

22. Fernandez and Lynch 1972; Nance 1975; Yen and Nance 1976. 据南希（Nance）记录，一个塔萨代人称，他们的祖先当年是为了逃避瘟疫才来到这里的。

303
——
304

第九章　岛屿东南亚的早期金属时代与文化交流

　　岛屿东南亚早期金属时代的兴起与来自南亚、越南、泰国和中国的新技术、原材料和贸易货物的输入有关。最早开始于铜器(红铜或青铜[1])的引入,例如在苏门答腊南部的哈里茂洞(Gua Harimau)(Simanjuntak 2016),发现了公元前600年至前300年之间的墓葬,随葬有銎铜斧和铜镯。到公元前3世纪和公元前2世纪的时候,红铜/青铜和铁制品在岛屿东南亚大部分地区已经普遍存在(Calo et al. 2015)。早期金属时代一直延续到印度语(梵语)铭文和最早印度宗教建筑的出现,这些建筑的年代大约在公元3世纪到5世纪。随着青铜和铁器技术一同而来的还有南亚的装饰品,尤其是由黄金、玻璃、玛瑙和玉髓制成的珠子,以及受到希腊世界和罗马帝国影响的滚印纹陶器(Rouletted Ware)。新引入的南亚动植物品种包括龙爪稷(finger millet,原产于非洲)、绿豆等豆类、芝麻、山羊,可能还有瘤牛。在公元第一个千年期间,还从南亚引入了棉织品和长粒籼稻(Castillo et al. 2015; Castillo et al. 2016)。

　　尽管在这一时期之前,岛屿东南亚已经广泛发生过马来—波利尼西亚移民运动,但本阶段显然再次发生了一波重大移民活动,即占语人群向越南、马来语人群向苏门答腊和马来半岛,以及马尔加什语(Malagasy)人群向马达加斯加的迁徙。从语言来看,以上这些人群明显都来自婆罗洲(第六章)。从考古方面来看,菲律宾中部和南部与越南也有联系（Favereau and Bellina 2016）（图9.1）。早期金属时代，人口和贸易向东流入摩鹿加群岛和美拉尼西亚西部，包括新几内亚。根据基因证据，有少量印度男性来到了美拉尼西亚西部群岛（Kusuma et al. 2016）。

　　在东南亚史前史中，早期金属时代仍然是一个相当新的概念，近50年前乔治·科德斯（George Coedès 1975: 7）对东南亚进行全面考察后承认："在大多数情况下，从新石器时代晚期到最早的印度遗迹之间不存在过渡期。"在一定程度上，科德斯可能是对的，因为今天博物馆中许多未测年的"早期金属时代"器物和其他遗

312
313

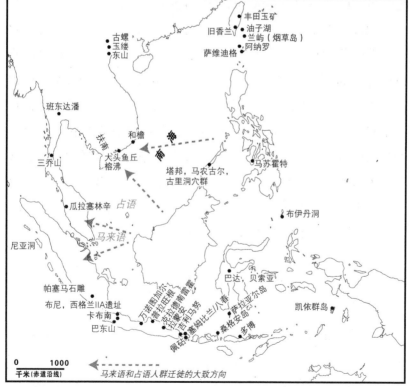

图9.1　东南亚早期金属时代遗址的分布（可能反映出马来人和占人祖先的迁徙路线）

存都可能是在印度教和佛教在精英阶层中确立很久之后制造的，但由于缺乏文献记载和测年数据，这一点往往很难证明。

但并不是早期印度文化时期（公元300/500年后）所有的东西一定都打上了"印度制造（made in India）"的标志和文化烙印。很明显，直到相当晚近的时候，在非印度化的大量人口中，印度化前风格的金属以及其他材料制作的器物一直在生产和使用。对于菲律宾、婆罗洲大部分地区以及印度尼西亚的许多东部偏远地区来说，早期金属时代文化一直延续到了西方殖民时代。比如东爪哇或巴厘岛制造的小铜鼓（moko），东努沙登加拉的东弗洛里斯、潘塔尔（Pantar）和阿洛尔（Alor）等岛屿的村庄一直使用这些东西支付婚礼的费用（Du Bois 1944; Calo 2014）。

313
314

因此，早期金属时代（在印度尼西亚也被称为古金属时代）将新石器时代晚期与早期历史时期联结了起来，因为每个区域的具体情况不同，其时间跨度总体为500～1 000年。鉴于各个地区差异巨大，而且很难知道不同地区的金属手工业生产（而不是进口外来物品）开始的准确时间，我认为目前尚没有必要建立一个早期金属时代的具体年表。尽管如此，岛屿东南亚的早期金属时代仍然十分辉煌，不仅是因为出现了新的技术，还因为它与古代世界一些最伟大的文化实体，包括罗马、帕提亚、孔雀王朝、巽伽王朝（Sunga）、贵霜和中国汉朝，处于同一时代并共同发展。

岛屿东南亚冶金术的到来

近年来在泰国东北部和越南开展的众多考古项目初步揭示出，大陆东南亚青铜技术的到来是在公元前1300年至前1100年期间，铁器技术的到来是在公元前500年左右（Higham 2014）。这意味着大陆东南亚和欧亚大陆其他很多地区一样，有着连续的青铜和铁器时代，但在岛屿东南亚，尚未明确建立起这种文化的发展序列。[2]

东南亚红铜/青铜技术的最初源头可能是中东，青铜时代中国的西部和中部则是中间媒介；而印度和中国，都可能是东南亚后来冶炼和锻造铁器技术的来源地（Bellina and Glover 2004）。哈里茂洞遗址最新发现有铜金属，年代稍早，除此之外，过去的考古证据都支持青铜和冶铁技术是同时进入岛屿东南亚的，大约在泰国北部和越南青铜时代开始后500～1 000年。但是这里，我们必须小心辨别外来金属物品的进口和冶金知识实际到来以及寻找和开采矿产基础设施的出现。岛屿东南亚开始"本土（on the ground）"炼铁和冶铸红铜/青铜的具体时间尚不确定，但在印度尼西亚、菲律宾群岛和台湾岛等地发现的用于铸造斧头等物品的范模表明，这个时间大约是在2 000年前。

冶金术出现的这个年代（而非金属制品输入的年代），恰是占语人群和马来语人群从婆罗洲扩散到越南和马来半岛海岸的年代，即公元前后，说明冶金术就是在这个过程中传入岛屿东南亚的。这也是越南铜鼓开始输入岛屿东南亚的时期。我很想说，早期金属时代这种从岛屿到大陆（毫无疑问也包括从大陆到岛屿）的人类迁徙事件与冶金知识传播之间的关联，绝非巧合。[3]青铜和冶铁技术的引入，首先需要一批掌握必要生产知识的熟练工匠。以前只知道在篝火中烧制陶器的人，如果没有外来指导，很难转型到使用窑炉、坩埚和风箱的高温冶金行业。

在铁器时代之前，大陆东南亚发现的红铜和青铜器包括有銎斧和有骹矛、有铤矛和镞，以及其他小物件，如刀、鱼钩和手镯等。这类器物大多数都可以使用陶质或砂岩合范铸造，如果需要做出一个插槽，则置入一个楔子。越南北部的东山文化，因其大规模的青铜器制作活动，对于我们的研究具有相当重要的意义（Pham

2004）。岛屿东南亚发现的最早的红铜/青铜器物通常是东山风格的，而非直接受到印度或中国的影响，但也不排除冶金知识从越南最南端以及泰国—马来半岛进入印度尼西亚的可能性。

越南北部原史时期的东山文化古典阶段始于公元前500年至公元前300年之间，青铜制品包括上面列出的众多实用器，以及制作精美的黑格尔I型铜鼓（图9.2、9.3）、人形柄短剑、铜桶，所有铜鼓都是使用失蜡法（cire perdue）制作的。越南北部最早的典型东山铜鼓，被艺术史家称为黑格尔I型铜鼓，装饰人物、动物和几何纹条带（图9.2）（Bernet Kempers 1988; Pham 1990）。这种装饰后来出现在所有黑格尔I型铜鼓上，包括出口到印度尼西亚的铜鼓，但经过了相当大的简化和改造（图9.3）。

0 ___ 5 厘米

图9.2 越南北部黑格尔I型铜鼓玉缕鼓的鼓面装饰

艺术史家认为这种装饰清晰的鼓是原始类型，而"杂乱（scrambled）"的纹饰设计是后来出现的。该鼓直径79厘米。资料来源：Pham（1990：5），河内社会科学出版社

图9.3 黑格尔I型萨拉亚尔鼓的俯视图和侧视图

有独特的大象和孔雀装饰条带,孔雀之间是河船图案,鼓身中间条带是行进中的战士队伍。鼓面直径103厘米,鼓高92厘米。资料来源: Schmeltz 1904

越南北部最早的铁器,也出现在东山文化时期,可能来自中国。汉朝统治范围向南延伸到了越南顺化,此时正是东山文化的后期阶段,这意味着越南北部和中部的一些遗址肯定有来自中国的物品,包括大量的铁器。但是,这些发现并不能用来证明东山文化的青铜技术整体源于中国中部华夏王朝(商周秦汉,从大约公元前1500年至公元前200年)的观点。地方性创造充分表现在铜鼓、铜桶和铜斧的风格上，再加上非常重要的失蜡法（这项技术在中国当时很少使用），非常清楚地表明，包括越南北部、中国广西和云南的越孟语（属于南亚语系）和泰语人群，在早期金属时代都拥有重要的青铜技术传统，并对东南亚其他许多地区产生了巨大影响。

316
317
　　越南北部的东山文化还有其他一些值得注意的特点。这个社会的经济基础是集约化的水稻生产，大概是依靠雨水或水利灌溉的水田，使用犁和水牛耕种，这支撑了人烟稠密、防卫严密的聚落的兴起，比如河内附近著名的古螺城（Co Loa）（Kim 2015）。强化生产供养了一个上层统治阶级，在许多遗址发现了随葬品丰富的墓葬，通常使用独木制作的棺材或者船棺，后者就像黑格尔I型鼓和铜桶器身描绘的猎头活动所使用的船只（Bellwood et al. 2007）。这些社会精英有能力支持在众多精神文化领域进行一定程度的手工业专门化生产。因此，毫不奇怪，像铸造辉煌的黑格尔I型铜鼓这样的专业化产品，以及制作其他青铜工具和武器所需的技术，一定会强烈影响当时的岛屿东南亚社会。

　　在巽他岛链，包括印度尼西亚、爪哇大部分、苏门答腊、努沙登加拉和南摩鹿加，向东直到凯依群岛（Kei Islands）（属于南摩鹿加）和新几内亚的鸟头（Bird's Head）半岛［现称极乐鸟半岛（Cendrawasih）］，存在大量与东山文化关系密切的文物，尤其是黑格尔I型鼓（Bernet Kempers 1988; Calo 2014）（图9.1）。这些器物，有些在村庄中流传，有些是偶然发现，但都缺乏考古出土背景。这些东西在婆罗洲很罕见，在苏拉威西、北摩鹿加和菲律宾则没有发现。它们在西部的分布区域，确实就是有史以来最早和印度发生交流的地方，因此，这些异国情调的青铜器，很可能是制作完成很久之后，通过马来半岛和印度尼西亚西部与印度教国家最早的贸易（尤其是香料贸易）网络运输进来的。但是，在北摩鹿加群岛的丁香产区，到目前为止没有发现过它们的踪影，这提醒人们，铜鼓和香料并非是密不可分的关系。人们还应该记住的是，在制造这些鼓的时候，越南北部非常明确受到了来自中国而非印度的影响。

　　然而，并非所有在印度尼西亚发现的黑格尔I型铜鼓都是"纯粹（pure）"的越南北部东山文化风格。印度尼西亚最典型的案例之一是来自松巴哇（Sumbawa）附近桑格安岛（Sangeang Island）名为"马卡拉茅（Makalamau）"的铜鼓，鼓上的人物长相是中国汉朝人，却穿着公元初年贵霜或百乘王朝（Satavahana）（分别位于印度北部和中部）（von Heine Geldern 1947; Alkazi 1983）的服饰。海因·戈尔登（Heine Geldern 1947）认为，这是公元250年左右越南南部的扶南（Funan）铸造的。其他可能源于越南南部的铜鼓还有一些，包括出自凯依岛的鼓，鼓身装饰有狩猎鹿和虎场景的条带，还有来自苏拉威西岛以南萨拉亚尔岛（Salayar Island）的铜鼓，鼓身装饰有大象和孔雀的条带（图9.3）。不管起源地到底在哪，所有这些场景对印度尼西亚东部岛屿的居民们来说都是陌生的，虽然铜鼓最终流落到了这里，但它们显然不太可能是在当地铸造的。

　　根据风格以及高含铅量判断，印尼的黑格尔I型鼓似乎大部分都是在越南某地铸造的，多是在公元前2世纪后中国统治越南北部的时候。然而，中国的征服也可能迫使东山文化青铜工匠南逃，海因·戈尔登所说"马卡拉茅"铜鼓来自扶南就是这个意思。事实上，伯内特·肯佩斯（Bernet Kempers 1988）也曾有过这个假设，中国的征服使得包括工匠在内的大批人群南迁，尤其是在公元43年越南北部最终被纳入汉朝郡县统治之后。今村启尔（Imamura 1993）还表示，一些图案"杂乱（scrambled）"的最晚近的黑格尔I型铜鼓可能是在印度尼西亚本地铸造的，下面讨论的佩砧（Pejeng）式铜鼓就是如此。

在铜鼓制造方面，伯内特·肯佩斯（Bernet Kempers 1988）描述了黑格尔I型铜鼓是如何整体铸造的。先将蜡板铺在鼓形的黏土芯上，用烘焙过的黏土或石质模具在上面印制河船和军队的图案，而一些自然物的图案，如房屋场景和异国动物，则分别刻在蜡上。然后将蜡密封在黏土外模中，压紧"垫片（spacers）"固定到位，并在浇注铜水之前熔化。在曼德勒（缅甸），这种失蜡法至今仍在使用，用于铸造寺庙中的佛像和微型铜鼓。

安布拉·卡洛（Ambra Calo 2014）详细记录了印度尼西亚的东山文化黑格尔I型铜鼓，她认为，最早的样本是西爪哇的卡布南（Kabunan）鼓，与越南北部的玉缕（Ngoc Lu）鼓（图9.2）、黄夏（Hoang Ha）鼓和古螺（Co Loa）鼓的精致装饰很相似。这个标本的年代可能是公元前2世纪。在印度尼西亚西部的岛屿上，有50多面黑格尔I型鼓，它们的风格特征在年代上属于中期阶段，另一组年代风格较晚的铜鼓中，有大约25面出现在从桑格安（Sangeang）和萨拉亚尔（Salayar）向东到巴布亚一带。卡洛和伯内特·肯佩斯都认为东部的鼓是最晚的鼓，因为它们拼凑（disintegrated）[或者说杂乱（scrambled）]的装饰图案借用了最早越南鼓上的飞鸟和战士纹饰条带以及船只图像。它们可能只有一个源头，巴厘岛东部发现的所有铜鼓鼓面周边都铸有四只蹲踞式青蛙（Bernet Kempers 1988; Imamura 1993）。

青铜器输入到印度—马来群岛，导致当地很快建立了金属加工中心。在爪哇岛、沙巴岛、塔劳群岛、巴拉望岛和巴丹群岛的多处遗址，发现了铸造铜斧的石质或陶质双合范残块，这些遗存非常确凿地证明，在公元前一千年早期到中期，这里正在使用本地或进口的原料铸造青铜器。印尼一个或多个青铜器铸造传统开始的证据，还有一些非东山文化风格的红铜或青铜器，非常精美。其中一类器物群中有一件近2米高的沙漏形铜鼓，装饰着引人注目的人面像, 保存在巴厘岛佩砧(Pejeng)的帕那塔蓝萨希神庙(Pura Panataran Sasih)的一座高阁上[伦菲乌斯(Rumphius)于1690年首次记录。这面鼓人称"佩砧之月"——译者注。](图9.4)。此外, 巴厘岛和爪哇岛还有一些器型类似但较小的佩砧型鼓。[4]其中一些佩砧型鼓显然是在巴厘岛制造的, 因为在巴厘岛北海岸的塞姆比兰(Sembiran)发现了一块火山凝灰岩印模的残块, 这个印模是用来在蜡模表面印出一个连续的三角形条带, 佩砧鼓上就有这种图案。该印模的年代是从印度开始输入青铜器到公元后两个世

图9.4　佩砧鼓侧面的人面像

该鼓高达1.86米, 存放在巴厘岛中部佩砧的帕那塔蓝萨希(Panataran Sasih)神庙。资料来源: Bernet-Kempers(1988: 图版3.01e)。经泰勒和弗朗西斯(Taylor & Francis)许可复制

$\frac{318}{319}$ 纪之内（Ardika and Bellwood 1991）（图版14h）。还发现了其他四块印模残块，保存在巴厘岛的马努阿巴（Manuaba），其中一块是与佩砧鼓一样的人面像。

在印尼的克拉德南雷霍（Kradenanrejo）[位于拉蒙安市（Lamongan）] 和爪哇三宝垄（Semarang）附近，也发现了与黑格尔I型鼓直接相关的佩砧型鼓。其中一面鼓是村民在塞姆比兰（Sembiran）附近的八春（Pacung）挖井时发现的，似乎与出土塞姆比兰印模的地层属于同一时期。与其他此类型的铜鼓一样，八春鼓的鼓身和鼓面是分开铸造的（McConnell and Glover 1990）。八春鼓的鼓面是青铜的，鼓身是红铜的。

在印度尼西亚许多地方都发现了大量非印度式的青铜器，风格特征与黑格尔I型鼓和佩砧鼓相似，可惜一般年代都不清楚，也缺乏考古出土背景（van Heekeren 1958）。这些器物包括铜瓶和铜钺，上面有类似佩砧鼓那样的人面像，还有无舌的铜"铃"、人像、多节手镯，弗洛里斯岛多博（Dobo）村出土的一个引人注目的青铜独木舟模型，弗洛里斯岛一件青铜的背带织工雕像，以及爪哇普拉杰坎（Prajekan）和卢马江（Lumajang）的一系列铁刃铜柄匕首或短剑。《印度—马来群岛史前史》（Bellwood 2007）中讨论过这些器

$\frac{319}{320}$ 物，并对其中一些进行了描述，但在这里我不再一一列出它们，因为这些东西都缺乏充分的背景材料，许多可能是早期金属时代之后制作的。例如，对弗洛里斯织工雕像的黏土铸芯进行热释光测年，得到的数据是大约公元600年。[5]

岛屿东南亚早期金属时代土著文化遗物和遗迹

在开始考察印度与岛屿东南亚交流的开端之前，我将首先简要回顾一下那些似乎属于早期金属时代但明显并非来自印度的遗

物。这些遗址的年代通常很不清楚,但一般来说,它们出土早期金属时代的典型器物,如青铜器和铁器,以及玻璃和玛瑙珠。后者,尤其是上面的雕刻或蚀花,无疑反映了印度的影响,但是,尚未对玻璃和玛瑙的成分做来源分析,从而无法确定其确切的制作地。玛瑙和其他准宝石矿物在印度尼西亚广泛存在,尤其是在爪哇;玻璃也可以很容易地用不同来源的原材料重新熔化加工(Carter 2016)。因此,除非有确凿的证据,否则无法断定玻璃和玛瑙真正来自印度。在泰国半岛的三乔山(Khao Sam Kaeo)遗址,发现有制作玻璃珠和手镯的印度工匠的踪迹,可能早到了公元前4世纪(Glover and Bellina 2011; Bellina 2014),这支持了以上器物在当地制造的观点,尽管并不一定是由土著工匠制作的。

印度尼西亚的石碑和石刻

岛屿东南亚现在仍然有许多著名的"巨石(megalithic)"文化遗迹,在尼亚斯岛(Nias Island)、苏门答腊岛北部的巴塔克(Bataks)地区、婆罗洲北部的部分地区、苏拉威西岛的托拉贾(Toraja)地区和小巽他群岛的一些岛屿上,都有大型石碑或者碑刻。到目前为止,这些巨石文化遗迹都没有做过考古发掘和研究,只有一些民族志记录,因此,这里不再讨论它们。

根据考古研究,可能属于早期金属时代的巨石建筑主要分布区之一是印度尼西亚苏门答腊岛南部巴卡阿兰(Pagaralam)周围70公里长的帕塞马(Pasemah)高原,范德霍普(van der Hoop 1932; van Heekeren 1958: 63-79)很早以前就对其进行了详细记录。附近的楠榜地区(Lampung)还广泛分布着一种较简单的巨石传统,相关遗物有玻璃珠和压印陶器(Sukendar 1979)。遗迹包括"石棚(dolmens)",立石呈单行或双行排列,上面是一块或多块顶石,构成一个空间。

帕塞马巨石群非常宏伟,自19世纪50年代以来一直吸引着人们的注意。它们包括大量的竖立式石阵,精心掏空呈杯状的大石臼,两端雕刻着人头的石槽,简易的阶梯石台,顶石极大的石棚(有些下面有巨大的墓室),石板墓,以及一些壮观的人兽石雕。

范德霍普(van der Hoop 1932)在特古尔旺基(Tegurwangi)发掘的石板墓出土了大量玻璃珠和一些金属物品,包括红铜或青铜螺旋形器、一枚金针和一支锈蚀的铁矛。就像马来半岛的石板墓(见下文)一样,酸性土壤已经将所有人骨腐蚀殆尽。特古尔旺基(Tegurwangi)的一座石板墓和丹戎哥腊(Tanjungara)(图9.5c;de Bie 1932)和哥打拉雅莱姆巴(Kotaraya Lembak)(Soejono 1991)的几座巨石墓,墓室中仍然保存着人与水牛主题的彩色壁画残迹。哥打拉雅莱姆巴的另一座石室墓,墓室中画有一只呈战斗姿态的公鸡正面像,非常引人注目,以四种颜色绘制而成(Bellwood 2007:图9.10)。

人与兽是帕塞马巨石雕像中最有特色的元素,它们以动态的浮雕或圆雕风格刻在大石块上。图像中的男子骑着水牛或大象(图9.5b、d),戴着手镯、椭圆形板串成的项链,还有多面体珠子、脚镯、后部尖尖的头饰[范德霍普称之为"头盔(helmets)"],以及腰带、上衣和护耳。人和兽的头部通常雕刻得相当精细,而身体比例非常小,或者根本没有被刻画出来,这可能受制于石头的自然形状。一些浮雕展示了人类与老虎或蛇搏斗的主题,但大象和水牛经常呈驯服状态,表明其已经被驯化。

这些雕刻中最重要的年代线索是都牙也(Batugajah)(图9.5d)浮雕和艾尔普亚(Airpuah)浮雕上的黑格尔I型鼓,和哥打拉雅莱姆巴墓葬的壁画相同(Soejono 1991:19)。这可能表明石雕的年代在公元前一千年早期或中期,其中有些可能较晚,已经到了公元670年后巨港(Palembang)以东平原上的贸易国家室利佛逝

图9.5　帕塞马石刻

（a）一个完整的武士头部雕像，带着尖尾头饰［与（b）和（d）中的头饰相同］，从下巴到后部长度为1.12米。此物不知原在何处，但范德霍普（van der Hoop）在1932年记录它在帕格拉拉姆（Pageralam）。（b）一个男子骑水牛的完整石雕，男子戴着项链、尖尾头饰和脚镯，高1.93米，位于帕塞马（Pasemah）佩马唐（Pematang）。（c）位于帕塞马（Pasemah）丹戎哥腊（Tanjungara）的大型地下石室墓。（d）一个男子浮雕，佩戴尖尾头饰，头饰侧翼是大象，戴着脚镯，背着黑格尔I型鼓，石雕全长2.17米。出自帕塞马（Pasemah）巴图加雅（Batugajah），但现在转移到了巨港（Palembang）博物馆。同样的石雕也见于爪哇中北部的万诺图加尔（Wonotunggal），见Satari（1981）。资料来源：照片（a）和（b）来自范德霍普（van der Hoop 1932：图39和73），由蒂姆（W. J. Thieme）提供；照片（c）和（d）由作者拍摄

（Srivijaya）时期。[6]

　　在爪哇，石板墓也出土年代较晚的早期金属时代遗物，同样包括铁器、青铜指环、玻璃和多面玛瑙珠（Bellwood 2007: 290-291）。爪哇西部也有一些地方发现石砌的阶梯和平台，似乎属于前印

图9.6 西爪哇展玉(Cianjur)南部巴东山(Gunung Padong)的玄武岩棱柱围成的建筑基址(部分)

　　这座纪念建筑年代不明,目前争议很大。资料来源: 维达·库斯马托诺(Vida Kusmartono)摄(另见图版16)

度时期的建筑传统。苏肯达(Sukendar 1985)记录了一个很好的案例,系由玄武岩棱柱建造而成,位于展玉(Cianjur)以南巴东山(Gunung Padang)海拔895米的山顶阶地上(图9.6)。达乌德·塔努迪乔(Daud Tanudirjo)在第六章中叙述了最近关于该遗址的传闻和活动。类似的阶地遗址也见于爪哇西北角的莱巴克西贝杜(Lebak Sibedug)(van der Hoop 1932:图版204)和阿卡多玛斯(Arca Domas)(van Tricht 1929)。

　　这些建筑很可能是露天寺庙或公共场所,就像波利尼西亚的"会堂"(*marae*)一样。在爪哇岛和巴厘岛,还广泛分布着造型简朴的人像石雕(Mulia 1980; Sutaba 1997)。不幸的是,这些纪念建筑和雕像的年代无法确定,尽管关于巴东山遗址的年代也有一些值得重视的观点。[7]万隆附近一座此类型雕像上有铭文,可以追溯到公元1341年,但可能是后来刻上去的(Suleiman 1976: 8)。

　　巴厘岛也以其非常独特的带盖石棺而闻名。石棺由软质火山凝灰岩凿刻而成,主要发现于该岛中部和南部的内陆遗址。[8]它们有独立的棺身,高圆顶的盖子,末端有球形突起,有时雕刻成人类或乌龟头部的造型(图9.7)。石棺的尺寸大小不一,既有屈肢葬

图9.7　巴厘岛塔曼的石棺艺术

火山凝灰岩制作的石棺（最初不一定用作石棺），外形采用了人类或乌龟的形象。出自巴厘岛南部班利（Bangli）的塔曼（Taman），现放置在佩砧的普尔巴卡拉（Purbakala）博物馆。资料来源：作者拍摄照片

也有直肢葬。随葬品包括玻璃和玛瑙珠、铁器（不太确定）、形状 322/323
奇特的装饰品和铜丝制成的螺旋形指套（finger-sheaths）（Soejono
1977：Foto 67-70），以及月形和心形刃的有銎青铜工具（Ardika
1987）。后者与泰国中部公元前一千年中期的同类器物非常相似。

　　巴厘岛西部吉利马努（Gilimanuk）有两座石棺，一个盖子形状
像水牛，另一个形似女阴，考古发掘后测年大约距今2 000～1 500
年（Soejono 1995）。在马尼克利尤（Manikliyu）发掘出一座石棺
和石盖，旁边还出土了一面水平放置的佩砧型铜鼓，可能是随葬品
（Ardika et al. 2013: 66）。这些石棺似乎确实属于早期金属时代， 323/324
肯定在印度艺术影响该岛之前。但其年代很可能也就是与印度开
始贸易交流的时候，正如后文讨论的巴厘岛北部的塞姆比兰和八

春遗址一样。

马来人的迁徙

在马来半岛的霹雳州南部和雪兰莪州北部，也发现了苏门答腊和爪哇那样的石板墓（但人骨已朽），出土玻璃和玛瑙珠以及极其独特的横銎铁器。除石板墓外，还有其他几个遗址也发现了这类铁器，而且风格似乎是统一的。西夫金（Sieveking 1956a）详细描述了这类铁器，包括斧（有些斧身很长，俗称 tulang mawas）、刀和镰，都有装柄的孔。此外，还有一些有骹矛和尖刀（Bellwood 2007：图 8.9）。

这些铁器和石板墓似乎与霹雳州一处相当神秘的海岸遗址瓜拉塞林辛（Kuala Selinsing）大致属于同一时期。该遗址最初是由伊文斯发掘的（Evans 1932），出土物包括一件滚印纹和篦纹陶器，类似于越南南部早期印度贸易港口遗址俄厄（Oc Eo）（扶南时期，约公元 1000 年早期至中期）出土陶器，还有一个刻有帕拉瓦（Pallava）铭文的玛瑙印章，玻璃手镯和铅渣等反映出当地存在蓝色玻璃和玛瑙珠制造活动。该遗址显然是一处河口干栏村落，人们死后葬在独木舟形状的棺材中（Sieveking 1956b）。后来对瓜拉塞林辛的进一步发掘（Nik Hassan Shuhaimi 1991; Davison 1991）证实，整个遗址由红树林沼泽中的一系列土墩和贝丘组成，沉积在干栏建筑的木桩之下。

除了篦纹陶器之外，瓜拉塞林辛遗址还出土了刻划纹和拍印纹陶器，后者广泛见于砂拉越诸遗址，在第八章中有介绍，被称为丹戎古堡（Tanjong Kubor）陶器（见图 9.8 所示）。还出土有锡耳坠（马来亚这个地方今天仍有很多锡矿），有意思的是还发现了一批猪、狗和鸡的骨头，还有稻壳、椰子、葫芦、竹子、槟榔、露兜，以及竹垫、独木舟残体等。

无比例尺

图9.8　早期金属时代及之后的拍印纹陶器

（a）吉利马努（Gilimanuk）遗址出土早期金属时代的方格纹陶器，可能是用雕刻的木拍拍印的，约公元1年。现藏佩砧普尔巴卡拉（Purbakala）博物馆。这种风格的纹饰在巴厘岛、婆罗洲和苏门答腊岛许多早期金属时代遗址中很常见。（b、c）分别出自砂拉越河三角洲穆阿拉特巴斯（Muara Tebas）和文莱苏吉鲁姆特（Sungei Lumut）的丹戎古堡（Tanjong Kubor）风格陶罐，保存完整，年代为公元700～1500年（分别保存在砂拉越博物馆和文莱博物馆）。（d）丹戎古堡风格的拍印纹陶片和双流桥联陶片，出自文莱库邦（Kupang）遗址，年代为公元700～1500年，现藏文莱博物馆。（e～i）砂拉越栳叶洞（Gua Sireh）出土拍印纹陶片，年代不明，可能属于金属时代早期（见第八章）。资料来源：作者拍摄

马来半岛的这些材料,加上与苏门答腊相关的石板墓,以及与苏门答腊和砂拉越相关的拍印纹陶器,对于讨论马来半岛和苏门答腊马来语人群的起源无疑具有重要意义,在第六章中白乐思已经讨论过这一点。从语言来看,作为马来民族,整体包括婆罗洲西部的伊班人(Iban)、实拉高人(Selako)和肯达扬人(Kendayan),苏门答腊的米南加保人(Minangkabau),当然还有马来人自身。马来人源于婆罗洲西部,当时已经开始使用铁器,也就是说,大约距今2 000年前不久(Blust 2005)。有人提出,在此之前的马来亚居民说的并非马来语,而是南岛语(关于这方面的讨论,见Bellwood 2006),但此观点缺乏明确的证据。但是,正如白乐思在第六章中所说,鉴于早期马来—波利尼西亚语存在于苏门答腊,所以马来半岛在马来语之前有其他语言的可能性相当高。

目前我对马来半岛考古材料的理解是,那里的新石器时代文化源于泰国南部(Bellwood 2007:第八章),与说亚斯里语(属于南亚语系)的塞芒人(Semang)和色诺人(Senoi)的祖先有关。如第八章所述,这些遗存的风格与苏门答腊和婆罗洲的新石器时代遗存差异很大。因此,在早期金属时代,讲马来语的人从婆罗洲或苏门答腊来到这里时,马来半岛很可能仍然主要由讲亚斯里语的人群定居,包括在海岸线一带。

墓地及其意义

因为岛屿东南亚没有发掘过多少早期金属时代的聚落,那么墓葬资料就变得非常重要。这一时期墓葬的葬式,要么是仰身直肢葬,要么是屈肢葬,皆有随葬品;还有一种瓮棺葬是放在有盖的大陶罐里,尸体上部被切开(有时候也切割其他部分),以便把蜷曲起来的人体和随葬品放进罐子。在印度尼西亚偏东的地区,瓮棺葬占主导,但在苏门答腊、爪哇、巴厘岛和婆罗洲许多遗址,例如尼亚洞,也发现了大量屈肢的瓮棺葬,同时也存在一些土葬(van Heekeren 1958; Soeroso 1997; Bellwood 2007; Lloyd Smith 2013)。有趣的是,我在泰国—马来半岛未发现任何瓮棺葬。这一现象支持了以下观点——要么马来人是在瓮棺葬习俗消失之后到达那里的,要么马来人的来源地不流行瓮棺葬。

我在《印度—马来群岛史前史》一书中已经描述过一些瓮棺葬遗址,这里再谈几个有趣的案例。在爪哇岛北部海岸中心地带的普拉旺根(Plawangan),发现了一处很有意思的混合式墓地,里面既有屈肢葬和直肢葬形式的土葬,也有成人和儿童的瓮棺葬,瓮棺的盖子是一件倒置的陶器(Sukendar and Awe 1981; Prasetyo 1994-1995)。有一座墓葬是一具蜷曲的儿童骨架放置在一面倒置的黑格尔I型铜鼓内,同时随葬了小陶器、青铜矛和手镯、玻璃珠、金质眼罩和嘴罩(Soejono 1991)。在爪哇北部拉蒙安(Lamongan)附近一处名为克拉德南雷霍(Kradenanrejo)的遗址,一具孩童遗骨放在一面倒置的佩砧鼓里,上面用一面黑格尔I型鼓作为盖子,随葬品有玛瑙、玻璃和多面金珠,一件青铜容器,上有东山文化风格的环形和切线纹饰,还有金伞形装饰品(可能与佛教有关),两个青铜杯,以及其他各种铁制和青铜器物(Bintarti 1985)。不幸的是,克拉德南雷霍遗址的这些器物几乎没有留下图片资料,佩砧鼓在发现的时候已经被毁坏了。

巴厘岛西部的吉利马努(Gilimanuk)是另一处重要的早期金属时代滨海墓地,葬式有直肢葬和瓮棺葬,有些瓮棺葬用的是口对口的两个陶罐,随葬品有拍印纹陶器(图9.8a)和类似巴厘岛石棺葬的青铜器(Soejono 1979; Santoso 1985)。吉利马努墓葬的随葬品还有锋利的铁矛、铜柄铁短剑,以及黄金、玻璃和玛瑙的珠子。吉利马努的一座墓葬和庞昆格利普利普(Pangkungliplip)的一口石棺还出土了黄金眼罩和嘴罩，类似于普拉旺根和西爪哇西格兰（Segaran）IIA墓中的出土物。根据9个碳十四数据来看（Bronson and Glover 1984: 41），吉利马努（Gilimanuk）遗存的年代当在公元前200年至公元300年之间。

爪哇岛和巴厘岛这些丰富的墓葬遗物显示出早期金属时代社会精英的存在，他们有能力获得高品质的青铜、铁器和黄金。这些富有的人可能是几个世纪后社会上层统治者的祖先，后来他们采用了印度式的名字，信仰印度的宗教，以印度教和佛教神灵在凡间的代表自居，以统治追随者。

但是，印度—马来群岛的北部和东部早期金属时代就没有那么耀眼，因为这些地区从未完全转变为印度宗教的世界。这里最复杂的遗迹出现在苏拉威西岛和苏禄海周围的岛屿（包括婆罗洲北部、塔劳岛、菲律宾中部和南部）以及小巽他群岛的部分地区，尤其是桑巴岛（Sumba）。印度尼西亚东北部塔劳群岛萨莱巴布岛（Salebabu）上的小型洞穴布伊丹洞（Leang Buidane）是认识印尼东北部族群瓮棺葬行为的宝库（Bellwood 1976, 1981）。

这里的瓮棺葬最初放置在洞穴的地面上，但已经破碎，可能是被古人有意打碎的（Bellwood 1981: 71）。这些瓮棺包括一系列的球形圜底大陶罐，偶见三足器或圈足器，还有平底直身罐或大体呈矩形的陶盒。所有这些大型陶容器当初似乎都有盖子（如Bellwood 2007: 图9.14所示）。人骨经鉴定主要是40岁以下的年轻人（Bulbeck 1978）。36个个体（基于牙齿判断）与至少32个大陶罐的比率表明，每个陶罐只放置了一具尸体。人类遗骸主要是头骨、下颌和肢骨——骨盆和脊椎似乎已被丢弃或后来丢失。牙齿表明可能存在嚼槟榔的习俗。女性一生中偶见有拔牙行为。人骨属于亚洲形态，表明他们可能是岛屿东南亚现代居民的直接祖先。

布伊丹洞（Leang Buidane）瓮棺葬的陶器和随葬品形成了

一个风格具有统一性的器物群,可名之为"布伊丹文化(Buidane culture)",该文化似乎统治了塔劳群岛第一个千年的大部分时间。小型陶器包括圜底折腹陶釜,器身装饰精美的刻划纹和拍印纹条带(图版11i、j),独特的磨光红陶高颈瓶,以及一系列炊器。特别是沙巴的阿戈阿塔斯(Agop Atas)和阿戈萨拉帕(Agop Sarapad)遗址,出土折腹罐的口沿有一圈角状装饰,是这一阶段的重要特征(Bellwood 2007:图9.15)。

在布伊丹洞(Leang Buidane)发现的其他文物包括蚌镯和蚌珠、玻璃手镯残片、玛瑙和玉髓珠子、珊瑚制作的瓶塞和一个轮形陶耳环。特别有意思的是石珠,大多数是球形或细长的多面体红色玉髓珠,钻孔精度表明其可能源于印度,并使用了金属钻。尽管这些器形年代特征不突出,在过去2 000年中属于印度和东南亚常见的类型(图版11c、d),但来自印度的可能性较大。这里出土了三颗黑色玛瑙珠,有白色蚀花(图版11a),与公元前一千年晚期恒河和印度河一些重要遗址的出土物几乎一样,后者遗址如哈斯提纳普拉(Hastinapura)(Lal 1954-1955:图版LV)、塔克西拉(Taxila)(Dikshit 1952: 35)、俱赏弥(Kausambi)和昌德拉克土格尔(Chandraketugarh)等。[9]据报道,在泰国南部的三乔山和越南南部的和檐(Hoa Diem)遗址,也发现了9颗相同的珠子,年代可追溯到距今2 000年前左右(图版11b; Yamagata 2012)。但是,考虑到塔劳是如此偏远的地方,这些珠子在最终埋葬在这里之前,可能已经流通了很多年。

布伊丹洞(Leang Buidane)还出土了金属器物,包括一些无法辨认的铁器残件。红铜或青铜器则有手镯碎片、一个铜锥和一把红铜有銎斧。还发现了用于铸造斧头等铜器的双合陶范的残块(图版11f),表明金属铸造是在当地进行的,尽管可能仅限于熔化并重铸以前进口的器物。总的来说,布伊丹冶金技术的年代与沙巴和菲律宾冶金术的年代大体一致,并且红铜和青铜器似乎都是仅限于使用双合范技术铸造,未见到失蜡法。

　　岛屿东南亚有几十处类似布伊丹洞这样的瓮棺葬墓地遗址,大多数记录有限,保存不佳,盗掘严重,并且缺乏准确的年代。我在《印度—马来群岛史前史》(Bellwood 2007: 302-303)一书中描述的菲律宾著名考古发现包括:索尔海姆(Solheim 2002)在菲律宾中部马斯巴特岛(Masbate Island)发掘的卡拉奈洞穴(Kalanay Cave)遗物,古特探险队(Guthe Expedition, 1922-1925)从菲律宾中部洞穴群采集的大量年代不明的陶片(Solheim 2002),坦纳兹(Tenazas 1974)记述的内格罗斯岛马苏霍特(Magsuhot)的瓮棺葬遗物,以及巴拉望(Palawan)西海岸塔邦(Tabon)等洞穴出土的大量遗物(Fox 1970; Kress 1978)。塔邦洞穴群中的马农古尔(Manunggul)B洞碳十四测年为大约公元前200年,出土物包括铁器、玻璃手镯、玻璃珠和玉髓珠,还有5个布伊丹洞类型的蚀花玛瑙珠。塔邦的一些洞穴还出土青铜斧铸范、金珠、台湾岛丰田玉三突起 *lingling-o* 耳饰玦和双头兽耳饰玦(图版 13d),这些都是洪晓纯在下文讨论的独特类型。尤其是丰田玉制品,在菲律宾和越南的几个遗址中都可以明确地追溯到早期金属时代,即公元前300年到公元300年之间。

　　菲律宾另一个出土 *lingling-o* 耳饰的瓮棺葬遗址是巴丹群岛沙坦岛上的萨维迪格沙丘。这里有大型带盖的瓮棺葬,碳十四年代为公元前500年至公元前1年。有些瓮棺的罐子从最宽的地方破开,以放置死者遗体(图9.9),但后来几乎所有人骨都已经腐朽不存。瓮棺中出土了一个铜斧铸范、一小块红铜,以及两件丰田玉三突起 *lingling-o* 耳饰玦(Bellwood and Dizon 2013)。正如洪晓纯下文所说,巴丹群岛伊拜雅岛上的阿纳罗遗址虽然没有发现墓葬,但实际上有一个制作三突起 *lingling-o* 耳饰玦的制造场。

图9.9　2007年在巴丹群岛沙坦岛萨维迪格沙丘遗址出土的瓮棺葬陶罐（最大直径57厘米）

　　作为盖子的磨光红陶碗下半部分仍在原位。在古代，通过在陶容器内部凿打，移除陶器的上部，将死者尸体纳入后再将上部放回原处。这件陶罐中没有发现遗骨。资料来源：作者拍摄

　　在印度尼西亚其他地方，另一个引人注目的瓮棺葬遗址无疑是位于松巴岛（Sumba）东部的麦罗洛（Melolo）大型墓地。20世纪二三十年代首次调查了这一旷野遗址，1985年做了第二次调查。该墓地有一系列大型封闭式瓮棺，以圜底罐作为盖子，瓮棺中有零散的二次葬人骨、石斧、石珠、蚌珠、蚌壳手镯、金属物品和小陶器。陶器中唯一被详细描述的是一种典雅的高颈瓶，带有几何形和人形刻划纹纹饰，以白色颜料填充刻纹（van Heekeren 1956）。其中有些陶瓶似乎是红色磨光陶。据我所知，这种形制在新石器时代遗存中并不存在。球形高颈陶瓶，有时还带红色磨光，当是早期金属时代的典型器物（Bellwood 2007：图9.18，图版60）。[10]这种类型的陶器并不属于本土文化。

占语人群的迁徙

　　最后还有一个与瓮棺葬有关的问题,那就是越南中部和南部占语人群的来源。[11]前文说过,大约2 000年前马来人进占马来半岛的证据主要是直肢葬并随葬铁器的石板墓。尽管马来语和占语是近亲,但在越南沿海地区却没有发现石板墓,越南中部和南部早期金属时代史前的葬俗无疑是瓮棺葬。

　　历史上的占人最为人所知的是他们雄伟的砖构寺庙,以及公元1世纪末和2世纪初的印度神祇崇拜,他们在被越南北方政权征服之前建造了这些庙宇。通过铭文我们可以了解到的占人历史只能追溯到公元4世纪,在此之前占人的情况,考古学家已经发现了越南中部史前晚期的沙萤(Sa Huynh)文化,其典型遗存从海安到芽庄都有分布。另外,还有同奈河流域(Dong Nai Valley)的一系列遗址,向南一直延伸至胡志明市沿海地区。

　　但不幸的是,以上这些遗址都是墓葬,而占族时代的大多数遗址都是聚落或寺庙。因此,很难清楚地确定沙萤文化及其南部分支是否是讲马来—波利尼西亚语的占族的前身。大多数考古学家,包括我(Bellwood 2007)和伊恩·格洛弗(Ian Glover 2015),在不同时期都曾提出过二者具有相关性的观点,但随着新的发现,现在很明显,只有南部的"同奈"遗址与菲律宾和婆罗洲的早期金属时代瓮棺葬有着明确的联系,婆罗洲很可能是占语的发源地。因此,关于这个问题的讨论就与越南中部的沙萤文化无关了。

　　在过去,将北部的沙萤文化看作历史上占人的祖先是很正常的(例如,Solheim 1967),原因很简单,因为南部的同奈遗址后来才被发现,之前的比较研究是根据索尔海姆提出的沙萤文化陶器组合(Solheim 2002)进行的。但是,沙萤文化,或者林美蓉(Lam

My Dzung 2011）提出的"北沙萤文化"（公元前500年至公元100年），即使是其早期遗存（Bellwood 1978: 191-194; Bellwood 2007: 271-275），出土遗物中也只有台湾岛丰田玉的三突起 lingling-o 和双头兽耳饰玦与岛屿东南亚直接相关。它的一些最突出的特征，特别是带有角帽状盖子的高圆桶形瓮棺，在岛屿东南亚早期金属时代遗物中是不存在的。此外，北部沙萤文化陶器纹饰的许多方面都可以追溯到越南北部的新石器时代，因此可能与泰族或越缅族人群有关，而非与南岛语系人群有关（当然，这一点无法明确证明，尚无法完全排除南岛人在越南北部新石器时代的存在）。

事实上，现在正是林美蓉命名的"南沙萤文化"或者叫同奈文化遗址，展示了与婆罗洲和菲律宾早期金属时代文化极其密切的关系。金兰湾的和檐（Hoa Diem）遗址及胡志明市附近的大头鱼丘（Giong Ca Vo）和榕沸（Giong Phet）两遗址都有类似婆罗洲和菲律宾的球形罐瓮棺葬，陶罐上部通常被破开以方便放置尸体，盖子呈浅碗状而非角帽状。这些遗址与岛屿东南亚许多早期金属时代遗址一样，既有瓮棺葬，也有直肢的土葬。[12] 大头鱼丘出土了特别多的玻璃和台湾岛玉耳饰，有些耳饰在死者的耳部，另外还有许多玻璃、玛瑙和金珠（Dang and Vu 1995; Nguyen 2001）。

330
331

和檐（Yamagata et al. 2012）遗址的年代略晚于大头鱼丘，接近公元2世纪，出土东汉时期中国的五铢钱。但在和檐遗址瓮棺（图9.10f）内外发现的小陶罐明显类似于菲律宾中部的卡拉奈（Kalanay）陶器，尤其是带有蚌齿压印的折腹小碗（图9.10a、b），以及带有一圈乳突的折肩罐（图9.10c、d）。同时期棉兰老岛南部马图姆（Maitum）遗址（Dizon 1996）一些非常引人注目的人形红色彩陶瓮棺上也出现了乳突状造型（图9.10e）。此外，正如松村博文等人在第四章中指出的那样，和檐遗址人头骨的颅面尺寸与苏门答腊南部哈里茂洞新石器时代至早期金属时代墓葬出土头骨数据

图9.10 越南南部金兰湾和檐（Hoa Diem）、菲律宾中部卡拉奈（Kalanay）和南部马图姆（Maitum）遗址出土的早期金属时代陶器

（a、b）基本相同，都是折腹蚌缘压印碗，（a）出自和檐，（b）出自马斯巴特（Masbate）的卡拉奈洞穴。（c、d）是几乎相同的折腹罐，上部一圈呈乳突状，（c）出自越南和檐（Hoa Diem），（d）出自菲律宾中部，具体地点不明。（e）棉兰老岛南部萨兰加尼（Sarangani）马图姆（Maitum）出土的人形瓮棺盖子；人像佩戴一条淡红色珠链，可能是玛瑙制作的。（f）越南和檐（Hoa Diem）遗址出土瓮棺陶罐，盖子是一只倒置的圈足碗，饰有以齿状纹饰组成的条带。资料来源：越南庆和省（Khanh Hoa）博物馆、菲律宾国家博物馆和菲律宾大学出版社。（b）来自索尔海姆（Solheim 2002：图版8）；（d）洪晓纯拍摄；其他均由作者拍摄

非常接近，而大头鱼丘遗址的头骨形态与大陆东南亚人群的关系更为密切。

还有出自泰国南部春蓬府（Chumphon）普考同洞（Tham Phu Khao Thong）和苏梅岛（Samui Island）柯丁（Ko Din）遗址[13]的随葬陶器，其纹饰与砂拉越的三色彩陶、塔邦马农古尔（Tabon Manunggul）B洞"死亡之船（ship-of-the-dead）"大陶罐（Fox 1970：卷首插图）和马图姆（Maitum）红色螺旋纹彩陶几乎相同。其中一些在第八章中被认为来自砂拉越，时代可能是新石器时代晚期或金属时代早期。

那么，有没有可能是以下情况？最初，历史上占人的祖先来到金兰湾一带，由此向北扩散，与瓮棺葬传统的沙萤人相融合，同时也沿着泰国—马来半岛海岸向南扩散。虽然除了后来进入湄公河三角洲的占语和半岛西侧的莫肯语（Moken），现在越南南部或泰国不存在马来—波利尼西亚语，但语言学家白乐思（Blust 1994）提到，这里可能曾经存在其他语言，后来被孟语（Mon）和泰语（Thai）所取代。人们还想知道，在马来语之前越南是否曾经有一支讲马来—波利尼西亚语的人群，是后来莫肯人的祖先？但目前还没有明显的语言证据支持这一观点（Thurgood 1999）。有一些考古学证据支持这个看法（Hung et al. 2013），主要是在越南中部沙萤文化之前，似乎存在和菲律宾北部一样的磨光红陶和轮形陶耳坠。但这时候即使有语言上的联系，也不可能是占语。

在考察沙萤文化遗址和岛屿东南亚的冶铁术时，越南南部和婆罗洲—菲律宾地区之间早期金属阶段（以及之前的新石器时代）的文化交流关系可能很重要。这两个地区的铁器具有一致性，包括许多有銎工具，如锹、镐和斧，还有无銎的镰刀、尖刀、纺轮、戒指和螺旋形手镯。事实上，占语人群进入越南促进了冶铁术传播到岛屿东南亚。

玉与金属时代早期环南海贸易网络

特邀撰稿人

洪晓纯

在过去十年里，考古研究揭示出早期金属时代横跨南海交换系统的密集存在。[14]这些长距离贸易活动涉及许多新的物品和技术（图版12），可以复原出多个流通网络。其中有两种主要的原材料可以识别出其原产地，分别是来自台湾岛东部地质构造活跃地区花莲县的丰田玉和菲律宾群岛西部民都洛岛（Mindoro Island）南部的云母（常被称为"民都洛翡翠"）。其他贸易物品还有玻璃珠和铜、金、铁制品，但很难追踪到它们确切的来源地。

除了越南中部和北部以及中国以外，玉在其他地方也有考古发现。环南海地区早期金属时代遗址出土的很多玉饰，根据矿物学特征判断来自台湾岛东部的丰田（位置见图9.1）。在公元前500年到公元100年之间，这种台湾岛丰田玉料被用于制作两种非常特殊的耳饰块，传播范围直径达3 000公里，包括台湾岛、菲律宾群岛、砂拉越、越南中部和南部（但不包括越南北部的东山文化分布区）以及泰国南部（Hung et al. 2007）等地。一种耳饰是圆形的，带有三个尖尖的突起（即所谓的lingling-o，这是源于吕宋岛北部的一个称呼），显然是在一大块方形坯料上四个一套制作而成的（图版13p）；另一种是两端拉伸，并雕刻成鹿头状（图版13d）。在欧洲殖民者到来的时代，毛利人用新西兰南岛的玉料制成了非常相似的耳饰，无疑反映出不断扩张的马来—波利尼西亚社会存在某种具有一定形式但现在已经无法追踪的共同艺术传统(Bellwood and Hiscock 2013)。[15]

为了给玉器手工业提供材料,人们在玉矿附近,用石刀加上大量的石英砂和水锯切丰田玉,切割出方块形的板材(图13e、f)。这些毛坯随后被输送到台湾岛以外的手工作坊,进一步加工成型,可能使用空心的竹子加上沙子钻出中间的玉芯。在绿岛的油子湖和兰屿高中(台湾岛)、伊拜雅岛的阿纳罗和沙坦岛的萨维迪格(巴丹群岛)、古里洞(巴拉望岛)、大头鱼丘(越南南部)和三乔山(泰国半岛)都发掘出此类作坊。这些作坊遗址中有一系列废料,包括鳞片状废片、钻掉的盘状和圆柱状玉芯,以及开槽和切割形成的碎片。

越南南部大头鱼丘(Giong Ca Vo)和泰国半岛三乔山(Khao Sam Kaeo)遗址出土的台湾岛玉方形坯料,与台湾岛东部丰田玉矿附近的平林作坊遗址出土的方形坯料相同(Hung and Iizuka 2013,待刊)。然而,与占地数公顷的平林遗址相比,台湾岛以外地区的大多数作坊规模似乎都不大,这表明一些熟练技工和流动工匠的外迁,是为了满足南海周边地区社群的需求。也许,从他们的分布来看,这些社群主要是菲律宾语和马来—占语(都是南岛语系)民族。越南中部的沙萤文化也使用玉料来制作同样类型的装饰品,但玉料来源尚未确定。

民都洛岛绿云母制作的装饰品在东南亚传播的时间和分布范围和台湾岛丰田玉饰物有相似之处,在菲律宾群岛最常见,也见于沙巴的骷髅山(Bukit Tengkorak)和泰国南部的三乔山(Khao Sam Kaeo)遗址(Hung and Iizuka,待刊)。巴拉望岛塔邦洞穴群的古里洞也有很多证据,表明存在绿云母装饰品的制作活动。

印度尼西亚也有新石器时代或早期金属时代的绿色石质装

饰品,但尚不确定是否达到玉的品质。在苏拉威西西部的卡马西新石器时代遗址出土了一颗外径2.2厘米、孔径3毫米的绿色石珠,制作精良(见第八章)。这颗石珠属于霞石(nepheline),可能产于苏拉威西。[16]在中爪哇万宁牙行政区(Purbalingga Regency)的提帕—庞遮(Tipar-Ponjen)作坊遗址,有多处出土钻芯和手镯半成品,其中一些可能用的是玉料。[17]这些印尼玉料的年代和来源还需要进一步研究。

就在台湾玉散布到南海周边(Hung and Bellwood 2010;Hung and Iizuka,待刊)的同时,印度—太平洋玻璃珠和玉髓/玛瑙珠也找到了自己的路径,从印度传播到早期金属时代的东南亚,最终到达台湾岛(Wang and Jackson 2014; Hung and Chao 2016)。随着珠子一起到来的,可能还有青铜、铁和玻璃的生产技术(Hung and Chao 2016)。有趣的是,台湾岛早期金属时代的影响主要来自印度和东南亚,而不是战国、秦汉时期的中国。直到17世纪,荷兰人短暂侵占台湾岛并遭到郑成功驱逐之后,大陆居民才开始大量来到台湾岛定居。

台湾岛东南海岸的旧香兰遗址是台湾岛早期金属时代的杰出代表(Li 2005),出土了一件双头兽耳饰玦和一件三突起lingling-o耳饰玦,以及许多玻璃、玛瑙/玉髓、青铜和黄金制品。还发现有铸范,用于生产红铜/青铜耳环(图版9.12,9)、其他小饰物,可能还有刀柄。旧香兰风格和样式的铸范不见于同时期的大陆,但与泰国和越南南部公元前100年至公元500年之间的铸范非常相似(Hung et al. 2013)。旧香兰遗址深厚的灰烬层和铁渣堆积充分表明当地的铁产量很大。虽然这里只发现了一颗金珠,但附着在陶土上的金片表明,本地可能存在黄金手工业。

有意思的是,旧香兰是台湾岛唯一一处出土上述两种类型丰田玉耳饰玦的地方。由于该遗址没有发现玉石作坊,这就提出了一个有趣的可能性,即丰田玉坯料被出口到海外的作坊,然后制成品又返销台湾岛。由此推测,三突起 lingling-o 和双头兽的造型设计很可能来自台湾岛以外的地方。

因此,现有证据表明,在早期金属时代,包括台湾岛在内的岛屿东南亚,不同文化背景的工匠们将作坊和贸易港(转口港)网络联系在一起。大陆东南亚的考古研究也证实了当地早期金属时代的手工业系统(Carter 2012)和流动工匠(Bellina 2007, 2014)相关。一个有趣的类似案例是,在东南亚和美拉尼西亚民族志中,关于流动手工业的记载很多。例如,台湾岛北部的巴赛族用他们的劳动力、工艺技能(铁匠)和特色产品交换大米、小米和其他生活必需品。正如1632年西班牙神父爱斯基韦尔(Jacinto Esquivel)记录的那样,他们还充当贸易中间商(Wong 1995: 107, 1999; Borao 2001: 166)。在中国大陆,苗族自清朝以来就以制造银饰而闻名,并采取定居和流动兼而有之的生产策略(Yin 2007)。自公元前500年左右(或许更早)以来,东南亚地区就明显出现了流动生产策略,尽管台湾玉只是在这个时候才开始向台湾岛、巴丹岛和吕宋岛北部新石器时代分布区之外扩散的。

印度文化对岛屿东南亚的影响

前文中提到很多物品可能来自印度,例如一些常见的单色玻璃、玉髓或蚀花玛瑙珠。但也有一些遗址的出土遗物,明确来自印度(Glover 1990),特别是陶器。在北爪哇的西海岸,有一批被盗掘的墓葬,被称为布尼(Buni)文化,出土黄金和玉髓珠,以及大批刻划纹和拍印纹陶器,形制多样,包括圈足容器、长颈瓶和带钮盖。

但这里最重要的器物是3件平底盘,属于极具印度特色的滚印纹陶器,分别出自科巴克肯达尔(Kobak Kendal)、西布泰克(Cibutek)和斯班戈(Cibango)遗址(Walker and Santoso 1977)。

布尼以东的巴度贾亚(Batujaya),有一处被称为西格兰IIA(Segaran IIA)的遗址,出土了很多印度进口滚印纹陶器残片(Manguin and Indradjaja 2011)。遗址中的墓葬是直肢葬,其中一座墓葬出土了一幅金眼罩。前文说过,在爪哇和巴厘的一些早期金属时代墓葬中也发现过同样的金眼罩(Miksic 1990)。这一令人兴奋的材料是在西爪哇发现的,而在同一地区,还发现了最古老的印度梵文铭刻[例如,杜古(Tugu)地区以泰米尔文(Tamil)或伽兰他文(Pallava Grantha)书写的关于补尔那跋摩(Purnavarman)的铭刻,可能属于公元五世纪;Noorduyn and Verstappen 1972]。很明显,布尼遗址可能包含了岛屿东南亚与印度和爪哇最初交流时期的第一手资料,年代大概在公元前100年到公元后最初几个世纪之间。

在西格兰IIA遗址还发现了丁香,也非常重要,因为这种香料和班达(Banda)的肉桂一样,是吸引印度、伊斯兰和欧洲与印尼交流的主要货物之一。丁香最初生长在哈马黑拉群岛西部的小火山岛上[尤其是干那低岛(Ternate)和蒂多雷岛(Tidore)]。据普林尼的《自然史》(公元70年),丁香在罗马时代已经享有盛名了。斯里兰卡曼泰(Mantai)遗址出土的丁香年代为公元500～700年,但西格兰IIA的标本似乎很早,当是在摩鹿加原产地以外发现的最早的丁香实物遗存。

与印度和印尼早期交流有关的最重要的遗址是塞姆比兰(Sembiran)和八春(Pacung),位于巴厘岛北海岸中部的一个废弃港口,两者相距约500米。[18]这里出土的大量遗物表明,与印度的早期交流是在公元前后开始的。在海岸沉积层下挖约3.5～4

米(图版14a),发现了许多遗物,包括大量的滚印纹陶器碎片,阿里卡梅杜(Arikamedu)第10、18和141类型模制陶容器的碎片(Wheeler et al. 1946),一块涂写了一行佉卢文(Kharoshthi)或婆罗米文(Brahmi)字符的磨光黑陶片,一只用于在佩砧型铜鼓蜡模上印花的凝灰岩印模(前文曾经提到过),以及一个用于铸造青铜工具銎孔的凝灰岩填芯(图版14f~j)。

塞姆比兰和八春遗址本地制作的陶器上有刻划纹和压印纹,属于早期金属时代类型(图版14b~e),压印纹和吉利马努(Gilimanuk)遗址的很多陶器纹饰相似(图9.8a)。有些陶器,特别是磨光黑陶,羼有稻糠。有些陶器的口沿波曲外敞,和巴丹群岛米坦戈(Mitangeb)和阿纳罗遗址出土的很多陶器口沿几乎一样,巴丹陶器的碳十四年代很清楚,在公元1年到600年之间(Bellwood and Dizon 2013:图6.10)。塞姆比兰和八春有些本地陶器也模仿了印度陶器的造型(Calo et al. 2015)。在八春发掘了几座墓葬,既有瓮棺葬,也有屈肢的土葬,有些瓮棺陶罐顶部被破开以放置尸体,情形和印尼其他地区早期金属时代的很多墓葬一样。塞姆比兰和八春这两个遗址还发现了印度绿豆和水稻的植硅体(Doreen Bowdery在Ardika 1991中的表述)。

塞姆比兰和布尼文化遗存引出了印度与印尼西部文化交流的起源和年代问题。大陆东南亚的班东达潘(Ban Don Ta Phet)、三乔山(Khao Sam Kaeo)和大头鱼丘(Giong Ca Vo)等遗址出现的印度风格玉髓和蚀花玛瑙珠可能早到公元前4世纪。滚印纹陶器的到来(迄今为止,在印度/斯里兰卡以外,只在印度尼西亚、泰国南部和越南发现过),过去由惠勒等人追溯到公元1世纪和2世纪(Wheeler et al. 1946),因为它与这个时期的罗马进口物品共存,包括钱币和意大利沙玛音(Arretine)陶器,这是在泰米尔纳德邦的阿里卡梅杜(Arikamedu)遗址发现的。贝格雷(Begley 1986)则把这个时间提前到了公元前2世纪。

从斯里兰卡的阿努拉德普拉（Anuradhapura）（Deraniyagala 1986）开始，最北到奥里萨邦西素帕勒格勒赫（Sisupalgarh）和西孟加拉邦的昌德拉克土格尔（Chandraketugarh），整个印度次大陆东海岸的考古发掘都发现了滚印纹陶器。正是在这些位置偏北的遗址中，出土了如图版11所示非常独特的蚀花玛瑙珠，年代在公元前第一千年晚期。印度南部和斯里兰卡出土滚印纹陶器的遗址还出土了实用陶器，装饰有刻划和拍印图案（Ray 1997；Selvakumar 2011），这些纹饰在印度史前文化中没有发现，但在布尼文化、塞姆比兰和吉利马努的陶器上有类似拍印图案。根据目前的证据，断定印度和印尼之间存在这种类型陶器的联系还为时过早，特别是考虑到索尔海姆（Solheim 1990）多年来一直认为东南亚的拍印纹陶器整体上源于中国南部［这种陶器在汉代很常见，索尔海姆称之为"巴务—马来（Bau-Malay）"陶器群］。但是，我认为，目前来看印度的这些东西确实有可能来自马来—波利尼西亚人。

关于2 000年前印度与印尼贸易往来的这一新证据，还反映出对苏门答腊、爪哇和巴厘岛等印度化"核心（core）"地区以外的影响。值得再次强调的是，黑格尔I型鼓的广泛分布可能与印度贸易商人的活动有很大关系，特别是通过从爪哇和巴厘岛延伸到摩鹿加群岛的贸易网络。印度商人的目的是将丁香、肉桂等香料贩运到地中海、印度和中国。而且除了铜鼓之外，我在多年的实地调查中发现，整个马来群岛早期金属时代的陶器组合非常相似，尤其是在东部地区，无论是菲律宾、婆罗洲、爪哇、巴厘、塔劳还是摩鹿加群岛，都是如此。

事实上，哈马黑拉群岛北部的巴布亚民族似乎就是在这个时候开始第一次制作陶器，这可能是贸易往来增长的结果

（Bellwood，即将发表）。但是，我们不能像看待新石器时代开始阶段那样，将相似性都归因于人口迁徙。目前尚没有充分的证据表明除了贸易商人的流动之外存在任何人口迁徙。根据最新的基因分析，其中一些贸易商实际上来自印度（Kusuma et al. 2016）。

　　距今2 000年前，马来—波利尼西亚人走出岛屿东南亚的浪潮已经基本结束，有些活动还在继续，如迁往越南和马来半岛，当然还有马达加斯加，以及远在东方的波利尼西亚。马达加斯加并不是本书关注的重点，但它目前是语言学家和遗传学家开展大量研究的地方。语言研究的结论是，马达加斯加居民大约是在公元650年左右从印度尼西亚来到这里的，这些人的语言与加里曼丹东南部马安延语（Ma'anyan）有关，其中已经有一些梵文借词（Serva et al. 2012）。从遗传学上来看，马达加斯加人具有明显的印尼血统（Kusuma et al. 2015），但基因研究很有趣地指出，他们可能属于巴兆（Bajau/Bajaw）海洋游民，而不是来自内陆的马安延农人。

早期金属时代之后

　　我的《印度—马来群岛史前史》（Bellwood 2007）一书，其中有多个章节（尤其是第5、8和9章）谈到当今岛屿东南亚民族的起源，以及印度文化到来等对本地民族文化形态产生重大影响的历史事件。在第五章，我讨论了印度教、佛教和伊斯兰教人群以外的粮食生产人群，他们基本上保留了南岛文化传统，一直延续到今天。我还以比较方法重建了早期南岛社会和早期金属时代之后的一些历史（Bellwood 2007: 152–154）。以上大多数看法仍然成立，此处不再赘述。

　　现在我们已经走到了岛屿东南亚考古之旅的终点。我想再次强调的是，岛屿东南亚现代民族的形成，在很大程度上要归功于他们的文化和生物祖先的迁徙、选择和融合，这些事件的发生，远远早于公元前200年左右第一批印度人带着玻璃珠来到这里之前，早于中世纪第一批穆斯林的到来，更早于葡萄牙人或者荷兰人的殖民。我们看日惹附近的婆罗浮屠（Borobudur），这是一处宏伟的佛教纪念碑，是典型的印度风格，从中我们看不到多少典型的"南岛人"甚至是爪哇人的特征，除了纪念碑的底座和台阶，也许还有碑身上的植物和边架艇雕刻，属于土著风格。在最低一层台阶上，有描绘"日常生活"（如制陶）场景的雕刻，但其他一切都与印度宗教和神话有关。虽然婆罗浮屠是由爪哇工人建造的（可能是在印度婆罗门的指导下劳动），但并不是真正的"南岛式"纪念建筑。真正的南岛纪念建筑见于西爪哇的巴东山（Gunung Padang）（图9.6），或者如塔希提岛马哈亚提（Mahaiatea）十级金字塔那样的波利尼西亚式"马拉埃"（*marae*，即大会堂）（Bellwood 1978: 338–339）。南岛人的建筑并不逊色于普兰巴南（Prambanan）壮丽的印度寺庙，而且我认为，在艺术和宗教的创造方面也同样十分精彩。

注释

1. 青铜是铜和锡的合金。
2. 分析苏门答腊岛哈里茂洞（Gua Harimau）出土的青铜器和铁器，可能会对这两种金属抵达印尼的年代提供不同的认识，但我们必须拭目以待。
3. 白乐思（Blust，待刊）最近提出了一个类似的观点，即长屋属于南亚语系文化，是从大陆东南亚传播到婆罗洲的。
4. 特别是有一面铜鼓，出自巴厘岛马尼克利尤（Manikliyu），也有人面图案，是在一个带盖的火山岩石棺旁边发现的。
5. http://nga.gov.au/BronzeWeaver/.

6. 雅加达历史博物馆（Sejarah）的安妮莎·古尔通（Annissa Gultom）告诉我，占碑文化遗产保护中心（Balai Pelestarian Cagar Budaya Jambi）正在对帕塞马（Pasemah）石雕进行新的研究，将有相关论著发表。

7. https://en.wikipedia.org/wiki/Gunung_Padang_Megalithic_Site.

8. Van Heekeren 1955; 1958: 54−58; Soejono 1977, 1995; Sukarto and Atmodjo 1979; Ardika 1987.

9. 根据迪克希特（Dikshit 1952）的说法，玉髓或黑色玛瑙珠表面的白色花纹，是用草木灰、白铅和基拉木（Capparis aphylla）汁液混合而成的液体腐蚀而成的，然后将珠子放在炽热的木炭中烘烤。

10. 关于塔劳和沙巴岛的论述，见Bellwood 1981, 1988；关于巴厘岛的论述，见Calo et al. 2015。

11. 关于马来—占语移民的论述，见以下著作：Blust 1994, 2005; Thurgood 1999; Collins and Sariyan 2006; Milner 2008。以及下文所述。

12. 但我们不知道在北沙萤文化地区是否也是如此，因为越南中部的酸性土壤已经将所有人骨腐蚀殆尽。和檐（Hoa Diem）和大头鱼丘（Giong Ca Vo）遗址的土壤很适合保存人骨。

13. Bellina et al. 2012; Favereau 2015; Favereau and Bellina 2016.

14. 例如，Bellina 2013, 2014; Hung et al. 2007; Hung et al. 2013; Hung and Chao，待刊。

15. 公元1250年毛利人才开始定居在新西兰，要说这时候台湾岛/菲律宾群岛和新西兰之间有直接的文化交流，显然是不可能的。

16. 由布迪安托·哈金（Budianto Hakim）发掘，饭冢义之（Yoshiyuki Iizuka）和洪晓纯鉴定。

17. 与索福万·诺尔维迪（Sofwan Noerwidi）个人交流。

18. Ardika 1991; Ardika and Bellwood 1991; Ardika et al. 1997; Calo et al. 2015.

第十章 比较视野下的岛屿
东南亚史前史

我们已经考察了大约150万年以来岛屿东南亚的古人类及其历史，关注了连续出现的三类人种——直立人（*Homo erectus*）、弗洛里斯人（*Homo floresiensis*）和智人（*Homo sapiens*）。1997年，在我最后一次修订《印度—马来群岛史前史》的时候，尚未发现弗洛里斯人，对于中更新世的石器所知甚少，但从1997年开始，对于东南亚古人类及其进化的认识有了迅速增长。特别是随着基因研究成果的激增，我们对现代人类迁徙到岛屿东南亚的了解也与日俱增，包括他们与东南亚现代民族的关系，以及与远古人类（如尼安德特人和丹尼索瓦人）的基因混合关系。

考古发掘也许很难有惊人的发现，但目前许多新的科学技术方法已经出现并且改进用于考古研究，在发掘精度、沉积分析、年代测定、动物考古、植物考古、颅骨测量、古DNA、产地分析，以及通过骨骼中稳定同位素进行饮食分析等方面都取得了进展。语言学家已经利用计算分析来辅助他们的比较研究方法，我们所有人，对于所有学科，现在都可以轻松地访问大量在线数据。甚至本书插图都已经使用Adobe Illustrator，不需要再手工操作，而在1995年，这种技术仍然是鲜为人知的。有了以上这些新知识，关于岛屿东南亚史前史，我们能得出什么新的认识呢？

首先，让我回顾一下岛屿东南亚漫长的史前时代发生的一些重大事件。即使现在，我们对在该地区发现的各种古人类出现的确切时间仍不清楚。也许我们大都同意以下发展序列。在距今120万年前,巽他陆桥连接了爪哇和大陆东南亚,100万年前弗洛里斯人穿过华莱士海沟来到岛屿东南亚,至少在10万年前到达苏拉威西,在6.5万年前到达吕宋。现代人类在距今5万年前到达澳大利亚和新几内亚,但他们初次到达巽他古陆的准确时间不清楚,因为现代人类和古代人类在石器特征方面并没有明显的区别。

弗洛里斯人的发现是最令人兴奋的。有证据表明,在100万年前,他们曾横渡大洋,然后可能与其他古人类隔绝,直到智人到来。我说"可能(potential)",是因为在距今100万年之后,剑齿象(stegodons)不止一次到过弗洛里斯岛,而且弗洛里斯岛的古人类化石资料并不足以完全排除后来有其他人类来过这里。但是,不管怎样,古人类100万年一直处于孤立状态,对于其进化轨迹的潜在影响是惊人的。

345
346

若从第一批移民开始总结岛屿东南亚史前史的发展"特征(character)",一种方法就是将前几章中描述的发展轨迹与邻近地区相比较,如中国、大陆东南亚、新几内亚/美拉尼西亚和澳大利亚。关于远古人类,迄今为止只有中国有可供比较的化石材料。关于比较结果,在这里我们能提出的最有意义的看法也许是,印尼和中国的远古人类似乎都与当地的现代人类具有很高的物种分离程度,而且独特性很强,与现代人类的高度同质化很不相同。换句话说,这些地方在任何时候都存在着不止一个古老人种,至少在弗洛里斯岛以东的情况是如此。

如果岛屿东南亚古人类人种多样性这种印象并非是年代误差和样本量小造成的,那么真正的原因可能是各类型古人类之间高度的区域隔绝所致。相反,进入智人时期,我们看到了更大程度和更频繁的迁徙所导致的人种同质化,特别是他们最初的晚更新世迁徙(通过该地区到达新几内亚和澳大利亚),以及新石器时代的南岛迁徙。

第一批现代人类的到来在岛屿东南亚的石器技术进程上没有留下明显的痕迹，其原因在我看来，是因为在普遍的热带条件下，旧石器时代晚期的工具包里不需要准备应对寒冷气候的选项，所以我们必须以其他方式寻找他们在考古学上的存在。在这种情况下，考古学家越来越关注洞穴艺术、人体装饰、海上捕鱼和航海技术，其中一些可以追溯到距今 5 万年前。当然，如果没有某类船只，甚至简单的木筏，人类是不可能到达澳大利亚的。鉴于弗洛里斯人能够航行抵达弗洛里斯岛，我们很难主张是智人第一次跨越了海洋，但智人肯定是第一批跨越如此广袤海洋的人种，航行能够超过 100 公里以上，抵达以前古人类从未到达过的地方，如塔劳群岛、阿德默勒尔蒂群岛（Admiralty Islands），以及莎湖古陆（Sahul continent）。

一旦现代人在岛屿东南亚落地生根，就开始出现了区域多样性的迹象，但就目前的证据而言，分化发生在末次盛冰期（LGM）之后。在距今 1.5 万年左右，大陆东南亚和苏门答腊岛的发展重点是砾石和石核工具［即和平文化（hoabinan）］，而同时期岛屿东南亚的发展重点是石片工具。我强烈怀疑，这种明显的差异背后，部分原因是可用石料的不同。然而，这是在史前考古遗存中我们第一次看到大陆东南亚和岛屿东南亚之间的区别。值得注意的是，旧石器时代晚期的岛屿东南亚在石器技术上与新几内亚和澳大利亚的联系比亚洲大陆更为密切。

346
347

在距今 1.17 万年之后的全新世早期，采取食物生产生业方式的新石器时代早期文化在中国中部发展起来，并逐渐向南扩散，大约在距今 5 000 年左右到达岭南。在这一时期，从中国广西到马来半岛的广大地区，和平文化通过采取陶器技术和磨制石器技术发展成为土著准新石器时代文化（Para-Neolithic cultures）。陶器和磨制石器本身并不是新事物,因为它们在史前东亚零星出现的时间要早得多。新的变化是,中国南方和大陆东南亚的准新石器时代在大型贝丘和墓地方面显示出一种"强化(intensification)"。目前还不清楚这个时期是否在某种程度上采用了粮食生产。到了公元前2500年,这些准新石器时代人群逐渐开始与新来的亚洲新石器时代农人进行基因融合。今天,从生物学角度来看,融合结果在泰国—马来半岛南亚语系人群中保存最为突出。

考古学研究表明,岛屿东南亚的全新世早期(旧石器时代晚期),与大陆东南亚的准新石器时代和和平文化孑遗相比存在一些非常显著的差异,尤其是在其高度的区域多样性方面。尽管存在砾石和石片石器的一般现象,但仍有一些非常具有岛屿特色的人工制品,与大陆东南亚区别很大。其中包括南苏拉威西岛托利安(Toalian)文化的修背工具和细石器,沙巴的廷卡尤两面石器工业,菲律宾群岛和摩鹿加群岛的磨制蚌锛,以及东帝汶和邻近岛屿精美的蚌珠和鱼钩。在岛屿东南亚,除了尼亚洞和巴拉望岛上出现的磨刃石斧外,迄今为止还没有发现任何准新石器时代磨制石器和陶器制作的迹象。

由于全新世早期至中期这种高度的区域特殊性,我个人觉得,认为在新石器时代和早期金属时代之前岛屿东南亚与外界存在密切文化交流的观点并不符合事实。托利安细石器仅存在于印度尼西亚南苏拉威西岛,唯一的例外是在澳大利亚也出现过。我的解释是,在大约距今4 000～3 500年,一群带着澳洲犬的狩猎采集者曾经来过一次苏拉威西岛(Bellwood 2013)。到目前为止,仅在沙巴发现了前新石器时代的双面石器,在帝汶及邻近岛屿发现了贝壳制作的鱼钩和珠子。蚌锛可能分布较为广泛,一直延伸至新几内亚北部的阿德默勒尔蒂群岛,但似乎仍然只是在岛屿东南亚的东缘。这些区域性分布很难简单地解释为发现不足,因为在整个岛屿东南亚,已经有数十个岩厦遗址一直发掘到了晚更新世地层。

当历史迈进到新石器时代及以后阶段时,人们会进一步强调岛屿东南亚与大陆东南亚之间的重大差别,但表现与之前不同。新石器时代文化,以及与之相关的语言和社会,在新石器时代开始之初,即强化了大陆东南亚和岛屿东南亚大片区域内的同质性。但是,这些相对同质的形态在整个岛屿东南亚并不是整齐划一的,因为它们来自大陆东南亚和岛屿东南亚各地不同的文化传统,需要适应多个不同的小区域。

我们发现,进入岛屿东南亚的移民主要经历了这样一条迁徙路线,即从中国南部出发,经过台湾岛和菲律宾群岛,进入婆罗洲、苏拉威西和印度尼西亚的其他地区。接近新几内亚的迁徙社群前进速度明显放缓,还有一些社群则迅速到达了西密克罗尼西亚和美拉尼西亚。在大陆东南亚,我们看到了另外一些文化遗存,同样来自中国南部,但这次来自更靠南而不是东部的农业起源中心地带。这些分别独立进行的迁徙最终导致了今天南岛语系、泰语系和南亚语系的形成。

本书采用的一个基本理论是"农业/语言传播假说(the farming/language dispersal hypothesis)",这个概念最初是由我的朋友科林·伦福儒(Colin Renfrew)(Bellwood and Renfrew 2002)提出的。掌握可转移经济方式的粮食生产人群比低水平经济人群更具优势,即使后者有时也掌握一定的粮食生产技能。这些优势使他们的人口数量和活动范围不断扩张,例如南岛语系人群或印欧语系人群,最终扩散到世界上极其广大的区域(Bellwood 2005, 2013)。以岛屿东南亚为例,通过头骨测量、基因研究以及考古发现证实,新石器时代的人口迁徙导致了南岛语系的同步传播,这是距今 1 500 年以前世界上范围最大的传播现象。

然而,也许有必要对过度夸大南岛迁徙规模的热情泼一下冷水，不应该将南岛迁徙与近几个世纪的殖民运动、难民潮和奴隶贩运这种大规模的人群流动相提并论。虽然在我看来，距今4 000～3 500年，马来—波利尼西亚移民走出台湾岛并穿过菲律宾群岛是一个毋庸置疑的观点，但我们当然也需要进一步追问，当初的移民人口数量到达有多少。关于这个问题，很明显，后来马来—波利尼西亚人与周围的南亚语系、泰语和巴布亚语人群发生了很大程度的基因融合。事实上，就美拉尼西亚而言，他们可能被吸收到了以巴布亚人为主的基因库中。

这种情况清楚地说明不存在移民运动引发的巨大的人口不平衡——通常总是造成移民人口远远超过土著。当然，移民自身人口出生率的增长是另一回事。有些南岛移民人群的数量增长会比较缓慢，而有些移民群体迁徙到了土地肥沃且之前无人或者人少的地方，则人口增长很快。我们通过比较中国大陆、台湾岛和越南等地广泛的新石器时代聚落遗址资料，可以了解到这一点。

除了出生率之外，我还要强调，在讨论诸如南岛人和马来—波利尼西亚人等混合人口在史前的起源时，应考虑到不同经济类型生产能力和人口增长力的相对差异。例如，东南亚旧石器时代晚期的土著狩猎采集者，虽然已经在块茎和果实生产方面有一些进展，但没有家畜和谷物，而台湾岛早期的南岛人已经拥有驯化稻、粟和家猪，肯定会逐渐占据人口规模优势。在这方面，关于婆罗洲或苏拉威西岛全新世早期和前新石器时代人群如何推广和收获山药和棕榈的争论，可能与大规模人群历史代表的人口问题并不相干。

在新石器时代移民之后，到公元前1000年，岛屿东南亚的人群和社会与外部世界之间出现了越来越多的重大差异。此时，中国和大陆东南亚大部分地区已进入青铜时代，中国中部出现了国家。岛屿东南亚仍然处于新石器时代，在新几内亚高地，早期食物生产活动的重心集中在东部，没有新石器技术（磨制石斧除外）。这个时期，与大陆东南亚相比，岛屿东南亚的新石器时代明显呈现出一些相当有趣的特有形式。

近年来，我和同事们一起研究了越南南部的新石器时代，我经常被大陆东南亚和岛屿东南亚在新石器时代和后新石器时代人类史前史的差异所震惊。今天的大陆东南亚是一块完整的陆地，有非常大的河流、辽阔的三角洲，以及宽广肥沃的山谷和山间高原。湄公河三角洲和红河三角洲在全新世早期高海平面环境下还是大型的浅水海湾，直到 5 000 年前才发生改变。距今 5 000 年前后，遍布该地区的农业社会在逐渐扩展的冲积地貌上发展起来，随着森林砍伐、水土流失和中全新世海平面逐渐稳定（以及轻微海退），冲积地貌的范围不断扩大。

以上过程必然影响岛屿东南亚，因此，沿着苏门答腊岛、爪哇岛和巴厘岛的北部海岸，最终形成了广阔的沿海平原。但岛屿东南亚的河流，除了婆罗洲的卡普亚斯河和马哈坎河（Mahakam），一般比大陆上的河流小得多，因为大陆架和岛屿边缘的全新世海侵缩短了河流的长度。华莱士群岛也有非常狭窄的近海陆架，以及面积很小的沿海平原。

大陆东南亚和岛屿东南亚之间的这些地理差异（包括低地、河流和海岸等方面），对新石器时代社会产生了巨大影响，并一直延续到历史时期。在历史时期早期，大陆东南亚被广阔的高地隔开的各个大型冲积河谷，养育了多支语言和文化都不相同的稻作农业人群，发展程度达到国家水平（Bellwood 2015：图3.3）。缅语及其他藏缅语系人群占据了伊洛瓦底江河谷，藏缅语系的克伦人和掸人（讲泰语）占据了萨尔温江，泰人和老挝人占据了湄公河中游、湄南河流域以及由蒙河（Mun River）和芝河（Chi River）形成的肥沃的呵叻高原（Khorat Plateau），南亚语系的高棉人占据了湄

公河下游和洞里萨湖，南亚语系的越南人占领了红河流域，并在
15世纪后最终占领了湄公河三角洲。

在早期金属时代，从岛屿东南亚来到这里的马来人和占人
（马来—波利尼西亚语人群），部分原因是受到本地原有居民的排
挤，无法在肥沃的谷地平原立足，而不得不居住在马来半岛和越南
中部较为贫瘠和崎岖的地区。达不到国家水平的较小社会，包括
来自长江流域的苗族和缅族移民，则占据了中间地带，他们被迫在
北部高地定居，这里的地势高于下面人烟稠密、布满稻田的河谷，
只能采取轮种旱作农业。

如果我们将大陆东南亚的情况与同时期的岛屿东南亚进行
比较，会发现二者有很大的不同。在帝汶和摩鹿加群岛以西的岛
屿上，只有一个语系存在，即南岛语系中的马来—波利尼西亚语。
公元650年以后，印度化国家社会的发展主要集中在苏门答腊、爪
哇、巴厘岛，婆罗洲沿海也有一定程度的发展，没有像大陆东南亚
那样主要集中在河谷，因为这里没有类似规模的大河。大约在公
元1000～1450年，大陆东南亚已经形成大量具有独立民族语言的
国家社会，而在岛屿东南亚，我们只发现了一个强大的印度教王
国，那就是位于爪哇岛东部的满者伯夷（Majapahit）。较小的印度
教王国还存在于巴厘岛、苏门答腊和努沙登加拉，但在当时岛屿东
南亚其他地方，在伊斯兰教广泛传播之前，人类学景观主要由小部
落和酋长组成，具有相当大的语言多样性，只出现了一些小规模的
政治中心（Geertz 1963）。

大陆东南亚和岛屿东南亚的这些差异可以追溯到史前晚期。
泰国和越南的新石器时代村落遗址在其核心化、地层厚度和结构
布局方面都是引人注目的。在越南南部，我们在龙安省（Long An）
的安山（An Son）、迪石山（Rach Nui）和禄江（Loc Giang）等地都
发现了很典型的案例（Bellwood et al. 2011; Oxenham et al. 2015;

Piper et al. 已投稿），聚落居民们在室内铺设了密实的石灰地面，通过清走垃圾保持卫生，并在快速增高的土丘定居点边缘炊煮食物。这些土丘有些高出它们所在的冲积地面5米，通常面积超过1公顷。

然而，在岛屿东南亚的新石器时代和早期金属时代，我们没有发现类似越南或泰国那样的核心聚落土丘。这可能是因为聚落已经深埋地下没有被发现，但我也怀疑，由于缺乏类似大陆东南亚那样广阔的河谷、三角洲和沿海平原，岛屿东南亚难以发展起永久性农田、水稻农业和定居村落。吕宋岛北部宽阔的卡加延河谷有非常大的贝丘和新石器时代水稻证据，可能是个例外。但是，由于普遍缺少永久性农田，使得山坡轮种农业［刀耕火种（swidden）］成为最成功的经济方式，也许只有在需要某种防御设施的情况下才形成核心性聚落。在太平洋岛屿的人类学记录中，我们也看到了类似的情况，即基本上缺乏紧密和永久的核心定居村落，完全不种植谷物，尽管新几内亚高地的沼泽农业也形成了较大的聚落。

在过去3 500年中，大陆东南亚和岛屿东南亚之间发展水平的差异是惊人的。就岛屿东南亚而言，主要体现在其社会形态流动性高，定居水平低，聚落分散，就像我们后来看到的大洋洲特别是波利尼西亚社会那样。在早期历史时期之前，岛屿东南亚史前社会在某些情况下可能达到酋邦的复杂程度，但尚算不上国家。随着公元700年后印度精神文化的到来，以及历史时期王国的兴起，吕宋岛、爪哇岛和巴厘岛等地灌溉稻作农业也发展起来。东南亚其他岛屿，尤其是华莱士区（Wallacea），随着人口向东方的新几内亚、美拉尼西亚和波利尼西亚扩散，轮种农业和流动生活的盛行导致了水稻种植的进一步下降。

最后一点，我仍然相信，在所罗门群岛之外，高度分散的大洋洲岛屿最终完全由南岛人占据，而不是由种植水稻的中国人、越南人、高棉人或泰人占据，这绝非巧合。我怀疑，只有马来—波利尼西亚人最终成功发展出了航海技术和便携式经济，从而取得了这样的成就；同时，他们有改造传统生业经济方式的意愿，以适应从暖温带气候到热带气候再到完全的赤道气候这样一个极大跨度的环境变化。

在《印度—马来群岛史前史》最后一章，我曾经展望过该地区的研究前景。似乎没有必要再次列出人们可以利用的所有新资料，包括目前在苏门答腊和北摩鹿加群岛人骨中提取的古代DNA研究。开展细致的多学科研究确实十分重要，但对细节研究的关注并不意味着否定大范围比较研究的价值。在可能的情况下，我们需要采取微观和宏观两种视角，或者不怕争议综合运用归纳法（自下而上的资料收集）和演绎法（自上而下的假设检验）。我祝愿我所有的同行们，在寻找过去历史真相（或者至少是一个言之成理的叙事）的过程中，一切顺利！

参 考 文 献

第一章

Bellwood, P. 1978a. *Man's Conquest of the Pacific*. Auckland: Collins.

Bellwood, P. 1978b. *The Polynesians*. London: Thames and Hudson.

Bellwood, P. 1985. *Prehistory of the Indo-Malaysian Archipelago*. First edition. Sydney: Academic.

Bellwood, P. 1987. *The Polynesians*. Revised edition. London: Thames and Hudson.

Bellwood, P. 1997. *Prehistory of the Indo-Malaysian Archipelago*. Second edition. Honolulu: University of Hawai'i Press.

Bellwood, P. 2000. *Prasejarah Kepulauan Indo-Malaysia*. Jakarta: Gramedia.

Bellwood, P. 2005. *First Farmers: The Origins of Agricultural Societies*. Oxford: Blackwell Publishing.

Bellwood, P. 2007. *Prehistory of the Indo-Malaysian Archipelago*. Third edition. Canberra: ANU Press.

Bellwood, P. 2013. *First Migrants*. Chichester: Wiley-Blackwell.

Bellwood, P. ed. 2015. *The Global Prehistory of Human Migration*. Boston: Wiley-Blackwell.

Crosby, A.W. 1986. *Ecological Imperialism*. Cambridge: Cambridge University Press.

Geneste, J-M., David, B. et al. 2012. The origins of edge-ground axes. *Cambridge Archaeological Journal* 22: 1–17.

Head, M., Gibbard, P. and van Kolfschoten, T. 2015. The Quaternary system and its subdivision. *Quaternary International* 383: 1–3.

Izuho, M. and Kaifu, Y. 2015. The appearance and characteristics of the Early Upper

Paleolithic in the Japanese Archipelago. In Y. Kaifu et al. eds, *Emergence and Diversity of Modern Human Behavior in Paleolithic Asia*, pp. 289–313. College Station: Texas A&M University Press.

Soejono, R.P. 1984. *Sejarah Nasional Indonesia, Jilid I : Prasejarah*. Jakarta: Balai Pustaka.

第二章

Allen, J. and O'Connell, J. 2014. Both half right: updating the evidence for dating first human arrivals in Sahul. *Australian Archaeology* 79: 86–108.

Anshari, G., Kershaw, P. et al. 2004. Environmental change and peatland forest dynamics in the Lake Sentarum area, West Kalimantan, Indonesia. *Journal of Quaternary Science* 19: 637–655.

Ashton, E.S. 1972. The Quaternary geomorphological history of western Malesia and lowland forest phytogeography. In P. Ashton and M. Ashton, eds, *The Quaternary Era in Malesia*, pp. 35–49. University of Hull, Department of Geography, Miscellaneous Series 13.

Barker, G. ed. 2013. *Rainforest Foraging and Farming in Island Southeast Asia*. Cambridge: McDonald Institute for Archaeological Research.

Bellwood, P. 2007. *Prehistory of the Indo-Malaysian Archipelago*.Third edition. Canberra: ANU Press.

Bird, M., Taylor, D. and Hunt, C. 2005. Palaeoenvironments of insular Southeast Asia during the Last Glacial Period: a savanna corridor in Sundaland? *Quaternary Science Reviews* 24: 2228–2242.

Boivin, N., Fuller, D. et al. 2013. Human dispersal across diverse environments of Asia during the Upper Pleistocene.*Quaternary International* 300: 32–47.

Broecker, W. 2000. Abrupt climate change.*Earth Science Reviews* 51: 137–154.

Butlin, N.G. 1993. *Economics and the Dreamtime*. Cambridge: Cambridge University Press.

Cannon, C., Morley, R. and Bush, A. 2009. The current refugial rainforests of Sundaland are unrepresentative. *Proceedings of the National Academy of Sciences*

106: 11188–11193.

Carro, S., O'Connor, S. et al. 2015. Human maritime subsistence strategies in the Lesser Sunda Islands during the terminal Pleistocene — early Holocene. *Quaternary International* 416: 64–79.

Chappell, J. 2000. Pleistocene seed beds of western Pacific maritime cultures and the importance of chronology. In S. O'Connor and P. Veth, eds, *East of Wallace's Line*, pp. 77–98. Rotterdam: Balkema.

Chen, Y-G. and Liu, T-K. 1996. Sea level changes in the last several thousand years, Penghu Islands, Taiwan Strait. *Quaternary Research* 45: 245–262.

Cheng, H., Edwards, L. et al. 2016. The Asian monsoon over the past 640,000 years and ice age terminations.*Nature* 534: 640–646.

Cranbrook, Earl of. 2009. Late Quaternary turnover of mammals in Borneo: the zooarchaeological record. *Biodiversity and Conservation* 19: 373–391.

Cranbrook, Earl of and Edwards, D. 1994. *Belalong: A Tropical Rainforest*. London: Royal Geographical Society.

Croft, D., Heaney, L. et al. 2006. Fossil remains of a new, diminutive *Bubalus* (Artiodactyla: Bovidae: Bovini) from Cebu Island, Philippines. *Journal of Mammalogy* 87: 1037–1051.

Dickerson, R.E. 1928. *Distribution of Life in the Philippines*. Manila: Bureau of Printing.

Dickinson, W.R. 2003. Impact of mid-Holocene hydro-isostatichighstand in regional sea level on habitability of islands in Pacific Oceania. *Journal of Coastal Research* 19: 489–502.

Dunn, F. and Dunn, D. 1977. Maritime adaptations and the exploitation of marine resources in Sundaic Southeast Asian prehistory. *Modern Quaternary Research in Southeast Asia* 3: 1–28.

Esseltyn, J., Oliveros et al. 2010. Integrating phylogenetic and taxonomic evidence illuminates complex biogeographic patterns along Huxley's modification of Wallace's Line. *Journal of Biogeography* 37: 2054–2066.

Flannery, T. 1995. *Mammals and the South-west Pacific and Moluccan Islands*.

Sydney: Reed.

Flenley, J. and Morley, R. 1978. A minimum age for the deglaciation of Mt. Kinabalu, East Malaysia. *Modern Quaternary Research in Southeast Asia* 4: 57–62.

Gibbard, P., Head, M. et al. 2009. Formal ratification of the Quaternary System/Period and the Pleistocene Series/Epoch with a base at 2.58 ma. *Journal of Quaternary Science* 25: 96–102.

Haile, N. 1973. The geomorphology and geology of the northern part of the Sunda shelf. *Pacific Geology* 6: 73–90.

Hall, R. 2002. Cenozoic geological and plate tectonic evolution of SE Asia and the SW Pacific: computer-based reconstructions, model and animations. *Journal of Asian Earth Sciences* 20: 353–434.

Hall, R. 2012. Sundaland and Wallacea: geology, plate tectonics and palaeogeography. In D.J. Gower et al. eds, *Biotic Evolution and Environmental Change in Southeast Asia*, pp. 32–78. Cambridge: Cambridge University Press/The Systematics Association.

Hall, R. 2013. The palaeogeography of Sundaland and Wallacea since the late Jurassic. *Journal of Limnology* 72: 1–17.

Hanbury-Tenison, R. 1980. *Mulu: The Rainforest*. London: Weidenfeld and Nicholson.

Head, M., Gibbard, P. and van Kolfschoten, T. 2015. The Quaternary system and its subdivision. *Quaternary International* 383: 1–3.

Heaney, L. 1991. A synopsis of climatic and vegetational change in southeast Asia. *Climatic Change* 19: 53–61.

Hertler, C., Bruch, A. and Märker, M. 2015. The earliest stages of hominin dispersal in Africa and Eurasia. In P. Bellwood, ed., *The Global Prehistory of Human Migration*, pp. 9–17. Chichester: Wiley-Blackwell.

Hiscock, P. 2008. *Archaeology of Ancient Australia*. Abingdon: Routledge.

Hope, G. 2005. The Quaternary in Southeast Asia. In A. Gupta, ed., *The Physical Geography of Southeast Asia*, pp. 38–64. Oxford: Oxford University Press.

Huke, R. 1982. *Rice Area by Type of Culture: South, Southeast and East Asia*. Los

Baños: International Rice Research Institute.

Hunt, C., Gilbertson, D. and Rushworth, G. 2012. A 50,000 year record of late Pleistocene tropical vegetation and human impact in lowland Borneo. *Quaternary Science Reviews* 37: 61-80.

Kershaw, P., Penny, D. et al. 2001. Vegetation and climate change in lowland southeast Asia at the Last Glacial Maximum. In I. Metcalfe et al. eds, *Faunal and Floral Migration and Evolution in Southeast Asia-Australasia*, pp. 227-236. Lisse: Balkema.

Liew, P., Pirazzoli, P. et al. 1993. Holocene tectonic uplift deduced from elevated shorelines, eastern coastal range of Taiwan. *Tectonophysics* 222: 55-68.

Lisiecki, L. and Raymo, M. 2005. A Plio-Pleistocene stack of 57 globally distributed benthic δ18O records. *Paleoceanography* 20: PA1003. DOI: 10.1029/2005PA001164.

Louys, J. and Turner, A. 2012. Environment, preferred habitats and potential refugia for Pleistocene *Homo* in Southeast Asia. *ComptesRendusPalevol* 11: 203-211.

Marcott, S., Shakun, J. et al. 2013. A reconstruction of regional and global temperature for the past 13,000 years. *Science* 339: 1198-1201.

Martinson, D., Pisias, N. et al. 1987. Age dating and the orbital theory of the ice ages: development of a high-resolution 0 to 300,000-year chronostratigraphy. *Quaternary Research* 27: 1-29.

Medway, Lord. 1977. The Niah excavations and an assessment of the impact of early man on mammals in Borneo. *Asian Perspectives* 20: 51-69.

Meijaard, E. 2003. Mammals of south-east Asian islands and their Late Pleistocene environments. *Journal of Biogeography* 30: 1245-1257.

Mohr, E.C.J. 1945. Climate and soil in the Netherlands Indies. In P. Honig and F. Verdoorn, eds, *Science and Scientists in the Netherlands Indies*, pp. 250-254. New York: Board for the Netherlands Indies, Surinam and Curaçao.

Molengraaff, G.A.F. 1921. Modern deep-sea research in the East Indian Archipelago. *Geographical Journal* 57: 95-118.

Newsome, J. and Flenley, J. 1988. Late Quaternary vegetational history of the Central highlands of Sumatra. *Journal of Biogeography* 15: 555–578.

O'Connor, S., Spriggs, M. and Veth P. eds. 2005. *The Archaeology of the Aru Islands, Eastern Indonesia*. Canberra: ANU Press, Terra Australia 22.

Piper, P., Ochoa. J. et al. 2011. Palaeozoology of Palawan Island, Philippines. *Quaternary International* 233: 142–158.

Robles, E. 2013. Estimates of Quaternary Philippine coastlines, land-bridges, submerged river systems and migration routes. *Hukay* 18: 31–53.

Ruddiman, W. 2015. The Anthropocene. *Annual Review of Earth and Planetary Sciences* 41: 45–68.

Sathiamurthy, E. and Voris, H.K. 2006. Maps of holocene sea level transgression and submerged lakes on the Sunda Shelf. *The Natural History Journal of Chulalongkorn University*, Supplement 2: 1–44.

Simpson, G.G. 1977. Too many lines: the limits of the Oriental and Australian zoo-geographical regions. *Proceedings of the American Philosophical Society* 121: 107–120.

Smith, D., Harrison, S. et al. 2011. The early Holocene sea level rise. *Quaternary Science Reviews* 30: 1846–1860.

Snyder, C. 2016. Evolution of global temperature over the past two million years. *Nature* 538: 226–228.

Spratt, R. and Lisiecki, L. 2015. A Late Pleistocene sea level stack. *Climate of the Past* 12: 1079–1092.

Tsukada, M. 1966. Late Pleistocene vegetation and climate in Taiwan (Formosa). *Proceedings of the National Academy of Sciences* 55: 543–548.

Umbgrove, J.H.F. 1949. *Structural History of the East Indies*. Cambridge: Cambridge University Press.

Van der Kaars, W.A. 1989. Aspects of late Quaternary palynology of eastern Indonesian deep sea cores. *Netherlands Journal of Sea Research* 24: 495–500.

Van der Kaars, W.A. 1991. Palynology of eastern Indonesian marine piston-cores: a late Quaternary vegetational and climatic record for Australasia. *Palaeogeography, Palaeoclimatology, Palaeoecology* 85: 239–302.

Van Steenis, C. 1961. Preliminary revisions of some genera of Malaysian Papilionaceae I. *Reinwardtia* 5: 419–456.

Verstappen, H.T. 1975. On Palaeo climates and landform development in Malesia. *Modern Quaternary Research in Southeast Asia* 1: 3–36.

Voris, H.K. 2000. Maps of Pleistocene sea levels in Southeast Asia: shorelines, river systems and time durations. *Journal of Biogeography* 27: 1153–1167.

Walker, D. 1980. The biogeographical setting. In J.J. Fox, ed., *Indonesia: The Making of a Culture*, pp. 21–34. Canberra: Research School of Pacific Studies, Australian National University.

Wallace, A.R. 1962. *The Malay Archipelago*. Originally published in 1869. New York: Dover.

Wurster, C.M. and Bird, M. 2014. Barriers and bridges: early human dispersals in equatorial SE Asia. In J. Harff et al. eds, *Geology and Archaeology: Submerged Landscapes of the Continental Shelf*. Geological Society of London Special Publication 411. http: //dx.doi.org/10.1144/SP411.2.

Wurster, C.M., Bird, M. et al. 2010. Forest contraction in north equatorial Southeast Asia during the last glacial period. *Proceedings of the National Academy of Sciences* 107: 15508–15511.

第三章

Aiello, L. 2010. Five years of *Homo floresiensis*. *American Journal of Physical Anthropology* 142: 167–179.

Antón, S. 1997. Developmental age and taxonomic affinity of the Mojokerto child, Java, Indonesia. *American Journal of Physical Anthropology* 102: 497–514.

Antón, S. 2002. Evolutionary significance of cranial variation in Asian *Homo erectus*. *American Journal of Physical Anthropology* 118: 301–323.

Antón, S. 2003. Natural history of *Homo erectus*. *Yearbook of Physical Anthropology* 46: 126–170.

Antón, S. 2004. The face of Olduvai Hominid 12. *Journal of Human Evolution* 46: 335–345.

Argue, D., Donlon, D. et al. 2006. *Homo floresiensis*: microcephalic, pygmoid, *Australopithecus* or *Homo*? *Journal of Human Evolution* 51: 360–374.

Argue, D., Morwood, M. et al. 2009. *Homo floresiensis*: a cladistic analysis. *Journal of Human Evolution* 57: 623–629.

Aubert, M., Brumm, A. et al. 2014. Pleistocene cave art from Sulawesi, Indonesia. *Nature* 514: 223–227.

Audley-Charles, M. and Hooijer, D. 1973.Relation of Pleistocene migrations of pygmy stegodonts to island arc tectonics in eastern Indonesia. *Nature* 241: 197–198.

Baab, K., McNulty, K. and Harvati, K. 2013. *Homo floresiensis* contextualized: a geometric morphometric comparative analysis of fossil and pathological human samples. *PLoS ONE* 8(7): e69119.

Bartsiokas, A. and Day, M. 1993. Electron probe energy dispersive x-ray microanalysis (EDXA) in the investigation of fossil bone: the case of Java man. *Proceedings of the Royal Society of London B* 252: 115–123.

Bartstra, G-J. 1976. *Contributions to the Study of the Palaeolithic Patjitan Culture of Java, Indonesia.* Leiden: Brill.

Bartstra, G-J. 1977. Walanae Formation and Walanae terraces in the study of South Sulawesi. *Quartär* 27–28: 21–30.

Bartstra, G-J. 1983. The fauna from Trinil, type locality of *Homo erectus*: a reinterpretation. *Geologie en Mijnbouw* 62: 329–336.

Bartstra, G-J. 1985. Sangiran, the stone implements of Ngebung, and the Palaeolithic of Java. *Modern Quaternary Research in Southeast Asia* 9: 99–113.

Bartstra, G-J. and Basoeki 1989. Recent work on the Pleistocene and the Palaeolithic of Java. *Current Anthropology* 30: 241–243.

Bartstra, G-J. and Hooijer, D. 1992. New finds of fossil vertebrates from Sulawesi, Indonesia. *Lutra* 35: 113–122.

Bartstra, G-J., Hooijer, D. et al. 1991–1992. Notes on fossil vertebrates and stone tools from Sulawesi, Indonesia. *Palaeohistoria* 33/34: 1–18.

Bellwood, P. 1985. *Prehistory of the Indo-Malaysian Archipelago.* First edition.

Sydney: Academic.

Bellwood, P. 1997. *Prehistory of the Indo-Malaysian Archipelago*. Second edition. Honolulu: University of Hawai'i Press.

Bellwood, P. 2007. *Prehistory of the Indo-Malaysian Archipelago*. Third edition. Canberra: ANU Press.

Bellwood, P. 2013. *First Migrants*. Chichester: Wiley-Blackwell.

Bettis, E., Milius, A. et al. 2009. Way out of Africa: Early Pleistocene palaeoenvironments inhabited by *Homo erectus* at Sangiran, Java. *Journal of Human Evolution* 56: 11 – 24.

Bouteaux, A. and Moigne, A.-M. 2010. New taphonomical approaches: the Javanese Pleistocene open-air sites (Sangiran, central Java). *Quaternary International* 223 – 224: 220 – 225.

Brown, P. Sutikna, T. et al. 2004. A new small-bodied hominin from the Late Pleistocene of Flores, Indonesia. *Nature* 431: 1055 – 1061.

Brumm, A., Aziz, F. et al. 2006. Early stone technology on Flores and its implications for *Homo floresiensis*. *Nature* 441: 624 – 626.

Brumm, A., Jensen, G. and van den Bergh, G. 2010. Hominins on Flores, Indonesia, by one million years ago. *Nature* 464: 748 – 753.

Brumm, A. and Moore, M. 2012. Biface distributions and the Movius Line. *Australian Archaeology* 74: 32 – 46.

Brumm, A., van den Bergh, G. et al. 2016. Age and context of the oldest known hominin fossils from Flores. *Nature* 534: 249 – 253.

Callaway, E. 2014. Tales of the hobbit. *Nature* 514: 422 – 426.

Cann, R., Stoneking, M. and Wilson, A. 1987. Mitochondrial DNA and human evolution. *Nature* 325: 31 – 36.

Choi, K. and Driwantoro, D. 2007. Shell tool use by early members of *Homo erectus* in Sangiran. *Journal of Archaeological Science* 34: 48 – 58.

Cooper, A. and Stringer, C. 2013. Did the Denisovans cross Wallace's line? *Science* 342: 321 – 323.

Curtis, G., Swisher, C. and Lewin, R. 2001. *Java Man*. London: Little, Brown.

Day, M. 1984. The postcranial remains of *Homo erectus* from Africa, Asia and possibly Europe. *Courier Forschnungsinstitut Senckenberg* 69: 113–121.

Day, M. and Molleson, T. 1973. The Trinil femora. *Human Evolution: Symposia of the Society of the Study of Human Biology* 11: 127–154.

De Queiroz, K. 2007. Species concepts and species delimitation. *Systematic Biology* 56: 879–886.

De Vos, J. 2004. The Dubois collection: a new look at an old collection. *Scripta Geologica, special issue* 4: 268–285.

De Vos, J. and Bautista, A. 2003. Preliminary notes on the vertebrate fossils from the Philippines. In A. de la Torre and V. Paz, eds, *Semantics and Systematics: Philippine Archaeology*, pp. 42–62. Manila: National Museum, Katipunan Arkeologist ng Pilipinas.

De Vos, J., Sartono, S. et al. 1982. The fauna from Trinil, type locality of *Homo erectus*: a reinterpretation. *Geologie en Mijnbouw* 61: 207–211.

De Vos, J. and Sondaar, E. 1982. The importance of the Dubois collection reconsidered. *Modern Quaternary Research in Southeast Asia* 7: 35–64.

Dennell, R. 2005. The Solo (Ngandong) *Homo erectus* assemblage: a taphonomic assessment. *Archaeology in Oceania* 40: 81–90.

Dennell, R. 2009. *The Palaeolithic Settlement of Eurasia*. Cambridge: Cambridge University Press.

Dennell, R. 2014. East Asia and human evolution. In R. Dennell and M. Porr, eds, *Southern Asia, Australia and the Search for Human Origins*, pp. 8–20. Cambridge: Cambridge University Press.

Dennell, R., Louys, J. et al. 2013. The origins and persistence of *Homo floresiensis* on Flores: biogeographical and ecological perspectives. *Quaternary Science Reviews* 96: 98–107.

DiMaggio, E., Campisano, C. et al. 2015. Late Pliocene fossiliferous sedimentary record and the environments context of early *Homo* from Afar, Ethiopia. *Science* 347: 1355–1359.

Durband, A. 2008. Mandibular fossa morphology in the Ngandong and

Sambungmacan fossil hominids. *The Anatomical Record* 291: 1212–1220.

Eckhart, R., Henneberg, M. et al. 2014. Rare events in earth history include the LB1 human skeleton from Flores, Indonesia. *Proceedings of the National Academy of Sciences* 111: 11961–11966.

Falguères, C. 2001. Dating layers and fossils in Sangiran Dome: methods and results. In T. Simanjuntak et al. eds, *Sangiran: Man, Culture and Environment in Prehistoric Times*, pp. 309–319. Jakarta: Yayasan Obor Indonesia.

Falguères, C., Sémah, F. et al. 2016. Geochronology of early human settlements in Java. *Quaternary International* 416: 5–11.

Falk, D., Hildebolt, C. et al. 2005. The brain of *Homo floresiensis*.*Science* 308: 242–245.

Fauzi, M., Ansyori, M. et al. 2016. Matar: A forgotten but promising Pleistocene locality in East Java. *Quaternary International* 416: 183–192.

Foster, J.B. 1964. Evolution of mammals on islands. *Nature* 202: 234–235.

Gagan, M., Ayliffe, L. et al. 2015. Geoarchaeological finds below Liang Bua (Flores, Indonesia): a split-level cave system for *Homo floresiensis*? *Palaeogeography, Palaeoclimatology, Palaeoecology* 440: 533–550.

Grimaud-Hervé, D., Valentin, F. et al. 1994. Le fémur humain Kresna 11 comparé à ceux de Trinil. *Comptes Rendus de l'Académie des Sciences II* 318: 1139–1144.

Groves, C. 1976. The origin of the mammalian fauna of Sulawesi. *Zeitschrift für Säugetierkunde* 41: 201–216.

Groves, C. 1985. Plio-Pleistocene mammals in island South-east Asia. *Modern Quaternary Research in Southeast Asia* 9: 43–54.

Groves, C. 2008. Walking with hobbits. *Australasian Science*. March 2008, pp. 16–18.

Hameau, S., Falguères, C. et al. 2007.ESR dating in Song Terus Cave. *Quaternary Geochronology* 2: 398–402.

Harmand, S., Lewis, J. et al. 2015. 3.3-million-year-old stone tools from Lomekwi 3, West Turkana, Kenya. *Nature* 521: 310–315.

Heaney, L. 1985. Zoogeograpliic evidence for middle and late Pleistocene land bridges to the Philippine Islands. *Modern Quaternary Research in Southeast Asia* 9: 127–144.

Heaney, L. 1986. Biogeography of mammals in Southeast Asia: estimates of rates of colonization, extinction and speciation. *Biological Journal of the Linnean Society* 28: 127–165.

Henneberg, M., Eckhardt, R. et al. 2014. Evolved developmental homeostasis disturbed in LB1 from Flores, Indonesia, denotes Down syndrome and not diagnostic traits of the invalid species *Homo floresiensis*. *Proceedings of the National Academy of Sciences* 111(33): 11967–11972.

Henneberg, M. and Thorne, A. 2004. Flores human may be a pathological *Homo sapiens*. *Before Farming* 4: 2–4.

Hershkovitz, I., Kornreich, L. and Laron, Z. 2007. Comparative skeletal features between *Homo floresiensis* and patients with Primary Growth Hormone Insensitivity (Laron Syndrome). *American Journal of Physical Anthropology* 134: 198–208.

Higham, T., Douka, K. et al. 2014. The timing and spatiotemporal patterning of Neanderthal disappearance. *Nature* 512: 306–309.

Hocknull, S., Piper, P. et al. 2009. Dragon's paradise lost: palaeobiogeograophy, evolution and extinction of the largest-ever terrestrial lizards (Varanidae). *PloS ONE* 4(9): e7241.

Hooijer, D. 1975. Quaternary mammals east and west of Wallace's line. *Modern Quaternary Research in Southeast Asia* 1: 37–46.

Hooijer, D. 1981. What, if anything new, is *Stegodon sumbaensis Sartono? Modern Quaternary Research in Southeast Asia* 6: 89–90.

Huffman, O., Zaim, Y. et al. 2006. Relocation of the 1936 Mojokerto skull discovery site near Perning, East Java. *Journal of Human Evolution* 50: 431–451.

Hutterer, K. 1985. The Pleistocene archaeology of Southeast Asia in regional context. *Modern Quaternary Research in Southeast Asia* 9: 1–23.

Hyodo, M. 2001. The Sangiran geomagnetic excursion. In T. Simanjuntak et al. eds, *Sangiran: Man, Culture and Environment in Prehistoric Times*, pp. 320–335. Jakarta: Yayasan Obor Indonesia.

Hyodo, M., Matsu'ura, S. et al. 2011. High-resolution record of the Matuyama-Brunhes transition constrains the age of Javanese *Homo erectus* in the Sangiran dome. *Proceedings of the National Academy of Sciences* 108: 19563-19568.

Indriati, E. ed. 2007. *Recent Advances on Southeast Asian Palaeoanthropology.* Yogyakarta: Gadjah Mada University.

Indriati, E. and Antón, S. 2008. Earliest Indonesian facial and dental remains from Sangiran, Java: a description of Sangiran 27. *Anthropological Science* 116: 219-229.

Indriati, E., Swisher III, C. et al. 2011. The age of the 20 meter Solo River Terrace, Java, Indonesia and the survival of *Homo erectus* in Asia. *PLoS ONE* 6(6): e21562.

Ingicco, T., Amano, N. et al. 2014. An allometric study of *Macaca fascicularis* from the Late Pleistocene deposits in the Ille site (Philippines): a possible model for Southeast Asian dwarf hominins. *BMSAP (Bulletins et mémoires de la Société d'anthropologie de Paris)* 26: 147-153.

Jacob, T. 1967. *Some Problems Pertaining to the Racial History of the Indonesian Region.* Utrecht: Drukkerij Neerlandia.

Jacob, T. 1972. The problem of head hunting and brain eating among Pleistocene men in Indonesia. *Archaeology and Physical Anthropology in Oceania* 7: 81-91.

Jacob, T. 1978. The puzzle of Solo Man. *Modern Quaternary Research in Southeast Asia* 4: 31-40.

Jacob, T., Indriati, E. et al. 2006. Pygmoid Austromelanesian *H. sapiens* skeletal remains from Liang Bua, Flores: population affinities and pathological abnormalities. *Proceedings of the National Academy of Sciences* 103(36): 13421-13426.

Joordens, J., d'Errico, F. et al. 2015. *Homo erectus* at Trinil on Java used shells for tool production and engraving. *Nature* 518: 228-231.

Jungers, W. and Baab, K. 2009. The geometry of hobbits: *Homo floresiensis* and human evolution. *Significance.* December 2009, pp. 159-164.

Jungers, W.L., Larson, S.G. et al. 2009. Descriptions of the lower limb skeleton of *Homo floresiensis.Journal of Human Evolution* 57: 538-554.

Kaifu, Y., Aziz, F. et al. 2008. Cranial morphology of Javanese *Homo erectus*: new evidence for continuous evolution, specialization, and terminal extinction. *Journal of Human Evolution* 55: 551–580.

Kaifu, Y., Aziz, F. and Baba, H. 2013. The origins and early evolution of Indonesian Homo erectus: evidence from Sangiran and Trinil. In F.Aziz and H. Baba, eds, *Homo erectus in Indonesian: Recent Progresses of the Study and Current Understanding*, pp. 43–64. Bandung: Centre for Geological Survey.

Kaifu, Y., Baba, H. et al. 2005. Taxonomic affinities and evolutionary history of the Early Pleistocene hominids of Java: dentognathic evidence. *American Journal of Physical Anthropology* 128: 709–726.

Kaifu, Y., Baba, H. et al. 2011. Craniofacial morphology of *Homo floresiensis*: description, taxonomic affinities, and evolutionary implication. *Journal of Human Evolution* 61: 664–682.

Kealy, S., Louys, J. and O'Connor, S. 2015. *Islands under the sea. Journal of Island and Coastal Archaeology* 11: 364–384.

Kennedy, G. 1983. Some aspects of femoral morphology in *Homo erectus. Journal of Human Evolution* 12: 587–616.

Kubo, D., Kono, R.T. and Kaifu, Y. 2013. Brain size of *Homo floresiensis* and its evolutionary implications. *Proceedings of the Royal Society Series B* 280: 1–8.

Kuhlwilm, M., Gronau, I. et al. 2016.Ancient gene flow from early modern humans into Eastern Neanderthals. *Nature* 530: 429–433.

Kurniawan, I., Setiyabudi, E. et al. 2013. Evolution of Indonesian *Homo erectus* through the Middle Pleistocene: significance of Sambungmacan 4. In F. Aziz and H. Baba, eds, *Homo erectus in Indonesian: Recent Progresses of the Study and Current Understanding*, pp. 93–102. Bandung: Centre for Geological Survey.

Larick, R. and Ciochon, R. 2015. Early hominin biogeography in Island Southeast Asia. *Evolutionary Anthropology* 24: 185–213.

Larick, R., Ciochon, R. et al. 2001. Early Pleistocene ^{40}Ar/^{39}Ar ages for Bapang Formation hominins, Central Jawa, Indonesia. *Proceedings of the National Academy of Sciences* 98: 4866–4871.

Larson, S.G., Jungers, W.L. et al. 2007. *Homo floresiensis* and the evolution of the hominin shoulder. *Journal of Human Evolution* 54: 684–704.

Leppard, T. 2015. Passive dispersal versus strategic dispersal in island colonization by hominins. *Current Anthropology* 56: 590–595.

Lordkipanidze, D., Ponce de Leon, M.S. et al. 2013. A complete skull from Dmanisi, Georgia, and the evolutionary biology of early *Homo*. *Science* 342: 326–331.

Louys, J. and Meijaard, E. 2010. Palaeoecology of Southeast Asian megafauna-bearing sites from the Pleistocene. *Journal of Biogeography* 37: 1432–1449.

Lyras, G., Dermitzakis, M. et al. 2008. The origin of *Homo floresiensis* and its relation to evolutionary processes under isolation. *Anthropological Science* 117: 33–43.

Maringer, J. and Verhoeven, T. 1970a. Die oberflächenfunde aus dem Fossilgebiet von Mengeruda und Olabula auf Flores, Indonesien. *Anthropos* 65: 530–546.

Maringer, J. and Verhoeven, T. 1970b. Die Steinartefakte aus der Stegodon-Fossilschicht von Mengeruda auf Flores. *Anthropos* 65: 229–247.

Martin, R., Maclarnon, A. et al. 2006. Flores hominid: new species or microcephalic dwarf? *The Anatomical Record. Part A, Discoveries in Molecular, Cellular, and Evolutionary Biology* 11: 1123–1145.

Matsu'ura, S. 1982. A chronological framing for the Sangiran hominids. *Bulletin of the National Science Museum, Tokyo, Series D (Anthropology)* 8: 1–53.

Medway, Lord 1972. The Quaternary mammals of Malesia: a review. In E. and M. Ashton, eds, *The Quaternary Era in Malesia*, pp. 63–83. University of Hull (UK), Department of Geography, Miscellaneous Series 13.

Meijer, H., van den Hoek Ostende, L. et al. 2010. The fellowship of the hobbit: the fauna surrounding *Homo floresiensis*. *Journal of Biogeography* 37: 995–1006.

Meiri, S., Cooper, N. and Purvis, A. 2008. The island rule: made to be broken? *Proceedings of the Royal Society Series B* 275: 141–148.

Mijares, A., Detroit, F. et al. 2010. New evidence for a 67,000-year-old human presence at Callao Cave, Luzon, Philippines. *Journal of Human Evolution* 59: 123–132.

Millien, V. 2006. Morphological evolution is accelerated among island mammals.

PLoS Biology 4(10): e321.

Mochida, G. and Walsh, C.H. 2001. Molecular genetics of human microcephaly. *Current Opinion in Neurology* 14(2): 151–156.

Moore, M. and Brumm, A. 2007. Stone artifacts and hominins in island Southeast Asia: new insights from Flores, eastern Indonesia. *Journal of Human Evolution* 52: 85–102.

Moore, M., Sutikna, T. et al. 2009. Continuities in stone tool flaking at Liang Bua, Flores, Indonesia. *Journal of Human Evolution* 57: 503–526.

Morley, M., Goldberg, P. et al. 2016. *Initial micromorphological results from Liang Bua, Flores (Indonesia). Journal of Archaeological Science.* http: //dx.doi.org/10. 101610.1016/j.jas.2016.06.004.

Morwood, M. 2014. Faunal biogeography in Island Southeast Asia: implications for early hominin and modern human dispersals. In R. Dennell and M. Porr, eds, *Southern Asia, Australia and the Search for Human Origins*, pp. 108–117. Cambridge: Cambridge University Press.

Morwood, M. and Aziz, F. 2009. Conclusions. In F. Aziz et al. eds, *Pleistocene Geology, Palaeontology and Archaeology of the Soa Basin, Central Flores, Indonesia*, pp. 139–146. Bandung: Pusat Survei Geologi.

Morwood, M., Aziz, F. et al. 1999. Archaeological and palaeontological research in central Flores, east Indonesia. *Antiquity* 73: 273–286.

Morwood, M., Brown, P. et al. 2005. Further evidence for small-bodied hominins from the Late Pleistocene of Flores, Indonesia. *Nature* 437: 1012–1016.

Morwood, M. and Jungers, W. 2009. Conclusions: implications of the Liang Bua excavations for hominin evolution and biogeography. *Journal of Human Evolution* 57: 640–648.

Morwood, M., O'Sullivan, P. et al. 1998. Fission-track ages of stone tools and fossils on the east Indonesian island of Flores. *Nature* 392: 173–176.

Morwood, M., Soejono, R. et al. 2004. Archaeology and age of a new hominin from Flores in eastern Indonesia. *Nature* 431: 1087–1091.

Morwood, M. and van Oosterzee, P. 2007. *The Discovery of the Hobbit*. Sydney:

Random House.

Mulvaney, D.J. 1970. The Patjitanian industry: some observations. *Mankind* 7: 184–187.

Obendorf, P.J., Oxnard, C.E. and Kefford, B.J. 2008. Are the small human-like fossils found on Flores human endemic cretins? *Proceedings of the Royal Society Series B* 275(1640): 1287–1296.

Oppenoorth, W.F.F. 1932. *Homo javanthropus* een Pleistocene mensch van Java. *Dienst van den Mijnbouw, Wetenschappelijke Mededelingen* 20: 49–63.

Oppenoorth, W.F.F. 1936. Een prehistorisch cultuur-centrum langs de Solo-Rivier. *Tijdschrift van het Koninklijk Nederlands Aardrijkskundig Gwenootschap* 53: 399–411.

Pawlik, A. 2004.The Palaeolithic site of Arubo 1. *Bulletin of the Indo-Pacific Prehistory Association* 24: 3–12.

Perry, G. and Dominy, N. 2009. Evolution of the human pygmy phenotype. *Trends in Ecology and Evolution* 24: 218–225.

Puymerail, L., Ruff, C. et al. 2012. Structural analysis of the Kresna 11 *Homo erectus* femoral shaft (Sangiran, Java). *Journal of Human Evolution* 63: 741–749.

Roberts, R., Westaway, K. et al. 2009. Geochronology of cave deposits at Liang Bua. *Journal of Human Evolution* 57: 484–502.

Santa Luca, A. 1980. *The Ngandong Fossil Hominids*. New Haven: Yale University Publications in Anthropology 78.

Sartono, S. 1969. *Stegodon timorensis.*A pygmy species from Timor. *Koninklijk Nederlands Akademie van Wetenschappen, Proceedings Series B* 72: 192–202.

Sartono, S. 1976. Genesis of the Solo terraces. *Modern Quaternary Research in Southeast Asia* 2: 1–21.

Sartono, S. 1979. The age of the vertebrate fossils and artefacts from Cabenge in South Sulawesi. *Modern Quaternary Research in Southeast Asia* 5: 65–82.

Sartono, S. 1991. A new *Homo erectus* skull from Ngawi, east Java. *Bulletin of the Indo-Pacific Prehistory Association* 11: 23–35.

Schwartz, J. and Tattersall, I. 2000. The human chin revisited: what it is and who has it? *Journal of Human Evolution* 38: 367–409.

Sémah, A-M. 1982. A preliminary report on a Sangiran pollen diagram. *Modern Quaternary Research in Southeast Asia* 7: 165–170.

Sémah, F. and Sémah, A. 2015. Pleistocene migrations in the Southeast Asian archipelagoes. In P. Bellwood, ed., *The Global Prehistory of Human Migration*, pp. 49–54. Chichester: Wiley-Blackwell.

Sémah, F., Sémah, A-M. and Simanjuntak, T. 2003. More than a million years of occupation in Island Southeast Asia: the early archaeology of eastern and central Java. In J. Mercader, ed., *Under the Canopy*, pp. 161–190. New Brunswick: Rutgers University Press.

Shipman, P. 2002. *Eugene DuBois and His Lifelong Quest to Prove Darwin Right.* New Haven: Harvard University Press.

Simanjuntak, T. 2001. New light on the prehistory of the Southern Mountains of Java. *Bulletin of the Indo-Pacific Prehistory Association* 21: 152–156.

Simanjuntak, T., Forestier, H. et al. 2006. Daerah Kaki Gunung. In D. Guillaud, ed., *Menyelusuri Sungai, Merunut Waktu*, pp. 23–33. Jakarta: Pusat Penelitian dan Penembangan Arkeologi Nasional.

Simanjuntak, T. and Sémah, F. 1996. A new insight into the Sangiran flake industry. *Bulletin of the Indo-Pacific Prehistory Association* 14: 22–26.

Smith, T., Olejniczak, A.J. et al. 2009. Taxonomic assessment of the Trinil molars using nondestructive 3-D structural and development analysis. *PaleoAnthropology* 2009: 117–129.

Sondaar, F.Y. 1981. The *Geochelone* faunas of the Indonesian archipelago. *Modern Quaternary Research in Southeast Asia* 6: 111–119.

Sondaar, F.Y. 1984. Faunal evolution and the mammalian biostratigraphy of Java. In P. Andrews and F.L. Franzen, eds, *The Early Evolution of Man*, pp. 219–236. Frankfurt: Courier Forschungsinstitut Senckenberg no. 69.

Stone, R. 2006. Java Man's first tools. *Science* 312: 361.

Storm, P. and de Vos, J. 2006. Rediscovery of the Late Pleistocene Punung hominin sites. *Senckenbergiana lethaea* 86: 271–281.

Stringer, C. 2014. Small remains still pose big problems. *Nature* 514: 427–429.

Sutikna, T., Tocheri, M. et al. 2016. Revised stratigraphy and chronology for *Homo floresiensis* at Liang Bua in Indonesia. *Nature* 532: 366–369.

Swisher III, C., Curtis, G. et al. 1994. Age of the earliest known hominids in Java, Indonesia. *Science* 263: 1118–1121.

Theunissen, B., de Vos, J. et al. 1990. The establishment of a chronological framework for the hominid-bearing deposits of Java: a historical survey. In L.F. Laporte, ed., *Establishment of a Geologic Framework for Palaeoanthropology*, pp. 39–54. Geological Society of America Special Paper 242.

Tocheri, M., Orr, C. et al. 2007. The primitive wrist bone of *Homo floresiensis* and its implications for hominin evolution. *Science* 317: 1743–1745.

Van den Bergh, G. 1999. *The Late Neogene Elephantoid-Bearing Faunas of Indonesia and Their Palaeozoogeographic Implications*. Leiden: Scripta Geologica 117.

Van den Bergh, G., Awe, R. et al. 2008. The youngest stegodon remains in Southeast Asia. *Quaternary International* 182: 16–48.

Van den Bergh, G., de Vos, J. and Sondaar, P. 2001.The late Quaternary palaeogrography of mammal evolution in the Indonesian Archipelago. *Palaeogeography, Palaeoclimatology, Palaeoecology* 171: 385–408.

Van den Bergh, G., de Vos, J. et al. 1996. Pleistocene zoo-geographic evolution of Java (Indonesia) and glacio-eustatic sea level fluctuations: a background for the presence of *Homo*. *Bulletin of the Indo-Pacific Prehistory Association* 14: 7–21.

Van den Bergh, G., Kaifu, Y. et al. 2016. *Homo floresiensis*-like fossils from the early Middle Pleistocene of Flores.*Nature* 534: 245–248.

Van den Bergh, G., Li, B. et al. 2016.Earliest hominin occupation of Sulawesi, Indonesia. *Nature* 529: 208–211.

Van den Bergh, G., Meijer, H. et al. 2009. The Liang Bua faunal remains: a 95 k.yr. sequence from Flores, East Indonesia. *Journal of Human Evolution* 57: 527–537.

Van den Bergh, G., Mubroto, B. et al. 1996. Did *Homo* erectus reach the island of Flores? *Bulletin of the Indo-Pacific Prehistory Association* 14: 27–36.

Van der Geer, A., Lyras, G. et al. 2010. *Evolution of Island Mammals*. Chichester: Wiley- Blackwell.

Van Heekeren, H. 1972. *The Stone Age of Indonesia*. Second edition. The Hague: Nijhoff.

Van Heteren, A.H. 2008. *Homo floresiensis* as an island form. *PalArch's Journal of Vertebrate Palaeontology* 5(2): 1–12.

Van Heteren, A. and Sankhyan, A. 2009. Hobbits and pygmies: trends in evolution. In A.R. Sankhyan, ed., *Asian Perspectives on Human Evolution*, pp. 172–187. New Delhi: Serials Publications.

Van Stein Callenfels, P. 1936. L'industrie osseuse de Ngandong. *L'Anthropologie* 46: 359–362.

Von Koenigswald, G. 1951. Introduction. In F. Weidenreich, *Morphology of Solo Man*, pp. 211–221. Anthropological Papers of the American Museum of Natural History, vol. 43, part 3.

Von Koenigswald, G. 1956. *Meeting Prehistoric Man*. London: Scientific Book Club.

Von Koenigswald, G. and Ghosh, A. 1973. Stone implements from the Trinil beds. *Koninklijk Nederlands Akademie van Wetenschappen, Proceedings Series* B 76: 1–34.

Watanabe, N. and Kadar, D. eds. 1985. *Quaternary Geology of the Hominid Fossil Bearing Formations in Java*. Bandung: Geological Research and Development Center.

Wei, Q., Pei, S. et al. 2015. Heitugou Palaeolithic site from the Lower Pleistocene in the Nihewan basin, northern China. *Acta Anrthropologica Sinica* 35(1): 43–62.

Weidenreich, F. 1951. *Morphology of Solo Man*. Anthropological Papers of the American Museum of Natural History, vol. 43, part 3.

Westaway, K., Morwood, M. et al. 2007. Age and biostratigraphic significance of the Punung Rainforest Fauna, East Java, Indonesia, and implications of *Pongo* and *Homo. Journal of Human Evolution* 53: 709–717.

Westaway, K., Morwood, M. et al. 2009. *Homo floresiensis* and the late Pleistocene environments of eastern Indonesia. *Quaternary Science Reviews* 28: 2897–2912.

Wetmore, A. 1940. Avian remains from the Pleistocene of central Java. *Journal of Palaeontology* 14: 447–450.

Widianto, H. 2001. The perspective on the evolution of Javanese *Homo erectus* based on morphological and stratigraphic characteristics. In T. Simanjuntak et al. eds, *Sangiran: Man, Culture and Environment in Prehistoric Times*, pp. 24–45. Jakarta: Yayasan Obor Indonesia.

Widianto, H. 2006. The discovery of Pucangan flakes in Sangiran. Paper presented at the 11th Congress of the European Association of Southeast Asian Archaeologists, Bougon, France, September 25–30 (unpublished).

Widianto, H. 2012. *Sangiran: The Breath of Hominid Sites*. Jakarta: Departemen Kebudayaan dan Pariwisata, Balai Pelestarian Situs Manusia Purba Sangiran.

Widianto, H. and Grimaud-Hervé, D. 2014. The latest discoveries of *Homo erectus* in Java Island. In N. Amano et al. eds, *Southeast Asia: Human Evolution, Dispersals and Adaptations*, pp. 103–106. Burgos, Spain: XVIIIth Congress of the International Union for Prehistoric and Protohistoric Sciences.

Widianto, H. and Simanjuntak, T. 2009. *Sangiran Menjawab Dunia*. Jakarta: Departemen Kebudayaan dan Pariwisata, Balai Pelestarian Situs Manusia Purba Sangiran.

Widianto, H. and Simanjuntak, T. 2010. *Sangiran: Answering the World*. Jakarta: Departemen Kebudayaan dan Pariwisata, Balai Pelestarian Situs Manusia Purba Sangiran.

Widianto, H., Toha, B. and Simanjuntak, T. 2001. The discovery of stone implements in the Grenzbank. *Bulletin of the Indo-Pacific Prehistory Association* 21: 157–161.

Widianto, H., Toha, B. et al. 1997. *Penelitian Situs Sangiran: Proses Sedimentasi, Posisi Stratigrafi dan Kronologi Artefak pada Endapan Purba Seri Kabuh dan Seri Notopuro*. Yogyakarta: Balai Arkeologi Yogyakarta.

Willoughby, P. 1985. Spheroids and battered stones in the African Early Stone Age. *World Archaeology* 17(1): 44–60.

Winder, I., King, G. et al. 2014. Complex topography and human evolution: the missing link. *Antiquity* 336: 333–349.

Woods, C.G., Bond, J. and Enard, W. 2005. Autosomal recessive primary microcephaly (MCPH): a review of clinical, molecular, and evolutionary findings. *American Journal of Human Genetics* 76: 717–728.

Wrangham, R. 2009. *Catching Fire: How Cooking Made Us Human*. London: Profile.

Zaim, M., Ciochon, R. et al. 2011. New 1.5 million-year-old *Homo erectus* maxilla from Sangiran. *Journal of Human Evolution* 61: 363–376.

Zink, K. and Lieberman, D. 2016. Impact of meat and Lower Palaeolithic food processing techniques on chewing in humans.*Nature* 531: 500–503.

第四章

Abi-Rached, L., Jobin, M. et al. 2011. The shaping of modern human immune systems by multiregional admixture with archaic humans. *Science* 334: 89–94.

Ackermann, R., Schroeder, L. et al. 2014. Further evidence for phenotypic signatures of hybridization in descendent baboon populations. *Journal of Human Evolution* 76: 54–62.

Adi Haji Taha. 1985. *The Re-excavation of the Rockshelter of Gua Cha, Ulu Kelantan, West Malaysia*. Kuala Lumpur: *Federation Museums Journal* vol. 30.

Allen, J. and O'Connell, J. 2014. Both half right: updating the evidence for dating first human arrivals in Sahul. *Australian Archaeology* 79: 86–108.

Arifin, K. 2004. Early Human Occupation of the East Kalimantan Rainforest. Unpublished PhD thesis, Australian National University.

Bais, W.J. and Verhoef, A.W. 1924. On the biochemical index of various races in the East Indian archipelago. *Journal of Immunology* 9: 383.

Bayard, D.T. 1971. Non Nok Tha: the 1968 excavation, procedure, stratigraphy, and summary of the evidence. *University of Otago Studies in Prehistoric Anthropology*, Vol. 4. Dunedin: University of Otago.

BCRI. Beijing Cultural Relic Institute. 2007. *Jundushang Burial Grounds*. Beijing: Wenwu (in Chinese).

Bellwood, P. 1985. *Prehistory of the Indo-Malaysian Archipelago*. First edition. Sydney: Academic.

Bellwood, P. 1987. The prehistory of Island Southeast Asia: a multidisciplinary review of recent research. *Journal of World Prehistory* 1(2): 171–224.

Bellwood, P. 1989. The colonization of the Pacific; some current hypotheses. In A.V.S. Hill and S.W. Serjeantson, eds, *The Colonization of the Pacific: A Genetic Trail*, pp. 1–59. Oxford: Clarendon Press.

Bellwood, P. 1991. The Austronesian dispersal and the origin of languages. *Scientific American* 265(1): 88–93.

Bellwood, P. 1993. Crossing the Wallace Line — with style. In M. Spriggs et al. eds, *A Community of Culture*, pp. 152–163. Canberra: Department of Prehistory RSPacS, Occasional Papers in Prehistory 21.

Bellwood, P. 1996. Early agriculture and the dispersal of the Southern Mongoloids. In T. Akazawa and E. Szathmary, eds, *Prehistoric Mongoloid Dispersals*, pp. 287–302. Oxford: Oxford University Press.

Bellwood, P. 1997. *Prehistory of the Indo-Malaysian Archipelago*. Second edition. Honolulu: University of Hawai'i Press.

Bellwood, P. 2005. *First Farmers*. Oxford: Blackwell.

Bellwood, P. 2007. *Prehistory of the Indo-Malaysian Archipelago*.Third edition. Canberra: ANU Press.

Bellwood, P. 2013. *First Migrants*. Chichester: Wiley-Blackwell.

Bellwood, P. ed. 2015. *The Global Prehistory of Human Migration*. Boston: Wiley-Blackwell.

Bellwood, P., Oxenham, M. et al. 2011. An Son and the Neolithic of Southern Vietnam. *Asian Perspectives* 50: 144–175.

Boivin, N., Fuller, D. et al. 2013. Human disperal across diverse environments of Asia during the Upper Pleistocene. *Quaternary International* 300: 32–47.

Bowler, J., Johnston, H. et al. 2003. New ages for human occupation and climatic change at Lake Mungo, Australia. *Nature* 421: 837–840.

Brace, L., Tracer, D. and Hunt, K. 1991. Human craniofacial form and the evidence for the peopling of the Pacific. *Bulletin of the Indo-Pacific Prehistory Association* 12: 247–269.

Brandão, A., Eng, K. et al. 2016. Quantifying the legacy of the Chinese Neolithic on the maternal genetic heritage of Taiwan and Island Southeast Asia. *Human Genetics* 135: 363–376.

Bronson, B. and White, J. 1992. Southeast Asia. In R.W. Ehrich, ed., *Chronologies in Old World Archaeology*, Vol. 2, pp. 475–515. Chicago: University of Chicago Press.

Brosius, P. 1990. *After Duwagan*. Ann Arbor: Center for South and Southeast Asian Studies, University of Michigan.

Brothwell, D.R. 1960. Upper Pleistocene human skull from Niah Caves. *Sarawak Museum Journal* 9: 323–349.

Brues, A.M. 1977. *People and Races*. New York: Holt, Rinehart and Winston.

Budhisampurno, S. 1985. Kerangka manusia dari Bukit Kelambai Stabat, Sumatera Utara.In *Pertemuan Ilmiah Arkeologi III*, 955–984. Jakarta: Pusat Penelitian Arkeologi Nasional.

Bui Vinh 1991. The Da But culture in the Stone Age of Viet Nam. *Bulletin of the Indo-Pacific Prehistory Association* 10: 127–131.

Bulbeck, D. 2005. The last glacial maximum human burial from Liang Lemdubu. In S. O'Connor et al. eds, *The Archaeology of the Aru Islands, Eastern Indonesia*, pp. 255–294. Canberra: ANU Press, Terra Australia 22.

Bulbeck, D. 2008. An integrated perspective on the Austronesian diaspora. *Australian Archaeology* 67: 31–52.

Bulbeck, D. 2013. Craniodental affinities of Southeast Asia's "Negritos" and the concordance with their genetic affinities. *Human Biology* 85: 95–133.

Bulbeck, D. 2014. Analysis of crania from the prehistoric cemetery of Melolo, Sumba, Indonesia. *Bioarchaeology in Southeast Asia and the Pacific: Newsletter* 10, April 2014, pp. 8–9 (unpublished).

Bulbeck, D. 2015. Changes in human tooth-size and shape with the Neolithic transition in Indo-Malaysia. In A. Behie and M. Oxenham, eds, *Taxonomic*

Tapestries, pp. 183–214. Canberra: ANU Press.

Bulbeck, D. forthcoming. Human burials. In P. Bellwood, ed., *The Spice Islands in Prehistory: Archaeology in the Northern Moluccas*, Indonesia.

Bulbeck, D., Raghavan, P. and Rayner, D. 2006. Races of *Homo sapiens*: if not in the southwest Pacific, then nowhere. *World Archaeology* 38: 109–132.

Cavalli-Sforza, L.L. 1986. African Pygmies: an evaluation of the state of research. In L.L. Cavalli-Sforza, ed., *African Pygmies*, pp. 361–426. Orlando: Academic.

Cavalli-Sforza, L.L., Menozzi, P. and Piazza, A. 1994.*The History and Geography of Human Genes*. Princeton: Princeton University Press.

Chang, C., Liu, H. et al. 2015. A holistic picture of Austronesian migrations revealed by phylogeography of Pacific paper mulberry. *Proceedings of the National Academy of Sciences USA* 112: 13537–13542.

Chaplin, G. and Jablonski, N. 2009.Vitamin D and the evolution of human depigmentation. *American Journal of Physical Anthropology* 139: 451–461.

Coon, C. 1962. *The Origin of Races*. London: Jonathan Cape.

Cooper, A. and Stringer, C. 2013. Did the Denisovans cross Wallace's line? *Science* 342: 321–323.

Corny, J., Garong, A. et al. 2015. Paleoanthropological significance and morphological variability of the human bones and teeth from Tabon Cave. *Quaternary International* 416: 210–218.

Cox, M.P. 2005. Indonesian mitochondrial DNA and its opposition to a Pleistocene era origin of proto-Polynesians in Island Southeast Asia. *Human Biology* 77(2): 179–188.

Cox, M.P., Karafet, T.M. et al. 2010. Autosomal and X-linked single nucleotide polymorphisms reveal a steep Asian-Melanesian ancestry cline in eastern Indonesia and a sex bias in admixture rates. *Proceedings of the Royal Society, Series B* 277: 1589–1596.

Cox, M.P., Nelson, M.G. et al. 2012. A small cohort of Island Southeast Asian women founded Madagascar. *Proceedings of the Royal Society, Series B* 279: 2761–2768.

Curnoe, D., Datan, I. et al. 2016. Deep Skull from Niah Cave and the Pleistocene peopling of Southeast Asia. *Frontiers in Ecology and Evolution*, 27 June 2016. http: //dx.doi.org/10.3389/fevo.2016.00075.

Dang, V.T. and Vu, Q.H. 1997. Excavation of Giong Ca Vo site (Can Gio District, Ho Chi Minh City). *Journal of Southeast Asian Archaeology* 17: 30–44.

Dang, V.T., Vu, Q.H., et al. 1998. *Prehistory and Protohistoric Archaeology of Ho Chi Minh City*. Ho Chi Minh City: Nha Xuat Ban Tre (in Vietnamese).

Debets, G.F. 1951. Anthropological studies in the Kamchatka region. *Trudy Institute of Ethnography*, n.s. 17: 1–263 (in Russian).

Delfin, F., Salvador, J. et al. 2011. The Y-chromosome landscape of the Philippines. *European Journal of Human Genetics* 19: 224–230.

Demeter, F.T., Sayavongkhamdy, E. et al. 2009. Tam Hang rockshelter: preliminary study of a prehistoric site in northern Laos. *Asian Perspectives* 48: 291–308.

Demeter, F., Shackleford, L. et al. 2012. Anatomically modern human in Southeast Asia (Laos) by 46 ka. *Proceedings of the National Academy of Sciences* 109: 14375–14380.

Demeter, F., Shackleford, L. et al. 2015. Early modern humans and morphological variation in Southeast Asia: fossil evidence from Tam Pa Ling, Laos. *PloS ONE* 10(4): e0121193.

Denham, T. and Donohue, M. 2009. Pre-Austronesian dispersal of banana cultivars west from New Guinea: linguistic relics from eastern Indonesia. *Archaeology in Oceania* 44: 18–28.

Détroit, F. 2006. *Homo sapiens* in Southeast Asian archipelagos. In T. Simanjuntak et al. eds, *Austronesian Diaspora and the Ethnogeneses of People in the Indonesian Archipelago*, pp. 186–204. Jakarta: LIPI Press.

Détroit, F., Dizon, E. et al. 2004. Upper Pleistocene *Homo sapiens* from the Tabon Cave. *Comptes Rendues Palévolution* 3: 705–712.

Duggan, A., Evans, B. et al. 2014. Maternal history of Oceania from complete mtDNA genomes: contrasting ancient diversity with recent homogenization due to the Austronesian expansion. *American Journal of Human Genetics* 94: 721–733.

Endicott, P. 2013. Introduction: revisiting the "Negrito" hypothesis. *Human Biology*

85: 7–20.

Falush, D., Wirth, T. et al. 2003. Traces of human migrations in *Helicobacter pylori* populations. *Science* 299: 1582–1585.

Favereau, A. 2015. Interactions et Modalités des Échanges en Mer de Chine Méridionale (500 avant notre ère–200 de notre ère): Approche Technologique des Assemblages Céramiques. Unpublished PhD thesis, Muséum National d'Histoire Naturelle, Paris.

Fox, R. 1953. The Pinatubo Negritos. *Philippine Journal of Science* 81: 173–414.

Fox, R. 1970. *The Tabon Caves*. Manila: National Museum Monograph 1.

Fox, R. and Flory, E. 1974.*The Filipino People* (map). Manila: National Museum of the Philippines.

Friedlaender, J., Friedlaender, F. et al. 2008. The genetic structure of Pacific Islanders. *PLoS Genetics* 4: e19.

Fu, Q, Li, H. et al. 2014. Genome sequence of a 45,000-year-old modern human from western Siberia. *Nature* 514: 445–449.

Gagan, M., Hantoro, W. and Rifai, H. 2016. Speleothem evidence for vegetation collapse on Flores and Sulawesi 68,000–61,000 years ago. Paper presented at conference on The Archaeology of Sulawesi — An Update, Makassar, January 2016.

Gajdusek, D. 1970. Physiological characteristics of Stone Age man. *Engineering and Science* 33: 26–33, 56–62.

Galipaud, J., Kinaston, R. et al. 2016. The Pain Haka burial ground on Flores. *Antiquity* 90: 1505–1521.

Gibbons, A. 2014. Shedding light on skin colour. *Science* 346: 934–936.

Giles, E., Ogan, E. and Steinberg, A.G.. 1965. Gamma-globulin factors (Gm and Inv) in New Guinea: anthropological significance. *Science* 150: 1158–1160.

Hanihara, T., Matsumura, H. et al. 2012. Population history of northern Vietnamese inferred from nonmetric cranial trait variation. *Anthropological Science* 120: 157–165.

Hatin, W., Nur-Shafawi, A. et al. 2014. A genome wide pattern of population structure and admixture in peninsular Malaysia Malays. *The Hugo Journal* 2014, 8: 5. http: //www.thehugojournal.com/content/8/1/5.

Headland, T. and Reid, L. 1989. Hunter-gatherers and their neighbors from pre history to the present. *Current Anthropology* 30: 43–66.

Hertzberg, M., Mickleson, K. et al.1989. An Asian specific 9-bp deletion of mitochondrial DNA is frequently found in Polynesians. *American Journal of Human Genetics* 44: 504–510.

Heydon, G. and Murphy, T. 1924. The biochemical index in the natives of the territory of New Guinea. *Medical Journal of Australia Supplement* 1: 235–237.

Higham, C.F.W. and Kijngam, A. 2010. *The Excavation of Ban Non Wat. Part 2: The Neolithic Occupation.* Bangkok: Fine Arts Department Thailand.

Higham, C.F.W. and Kijngam, A. eds. 2012a. *The Excavation of Ban Non Wat. Part 3: The Bronze Age.* Bangkok: Fine Arts Department Thailand.

Higham, C.F.W. and Kijngam, A. eds. 2012b. *The Excavation of Ban Non Wat. Part 4: The Iron Age*, Bangkok: Fine Arts Department Thailand.

Hirszfeld, L. and Hirszfeld, H. 1919. Essai d'application des méthodes sérologiques au problème des races. *Anthropologie* 29: 505–537.

Howells, W. 1973. *The Pacific Islanders.* New York: Scribner's.

Hu, Y., Wang, Y. et al. 2014. Genome-wide scan of archaic hominin introgressions in Eurasians reveals complex admixture history. arXiv: 1404.7766 [q-bio.PE].

Huard, P., and Saurin, E. 1938. *État Actuel de la Craniologie Indochinoise.* Bulletin du Service Géologique de l'Indochine XXV (in French).

Huerta-Sanchez, E., Jin, X. et al. 2014. Altitude adaptation in Tibetans caused by introgression of Denisovan-like DNA. *Nature* 512(7513): 194–197.

Human Biology 2013. *Revisiting the "Negrito" Hypothesis* (P. Endicott ed.), *Human Biology* 85(1–3).

Hunt, C. and Barker, G. 2014. Missing links, cultural modernity and the dead. In R. Dennell and M. Porr, eds, *Southern Asia, Australia and the Search for Human Origins*, pp. 90–107. Cambridge: Cambridge University Press.

Huson, D.H., and Bryant, D. 2006. Application of phylogenetic networks in evolutionary studies. *Molecular Biology and Evolution* 23: 254–267.

IACAS. Institute of Archaeology, Chinese Academy of Social Science et al. 2003. *Zengpiyan — a Prehistoric Site in Guilin*. Archeological Monograph Series Type D No. 69. The Cultural Relics Publishing House, Beijing (in Chinese with English abstract).

IHIA. Institute of History and Institute of Archaeology and Chinese Academy of Social Science, eds. 1982. *Contributions to the Study on Human Skulls from the Shang Sites at Anyang*. Beijing: Cultural Relics Publishing House (in Chinese with English summary).

Ingman, M. and Gyllensten, U. 2003. Mitochondrial genome variation and evolutionary history of Australian and New Guinean Aborigines. *Genome Research* 13: 1600–1606.

Jablonski, N. 2006. *Skin: a Natural History*. Berkeley: University of California Press.

Jacob, T. 1967a. *Some Problems Pertaining to the Racial History of the Indonesian Region*. Utrecht: Drukkerij Neerlandia.

Jacob, T. 1967b. Racial identification of the Bronze Age hiuman dentitions from Bali, Indonesia. *Journal of Dental Research* 46: 903–910.

Jinam, T., Hong, L-C. et al. 2012. Evolutionary history of continental southeast Asians: "early train" hypothesis based on genetic analysis of mitochondrial and autosomal DNA data. *Molecular Biology and Evolution* 29(11): 3513–3527.

Jones, S, 2013. *The Serpent's Promise*. London: Little, Brown.

Jordan, F.M., Gray, R.D. et al. 2009. Matrilocal residence is ancestral in Austronesian societies. *Proceedings of the Royal Society, Series B* 276: 1957–1964.

Kaifu, Y. and Fujita, M. 2012. Fossil record of early modern humans in East Asia. *Quaternary International* 248: 2–11.

Karafet, T.M., Hallmark, B. et al. 2010. Major east-west division underlies Y chromosome stratification across Indonesia. *Molecular Biology and Evolution* 27(8): 1833–1844.

Karafet, T.M., Mendez, F.L. et al. 2015. Improved phylogenetic resolution and rapid diversification of Y-chromosome haplogroup K-M526 in Southeast Asia. *European*

Journal of Human Genetics 23: 369–373.

Karmin, M., Saag, L. et al. 2015. A recent bottleneck of Y chromosome diversity coincides with a global change in culture. *Genome Research* 25: 459–466.

Kayser, M. 2010. The human genetic history of Oceania: near and remote views of dispersal. *Current Biology* 20: R194–R201.

Kayser, M., Lao, O. et al. 2008. Genome-wide analysis indicates more Asian than Melanesian ancestry of Polynesians. *American Journal of Human Genetics* 82: 194–198.

Kennedy, K.A.R. 1977. The deep skull of Niah: an assessment of twenty years of speculation concerning its evolutionary significance. *Asian Perspectives* 20: 32–50.

Kenny, E., Timpson, N. et al. 2012. Melanesian blond hair is caused by an amino acid change in TYRP1. *Science* 336: 554.

Kimura, R., Ohashi, J. et al. 2008. Gene flow and natural selection in Oceanic human populations inferred from genome-wide SNP typing. *Molecular Biology and Evolution* 25(8): 1750–1761.

Knapp, M., Horsburgh, K. et al. 2012. Complete mitochondrial DNA genome sequences from the first New Zealanders. *Proceedings of the National Academy of Sciences* 109: 18350–18354.

Ko, A., Chen, C. et al. 2014. Early Austronesians: into and out of Taiwan. *American Journal of Human Genetics* 94: 426–436.

Kokubu, N. and Morizono, N. 1958.A preliminary report on the excavation of a prehistoric burial site at Hirota, South Tane-cho, Tanegashima.*Journal of Archaeological Society of Nippon* 43: 153–183 (in Japanese).

Krause, J., Fu, Q. et al. 2010. The complete mitochondrial DNA genome of an unknown hominin from southern Siberia. *Nature* 464: 894–897.

Kress, J. 2004. The necrology of Sa'gung rockshelter.In V. Paz, ed., *Southeast Asian Archaeology*, pp. 239–275. Quezon City: University of the Philippines Press.

Krigbaum, J. and Datan, I. 2005. The Deep Skull and associated human remains from Niah Cave. In Z. Majid, ed., *The Perak Man and Other Prehistoric Skeletons of*

Malaysia, pp. 131–154. Pulau Pinang: Universiti Sains Malaysia.

Krigbaum, J. and Manser, J. 2005. The West Mouth burial series from Niah Cave. In Z. Majid, ed., *The Perak Man and Other Prehistoric Skeletons of Malaysia*, pp. 175–206. Pulau Pinang: Universiti Sains Malaysia.

Kuhlwilm, M., Gronau, I. et al. 2016. Ancient gene flow from early modern humans into Eastern Neanderthals.*Nature* 530: 429–433.

Kusuma, P., Cox, M. et al. 2015. Mitochondrial DNA and the Y chromosome suggest the settlement of Madagascar by Indonesian sea nomad populations. *BMC Genomics* 16: 191.

Kusuma, P., Brucato, N. et al. 2016. Contrasting linguistic and genetic origins of the Asian source populations of Malagasy. *Nature Scientific Reports* 6: 26066.

Kusuma, P., Cox, M. et al. 2016. Western Eurasian genetic influences in the Indonesian Archipelago. *Quaternary International* 416: 243–248.

Lansing, S.J., Cox, M.P. et al. 2011. An ongoing Austronesian expansion in Island Southeast Asia. *Journal of Anthropological Archaeology* 30(3): 262–272.

Lansing, J.S., Watkins, J.C. et al. 2008. Male dominance rarely skews the frequency distribution of Y chromosome haplotypes in human populations. *Proceedings of the National Academy of Sciences* 105: 11645–11650.

Larson, G., Cucchi, T. et al. 2007. Phylogeny and ancient DNA of *Sus* provides insights into Neolithic expansion in Island Southeast Asia and Oceania. *Proceedings of the National Academy of Sciences* 104: 4834–4839.

Lebar, F. ed. 1972. *Ethnic Groups of Insular Southeast Asia*. 2 volumes. New Haven: HRAF Press.

Lipson, M., Loh, P.-R. et al. 2014. Reconstructing Austronesian population history in Island Southeast Asia. *Nature Communications* 5: 4689.

Liu, W., Martinon-Torres, M. et al. 2015. The earliest unequivocally modern humans in southern China. *Nature* 526: 696–699.

Lloyd-Smith, L. 2012. Early Holocene burial practice at Niah Cave, Sarawak.*Journal of Indo-Pacific Archaeology* 32: 54–69.

Locarnini, S., Littlejohn, M. et al. 2013. Possible origins and evolution of the hepatitis B virus (HBV). *Seminars in Cancer Biology* 23(6 Part B): 561–575.

Loomis, W.F. 1967. Skin pigment regulation of vitamin biosynthesis in man. *Science* 157: 501–506.

Macaulay, V., Hill. C. et al. 2005. Single, rapid coastal settlement of Asia revealed by analysis of complete mitochondrial genomes. *Science* 308: 1034–1036.

Macintosh, N.W.G. 1978. The Tabon Cave mandible. *Archaeology and Physical Anthropology in Oceania* 13: 143–159.

Maier, A.G., Duraisingh, M.T. et al. 2003. Plasmodium falciparum erythrocyte invasion through glycophorin C and selection for Gerbich negativity in human populations. *Nature Medicine* 9(1): 87–92.

Malinowski, B. 1922. *Argonauts of the Western Pacific*. London: Routledge.

Mallick, S., Li, H. et al. 2016. The Simons Genome Diversity Project: 300 genomes from 142 diverse populations. *Nature* 538: 201–206.

Mansuy, H. and Colani, M. 1925. Contribution à l'étude de la préhistoire de l'Indochine VII. Néolithique inférieur (Bacsonien) et Néolithique supérieur dans le Haut-Tonkin. *Bulletin du Service Géologique de l'Indochine* 12: 1–45.

Martin, A., Costa, H. et al. 2014. Transcriptome sequencing from diverse human populations reveals differentiated regulatory architecture. *PLoS Genetics* 10: e1004549.

Matisoo-Smith, E. 2015. Ancient DNA and the human settlement of the Pacific: a review. *Journal of Human Evolution* 79: 93–104.

Matisoo-Smith, E. and Robins, J. 2004. Origins and dispersals of Pacific peoples: evidence from mtDNA phylogenies of the Pacific rat. *Proceedings of the National Academy of Sciences* 101: 9167–9172.

Matsumura, H. 2006. The population history of Southeast Asia viewed from morphometric analyses of human skeletal and dental remains. In M. Oxenham and N. Tayles, eds, *Bioarchaeology of Southeast Asia*, pp. 33–58. Cambridge: Cambridge University Press.

Matsumura, H., Hung, H-c.et al. in press. *Bio-anthropological Studies of Early Holocene Hunter-Gatherer Sites at Huiyaotian and Liyupo in Guangxi, China.*

Tokyo: National Museum of Nature and Science.

Matsumura, H. and Hudson, M. 2005. Dental perspectives on the population history of Southeast Asia. *American Journal of Physical Anthropology* 127: 182–209.

Matsumura, H. and Oxenham, M. 2014. Demographic transitions and migration in prehistoric East/Southeast Asia through the lens of non-metric dental traits. *American Journal of Physical Anthropology* 155: 45–65.

Matsumura, H. and Oxenham, M. 2015. Eastern Asia and Japan: human biology. In P. Bellwood, ed., *The Global Prehistory of Human Migration*, pp. 217–223. Boston: Wiley-Blackwell.

Matsumura, H., Oxenham, M.F., Dodo, Y. et al. 2008. Morphometric affinity of the late Neolithic human remains from Man Bac, Ninh Binh Province, Vietnam: key skeletons with which to debate the "Two layer" hypothesis. *Anthropological Science* 116: 135–148.

Matsumura, H., Oxenham, M., Nguyen, K.T. et al. 2011. Population history of mainland Southeast Asia: the two layer model in the context of Northern Vietnam. In N. Enfield, ed., *Dynamics of Human Diversity*, pp. 153–178. Canberra: Pacific Linguistics.

Matsumura, H. and Zuraina, M. 1995. Metrical analysis of the dentition of Perak Man. *Bull. National Science Museum Tokyo*, Series D, 21: 1–10.

Meyer, M., Kircher, M. et al. 2012. A high-coverage genome sequence from an archaic Denisovan individual. *Science* 338: 222–226.

Migliano, A., Romero, I. et al. 2013. Evolution of the Pygmy phenotype. *Human Biology* 85: 251–284.

Mijsberg, W.A. 1932. Recherches sur les restes humaines trouvés dans les fouilles des abrissous-roche de Goea Lawa à Sampoeng et des sites préhistoriques à Bodjonegoro. In *Hommage du Service Archéologique des Indes Neérlandaises au Premier Congrès des Préhistoriens d'Extrême- Orient à Hanoi*, pp. 39–54. Batavia: Albrecht.

Mijsberg, W. 1940. On a Neolithic Palae-Melanesian lower jaw fragment found at Guak Kepah, Province Wellesley, Straits Settlements. In F. Chasen and M.

Tweedie, eds, *Proceedings of the Third Congress of Prehistorians of the Far East*, pp. 100–118. Singapore: Government Printer.

Mourant, A.E., Kopeć, A.C. and Domaniewska-Sobczak, K. 1976. *The Distribution of the Human Blood Groups and Other Polymorphisms*. London: Oxford University Press.

Myles, S., Hradetzky, E. et al. 2007. Identification of a candidate genetic variant for the high prevalence of type II diabetes in Polynesians.*European Journal of Human Genetics* 15(5): 584–589.

Nakahashi, T. and Li, M. eds. 2002 *Ancient People in the Jiangnan Region, China*. Fukuoka: Kyushu University Press.

Neel, J.V. 1962. *Diabetes mellitus*: a "thrifty" genotype rendered detrimental by "progress"? *American Journal of Human Genetics* 14: 353–362.

Nguyen, K.T. 1990. Ancient human skeletons at Con Co Ngua. *Khao Co Hoc (Vietnamese Archaeology)* 1990 volume 3: 37–48 (in Vietnamese with English summary).

Nguyen, L.C. 1986. Two early Hoabinhian crania from Thanh Hoa province, Vietnam. *Zeitschrift für Morphologie und Anthropologie* 77: 11–17.

Nguyen, L.C. 1996. *Anthropological Characteristics of Dong Son Population in Vietnam*. Hanoi: Social Sciences Publishing House (in Vietnamese with English title and summary).

Nguyen, L.C. 2001. About human remains at Man Bac site. *Khao Co Hoc (Vietnamese Archaeology)* 2001 volume 1: 17–46 (in Vietnamese with English title and summary).

Nguyen, L.C. 2003. Ancient human bones in Da But Culture — Thanh Hoa Province. *Khao Co Hoc (Vietnamese Archaeology)* 2003 volume 3: 66–79 (in Vietnamese with English title and summary).

Nguyen, L.C. 2006. About the ancient human bones at An Son (Long An) through the third excavation. *Khao Co Hoc (Vietnamese Archaeology)* 2006 volume 6: 39–51 (in Vietnamese with English title and summary).

Nguyen, L.C. 2007. Paleoanthropology in Vietnam. *Khao Co Hoc (Vietnamese*

Archaeology) 2007 volume 2: 23–41.

Nguyen Xuan Manh, Dang Hong Son and Reinecke, A. 2007. The features of Go O Chua site (Long An) and the transitional process from pre-Oc Eo to Oc Eo Culture in southern Viet Nam. *Khao Co Hoc (Vietnamese Archaeology)* 2007 volume 6: 37–55 (in Vietnamese).

Noerwidi, S. 2012. *The Significance of the Holocene Human Skeleton Song Keplek 5 in the History of Human Colonization of Java.* Unpublished Masters thesis, Muséum national d'Histoire naturelle, Paris.

Noerwidi, S. 2014. The Holocene population history of Java.Unpublished presentation at the 20th Congress of the Indo-Pacific Prehistory Association, Siem Reap, Cambodia.

O'Connell, J. and Allen, J. 2004. Dating the colonization of Sahul (Pleistocene Australia–New Guinea): a review of recent research. *Journal of Archaeological Science* 31: 835–853.

Olalde, I., Allentoft, M. et al. 2014. Derived immune and ancestral pigmentation alleles in a 7000-year-old Mesolithic European. *Nature* 507: 225–228.

Oota, H., Kurosaki, K. et al. 2001. Genetic study of the Paleolithic and Neolithic Southeast Asians. *Human Biology* 73: 225–231.

Oxenham, M. and Buckley, H. 2016. The population history of Mainland and Island Southeast Asia. In M. Oxenham and H. Buckley, eds, *Bioarchaeology in Southeast Asia and the Pacific*, pp. 9–23. Abingdon: Routledge.

Oxenham, M.F., Matsumura, H. and Dung, N.K. eds. 2011 *Man Bac: The Excavation of a Neolithic Site in Northern Vietnam, the Biology.* Terra Australis 33. Canberra: ANU Press.

Pagani, L., Lawson, D. et al. 2016. Genomic analyses inform on migration events during the peopling of Eurasia. *Nature* 538: 238–242.

Paraskevis, D., Magiorkinis, G. et al. 2013. Dating the origin and dispersal of hepatitis B virus infection in humans and primates. *Hepatology* 57: 908–916.

Perry, G. and Dominy, N. 2009.Evolution of the human pygmy phenotype. *Trends in Ecology and Evolution* 24: 218–225.

Petchey, F., Spriggs, M. et al. 2014. Radiocarbon dating of burials from the Teouma Lapita cemetery, Efate, Vanuatu. *Journal of Archaeological Science* 50: 227–242.

Pickrell, J.K., Coop, G. et al. 2009. Signals of recent positive selection in a worldwide sample of human populations. *Genome Research* 19: 826–837.

Pickrell, J. and Reich, D. 2014. Toward a new history and geography of human genes informed by ancient DNA. *Trends in Genetics* 30: 377–389.

Pietrusewsky, M. and Douglas, M.T. 2002. *Ban Chiang, a Prehistoric Village Site in Northeast Thailand I: The Human Skeletal Remains*. Philadelphia: University of Pennsylvania, Museum of Archaeology and Anthropology.

Pietrusewsky, M., Lauer, A. et al. 2016. Patterns of health in Early Neolithic and Iron Age Taiwan. *Anthropological Science* (Japan) 124: 117–133.

Poznik, G., Henn, B. et al. 2013. Sequencing Y chromosomes resolves discrepancy in time to common ancestor of males versus females. *Science* 341: 562–565.

Pugach, I., Delfin, F. et al. 2013. Genome-wide data substantiate Holocene gene flow from India to Australia. *Proceedings of the National Academy of Sciences* 110: 1803–1808.

Rasmussen, M., Guo, X. et al. 2011. An Aboriginal Australian genome reveals separate human dispersals into Asia. *Science* 334: 94–98.

Razafindrazaka, H., Ricaut, F-X. et al. 2010. Complete mitochondrial DNA sequences provide new insights into the Polynesian motif and the peopling of Madagascar. *European Journal of Human Genetics* 18: 575–581.

Reich,D., Patterson, N. et al. 2011. Denisova admixture and the first modern human dispersals into Southeast Asia and Oceania. *American Journal of Human Genetics* 89: 516–528.

Reid, L. 1994a. Possible Non-Austronesian lexical elements in Philippine Negrito languages. *Oceanic Linguistics* 33: 37–72.

Reid, L. 1994b. Unravelling the linguistic histories of Philippine Negritos. In T. Dutton and D. Tryon, eds, *Language Contact and Change in the Austronesian World*, pp. 443–476. Berlin: Mouton de Gruyter.

Reid, L. 1987. The early switch hypothesis.*Man and Culture in Oceania* 3 (Special

Issue): 61–70.

Reid, L. 2013. Who are the Philippine Negritos? Evidence from language. *Human Biology* 85: 329–358.

Reyes-Centeno, H., Ghirotto, S. et al. 2014. Genomic and cranial phenotype data support multiple modern human dispersals from Africa and a southern route into Asia. *Proceedings of the National Academy of Sciences* 111: 7248–7253.

Ricaut, F-X., Thomas, T. et al. 2010. Ancient Solomon Islands mtDNA: assessing Holocene settlement and the impact of European contact. *Journal of Archaeological Science* 37: 1161–1170.

Richards, M., Oppenheimer, S. and Sykes, B. 1998. MtDNA suggests Polynesian origins in eastern Indonesia. *American Journal of Human Genetics* 63: 1234–1236.

Sabeti, P.C., Varilly, P. et al. 2007. Genome-wide detection and characterization of positive selection in human populations. *Nature* 449: 913–918.

Sankararaman, S., Mallick, S. et al. 2014. The genomic landscape of Neanderthal ancestry in present-day humans. *Nature* 507: 354–357.

Schillaci, M. 2008. Human cranial diversity and evidence for an ancient lineage of modern humans. *Journal of Human Evolution* 54: 814–826.

Sémah, A.-M., Sémah, F. et al. 2004. A Late Pleistocene and Holocene sedimentary record in central Java. In S. Keates and J. Pasveer, eds, *Quaternary Research in Indonesia*, pp. 63–88. Leiden: Balkema.

Serjeantson, S. and Gao, X. 1995. *Homo sapiens* is an evolving species: origins of the Austronesians. In P. Bellwood et al. eds, *The Austronesians*, pp. 175–194. Canberra: ANU Press.

Sieveking, G. 1954. Excavations at Gua Cha, Kelantan 1954.Part 1. *Federation Museums Journal* 1 and 2: 75–143.

Simanjuntak, T. ed. 2002.*Gunung Sewu in Prehistoric Times*. Yogyakarta: Gadjah Mada University Press.

Simanjuntak, T. 2016. *Harimau Cave and the Long Journey of Oku Civilization*. Yogyakarta: Gadjah Mada University Press.

Skoglund, P., Posth, C. et al. 2016. Genomic insights into the peopling of the southwest Pacific. *Nature* 538: 510–513.

Sneath, P.H. and Sokal, R.R. 1973. *Numerical Taxonomy*. San Francisco: W.H. Freeman and Co.

Soares, P., Rito, T. et al. 2011. Ancient voyaging and Polynesian origins. *American Journal of Human Genetics* 88(2): 239–247.

Soares, P., Trejaut, J. et al. 2008. Climate change and postglacial human dispersals in Southeast Asia. *Molecular Biology and Evolution* 25: 1209–1218.

Soares, P., Trejaut, J. et al. 2016. Resolving the ancestry of Austronesian-speaking populations. *Human Genetics* 135: 309–326.

Stoneking, M. and Delfin, F. 2010. The human genetic history of East Asia. *Current Biology* 20: R188–193.

Stoneking, M. and Krause, J. 2011. Learning about human population history from ancient and modern genomes. *Nature Review of Genetics* 12: 603–614.

Storm, P. 1995. The evolutionary significance of the Wajak skulls. *Scripta Geologica* 110: 1–247. Leiden: Nationaal Natuurhistorisch Museum.

Storm, P. and de Vos, J. 2006. Rediscovery of the Late Pleistocene Punung hominin sites. *Senckenbergiana lethaea* 86: 271–281.

Storm, P., Wood, R. et al. 2013.U-series and radiocarbon analyses of human and faunal remains from Wajak, Indonesia. *Journal of Human Evolution* 64: 356–365.

Summerhayes, G., Leavesley, M. et al. 2010. Human adaptation and plant use in Highland New Guinea 49,000 to 44,000 years ago. *Science* 330: 78–81.

Tabbada, K., Trejaut, J. et al. 2010. Philippine mitochondrial DNA diversity: a populated viaduct between Taiwan and Indonesia? *Molecular Biology and Evolution* 27(1): 21–31.

Tayles, N. 1999. *Khok Phanom Di, Volume 5: The People. London*: Society of Antiquaries.

Thangaraj, K., Chaubey, G. et al. 2005. Reconstructing the origin of the Andaman Islanders. *Science* 308: 996.

The, N.K. and Cong, D.N. 2001. *Archeology in Long An Province*. Long An: Long An Provincial Museum (in Vietnamese).

Thomas, N., Guest, H. and Dettelbach, M. eds. 1996. *Observations Made During a Voyage Round the World* (by Johann Reinhold Forster). Honolulu: University of Hawai'i Press.

Thomson, V., Lebrasseur, O. et al. 2014. Using ancient DNA to study the origins and dispersal of ancestral Polynesian chickens across the Pacific. *Proceedings of the National Academy of Sciences* 111: 4826–4831.

Timmermann, A. and Friedrich, T. 2016. Late Pleistocene climate drivers of early human migration. *Nature* 538: 92–95.

Trejaut, J., Poloni, E. et al. 2014. Taiwan Y-chromosomal DNA variation and its relationship with Island Southeast Asia. *BMC Genetics* 15(1): 77.

Trevor, J.C. and Brothwell, D.R. 1962. The human remains of Mesolithic and Neolithic date from Gua Cha, Kelantan. *Federation Museums Journal* 7: 6–22.

Trinh, H. and Huffer, D. 2015. The Da But period in northern Vietnam: current knowledge and future directions. *Journal of Indo-Pacific Archaeology* 35: 36–47.

Tumonggor, M.K., Karafet, T. et al. 2013. The Indonesian archipelago: an ancient genetic highway linking Asia and the Pacific. *Journal of Human Genetics* 58(3): 165–173.

Tumonggor, M.K., Karafet, T. et al. 2014. Isolation, contact and social behavior shaped genetic diversity in West Timor. *Journal of Human Genetics* 59: 494–503.

Valentin, F., Détroit, F. et al. 2016. Early Lapita skeletons from Vanuatu show Polynesian craniofacial shape: implications for Remote Oceanic settlement and Lapita origins. *Proceedings of the National Academy of Sciences USA* 113: 292–297.

Van Heekeren, H. 1972. *The Stone Age of Indonesia.* Second edition. The Hague: Nijhoff.

Van Stein Callenfels, P.V. 1936. The Melanesoid civilizations of Eastern Asia. *Bulletin of the Raffles Museum* 1 (Series B): 41–51.

Veeramah, K.R. and Hammer, M.F. 2014. The impact of whole-genome sequencing on the reconstruction of human population history. *Nature Reviews Genetics* 15(3): 149–162.

Von Koenigswald, R. 1952. Evidence of a prehistoric Australomelanesoid population in Malaya and Indonesia. *South Western Journal of Anthropology* 8: 92–96.

Wallace, A.R. 1962. *The Malay Archipelago*. Originally published 1869. New York: Dover.

Widianto, H. 2006. Austronesian prehistory from the perspective of skeletal anthropology. In T. Simanjuntak, ed., *Austronesian Diaspora and the Ethnogeneses of People in the Indonesian Archipelago*, pp. 174–185. Jakarta: LIPI Press.

Widianto, H. and Handini, R. 2003. *Karakter Budaya Presejarah di Kawasan Gunung Batubuli, Kalimantan Selatan*. Balai Arkeologi Banjarmasin, Berita Penelitian Arkeologi 12.

Wilder, J.A., Stone, J.A. et al. 2009. Molecular population genetics of *SLC4A1* and Southeast Asian ovalocytosis. *Journal of Human Genetics* 54: 182–187.

Wurm, S. and Hattori, S. eds. 1983. *Language Atlas of the Pacific Area, Part II*. Canberra: Australian Academy of the Humanities.

Xu, S., Pugach, I. et al. 2012. Genetic dating indicates that the Asian-Papuan admixture through Eastern Indonesia corresponds to the Austronesian expansion. *Proceedings of the National Academy of Sciences* 109(12): 4574–4579.

Yamagata, M., Bui Chi Hoang et al. 2012. *Excavation of Hoa Diem*. Japan: Showa Women's University, Institute of International Culture Bulletin 17.

Yi, S., Lee, J. et al. 2008. New data on the Hoabinhian: investigations at Hang Cho cave, Northern Vietnam. *Bulletin of the Indo-Pacific Prehistory Association* 28: 73–79.

ZCARI.Zhejiang Cultural Relics Archaeological Research Institute. 2003. *Hemudu-Xishiqishidai yizhi kaogu fajüe baogao (Hemudu: Report on the Excavation of the Neolithic Site)*. Beijing: Wenwu (in Chinese).

第五章

Adi Haji Taha. 1983. Recent archaeological discoveries in Peninsular Malaysia 1976–1982. *Journal of the Malaysian Branch Royal Asiatic Society* 56(1): 47–63.

Adi Haji Taha. 2007. *Archaeology of Ulu Kelantan*. Kuala Lumpur: Department of

Museums Malaysia.

Allen, J., Gosden, C. and White, P. 1989. Human Pleistocene adaptations in the tropical island Pacific: recent evidence from New Ireland, a Greater Australian outlier. *Antiquity* 63: 548–561.

Allen, J. and O'Connell, J. 2014. Both half right: updating the evidence for dating first human arrivals in Sahul. *Australian Archaeology* 79: 86–108.

Anderson, D. 1990. *Lang Rongrien Rockshelter*. Philadelphia: University of Pennsylvania Museum.

Anderson, A. 2013. The antiquity of sustained offshore fishing. *Antiquity* 87: 879–884.

Anggraeni, N. 1976. Peninggalan-peninggalan prasejarah di sekitar danau Cangkuang (Leles). *Kalpataru* 2: 55–70.

Aplin, K. and Helgen, K. 2010. Quaternary murid rodents of Timor part I: new material of Coryphomys buehleri Shaub, 1937, and the description of a second species of the genus. *Bulletin of the American Museum of Natural History* 341: 1–80.

Arifin, K. 2004. *Early Human Occupation of the East Kalimantan Rainforest*. Unpublished PhD thesis, Australian National University.

Aubert, M., Brumm, A. et al. 2014. Pleistocene cave art from Sulawesi, Indonesia. *Nature* 514: 223–227.

Aubert, M., O'Connor, S. et al. 2007. Uranium-series dating rock art in East Timor. *Journal of Archaeological Science* 34: 991–996.

Bailey, R.C., Head, G. et al. 1989. Hunting and gathering in tropical rain forest: Is it possible? *American Anthropologist* 91: 59–82.

Balme, J. and O'Connor, S. 2014. Early modern humans in Island Southeast Asia and Sahul. In R. Dennell and M. Porr, eds, *South Asia, Australia and the Search for Human Origins*, pp.164–174. Cambridge: Cambridge University Press.

Bandi, H.G. 1951. Die obsidianindustrie der umgebung von Bandung in Westjava. In *Südseestudien*, pp. 127–161. Basel: Museum für Volkerkunde.

Barker, G. ed. 2013. *Rainforest Foraging and Farming in Island Southeast Asia*.

Volume 1. Cambridge: McDonald Institute for Archaeological Research.

Barker, G., Barton, H. et al. 2007. The "human revolution" in lowland tropical Southeast Asia. *Journal of Human Evolution* 52: 243–261.

Barker, G., Lloyd-Smith, L. et al. 2011. Foraging-farming transitions at the Niah Caves, Sarawak. *Antiquity* 85: 492–509.

Barton, H., Barker, G. et al. 2013. Later Pleistocene foragers *c.* 35,000–11,500 years ago. In G. Barker, ed., *Rainforest Foraging and Farming in Island Southeast Asia: The Archaeology and Environmental History of the Niah Caves, Sarawak,* pp. 173–216. Niah Cave Project Monographs. McDonald Institute Monograph Series.

Bellwood, P. 1976. Archaeological research in Minahasa and the Talaud Islands, north-eastern Indonesia. *Asian Perspectives* 19: 240–288.

Bellwood, P. 1978. *Man's Conquest of the Pacific.* Auckland: Collins.

Bellwood, P. 1988. *Archaeological Research in South-Eastern Sabah.* Kota Kinabalu: Sabah Museum Monograph 2.

Bellwood, P. 2000. Some thoughts on understanding the human colonization of the Pacific. *People and Culture in Oceania* 16: 5–18.

Bellwood, P. 2007. *Prehistory of the Indo-Malaysian Archipelago.* Third edition. Canberra: ANU Press.

Bellwood, P. 2013. *First Migrants.* Chichester: Wiley-Blackwell.

Bellwood, P. ed. forthcoming. *The Spice Islands in Prehistory: Archaeology in the Northern Moluccas, Indonesia.*

Bellwood, P. and Dizon, E. 2013. *4000 Years of Migration and Cultural Exchange.* Terra Australis 40. Canberra: ANU Press.

Bellwood, P. Nitihaminoto, G. et al. 1998. 35,000 years of prehistory in the northern Moluccas. In G.-J. Bartstra, ed., *Bird's Head Approaches,* pp. 233–275. *Modern Quaternary Research in Southeast Asia* 15. Rotterdam: Balkema.

Bennett, E., Nyaoi, A. and Sompud, J. 1997. Hornbills *Buceros* spp. and culture in northern Borneo: can they continue to co-exist? *Biological Conservation* 82(1): 41–46.

Borel, A. 2010. Formes et fonctions au sein des industries lithiques de la fin du Pléistocene et au début de l'Holocene en Asie du Sud-Est. Unpublished PhD thesis, Muséum national d'Histoire naturelle, Paris.

Brandt, R.W. 1976. The Hoabinhian of Sumatra: Some remarks. *Modern Quaternary Research in Southeast Asia* 2: 49–52.

Bronson, B. and T. Asmar. 1975. Prehistoric investigations at Tianko Panjang Cave, Sumatra. *Asian Perspectives* 18: 128–145.

Bulbeck, D. 2003. Hunter-gatherer occupation of the Malay Peninsula. In J. Mercader, ed., *Under the Canopy,* pp. 119–160. New Brunswick: Rutgers University Press.

Bulbeck, D. 2004. Divided in space, united in time: the Holocene prehistory of South Sulawesi. In S. Keates and J. Pasveer, eds, *Quaternary Research in Indonesia,* pp. 129–166. Leiden: Balkema.

Bulbeck, D. 2014. The chronometric Holocene archaeological record of the southern Thai-Malay Peninsula. *International Journal of Asia-Pacific Studies* 10: 111–162. Penang: Universiti Sains Malaysia.

Bulbeck, D., Pasqua, M. and Di Lello, A. 2000. Culture history of the Toalian. *Asian Perspectives* 39: 71–108.

Bulbeck, D., Sumantri, I. and Hiscock, P. 2004. Leang Sakapao 1: a second dated Pleistocene site from South Sulawesi, Indonesia. *Modern Quaternary Research in Southeast Asia* 18: 111–128.

Carro, S., O'Connor, S. et al. 2015. Human maritime subsistence strategies in the Lesser Sunda Islands during the terminal Pleistocene — early Holocene. *Quaternary International* online first 2015.

Chapman, V. 1986. Inter-site variability in South Sulawesi. *Archaeology in Oceania* 21: 76–84.

Clason, A. 1986. The faunal remains of Paso in northern Sulawesi, Indonesia. In *Archaeozoologia, Mélanges,* pp. 35–62. Paris: La Fensée Sauvage.

Clason, A. 1987. Late Pleistocene/Holocene hunter-gatherers of Sulawesi. *Palaeohistoria* 29: 67–76.

Cooper, A., Turney, C. et al. 2015. Abrupt warming events drove Late Pleistocene Holarctic megafaunal turnover. *Science* 349: 602–606.

Dammerman, K.W. 1934. On prehistoric mammals from the Sampoeng Cave, central Java. *Treubia* XIV: 477–486.

Di Lello, A. 2002. A use-wear analysis of Toalian glossed stone artifacts from South Sulawesi, Indonesia. *Bulletin of the Indo-Pacific Prehistory Association* 22: 45–50.

Dunn, F. and Dunn, D. 1977. Maritime adaptations and the exploitation of marine resources in Sundaic Southeast Asian prehistory. *Modern Quaternary Research in Southeast Asia* 3: 1–28.

Endicott, K. and Bellwood, P. 1991. The possibility of independent foraging in the rain forest of Peninsular Malaysia. *Human Ecology* 19: 151–185.

Fage, L-H. and Chazine, J-M. 2010. *Borneo: Memory of the Caves*. Caylus: Le Kalimanthrope.

Fillios, M. and Taçon, P. 2016. Who let the dogs in? *Journal of Archaeological Science: Reports* volume 7 2016: 782–792.

Flannery, T., Bellwood, P. et al. 1998. Mammals from Holocene archaeological deposits on Gebe and Morotai Islands, Northern Moluccas, Indonesia. *Australian Mammalogy* 20(3): 391–400.

Flannery, T. and Boeadi. 1995. Systematic revision within the *Phalanger ornatus* complex (Phalangeridae: Marsupalia). *Australian Mammalogy* 18: 35–44.

Foo Shu Tieng. 2010. Hoabinhian Rocks: an Examination of the Guar Kepah Artifacts from the Heritage Conservation Centre in Jurong. Unpublished Masters thesis, National University of Singapore.

Forestier, H. and Patole-Edoumba, E. 2000. Les industries lithiques du Paléolithique tardif et du début de l'Holocène en Insulinde. *Aséanie* 6: 13–56.

Forestier, H., Simanjuntak, T. et al. 2005. Le site de Tögi Ndrawa, île de Nias, Sumatra nord. *Comptes Rendus Palevol* 4: 727–733.

Fox, R. 1970. *The Tabon Caves*. Manila: National Museum Monograph 1.

Fox, R. 1978. The Philippine Palaeolithic. In F. Ikawa-Smith, ed., *Early Palaeolithic in South and East Asia,* pp. 59–85. The Hague: Mouton.

Fredericksen, C., Spriggs, M. and Ambrose, A. 1993. Pamwak rockshelter. In M. Smith et al. eds, *Sahul in Review,* pp. 144–152. Canberra: Department of Prehistory, Australian National University.

Fujita, M., Yamasaki, S. et al. 2016. Advanced maritime adaptation in the western Pacific coastal region. *Proceedings of the National Academy of Sciences USA* 113: 11184–11189.

Glover, E. 1990. The molluscan fauna of Ulu Leang 1 cave. In I. and E. Glover, eds, *Southeast Asian Archaeology 1986,* pp. 29–36. Oxford: BAR International Series 561.

Glover, I. 1976. Ulu Leang cave, Maros: a preliminary sequence of post-Pleistocene cultural development in South Sulawesi. *Archipel* 11: 113–154.

Glover, I. 1977a. The late Stone Age in eastern Indonesia. *World Archaeology* 9: 42–61.

Glover, I. 1977b. Prehistoric plant remains from Southeast Asia, with special reference to rice. In M. Taddei, ed., *South Asian Archaeology,* pp. 7–37. Naples: Istituto Universitario Orientale.

Glover, I. 1978a. Report on a visit to archaeological sites near Medan, Sumatra. *Bulletin of the Indo-Pacific Prehistory Association* 1: 56–60.

Glover, I. 1978b. Survey and excavation in the Maros district, South Sulawesi, Indonesia. *Bulletin of the Indo-Pacific Prehistory Association* 1: 60–102.

Glover, I. 1981. Leang Burung 2: an Upper Palaeolithic rock shelter in South Sulawesi, Indonesia. *Modern Quaternary Research in Southeast Asia* 6: 1–38.

Glover, I. 1985. Some problems relating to the domestication of rice in Asia. In V.N. Misra and P. Bellwood, eds, *Recent Advances in Indo-Pacific Prehistory,* pp. 265–274. New Delhi: Oxford and IBH.

Glover, I. 1986. *Archaeology in Eastern Timor.* Terra Australis 11. Canberra: Department of Prehistory, Research School of Pacific Studies.

Glover, I. and Presland, G. 1985. Microliths in Indonesian flaked stone industries. In V.N. Misra and P. Bellwood, eds, *Recent Advances in Indo-Pacific Prehistory,* pp. 185–195. New Delhi: Oxford and IBH.

Gorman, C. 1971. The Hoabinhian and after: subsistence patterns in Southeast Asia during the latest Pleistocene and early Recent periods. *World Archaeology* 2: 300–320.

Grenet, M., Sarel, J. et al. 2016. New insights on the late Pleistocene-Holocene lithic industry in East Kalimantan. *Quaternary International* 416: 126–150.

Groube, L., Chappell, J. et al. 1986. A 40,000-year-old human occupation site at Huon Peninsula, Papua New Guinea. *Nature* 324: 453–455.

Ha Van Tan. 1997. The Hoabinhian and before. *Bulletin of the Indo-Pacific Prehistory Association* 16: 35–42.

Hameau, S., Falguères, C. et al. 2007. ESR dating in Song Terus Cave. *Quaternary Geochronology* 2: 398–402.

Harrison, T. 1998. Vertebrate faunal remains from the Madai Caves. *Bulletin of the Indo-Pacific Prehistory Association* 17: 83–92.

Harrisson, T. 1970. The prehistory of Borneo. *Asian Perspectives* 13: 17–46.

Harrisson, T. and Harrisson, B. 1971. *The Prehistory of Sabah.* Kota Kinabalu: Sabah Society.

Headland, T. 1987. The wild yam question: How well could independent hunter-gatherers live in a tropical rain forest ecosystem? *Human Ecology* 15: 463–91.

Heinsohn, T., 2003. Animal translocation: long-term human influences on the vertebrate zoogeography of Australasia (natural dispersal versus ethnophoresy). *Australian Zoologist* 32(3): 351–376.

Higham, T., Barton, H. et al. 2009. Radiocarbon dating of charcoal from tropical sequences. *Journal of Quaternary Science* 24: 189–197.

Hiscock, P. 2008. *Archaeology of Ancient Australia.* Abingdon: Routledge.

Hooijer, D.A. 1950. Man and other mammals from Toalean sites in southwestern Celebes. *Verhandelingen der Koninklijke Nederlandse Akademie van Wetenschappen, Afdeling Natuurkunde, Tweede Sectie* 46(2): 1–158.

Hoover, K. and Hudson, M. 2015. Resilience in persistent hunter-gatherers in northwest Kyushu, Japan. *Quaternary International* 405 Part B: 22–33.

Hull, J. 2014. The Vertebrate Remains Recovered During the 1990–1996 Excavations of the Northern Moluccan Islands: *Translocation and its Implications*. Unpublished MA thesis, Australian National University.

Hunt, C. and Barker, G. 2014. Missing links, cultural modernity and the dead. In R. Dennell and M. Porr, eds, *Southern Asia, Australia and the Search for Human Origins*, pp. 90–107. Cambridge: Cambridge University Press.

Hunt, C., Gilbertson, D. and Rushworth, G. 2007. Modern humans in Sarawak, Malaysian Borneo, during Oxygen Isotope Stage 3: palaeoenvironmental evidence from the Great Cave of Niah. *Journal of Archaeological Science* 34: 1953–1969.

Hunt, C., Gilbertson, D. and Rushworth, G. 2012. A 50,000 year record of late Pleistocene tropical vegetation and human impact in lowland Borneo. *Quaternary Science Reviews* 37: 61–80.

Hunt, C. and Rabett, R. 2014. Holocene landscape intervention and plant food production strategies in island and mainland Southeast Asia. *Journal of Archaeological Science* 51: 22–33.

Ingicco, T. 2010. *Les primates quaternaires de Song Terus (Java Est, Indonésie)*. Unpublished PhD thesis, Muséum national d'Histoire naturelle, Paris.

Ji, X., Kuman, K. et al. 2015. The oldest Hoabinhian technocomplex in Asia (43.5 kya) at Xiaodong rockshelter, Yunnan Province. *Quaternary International* 400: 166–174.

Kress, J. 2004. The necrology of Sa'gung rockshelter. In V. Paz, ed., *Southeast Asian Archaeology*, pp. 239–275. Quezon City: University of the Philippines Press.

Kuchikura, Y. 1993. Wild yams in the tropical rain forest. *Man and Culture in Oceania* 9: 103–126.

Kusmartono, V. Hindarto, I. and Herwanto, E. in press. Late Pleistocene to recent: human activities in the interior equatorial rainforest of Kalimantan, Indonesian Borneo. *Quaternary International*.

Langley, M., O'Connor, S. and Piotto, E. 2016. 42,000-year-old worked and pigment-stained *Nautilus* shell from Jerimalai (Timor-Leste). *Journal of Human Evolution* 97: 1–16.

Larson, G., Cucchi, T. et al. 2007. Phylogeny and ancient DNA of *Sus* provides insights into Neolithic expansion in Island Southeast Asia and Oceania. *Proceedings of the National Academy of Sciences* 104: 4834–4839.

Lewis, H., Paz, V. et al. 2008. Terminal Pleistocene to mid-Holocene occupation and an early cremation burial at Ille Cave, Palawan, Philippines. *Antiquity* 82: 318–335.

Lloyd-Smith, L. 2012. Early Holocene burial practice at Niah Cave, Sarawak. *JIPA* 32: 54–69.

Louys, J., Curnoe, D. and Tong, H. 2007. Characteristics of Pleistocene megafaunal extinctions in Southeast Asia. *Palaeogeography, Palaeoclimatology, Palaeoecology* 243: 152–173.

Mahirta. 2009. Stone technology characteristics and the chronology of human occupation on Rote, Sawu and Timor. *Bulletin of the Indo-Pacific Prehistory Association* 29: 101–108.

McKinnon, E. 1991. The Hoabinhian in the Wampu/Lau Biang Valley of north-eastern Sumatra: an update. *Bulletin of the Indo-Pacific Prehistory Association* 10: 132–142.

Mijares, A. 2007. *Unearthing Prehistory.* Oxford: BAR International Series 1613.

Mijares, A. 2015. Human emergence and adaption to an island environment in the Philippine Palaeolithic. In Y. Kaifu et al. eds, *Emergence and Diversity of Modern Human Behavior in Palaeolithic Asia,* pp. 171–181. College Station: Texas A&M University Press.

Mijares, A., Detroit, F. et al. 2010. New evidence for a 67,000-year-old human presence at Callao Cave, Luzon, Philippines. *Journal of Human Evolution* 59: 123–132.

Mijsberg, W. 1940. On a Neolithic Palae-Melanesian lower jaw fragment found at Guak Kepah, Province Wellesley, Straits Settlements. In F. Chasen and M. Tweedie eds, *Proceedings of the Third Congress of Prehistorians of the Far East,* pp. 100–118. Singapore: Government Printer.

Morlan, V.J. 1971. The preceramic period of Japan: Honshu, Shikoku and Kyushu.

Arctic Anthropology 8: 136–170.

Morwood, M., Sutikna, T. et al. 2008. Climate, people and faunal succession on Java, Indonesia: evidence from Song Gupuh. *Journal of Archaeological Science* 35: 1776–1789.

Mulvaney, D.J. and Soejono, R.P. 1970. The Australian-Indonesian archaeological expedition to Sulawesi. *Asian Perspectives* 13: 163–178.

Mulvaney D.J. and Soejono, R.P. 1971. Archaeology in Sulawesi, Indonesia. *Antiquity* 45: 26–33.

Neri, L., Pawlik, A. et al. 2015. Mobility of early islanders in the Philippines during the Terminal Pleistocene/Early Holocene boundary. *Journal of Archaeological Science* 61: 149–157.

Nguyen Viet. 2005. The Da But Culture. *Bulletin of the Indo-Pacific Prehistory Association* 25: 89–93.

O'Connor, S. 2015a. Crossing the Wallace Line. In Y. Kaifu et al. eds, *Emergence and Diversity of Modern Human Behavior in Palaeolithic Asia,* pp. 214–224. College Station: Texas A&M University Press.

O'Connor, S. 2015b. Rethinking the Neolithic in Island Southeast Asia, with particular reference to the archaeology of Timor-Leste and Sulawesi. *Archipel* 90: 15–47.

O'Connor, S. and Aplin, K. 2007. A matter of balance: an overview of Pleistocene occupation history and the impact of the Last Glacial Phase in East Timor and the Aru Islands, eastern Indonesia. *Archaeology in Oceania* 42: 82–90.

O'Connor, S., Aplin, K. et al. 2010. Faces of the ancestors revealed. *Antiquity* 84: 649–665.

O'Connor, S., Barham, T. et al. 2017. Cave stratigraphies and cave brecias. *Journal of Archaeological Science* 77: 143–159.

O'Connor, S., Ono, R. and Clarkson, C. 2011. Pelagic fishing at 42.000 BP and the maritime skills of modern humans. *Science* 334: 1117–1121.

O'Connor, S., Spriggs, M. and Veth P. 2002. Direct dating of shell beads from Lene Hara Cave, East Timor. *Australian Archaeology* 55: 18–21.

O'Connor, S. and Veth, P. 2005. Early Holocene shell fish hooks from Lene Hara Cave, East Timor. *Antiquity* 79: 249–256.

Ono, R., Nakajima, N. et al. 2015. Martitime migration and lithic assemblage on the Talaud Islands. In Y. Kaifu et al. eds, *Emergence and Diversity of Modern Human Behavior in Palaeolithic Asia,* pp. 201–213. College Station: Texas A&M University Press.

Ono, R., Soegondho, S. and Yoneda, M. 2009. Changing marine exploitation during late Pleistocene in Northern Wallacea: shell remains from Leang Sarru rockshelter in Talaud. *Asian Perspectives* 48(2): 318–341.

Oppenheimer, S. 1998. *Eden in the East.* London: Weidenfeld and Nicholson.

Pasveer, J. and Bellwood, P. 2004. Prehistoric bone artefacts from the northern Moluccas, Indonesia. *Modern Quaternary Research in Southeast Asia* 18: 301–359.

Patole-Edoumba, E. 2009. A typo-technological definition of Tabonian industries. *Bulletin of the Indo-Pacific Prehistory Association* 29: 21–25.

Pawlik, A. 2015. Detecting traits of modern behavior through microwear analysis. In Y. Kaifu et al. eds, *Emergence and Diversity of Modern Human Behavior in Palaeolithic Asia,* pp. 182–198. College Station: Texas A&M University Press.

Pawlik, A., Piper, P. et al. 2014. Archaeological excavations at Bubog I and II on Ilin Island, Philippines. *Journal of Field Archaeology:* 230–247.

Pawlik, A. Piper, P. et al. 2015. Shell tool technology in Island Southeast Asia. *Antiquity* 89: 292–308.

Peterson, J.T. 1978. *The Ecology of Social Boundaries.* Urbana: University of Illinois Press.

Pfeffer, F. 1974. Fauna of humid tropical Asia. In *Natural Resources of Humid Tropical Asia,* pp. 295–306. Paris: Unesco.

Piper, P and Rabett, R. 2009. Hunting in a tropical rainforest: evidence from the terminal Pleistocene at Lobang Hangus, Niah Caves, Sarawak. *International Journal of Osteoarchaeology* 19(4): 551–565.

Piper, P. and Rabett, R. 2014. Late Pleistocene subsistence strategies in Island

Southeast Asia. In R. Dennell and M. Porr, eds, *South Asia, Australia and the Search for Human Origins,* pp. 118–134. Cambridge: Cambridge University Press.

Piper, P. Ochoa, J. et al. 2011. Palaeozoology of Palawan Island, Philippines. *Quaternary International* 233: 142–158.

Plagnes, V. Causse, C. et al. 2003. Cross dating of calcite covering prehistoric paintings in Borneo. *Quaternary Research* 60: 172–179.

Pookajorn, S. 1996. *Final Report of Excavations at Moh Khiew Cave, Krabi Province.* Bangkok: Department Archaeology, Silpakorn University (unpublished monograph).

Presland, G. 1980. Continuity in Indonesian lithic traditions. *The Artefact* 5: 19–45.

Rabett, R. 2012. *Human Adaptation in the Asian Palaeolithic.* Cambridge: Cambridge University Press.

Rabett, R.J., Barker, G. et al. 2013. Landscape transformations and human responses, *c.* 11,500–*c.* 4500 years ago. In G. Barker, ed., *Rainforest Foraging and Farming in Island Southeast Asia,* pp. 217–254. Cambridge: McDonald Institute for Archaeological Research.

Rabett, R. and Piper, P. 2012. The emergence of bone technologies at the end of the Pleistocene in Southeast Asia: regional and evolutionary implications. *Cambridge Archaeological Journal* 22(1): 37–56.

Rambo, A.T. 1988. Why are the Semang? In A. Rambo et al. eds, *Ethnic Diversity and the Control of Natural Resources in Southeast Asia,* pp. 19–35. Ann Arbor: Michigan Papers on South and Southeast Asia 32.

Reynolds, T., Barker, G. et al. 2013. The first modern humans at Niah, c. 50,000–35,000 years ago. In G. Barker, ed., *Rainforest Foraging and Farming in Island Southeast Asia: The Archaeology of the Niah Caves,* Volume 1, pp. 135–170. Cambridge: McDonald Institute for Archaeological Research.

Ronquillo, W., Santiago, R. et al. 1993. The 1992 archaeological re-excavation of the Balobok rockshelter. *Journal of the Historiographical Institute* 18: 1–40. Okinawa Prefectural Library, Japan.

Saidin, M. 2001. Palaeoenvironmental reconstruction of Palaeolithic sites in Perak and Sabah, Malaysia. In T. Simanjuntak et al. eds, *Sangiran: Man, Culture and Enviroment in Pleistocene Times,* pp. 300–305. Jakarta: Yayasan OBor Indonesia.

Sellato, B. 1994. *Nomads of the Borneo Rainforest.* Honolulu: University of Hawai'i Press.

Sémah, A-M. and Sémah, F. 2012. The rain forest in Java through the Quaternary and its relationships with humans (adaptation, exploitation and impact on the forest). *Quaternary International* 249: 120–128.

Sémah, F., Sémah, A-M. and Simanjuntak, T. 2003. More than a million years of occupation in Island Southeast Asia: the early archaeology of eastern and central Java. In J. Mercader, ed., *Under the Canopy,* pp. 161–190. New Brunswick: Rutgers University Press.

Simanjuntak, T. 2016. *Harimau Cave and the Long Journey of Oku Civilization.* Yogyakarta: Gadjah Mada University Press.

Simanjuntak, T. and Asikin, I. 2004. Early Holocene human settlement in eastern Java. *Bulletin of the Indo-Pacific Prehistory Association* 24: 13–20.

Simanjuntak, T., Sémah, F. and Sémah, A-M. 2015. Tracking evidence for modern human behavior in Palaeolithic Indonesia. In Y. Kaifu et al. eds, *Emergence and Diversity of Modern Human Behavior in Palaeolithic Asia,* pp. 158–170. College Station: Texas A&M University Press.

Sinha, P. and Glover, I. 1984. Changes in stone tool use in Southeast Asia 10,000 years ago. *Modern Quaternary Research in Southeast Asia* 8: 137–164.

Soares, P. Trejaut, J. et al. 2016. Resolving the ancestry of Austronesian-speaking populations. *Human Genetics* 135: 309–326.

Storm, P. 1992. Two microliths from the Javanese Wadjak Man. *Journal of Anthropological Society of Nippon* 100(2): 191–203.

Summerhayes, G., Leavesley, M. et al. 2010. Human adaptation and plant use in Highland New Guinea 49,000 to 44,000 years ago. *Science* 330: 78–81.

Szabó, K, Brumm, A. and Bellwood, P. 2007. Shell artefact production at 32,000 BP in Island Southeast Asia: thinking across media? *Current Anthropology* 48: 701–724.

Szabó, K. and Koppel, B. 2015. Limpet shells as unmodified tools in Pleistocene Southeast Asia: an experimental approach to assessing fracture and modification. *Journal of Archaeological Science* 54: 64–76.

Taçon, P. Tan, N. et al. 2014. The global implications of the early surviving rock art of greater Southeast Asia. *Antiquity* 88: 1050–1064.

Tanudirjo, D.A. 2005. The dispersal of Austronesian-speaking-people and the ethnogenesis of Indonesian people. In T. Simanjuntak et al. eds, *Austronesian Diaspora and the Ethnogeneses of People in Indonesian Archipelago,* pp. 83–98. Jakarta: LIPI Press.

Thiel, B. 1988–1989. Excavations at Musang Cave, northeast Luzon, Philippines. *Asian Perspectives* 28: 61–82.

Tweedie, M. 1940. Report on excavations in Kelantan. *Journal of the Malayan Branch Royal Asiatic Society* 18(2): 1–22.

Tweedie, M. 1953. The Stone Age in Malaya. *Journal of the Malayan Branch Royal Asiatic Society* 26(2): 1–90.

Van der Hoop, A. 1940. A prehistoric site near Lake Kerinchi, Sumatra. In F.N. Chasen and M.W.F. Tweedie, eds, *Proceedings of the Third Congress of Prehistorians of the Far East,* pp. 200–204. Singapore: Government Printer.

Van Heekeren, H. 1949. Rapport over de ontgraving van de Bola Batoe, nabij Badjo (Bone, Zuid-Celebes). *Oudheidkundig Verslag* for 1941–1947: 89–108.

Van Heekeren, H. 1972. *The Stone Age of Indonesia.* Second edition. The Hague: Nijhoff.

Van Stein Callenfels, P. 1936. An excavation of three kitchen middens at Guak Kepah, Province Wellesley. *Bulletin of the Raffles Museum Series B* 1(1): 27–37.

Van Stein Callenfels, P. 1938. Mededeelingen het Proto-Toaliaan. *Tijdschrift voor Indische Taal-, Land- en Volkenkunde* 68: 579–584.

Van Stein Callenfels, P. and Evans, I. 1928. Report on cave excavations in Perak. *Journal of the Federated Malay States Museums* 12(6): 145–160.

Van Stein Callenfels, P. and Noone, H. 1940. A rock-shelter excavation at Sungei Siput, Perak. In F. Chasen and M. Tweedie, eds, *Proceedings of the Third Congress of Prehistorians of the Far East,* 1940, pp. 119–125. Singapore: Government Printer.

Von Heine-Geldern, R. 1932. Urheimat und früheste Wanderungen der Austronesier. *Anthropos* 27: 543–619.

Wallace, A.R. 1962. *The Malay Archipelago.* Originally published 1869. New York: Dover.

Widianto, H. and Handini, R. 2003. *Karakter Budaya Presejarah di Kawasan Gunung Batubuli, Kalimantan Selatan.* Balai Arkeologi Banjarmasin, Berita Penelitian Arkeologi 12.

Willems, W. 1939. Merkwaardige praehistorische schelpartefacten van Celebes en Java. *Cultureel Indiä* 1: 181–185.

Wiradnyana, K. 2016. Hoabinhian and Austronesia. *European Scientific Journal* November 2016 vol. 12 no. 32: 131–145.

Wurster, C.M., Bird, M. et al. 2010. Forest contraction in north equatorial Southeast Asia during the last glacial period. *Proceedings of the National Academy of Sciences* 107: 15508–15511.

Yang, X., Barton, H. et al. 2013. Sago-type palms were an important plant food prior to rice in southern subtropical China. *PloS ONE* 8(5): e61348.

Yen, D.E. 1977. Hoabinhian horticulture: the evidence and the questions from northwest Thailand. In J. Allen et al. eds, *Sunda and Sahul,* pp. 567–600. London: Academic.

Yondri, L. 2010. Batu kendan dan manusia prasejarah di tepian Danu Bandung Purba. *Naditira Widya* 4(1): 1–10. Banjarmasin: Balai Arkeologi.

Zuraina Majid 1982. *The West Mouth, Niah, in the Prehistory of Southeast Asia.* Kuching: *Sarawak Museum Journal* Special Issue no. 2.

第六章

Adelaar, K.A. 1989. Malay influence on Malagasy: linguistic and culture-historical implications. *Oceanic Linguistics* 28: 1–46.

Adelaar, K.A. 1994. The classification of the Tamanic languages. In T.E. Dutton and D.T. Tryon, eds, *Language Contact and Change in the Austronesian-speaking World,* pp. 1–42. Trends in Linguistics Studies and Monographs 77. Berlin: Mouton de Gruyter.

Adelaar, K.A. 1995. Borneo as a cross-roads for comparative Austronesian linguistics. In P Bellwood et al. eds, *The Austronesians,* pp. 75–95. Canberra: ANU Press.

Aldridge, E. 2014. Ergativity from subjunctive in Austronesian languages. Paper presented at the 14th International Symposium on Chinese Languages and Linguistics, Academia Sinica, Taipei, June 4–6, 2014.

Anceaux, J.1965. Linguistic theories about the Austronesian homeland. *Bijdragen tot de Taal, Land, en Volkenkunde* 121: 417–432.

Arnold, G. 1958. Nomadic Penan of the Upper Rejang (Plieran), Sarawak. *Journal of Malaysian Branch Royal Asiatic Society* 31(1): 40–82.

Beaglehole, J.C. ed. 1955. *The Voyage of the Endeavour, 1768–1771.* Cambridge: Hakluyt Society.

Bellwood, P. 1984–1985. A hypothesis for Austronesian origins. *Asian Perspectives* 26: 107–117.

Bellwood, P. 1985. *Prehistory of the Indo-Malaysian Archipelago.* First edition. Sydney: Academic.

Bellwood, P. 1991. The Austronesian dispersal and the origin of languages. *Scientific American* 265(1): 88–93.

Bellwood, P. 1994. An archaeologist's view of language macrofamily relationships. *Oceanic Linguistics* 33: 391–406.

Bellwood, P. 1995. Austronesian prehistory in Southeast Asia: homeland, expansion and transformation. In P. Bellwood et al. eds, *The Austronesians: Historical and Comparative Perspectives,* pp. 96–111. Canberra: ANU Press.

Bellwood, P. 2000. *Prasejarah Kepulauan Indo-Malaysia.* Jakarta: Gramedia.

Bellwood, P. 2001a. Archaeology and the historical determinants of punctuation in language family origins. In A. Aikhenvald and R. Dixon, eds, *Areal Diffusion and Genetic Inheritance: Problems in Comparative Linguistics,* pp. 27–43. Oxford: Oxford University Press.

Bellwood, P. 2001b. Early agriculturalist population diasporas? Farming, languages and genes. *Annual Review of Anthropology* 30: 181–207.

Bellwood, P. 2005. *First Farmers.* Oxford: Blackwell.

Bellwood, P. 2007. *Prehistory of the Indo-Malaysian Archipelago.* Third edition. Canberra: ANU Press.

Bellwood, P. 2008. Archaeology and the origins of language families. In A. Bentley et al, eds, *Handbook of Archaeological Theories,* pp. 225–243. Lanham: Altamira.

Bellwood, P. 2009. The dispersals of established food-producing populations. *Current Anthropology* 50: 621–626, 707–708.

Bellwood, P. 2010. Language families and the history of human migration. In J. Bowden et al. eds, *A Journey through Austronesian and Papuan Linguistic and Cultural Space: Papers in Honour of Andrew K. Pawley,* pp. 79–93. Canberra: Pacific Linguistics.

Bellwood, P. 2013. *First Migrants.* Chichester: Wiley-Blackwell.

Bellwood, P. 2015. Human migrations and the histories of major language families. In P. Bellwood, ed., *The Global Prehistory of Human Migration,* pp. 87–95. Chichester: Wiley-Blackwell.

Bellwood, P. Chambers, G. et al. 2011. Are "cultures" inherited? Multidisciplinary perspectives on the origins and migrations of Austronesian-speaking peoples prior to 1000 BCE. In B. Roberts and M. Van der Linden, eds, *Investigating Archaeological Cultures: Material Culture, Variability and Transmission,* pp. 321–354. Dordrecht: Springer.

Bellwood, P. and Renfrew, C. eds. 2002. *Examining the Farming/Language Dispersal Hypothesis.* Cambridge: McDonald Institute for Archaeological Research.

Benedict, P. 1975. *Austro-Thai Language and Culture.* New Haven: HRAF Press.

Beyer, H.O. 1948. Philippines and east Asian archaeology and its relation to the origin of the Pacific Islands population. *Bulletin of the National Research Council of the Philippines* 39.

Blench, R. 2012. Almost everything you believed about the Austronesians isn't true. In M. Tjoa-Bonatz et al. eds, *Crossing Borders,* pp. 122–142. Singapore: NUS Press.

Blust, R. 1976. Austronesian culture history: some linguistic inferences and their relations to the archaeological record. *World Archaeology* 8: 19–43.

Blust, R. 1977. The Proto-Austronesian pronouns and Austronesian subgrouping: a preliminary report. *Working Papers in Linguistics* 9(2): 1–15. Honolulu: Department of Linguistics, University of Hawai'i.

Blust, R. 1982. The linguistic value of the Wallace Line. *Bijdragen tot de taal-, land- en volkenkundeI* 138: 231–250.

Blust, R. 1983–1984. More on the position of the languages of eastern Indonesia. *Oceanic Linguistics* 22/23: 1–28.

Blust, R. 1984–1985. The Austronesian homeland: a linguistic perspective. *Asian Perspectives* 26: 45–68.

Blust, R. 1991. The Greater Central Philippines hypothesis. *Oceanic Linguistics* 30: 73–129.

Blust, R. 1993. Central and Central-Eastern Malayo-Polynesian. *Oceanic Linguistics* 32: 241–293.

Blust, R. 1994. The Austronesian settlement of mainland Southeast Asia. In K. Adams and T. Hudak, eds, *Papers from the Second Annual Meeting of the Southeast Asian Linguistics Society,* pp. 25–83. Tempe: Program for Southeast Asian Studies, Arizona State University.

Blust, R. 1995. The prehistory of the Austronesian-speaking peoples: a view from language. *Journal of World Prehistory* 9: 453–510.

Blust, R. 1999. Subgrouping, circularity and extinction: some issues in Austronesian comparative linguistics. In E. Zeitoun and Paul Jen-kuei Li, eds, *Selected Papers from the Eighth International Conference on Austronesian Linguistics,* pp. 31–94. Symposium Series of the Institute of Linguistics (Preparatory Office), Academia Sinica, No. 1. Taipei: Academia Sinica.

Blust, R. 2000a. Why lexicostatistics doesn't work. In C. Renfrew et al. eds, *Time Depth in Historical Linguistics,* pp. 311–332. Cambridge: McDonald Institute for Archaeological Research.

Blust, R. 2000b. Chamorro historical phonology. *Oceanic Linguistics* 39: 83–122.

Blust, R. 2005. The linguistic macrohistory of the Philippines: some speculations. In Hsiu-chuan Liao and Carl R. Galvez Rubino, eds, *Current Issues in Philippine Linguistics and Anthropology Parangal Kay Lawrence A. Reid*, pp. 31–68. Manila: The Linguistic Society of the Philippines and SIL Philippines.

Blust, R. 2007. The linguistic position of Sama-Bajaw. *Studies in Philippine Languages and Cultures* 15: 73–114.

Blust, R. 2009. The position of the languages of eastern Indonesia: a reply to Donohue and Grimes. *Oceanic Linguistics* 48: 36–77.

Blust, R. 2010. The Greater North Borneo hypothesis. *Oceanic Linguistics* 49: 44–118.

Blust, R. 2012. The marsupials strike back: a reply to Schapper (2011). *Oceanic Linguistics* 51: 261–277.

Blust, R. 2013a. *The Austronesian Languages*. Second edition. Asia-Pacific Open Access Monographs. Canberra: Asia-Pacific Linguistics.

Blust, R. 2013b. Formosan evidence for an early Austronesian knowledge of iron. *Oceanic Linguistics* 52: 255–264.

Blust, R. 2014. Some recent proposals concerning the classification of the Austronesian Languages. *Oceanic Linguistics* 53: 300–391.

Blust, R. and Trussell, S. 2014. *Austronesian Comparative Dictionary.* Honolulu: Department of Linguistics, University of Hawai'i. http: //www.trussel2.com/ACD/.

Buckley, C. 2012. Investigating cultural evolution using phylogenetic analysis: the origins and descent of the Southeast Asian tradition of warp ikat weaving. *PloS ONE* 7(12): e0052064.

Carson, M. 2014. *First Settlement of Remote Oceania: Earliest Sites in the Mariana Islands.* Berlin: Springer.

Dahl, O.C. 1951. *Malgache et Maanjan: une comparaison linguistique.* Studies of the Egede Institute, no. 3. Oslo: Egede-Instituttet.

Diamond, J. 1992. *The Third Chimpanzee: The Evolution and Future of the Human Animal.* New York: Harper Collins.

Diamond, J. and Bellwood, P. 2003. Farmers and their languages: the first expansions. *Science* 300: 597–603.

Dipa, A. 2014. Archaeologists slam excavation of Gunung Padang site. *Jakarta Post,* September 24.

Donohue, M. 2007. The Papuan language of Tambora. *Oceanic Linguistics* 46: 520–537.

Donohue, M. and Denham, T. 2010. Farming and language in Island Southeast Asia; reframing Austronesian history. *Current Anthropology* 51: 223–256.

Donohue, M. and Grimes, C. 2008. Yet more on the position of the languages of eastern Indonesia and East Timor. *Oceanic Linguistics* 47: 114–158.

Duff, R. 1970. *Stone Adzes of Southeast Asia.* Christchurch: Canterbury Museum Bulletin no. 3.

Dyen, I. 1965. *A Lexicostatistical Classification of the Austronesian Languages.* International Journal of American Linguistics Memoir 19.

Gray, R., Drummond, A. and Greenhill, S. 2009. Language phylogenies reveal expansion pulses and pauses in Pacific settlement. *Science* 323: 479–483.

Gray, R. and Jordan, F. 2000. Language trees support the express-train sequence of Austronesian expansion. *Nature* 405: 1052–1055.

Greenhill, S. and Gray, R. 2009. Austronesian language phylogenies: myths and misconceptions about Bayesian computational methods. In A. Adelaar and A. Pawley, eds, *Austronesian Historical Linguistics and Culture History,* pp. 375–398. Canberra: Pacific Linguistics.

Ho, Dah-an. 1998. Genetic relationships among the Formosan languages (in Chinese). *Chinese Studies* 16(2): 141–171.

Hudson, A.B. 1967. *The Barito Isolects of Borneo: A Classification Based on Comparative Reconstruction and Lexicostatistics.* Data Paper no. 68, Southeast Asia Program, Department of Asian Studies, Cornell University. Ithaca: Cornell University.

Hung, H.C., Carson, M.T. et al. 2011. The first settlement of remote Oceania: the Philippines to the Marianas. *Antiquity* 85: 909–926.

Hunley, K., Dunn, M. et al. 2008. Genetic and linguistic coevolution in northern

Island Melanesia. *PLoS Genetics* 4(10): e1000239.

Jacob, T. 2004. Asal usul Orang Austronesia. In *Polemik tentangMasyarakat Austronesia Fakta atau Fiksi. Prosiding Kongres Ilmu Pengetahun 2003,* pp. 33–41. Jakarta: Lembaga Ilmu Pengetahuan Indonesia.

Koentjaraningrat 1997. *Manusia dan Kebudayaan di Indonesia.* Jakarta: Jambatan.

Kusuma, P. Cox, M. et al. 2015. Mitochondrial DNA and the Y chromosome suggest the settlement of Madagascar by Indonesian sea nomad populations. *BMC Genomics* (2015) 16: 191.

Larish, M.D. 1999. *The Position of Moken and Moklen within the Austronesian Language Family.* PhD dissertation. Honolulu: Department of Linguistics, University of Hawai'i.

LIPI. 2004. *Polemik tentang masyarakat Austronesia fakta atau fiksi. Prosiding Kongres Ilmu Pengetahun 2003.* Jakarta: Lembaga Ilmu Pengetahuan Indonesia.

Masinambouw, E.K.M. 2004. Masyarakat Austronesia: Fakta atau Fiksi. In *Polemik tentang Masyarakat Austronesia Fakta atau Fiksi. Prosiding Kongres Ilmu Pengetahun 2003,* pp. 1–10. Jakarta: Lembaga Ilmu Pengetahuan Indonesia.

Meacham, W. 1984–1985. On the improbability of Austronesian origins in South China. *Asian Perspectives* 26: 89–106.

Mead, D. 2003. Evidence for a Celebic supergroup. In John Lynch, ed., *Issues in Austronesian Historical Phonology,* pp. 115–141. Canberra: Pacific Linguistics (PL 550).

Mills, R. 1975. *Proto South Sulawesi and Proto Austronesian Phonology.* 2 vols. PhD dissertation, Department of Linguistics, The University of Michigan. Ann Arbor: University Microfilms International.

Murdock, G.P. 1964. Genetic classification of the Austronesian languages: a key to Oceanic history. *Ethnology* 3: 117–126.

Natawidjaja, D.H. 2013. *Plato tidak Bohong.* Jakarta: Ufuk Press.

Nothofer, B. 1981. *Dialektatlas von Zentral-Java.* Wiesbaden: Otto Harrassowitz.

Oppenheimer, S. 1998. *Eden in the East.* London: Weidenfield and Nicholson.

Ostapirat, W. 2005. Kra-dai and Austronesians. In L. Sagart et al. eds, *The*

Peopling of East Asia: Putting Together Archaeology, Linguistics and Genetics, pp. 107–131. London: RoutledgeCurzon.

Ostler, N. 2005. *Empires of the Word.* London: Harper Perennial.

Pawley, A. 1981. Melanesian diversity and Polynesian homogeneity: a unified explanation for language. In K. Hollyman and A.K. Pawley, eds, *Studies in Pacific Languages and Cultures,* pp. 269–309. Auckland: Linguistic Society of New Zealand.

Pawley, A. 2002. The Austronesian dispersal: languages, technologies and people. In P. Bellwood and C. Renfrew, eds, *Examining the Farming/Language Dispersal Hypothesis,* pp. 251–274. Cambridge: McDonald Institute for Archaeological Research.

Pawley, A. and Pawley M. 1994. Early Austronesian terms for canoe parts and seafaring. In A.K. Pawley and M. Ross, eds, *Austronesian Terminologies, Continuity and Change,* pp. 329–362. Canberra: Pacific Linguistics Series C-127.

Perry, G., Wheeler, A. et al. 2014. A high-precision chronology for the rapid extinction of New Zealand moa. *Quaternary Science Reviews* 105: 126–135.

Rainbird, P. 2004. *The Archaeology of Micronesia.* Cambridge: Cambridge University Press.

Reid, L.A. 1982. The demise of Proto-Philippines. In A. Halim et al. eds, *Papers from the Third International Conference on Austronesian Linguistics,* vol. 2, pp. 201–216. Canberra: Pacific Linguistics (PL C75).

Reid, L. 1994a. Possible non-Austronesian lexical elements in Philippine Negrito languages. *Oceanic Linguistics* 33: 37–72.

Reid, L. 1994b. Morphological evidence for Austric. *Oceanic Linguistics* 33: 323–344.

Reid, L. 1994c. Unravelling the linguistic histories of Philippine Negritos. In T. Dutton and D. Tryon, eds, *Language Contact and Change in the Austronesian World,* pp. 443–476. Berlin: Mouton de Gruyter.

Reid, L. 2005. The current status of Austric. In L. Sagart et al. eds, *The Peopling of East Asia: Putting Together Archaeology, Linguistics and Genetics,* pp. 132–160.

London: RoutledgeCurzon.

Reid, L. 2013. Who are the Philippine Negritos? Evidence from language. *Human Biology* 85: 329–358.

Ross, M. 1996. On the origin of the term "Malayo-Polynesian." *Oceanic Linguistics* 35(1): 143–145.

Ross, M. 2001. Contact-induced change in Oceanic languages in north-west Melanesia. In A. Aikhenvald and R. Dixon, eds, *Areal Diffusion and Genetic Inheritance,* pp. 134–166. Oxford: Oxford University Press.

Ross, M. 2005. The Batanic languages in relation to the early history of the Malayo-Polynesian subgroup of Austronesian. *Journal of Austronesian Studies* 1(2): 1–24.

Ross, M. 2008. The integrity of the Austronesian language family: from Taiwan to Oceania. In A. Sanchez-Mazas et al. eds, *Past Human Migrations in East Asia: Matching Archaeology, Linguistics and Genetics,* pp. 161–181. London: RoutledgeCurzon.

Ross, M. 2009. Proto Austronesian verbal morphology: a reappraisal. In Alexander Adelaar and Andrew Pawley, eds, *Austronesian Historical Linguistics and Culture History: A Festschrift for Robert Blust,* pp. 295–326. Canberra: Pacific Linguistics (PL 601).

Ross, M. 2012. In defense of Nuclear Austronesian (and against Tsouic). *Language and Linguistics* 13(6): 1253–1330.

Sagart, L. 1994. Proto-Austronesian and Old Chinese evidence for Sino-Austronesian. *Oceanic Linguistics* 33: 271–308.

Sagart, L. 2003. The vocabulary of cereal cultivation and the phylogeny of East Asian languages. *Bulletin of the Indo-Pacific Prehistory Association* 23: 127–136.

Sagart, L. 2004. The higher phylogeny of Austronesian and the position of Tai-Kadai. *Oceanic Linguistics* 43: 411–444.

Sagart, L. 2008. The expansion of Setaria farmers in East Asia: a linguistic and archaeological model. In A. Sanchez-Mazas et al. eds, *Past Human Migrations in East Asia: Matching Archaeology, Linguistics and Genetics,* pp. 133–157. London: RoutledgeCurzon.

Samantho. 2011. *Atlantis di Indonesia*. Jakarta: Ufuk Press.

Santos, A. 2005. *Atlantis: The Lost Continent Finally Found*. Atlantis Publications.

Schapper, A. 2011. Phalanger facts: notes on Blust's marsupial reconstructions. *Oceanic Linguistics* 50: 259–272.

Smith, A. n.d. The Western Malayo-Polynesian Problem. MS, 48pp.

Soejono, R.P. 1984. *Sejarah Nasional Indonesia, Jilid I: Prasejarah*. Jakarta: Balai Pustaka.

Soekmono. 1972. *Sejarah Kebudayaan Indonesia, Jilid I*. Yogyakarta: Penerbit Kanisius.

Solheim, W. 1984–1985. The Nusantao hypothesis. *Asian Perspectives* 26: 77–88.

Tanudirjo, D.A. 2001. Islands in Between: The Prehistory of the Northeastern Indonesian Archipelago. Unpublished PhD thesis, Australian National University.

Tanudirjo, D.A. 2004. The structure of Austronesian migration into Island Southeast Asia and Oceania. In V. Paz, ed., *Southeast Asian Archaeology, Wilhelm G. Solheim II Festschrift*, pp. 83–103. Quezon City: University of the Philippines Press.

Tanudirjo, D.A. 2005. The dispersal of Austronesian-speaking people and the ethnogenesis of Indonesian people. In T. Simanjuntak et al. eds, *Austronesian Diaspora and the Ethnogeneses of People in Indonesian Archipelago*, pp. 83–98. Jakarta: LIPI Press.

Tanudirjo, D.A. 2012. Piramida, Atlantis, dan jati diri bangsa. *Kompas,* Friday, February 10, 2012, p. 7.

Tempo (weekly magazine). 2012. Berburu emas di Gunung Padang. *Tempo,* vol. 26.

Terrell, J.E. 1981. Linguistics and the peopling of the Pacific Islands. *Journal of the Polynesian Society* 90: 225–258 .

Terrell, J. 1988. History as a family tree, history as an entangled bank. *Antiquity* 62: 642–657.

Thurgood, G. 1999. *From Ancient Cham to Modern Dialects: Two Thousand Years of Language Contact and Change*. Oceanic Linguistics Special Publication 28. Honolulu: University of Hawai'i Press.

Tryon, D. 1995. Proto-Austronesian and the major Austronesian subgroups. In P. Bellwood et al. eds, *The Austronesians,* pp. 7–38. Canberra: ANU Press.

Van der Veen, H. 1915. *De Noord-Halmahera'se Taalgroep Tegenover de Austronesiese Talen.* Leiden: Van Nifterik.

Von Heine-Geldern, R. 1932. Urheimat und früheste Wanderungen der Austronesier. *Anthropos* 27: 543–619.

Von Heine-Geldern, R. 1945. Prehistoric research in the Netherlands Indies. In P. Honig and F. Verdoorn, eds, *Science and Scientists in the Netherlands Indies,* pp. 129–167. New York: Board for the Netherlands Indies, Surinam and Curaçao.

Wolff, J. 2010. *Proto-Austronesian Phonology with Glossary.* 2 vols. Ithaca: Cornell Southeast Asia Program Publications.

Zeitoun, E. and Teng, S. 2014. The position of Kanakanavu and Saaroa within the Formosan languages revisited. Paper presented at the 14th International Symposium on Chinese Languages and Linguistics, Academia Sinica, Taipei, June 4–6, 2014.

Zorc, R. 1986. The genetic relationships of Philippine languages. In P. Geraghty et al. eds, *FOCurrent AnthropologyL* I, II: *Papers from the Fourth International Conference on Austronesian Linguistics,* vol. 2, pp. 147–173. Canberra: Pacific Linguistics (PL C94).

Zorc, R. 1994. Austronesian culture history through reconstructed vocabulary (an overview). In A. Pawley and M. Ross, eds, *Austronesian Terminologies: Continuity and Change,* pp. 541–595. Canberra: Pacific Linguistics, C127.

第七章

Allaby, R., Fuller, D. and Brown, T. 2008. The genetic expectations of a protracted model for the origins of domesticated crops. *Proceedings of the National Academy of Sciences* 105: 13982–13986.

Anggraeni. 2016. The development of Neolithic-Palaeometallic pottery with special reference to the Karama Valley. Presentation at conference on The Archaeology of Sulawesi — An Update, Makassar, January 2016.

Aoyagi, Y., Aguilera, M. et al. 1993. Excavation of hill top site, Magapit shell midden. *Man and Culture in Oceania* 9: 127–156.

Barker, G. ed. 2013. *Rainforest Foraging and Farming in Island Southeast Asia.* 2 vols. Cambridge: McDonald Institute for Archaeology.

Barker, G. and Janowski, M. eds. 2011. *Why Cultivate?* Cambridge: McDonald Institute for Archaeology.

Bellwood, P. 1985. *Prehistory of the Indo-Malaysian Archipelago.* First edition. Sydney: Academic.

Bellwood, P. 1988. *Archaeological Research in South-Eastern Sabah.* Kota Kinabalu: Sabah Museum Monograph 2.

Bellwood, P. 1997. *Prehistory of the Indo-Malaysian Archipelago.* Second edition. Honolulu: University of Hawai'i Press.

Bellwood, P. 2005. *First Farmers: The Origins of Agricultural Societies.* Oxford: Blackwell.

Bellwood, P. 2007. *Prehistory of the Indo-Malaysian Archipelago.* Third edition. Canberra: ANU Press.

Bellwood, P. 2009. The dispersals of established food-producing populations. *Current Anthropology* 50: 621–626.

Bellwood, P. 2011a. Holocene population history in the Pacific region as a model for world-wide food producer dispersals. *Current Anthropology* 52(S4): 363–378.

Bellwood, P. 2011b. The checkered prehistory of rice movement southwards as a domesticated cereal — from the Yangzi to the Equator. *Rice* 4: 93–103.

Bellwood, P. 2013. *First Migrants.* Chichester: Wiley-Blackwell.

Bellwood, P. ed. 2015. *The Global Prehistory of Human Migration.* Boston: Wiley-Blackwell.

Bellwood, P. in press a.The expansion of farmers into Island Southeast Asia. In C. Higham and N. Kim, eds, *The Oxford Handbook of Southeast Asian Archaeology.* New York: Oxford University Press.

Bellwood, P. in press b. *Taiwan and the prehistory of the Austronesian-speaking peoples.* In L-w. Hung et al. eds, *Proceedings of the International Conference on the Formosan Indigenous Peoples 2014.* Taipei: Nantian (SMC Publishing).

Bellwood, P., Chambers, G. et al. 2011. Are "cultures" inherited? Multidisciplinary perspectives on the origins and migrations of Austronesian-speaking peoples prior to 1000 BCE. In B. Roberts and M. van der Linden, eds, *Investigating Archaeological Cultures: Material Culture, Variability and Transmission,* pp. 321–354. Dordrecht: Springer.

Bellwood, P. and Dizon, E. 2005. The Batanes Archaeological Project and the Out of Taiwan hypothesis for Austronesian dispersal. *Journal of Austronesian Studies* 1(1): 1–33.

Bellwood, P. and Dizon, E. 2008. Austronesian cultural origins: Out of Taiwan, via Batanes Islands, and onwards to Western Polynesia. In A. Sanchez-Mazas et al. eds, *Past Human Migrations in East Asia,* pp. 23–39. Oxford and New York: Routledge Curzon.

Bellwood, P. and Dizon, E. 2013. *4000 Years of Migration and Cultural Exchange.* Terra Australis 40. Canberra: ANU Press.

Bellwood, P. and Hiscock, P. 2013. Australia and the Pacific Basin during the Holocene. In C. Scarre, ed., *The Human Past,* third edition, pp. 264–305. London: Thames and Hudson.

Bellwood, P. and Oxenham, M. 2008. The expansions of farming societies and the role of the Neolithic Demographic Transition. In J.-P. Bocquet-Appel and O. Bar-Yosef, eds, *The Neolithic Demographic Transition and its Consequences,* pp. 13–34. Dordrecht: Springer.

Bellwood, P., Stevenson, J. et al. 2008. Where are the Neolithic landscapes of Ilocos Norte? *Hukay* 13: 25–38. Manila.

Beyer, H.O. 1948. *Philippine and East Asian Archaeology.* Manila: National Research Council of the Philippines Bulletin 29.

Biraben, J-N. 2003. L'evolution du nombre des hommes. *Population et Sociétés* 394: 1–4.

Campos, F. and Piper, P. 2009. A preliminary analysis of the animal bones recorded from the OLP II site 2006, southern Taiwan. In C.W. Cheng, *Cultural Change and*

Regional Relationships of Prehistoric Taiwan: A Case Study of Oluanpi II Site: Appendix B. Unpublished PhD dissertation, National Taiwan University.

Carson, M. 2011. Palaeohabitat of first settlement sites 1500–1000 BCE in Guam, Mariana Islands. *Journal of Archaeological Science* 38: 2207–2221.

Carson, M. 2014. Palaeoterrain research: finding the first settlement sites of Remote Oceania. *Geoarchaeology* 29: 268–275.

Carson, M., Hung, H-c. et al. 2013. The pottery trail from Southeast Asia to Remote Oceania. *Journal of Coastal and Island Archaeology* 8: 17–36.

Cavalli-Sforza, L.L. 2002. Demic diffusion as the basic process of human expansions. In P. Bellwood and C. Renfrew, eds, *Examining the Farming/Language Dispersal Hypothesis,* pp. 79–88. Cambridge: McDonald Institute for Archaeology.

Chang, C., Liu, H. et al. 2015. A holistic picture of Austronesian migrations revealed by phylogeography of Pacific paper mulberry. *Proceedings of the National Academy of Sciences* 112: 13537–13542.

Chang, K.C. 1969. *Fengpitou, Tapenkeng and the Prehistory of Taiwan.* New Haven: Yale University Publications in Anthropology 73.

Chang, K.C. 1981. The affluent foragers in the coastal areas of China. *Senri Ethnological Studies* 9: 177–186.

Chekiang Province and Chiekiang Provincial Museum. 1978. Excavations (first season) in YuYao County, Chekiang Province. *K'ao Ku Hsüeh Pao (Kaogu Xuebao),* 1978, 1: 94, 106–107 (English sections).

Chen, C-l. 1987. *People and Culture.* Taipei: Southern Materials Center.

Chen, C-y. and Chiu H-l. 2013. *The Excavation of the Daowei Sites on Liangdao Island of Mazu, and the Reconstruction Plan for "Liangdao Man."* Lienjiang: Lienjiang County Government (in Chinese).

Chen, W-s., Sung, S-h. et al. 2004. Shoreline changes in the coastal plain of Taiwan since the Last Glacial Epoch. *Chinese Journal of Archaeological Science* 94: 40–55 (in Chinese).

Chu, C-y. 2012. Final Report of Contracted Archaeological Excavation for the Dalongdong Site. Report prepared by Tree Valley Cultural Foundation for the

Bureau of Cultural Affairs, Taipei City Government (unpublished, in Chinese).

Cohen, D. 2014. The Neolithic of Southern China. In C. Renfrew and P. Bahn, eds, *The Cambridge World Prehistory,* pp. 765–781. Cambridge: Cambridge University Press.

Crawford, G. 2011. Early rice exploitation in the lower Yangzi Valley. *The Holocene* 22: 613–621.

Deng, Z., Hung, H., et al. in press. The first discovery of Neolithic rice remains in eastern Taiwan: phytolith evidence from the Chaolaiqiao site. *Archaeological and Anthropological Sciences.*

Deng, Z., Qin, L. et al. 2015. From early domesticated rice of the Middle Yangtze basin to millet, rice and wheat agriculture. *PloS ONE* 10(10): e0139885.

Denham, T. 2011. Early agriculture and plant domestication in New Guinea and Island Southeast Asia. *Current Anthropology* 52, S4: S379–S395.

Denham, T. 2013. Early farming in Island Southeast Asia: an alternative hypothesis. *Antiquity* 87: 250–257.

Dewar, R. 2003. Rainfall variability and subsistence systems in Southeast Asia and the western Pacific. *Current Anthropology* 44: 369–388.

Diamond, J. 1988. Express train to Polynesia. *Nature* 336: 307–308.

Diamond, J. 1997. *Guns, Germs and Steel.* London: Jonathan Cape.

Duff, R. 1970. *Stone Adzes of Southeast Asia.* Christchurch: Canterbury Museum Bulletin 3.

Egli, H. 1972. Neusteinzeitliche Typenkreise an der Ostküste von Taiwan. *Anthropos* 67: 229–267.

Fan, X-c. 2013. New progress on Paleolithic archaeology research in Fujian Province. In K.T. Chen and C-h. Tsang, eds, *New Lights on East Asian Archaeology,* pp. 355–377. Taipei: Academia Sinica (in Chinese).

Fox, R. 1970. *The Tabon Caves.* Manila: National Museum Monograph 1.

Fujian Museum 1984. The second season excavation at Sitou, Minhou. *Kaogu Xiebao (Acta Archaeologica Sinica)* 4: 459–502 (in Chinese).

Fujian Museum. 2004. *The Eighth Season Excavation at Tanshishan, Minhou.*

Beijing: Science (in Chinese).

Fuller, D. 2007. Contrasting patterns in crop domestication and domestication rates. *Annals of Botany* 100: 903–924.

Fuller, D. and Qin, L. 2009. Water management and labour in the origins and dispersal of Asian rice. *World Archaeology* 41: 88–111.

Fuller, D., Qin, L. et al. 2009. The domestication process and domestication rate in rice. *Science* 323: 1607–1610.

Fuller, D., Sato, Y-I. et al. 2010. Consilience of genetics and archaeobotany in the entangled history of rice. *Archaeological and Anthropological Sciences* 2: 115–131.

Gallagher, E., Shennan, S. and Thomas, M. 2015. Transition to farming more likely for small, conservative groups with property rights. *Proceedings of the National Academy of Sciences* 112: 14218–14223.

Gray, R., Drummond, A. and Greenhill, S. 2009. Language phylogenies reveal expansion pulses and pauses in Pacific settlement. *Science* 323: 479–483.

Hayden, B. 2011. Rice: the first Asian luxury food? In G. Barker and M. Janowski, eds, *Why Cultivate?*, pp. 75–94. Cambridge: McDonald Institute for Archaeology.

Hemudu. 2003. *Hemudu: A Neolithic Site and Its Archaeological Excavations.* Beijing: Cultural Relics Publishing House (2 vols in Chinese with abstracts in English and Japanese).

Hsieh, J., Hsing, Y. et al. 2011. Studies on ancient rice. *Rice* 4: 178–183.

Hung, H-c. 2004. A sourcing study of Taiwan stone adzes. *Bulletin of the Indo-Pacific Prehistory Association* 24: 57–70.

Hung, H-c. 2005. Neolithic interaction between Taiwan and northern Luzon: the pottery and jade evidences from the Cagayan Valley. *Journal of Austronesian Studies* 1(1): 109–134.

Hung, H-c. 2008. Migration and Cultural Interaction in Southern Coastal China, Taiwan and the Northern Philippines, 3000 BCE to CE 1. Unpublished PhD thesis, Australian National University.

Hung, H-c. and Carson, M. 2014. Foragers, fishers and farmers: origins of the

Taiwanese Neolithic. *Antiquity* 88: 1115–1131.

Hung, H-c., Carson, M. et al. 2011. The first settlement of remote Oceania: the Philippines to the Marianas. *Antiquity* 85: 909–926.

Hung, H-c., Iizuka Y. et al. 2007. Ancient jades map 3000 years of prehistoric exchange in Southeast Asia. *Proceeding of National Academy of Sciences of the United States* 104(50): 19745–1950.

Hutterer, K. 1976. An evolutionary approach to the Southeast Asian cultural sequence. *Current Anthropology* 17: 221–242.

Jiao, T. 2007a. *The Neolithic of Southeast China.* Youngstown: Cambria Press.

Jiao, T. ed. 2007b. *Lost Maritime Cultures.* Honolulu: Bishop Museum Press.

Jiao, T. 2016. Toward an alternative perspective on the foraging and low-level food production on the coast of China. *Quaternary International* 419: 54–61.

Jiao, T. and Rolett, B. 2006. Typological analysis of stone adzes from Neolithic sites in southeast China. In *Prehistoric Archaeology of South China and Southeast Asia,* pp. 298–323. Beijing: Cultural Relics Publishing House.

Kano, T. 1946. *Studies in the Ethnology and Prehistory of Southeast Asia,* vol. 1. Tokyo: Yajima Shobo Press (in Japanese).

Ko, A., Chen, C. et al. 2014. Early Austronesians: into and out of Taiwan. *American Journal of Human Genetics* 94: 426–436.

Koomoto, M. 1983 General survey in Batan Island. In *Batan Island and Northern Luzon,* pp. 17–68. Kumamoto: University of Kumamoto.

Kuo, S-q. 2008. New cultural traits and origins of Xuntanpu Culture in northern Taiwan. The 6th IHP lecture of 2008, Institute of History and Philology, Academia Sinica, Taipei (unpublished, in Chinese).

Latinis, K. 2000. The development of subsistence models for Island Southeast Asia and Near Oceania. *World Archaeology* 32: 41–67.

Lebot, V. 1999. Biomolecular evidence for plant domestication in Sahul. *Genetic Resources and Crop Evolution* 46: 619–628.

Li, A. and Sun, G. (ed. and author). 2009. *Tianluoshan Site: A New Window of Hemudu Culture.* Hangzhou: Xiling Yinshe Press (in Chinese and English).

Li, K-c. 1983. *Report of Archaeological Investigations in the O-luan-pi Park at the Southern Tip of Taiwan.* Taipei: Department of Anthropology, National Taiwan University (in Chinese).

Li, K-c. 1985. *Report of Archaeological Investigations in Kenting National Park at the Southern tip of Taiwan.* Taipei: National Taiwan University (in Chinese).

Li, K-t. 1997. Change and Stability in the Dietary System of a Prehistoric Coastal Population in Southern Taiwan. Unpublished PhD thesis, Arizona State University.

Li, K-t. 2002 Prehistoric marine fishing adaptation in southern Taiwan. *Journal of East Asian Archaeology* 3(1–2): 47–74.

Li, K-t. 2013. First farmers and their coastal adaptations in prehistoric Taiwan. In A. Underhill, ed., *A Companion to Chinese Archaeology,* pp. 612–633. Hoboken: John Wiley.

Li, P.J-k. 2001. The dispersal of the Formosan Aborigines, Taiwan. *Language and Linguistics* 2(1): 271–278 (in Chinese).

Li, T-j. 2003. Red cord-marked pottery in Taiwan. In *Recent Studies of Prehistory and Ethnology in Taiwan — A Special Conference in Honor of Professor Wen-Hsun Sung's Eightieth Birthday.* Taipei: National Taiwan University (in Chinese).

Li, X., Dodson, J. et al. 2009. Increases of population and expansion of rice agriculture in Asia, and anthropogenic methane emissions since 5000 BP. *Quaternary International* 202: 41–50.

Lien Chaomei. 1989. The interrelationship of Taiwan's prehistoric archaeology and ethnography. In K. Li et al. eds, *Anthropological Studies of the Taiwan Area,* pp. 173–192. Taipei: Department of Anthropology, National Taiwan University.

Lien Chaomei. 1991. The Neolithic archaeology of Taiwan and the Peinan excavations. *Bulletin of the Indo-Pacific Prehistory Association* 11: 339–352.

Lien Chaomei. 1993. Pei-nan: a Neolithic village. In G. Burenhult, ed., *People of the Stone Age,* pp. 132–133. San Francisco: Harper.

Liew, P, Pirazzoli, P. et al. 1993. Holocene tectonic uplift deduced from elevated shorelines, eastern coastal range of Taiwan. *Tectonophysics* 222: 55–68.

Ling, C-s. 1963. *Bark-cloth, Impressed Pottery, and the Inventions of Paper and*

Printing. Institute of Ethnology, Academia Sinica, Taipei, Monograph no. 3 (in Chinese).

Liu, L. and Chen, X. 2012. *The Archaeology of China.* Cambridge: Cambridge University Press.

Liu, L., Lee, G. et al. 2007. Evidence for the early beginning (c.9000 cal. BP) of rice domestication in China: a response. *The Holocene* 17: 1059–1068.

Liu, Y-c. 2002. *The History of Formosan Aborigines — Prehistory.* Nantou: Taiwan Historica (in Chinese).

Liu, Y-c. 2007. The earliest Austronesians and their movements inside Taiwan. In S. Chiu and C. Sand, eds, *From Southeast Asia to the Pacific*, pp. 49–74. Taipei: Center for Archaeological Studies, Academia Sinica.

Liu, Y-c., Chung, Y-x. and Yen, Y-y. 2008. Final report of contract archaeological excavation and data analysis for Xuntanpu site. Report submitted to New Asia (Xinya) Construction Company (unpublished, in Chinese).

Liu, Y. and Guo, S. 2005. The significance of the Fuguodun culture in coastal South China. In C.Y. Chen and J.G. Pan, eds, *The Archaeology of Southeast Coastal Islands of China Conference,* pp. 135–197. Mazu: Lianjiang County Government (in Chinese).

Liu, Y-c., Pan, C-w. et al. 2000. *Prehistoric Sites in Taidong — Eastern Side of the Coastal Mountain Range and Ludao Island.* Taipei: Academia Sinica (in Chinese).

Liu, Y-c., Qiu, M-y. and Fu, W-f. 1995. *A Study of Prehistoric Culture on Ludao Island.* Taipei: Academia Sinica (in Chinese).

Long, T. and Taylor, D. 2015. A revised chronology for the archaeology of the lower Yangtze, China. *Journal of Archaeological Science* 63: 115–121.

Lu, L-d., Zhao, Z-j. and Zheng, Z. 2005. The prehistoric and historic environments, vegetations and subsistence strategies at Sha Ha, Sai Kung. In Antiquities and Monuments Office, Leisure and Cultural Services Department of Hong Kong, ed., *The Ancient Culture of Hong Kong: Archaeological Discoveries in Sha Ha, Sai Kung,* pp. 57–64. Hong Kong: Antiquities and Monuments Office of Hong Kong (in Chinese).

Lu, P. 2010. Zooarchaeological Study on the Shell Middens in the Yong Valley of Guangxi. Unpublished PhD dissertation, Institute of Archaeology, Chinese Academy of Social Science, Beijing (in Chinese).

Lu, T. 2006. The occurrence of cereal cultivation in China. *Asian Perspectives* 45: 129–158.

Luo, Y-b. 2012. *The Domestication, Raising and Ritual Use of the Pig in Ancient China.* Beijing: Science (in Chinese).

Ma, T., Zheng, Z. et al. 2013. New evidence of rice agricultural activities in the Tanshishan Culture of Fujian. *Ling Nan Kao Gu Yen Jiu (Lingnan Archaeological Research)* 13 (in Chinese).

Mijares, A. 2006. The early Austronesian migration to Luzon. *Bulletin of the Indo-Pacific Prehistory Association* 26: 72–78.

Mijares, A. 2007. *Unearthing Prehistory.* Oxford: BAR International Series 1613.

Morseberg, A., Pagani, L. et al. 2016. Multi-layered population structure in Island Southeast Asians. *European Journal of Human Genetics* 24: 1605–1611.

Nakamura S. ed. 2013. *Integrated Studies on the Tianluoshan Site in Zhejiang Province.* Kanazawa University Press.

National Museum of Natural Science (Taiwan). 1990. Shell spoon. Digital archives, no. 0000003181. Taichung: National Museum of Natural Science (in Chinese).

Ogawa, H. 2002. Chronological study on the red-slipped pottery of Lal-lo shell middens. *Journal of Southeast Asian Archaeology* 22: 59–80.

Paz, V. 2005. Rock shelters, caves, and archaeobotany in Island Southeast Asia. *Asian Perspectives* 44: 107–118.

Pearson, R. 2013. *Ancient Ryukyu.* Honolulu: University of Hawai'i Press.

Peterson, W. 1974. Summary report of two archaeological sites from north-eastern Luzon. *Archaeaology and Physical Anthropology in Oceania* 9: 26–35.

Pietrusewsky, M., Lauer, A. et al. 2016. Patterns of health in Early Neolithic and Iron Age Taiwan. *Anthropological Science* (Japan) 124: 117–133.

Piper, P., Campos, F. et al. 2014. Early evidence for pig and dog husbandry from the site of An Son, Southern Vietnam. *International Journal of Osteoarchaeology* 24: 68–78.

Piper, P., Hung, H-c. et al. 2009. A 4000 year old introduction of domestic pigs into the Philippine Archipelago: implications for understanding routes of human migration through Island Southeast Asia and Wallacea. *Antiquity* 83: 687–695.

Qiao, Y. 2007. Complex societies in the Yiluo region: a GIS based population and agricultural area analysis. *Bulletin of the Indo-Pacific Prehistory Association* 27: 61–75.

Relics from the South. 2007. New discoveries from the south in 2006. *Nanfang Wenwu (Relics from the South)* 4: 29 (in Chinese).

Rispoli, F. 2007. The incised and impressed pottery of Mainland Southeast Asia: following the paths of Neolithization. *East and West* 57: 235–304.

Rolett, B., Zheng, Z. and Yue, Y. 2011. Holocene sea-level change and the emergence of Neolithic seafaring in the Fuzhou Basin. *Quaternary Science Reviews* 30: 788–797.

Ronquillo, W and Ogawa, H. 2000. Excavation of the Lal-Lo Shell Middens. Unpublished report for Ministry of Education, Science, Sports and Culture, Japan.

Ronquillo, W. and Ogawa, H. 2002. Archaeological Research on the Lower Cagayan River. Unpublished report for Ministry of Education, Science, Sports and Culture, Japan.

Ross, M. 2005. The Batanic languages in relation to the early history of the Malayo-Polynesian subgroup of Austronesian. *Journal of Austronesian Studies* 1(2): 1–24.

Sather, C. 1995. Sea nomads and rainforest hunter-gatherers. In P. Bellwood et al. eds, *The Austronesians*, pp. 229–268. Canberra: ANU Press.

Sauer, C. 1952. *Agricultural Origins and Dispersals.* New York: American Geographical Society.

Schapper, A. 2015. Wallacea, a linguistic area. *Archipel* 90: 99–151.

Silva, F., Stevens, C. et al. 2015. Modelling the geographical origin of rice using the Rice Archaeological Database. *PLoS ONE* 10(9): e0137024.

Smith, D., Harrison, S. et al. 2011. The early Holocene sea level rise. *Quaternary Science Reviews* 30: 1846–1860.

Snow, B., Shutler, R. et al. 1986. Evidence of early rice cultivation in the Philippines.

Philippine Quarterly of Culture and Society 14: 3–11.

Solheim, W. 1968. The Batungan cave sites, Masbate, Philippines. *Asian and Pacific Archaeology Series* 2: 21–62.

Solheim, W. 1984–1985. The Nusantao hypothesis. *Asian Perspectives* 26: 77–88.

Sung, W-h., Yin, C-c. et al. 1992. *Preliminary Evaluation of Major Prehistoric Sites.* Taipei: Ethnological Society of China (in Chinese).

Tang, C. 1997. The discovery of ancient bark cloth culture in Hong Kong and its significance. *Dong Nan Wen Hua (Southeast Culture)* 1: 30–33 (in Chinese).

Tang, C. 2003. Archaeological study on Tapa beaters unearthed from East Asia. In C-h. Tsang, ed., *Prehistory and Classical Civilization: Papers from the Third International Conference on Sinology (History Section),* pp. 77–123. Taipei: Institute of History and Philology, Academia Sinica.

Thiel, B. 1986–1987. Excavations at Arku Cave, northeast Luzon, Philippines. *Asian Perspectives* 27: 229–264.

Tsang, C-h. 1990. The fine cord-marked pottery of Taiwan. *Tien Ye Kao Gu (Field Archaeology in Taiwan)* 1(2): 1–31 (in Chinese).

Tsang, C-h. 1992. *Archaeology of the P'eng-hu Islands.* Taipei: Institute of History and Philology, Academia Sinica.

Tsang, C-h. 2005. Recent discoveries at a Tapenkeng culture site in Taiwan: implications for the problem of Austronesian origins. In L. Sagart et al. eds, *The Peopling of East Asia,* pp. 63–73. London: RoutledgeCurzon.

Tsang, C-h. and Li, K-t. 2016. *Archaeological Heritage in the Tainan Science Park of Taiwan.* Taitung: National Museum of Prehistory.

Tsang, C-h., Li, K-t. et al. 2017. Broomcorn and foxtail millet were cultivated in Taiwan about 5000 years ago. *Botanical Studies* (2017) 58: 3.

Valentin, F., Détroit, F. et al. 2016. Early Lapita skeletons from Vanuatu. *Proceedings of the National Academy of Sciences* 113: 292–297.

Weisskopf, A., Harvey, E. et al. 2015. Archaeobotanical implications of phytolith assemblages from cultivated rice systems, wild rice stands and macro-regional patterns. *Journal of Archaeological Science* 51: 43–53.

Weisskopf, A., Qin, L. et al. 2015. Phytoliths and rice. *Antiquity* 347: 1051 – 1063.

Wu, Y., Mao, L. et al. 2016. Phytolith evidence suggests early domesticated rice since 5600 cal BP on Hainan Island. *Quaternary International* 426: 120 – 125.

Xiang, A.Q. and Yao, J.H. 2006. Cultivated rice in Xinghuahe. *Nongye Kaogu (Agricultural Archaeology)* 1: 33 – 45 (in Chinese).

Yan, W. 1989. Rethinking the origins of rice agriculture. *Nong Ye Kao Gu (Agricultural Archaeology)* 2: 72 – 83 (in Chinese).

Yan, W. 1991. China's earliest rice agriculture remains. *Bulletin of the Indo-Pacific Prehistory Association* 10: 118 – 126.

Yang, S-t. 1978. Cultivated rice in Shixia. *Wen Wu (Cultural Relics)* 7: 23 – 28 (in Chinese).

Yang, S-t. 1998. The Neolithic cultural relation between Guangdong and its surrounding regions. In S-t. Yang, ed., *Ling Nan Wen Wu Kao Gu Lun Ji (Lingnan Relic Archaeology Papers)*, pp. 271 – 281. Guangzhou: Guangdong Ditu (in Chinese).

Yang, X., Barton, H. et al. 2013. Sago-type palms were an important plant food prior to rice in southern subtropical China. *PloS ONE* 8(5): e61348.

Yang, X., Zhuang, Y. et al. in press. New radiocarbon evidence on early rice consumption and farming in South China. *The Holocene.* DOI: 10.1177/0959683616678465.

Yang, Y. 1999. Preliminary investigations of the Xiantou Ling prehistoric cultural remains of Shenzhen, China. *Bulletin of the Indo-Pacific Prehistory Association* 189: 105 – 116.

Ye, M-z. 2001. *Research on the Huagangshan Culture.* Taidong: National Museum of Prehistory (in Chinese).

Zhang, C. and Hung, H-c. 2008. The Neolithic cultures of southern China: origin; development and dispersal. *Asian Perspectives* 47(2): 299 – 330.

Zhang, C. and Hung, H-c. 2010. The emergence of agriculture in southern China. *Antiquity* 84: 11 – 25.

Zhang, C. and Hung, H-c. 2013. Jiahu 1: first farmers beyond the Yangtze River. *Antiquity* 87: 46 – 63.

Zhang, C. and Hung, H-c. 2014. Early maritime adaptation in coastal China. Paper presented at conference on From Matsu Archipelago to Southeast Coast of Asia, Institute of History and Philology, Academia Sinica, Taipei, September 27–28, 2014 (in Chinese).

Zhang, C. and Hung, H-c. 2015. Eastern Asia: archaeology. In P. Bellwood, ed., *The Global Prehistory of Human Migration*, pp. 209–216. Chichester: Wiley-Blackwell.

Zheng, Y., Crawford, G. et al. 2016. Rice domestication revealed by reduced shattering of archaeological rice from the lower Yangtze Valley. *Scientific Reports* 6: 28136.

Zheng, Y., Sun, G. et al. 2009. Rice fields and modes of rice cultivation between 5000 and 2500 BC in east China. *Journal of Archaeological Science* 36: 2609–2916.

Zong, Y. 2004. Mid-Holocene sea-level highstand along the southeast coast of China. *Quaternary International* 117: 55–67.

Zong, Y., Chen, Z. et al. 2007. Fire and flood management of coastal swamp enabled first rice paddy cultivation in east China. *Nature* 449: 459–463.

Zong, Y., Huang, G. et al. 2009. An evolutionary model for the Holocene formation of the Pearl River Delta, China. *The Holocene* 19: 129–142.

ZPICRA. Zhejiang Provincial Institute of Cultural Relics and Archaeology. 2004. *Kua Hu Qiao*. Beijing: Cultural Relics Publishing House (in Chinese).

第八章

Acabado, S. 2009. A Bayesian approach to dating agricultural terraces: a case from the Philippines. *Antiquity* 83: 801–114.

Adelaar, K.A. 1995. Borneo as a cross-roads for comparative Austronesian linguistics. In P. Bellwood et al. eds, *The Austronesians*, pp. 75–95. Canberra: ANU Press.

Amano N., Piper, P. et al. 2013. Introduced domestic animals in the Neolithic and Early Metal Age of the Philippines: evidence from Nagsabaran, Northern Luzon. *Journal of Island and Coastal Archaeology* 8: 317–335.

Anderson, A. 2005. Crossing the Luzon Strait. *Journal of Austronesian Studies* 1(2): 25–46.

Anderson, A. 2009. The rat and the octopus: initial human colonization and the prehistoric introduction of domestic animals to Oceania. *Biological Invasions* 11: 1505–1519.

Anggraeni. 2016. The development of Neolithic-Palaeometallic pottery with special reference to the Karama Valley. Presentation at conference on The Archaeology of Sulawesi — An Update, Makassar, January 2016.

Anggraeni, Simanjuntak, T. et al. 2014. Neolithic foundations in the Karama Valley, West Sulawesi. *Antiquity* 88: 740–756.

Arifin, K. 2006. The Austronesian in Borneo. In T. Simanjuntak et al. eds, *Austronesian Diaspora and the Ethnogeneses of People in the Indonesian Archipelago,* pp. 146–162. Jakarta: LIPI Press.

Arnold, G. 1958. Nomadic Penan of the Upper Rejang (Plieran), Sarawak. *Journal of the Malaysian Branch of theRoyal Asiatic Society* 31(1): 40–82.

Barker, G. ed. 2013. *Rainforest Foraging and Farming in Island Southeast Asia.* 2 vols. Cambridge: McDonald Institute for Archaeological Research.

Barton, H. and Denham, T. 2016. Vegecultures and the social-biological transformations of plants and people. *Quaternary International* (2016). http: //doi. org/j.quatint.2016.06.031.

Bedford, S. 2006. The Pacific's earliest painted pottery. *Antiquity* 80: 544–557.

Bedford, S., Spriggs, M. et al. 2010. A cemetery of first settlement. In C. Sand and S. Bedford, eds, *Lapita: Oceanic Ancestors,* pp. 140–161. Paris: musée du quai Branly.

Bellwood, P. 1976. Archaeological research in Minahasa and the Talaud Islands, north-eastern Indonesia. *Asian Perspectives* 19: 240–288.

Bellwood, P. 1978. *Man's Conquest of the Pacific.* Auckland: Collins.

Bellwood, P. 1980. Plants, climate and people: the early horticultural prehistory of Indonesia. In J.J. Fox, ed., *Indonesia: The Making of a Culture,* pp. 57–74. Canberra: Research School of Pacific Studies, Australian National University.

Bellwood, P. 1981. The Buidane culture of the Talaud Islands. *Bulletin of the Indo-Pacific Prehistory Association* 2: 69–127.

Bellwood, P. 1988. *Archaeological Research in South-Eastern Sabah.* Kota Kinabalu: Sabah Museum Monograph 2.

Bellwood, P. 1989. Archaeological investigations at Bukit Tengkorak and Segarong, southeastern Sabah. *Bulletin of the Indo-Pacific Prehistory Association* 9: 122–162.

Bellwood, P. 1993. Cultural and biological differentiation in Peninsular Malaysia: the last 10,000 years. *Asian Perspectives* 32: 37–60.

Bellwood, P. 1996. Hierarchy, founder ideology and Austronesian expansion. In J. Fox and C. Sather, eds, *Origins, Ancestry and Alliance,* pp. 18–40. Canberra: Department of Anthropology, Research School of Pacific and Asian Studies, Australian National University.

Bellwood, P. 1997. *Prehistory of the Indo-Malaysian Archipelago.* Second edition. Honolulu: University of Hawai'i Press.

Bellwood, P. 2005. *First Farmers.* Oxford: Blackwell.

Bellwood, P. 2007. *Prehistory of the Indo-Malaysian Archipelago.* Third edition. Canberra: ANU Press.

Bellwood, P. 2011a. Holocene population history in the Pacific region as a model for world-wide food producer dispersals. *Current Anthropology* 52(S)4: 363–378.

Bellwood, P. 2011b. The checkered prehistory of rice movement southwards as a domesticated cereal — from the Yangzi to the Equator. *Rice* 4: 93–103.

Bellwood, P. 2015. Vietnam's place in the prehistory of Eastern Asia — a multidisciplinary perspective on the Neolithic. In A. Reinecke, ed., *Perspectives on the Archaeology of Vietnam,* pp. 47–70. Bonn: German Archaeological Institute (in English and Vietnamese).

Bellwood, P. ed. forthcoming. *The Spice Islands in Prehistory: Archaeology in the Northern Moluccas, Indonesia.*

Bellwood, P., Chambers, G. et al. 2011a. Are "cultures" inherited? Multidisciplinary perspectives on the origins and migrations of Austronesian-speaking peoples prior to

1000 BCE. In B. Roberts and M. Van der Linden, eds, *Investigating Archaeological Cultures: Material Culture, Variability and Transmission,* pp. 321–354. Dordrecht: Springer.

Bellwood, P. and Dizon, E. 2013. *4000 Years of Migration and Cultural Exchange.* Terra Australis 40. Canberra: ANU Press.

Bellwood, P. Gillespie, R. et al. 1992. New dates for prehistoric Asian rice. *Asian Perspectives* 31: 161–170.

Bellwood, P. and Koon, P. 1989. Lapita colonists leave boats unburned. *Antiquity* 63: 613–622.

Bellwood, P. and Omar, M. 1980. Trade patterns and political developments in Brunei and adjacent areas, AD 700–1500. *Brunei Museum Journal* 4(4): 155–179.

Bellwood, P., Oxenham, M. et al. 2011. An Son and the Neolithic of southern Vietnam. *Asian Perspectives* 50: 144–175.

Bellwood, P., Stevenson, J. et al. 2008. Where are the Neolithic landscapes of Ilocos Norte? *Hukay* 13: 25–38. Manila.

Blench, R. 2010. Was there an Austroasiatic presence in Island Southeast Asia prior to the Austronesian expansion? *Journal of Indo-Pacific Archaeology* 30: 133–144.

Blench, R. 2012. Almost everything you believed about the Austronesians isn't true. In M. Tjoa-Bonatz et al. eds, *Crossing Borders,* pp. 122–142. Singapore: NUS Press.

Blust, R. in press. Longhouses and nomadism: is there a connection? *Borneo Research Bulletin.*

Brosius, E. 1988. A separate reality. *Borneo Research Bulletin* 20(2): 81–105.

Bulbeck, D. 1992. A Tale of Two Kingdoms. Unpublished PhD thesis, Australian National University.

Bulbeck, D. 2008. An integrated perspective on the Austronesian diaspora. *Australian Archaeology* 67: 31–52.

Burley, D. 2013. Fijian polygenesis and the Melanesia/Polynesia divide. *Current Anthropology* 54: 436–462.

Calo, A. Prasetyo, B. et al. 2015. Sembiran and Pacung on the north coast of Bali.

Antiquity 89: 378–396.

Cameron, J. in press. Methodologies of textile analysis and Borneo textile ethnobotany. In G. Barker and L. Farr, eds, *Archaeological Investigations in the Niah Caves, Sarawak,* vol. 2.

Campos, F. 2013. Ichthyoarchaeological investigation of Neolithic to recent fishing practices in the Batanes Islands. In P. Bellwood and E. Dizon, eds, *Archaeology in the Batanes Islands: The Early Movements of Austronesian-speaking Populations,* pp. 201–214. Canberra: ANU Press.

Campos, F. and Piper, P. 2009. A preliminary analysis of the animal bones recorded from the OLP II site 2006, southern Taiwan. In C.W. Cheng, Cultural Change and Regional Relationships of Prehistoric Taiwan: A Case Study of Oluanpi II Site: Appendix B. Unpublished PhD dissertation, National Taiwan University.

Carcaillet, C., Almquist, H. et al. 2002. Holocene biomass burning and global dynamics of the carbon cycle. *Chemosphere* 49: 845–863.

Carson, M., Hung, H-c. et al. 2013. The pottery trail from Southeast Asia to Remote Oceania. *Journal of Coastal and Island Archaeology* 8: 17–36.

Chang, T.T. 1989. Domestication and the spread of the cultivated rices. In D. Harris and G. Hillman, eds, *Foraging and Farming,* pp. 408–417. London: Unwin Hyman.

Chazine, J-M. and Ferrié, J-G. 2008. Recent archaeological discoveries in East Kalimantan, Indonesia. *Bulletin of the Indo-Pacific Prehistory Association* 28: 16–22.

Chia, S. 2003. *The Prehistory of Bukit Tengkorak.* Kota Kinabalu: Sabah Museum Monograph 8.

Cole, F. in press. Earthenware ceramics, chronology and use at Niah c. 2800–500 bp. In G. Barker and L. Farr, eds, *Archaeological Investigations in the Niah Caves, Sarawak,* vol. 2.

Cranbrook, Earl of and Edwards, D. 1994. *Belalong: A Tropical Rainforest.* London: Royal Geographical Society.

Denham, T. 2011. Early agriculture and plant domestication in New Guinea and

Island Southeast Asia. *Current Anthropology* 52(S4): S379–395.

Denham, T. 2013. Early farming in Island Southeast Asia: an alternative hypothesis. *Antiquity* 87: 250–257.

Dewar, R. 2003. Rainfall variability and subsistence systems in Southeast Asia and the western Pacific. *Current Anthropology* 44: 369–388.

Dickinson, W.R. 2003. Impact of mid-Holocene hydro-isostatic highstand in regional sea level on habitability of islands in Pacific Oceania. *Journal of Coastal Research* 19: 489–502.

Doherty, C., Beavitt, P. and Kurui E. 2000. Recent observations of rice temper in pottery from Niah and other sites in Sarawak. *Bulletin of the Indo-Pacific Prehistory Association* 20: 147–152.

Donohue, M. and Denham, T. 2010. Farming and language in Island Southeast Asia: reframing Austronesian history. *Current Anthropology* 51: 223–256.

Duff, R. 1970. *Stone Adzes of Southeast Asia.* Christchurch: Canterbury Museum Bulletin 3.

Ellen, R. 1978. *Nuaulu Settlement and Economy.* The Hague: Nijhoff.

Fage, L-H. and Chazine, J-M. 2010. *Borneo: Memory of the* Caves. Caylus: Le Kalimanthrope.

Fernandez, C.A. and Lynch, F. 1972. The Tasaday: cave-dwelling food-gatherers of South Cotobato, Mindanao. *Philippine Sociological Review* 20: 277–330.

Fillios, M. and Taçon, P. 2016. Who let the dogs in? *Journal of Archaeological Science: Reports* volume 7 2016: 782–792.

Flenley, J. 1985a. Man's impact on the vegetation of Southeast Asia: the pollen evidence. In V.N. Misra and P. Bellwood, eds, *Recent Advances in Indo-Pacific Prehistory,* pp. 297–306. New Delhi: Oxford & IBH.

Flenley, J. 1985b. Quaternary vegetational and climatic history of Island Southeast Asia. *Modern Quaternary Research in Southeast Asia* 9: 55–64.

Flenley, J. 1988. Palynological evidence for land use changes in South-East Asia. *Journal of Biogeography* 15: 185–197.

Fox, R. 1970. *The Tabon Caves.* Manila: National Museum Monograph 1.

Freeman, D. 1957. Iban pottery. *Sarawak Museum Journal* 8: 151–176.

Gaffney, D., Summerhayes, G. et al. 2015. Earliest pottery on New Guinea mainland reveals Austronesian influences in highland environments 3000 years ago. *PLoS ONE* 10(9): 0134497.

Galipaud, J., Kinaston, R., et al. 2016. The Pain Haka burial ground on Flores. *Antiquity* 90: 1505–1521.

Geertz, C. 1963. *Agricultural Involution.* Berkeley: University of California Press.

Glover, I. 1976. Ulu Leang cave, Maros: a preliminary sequence of post-Pleistocene cultural development in South Sulawesi. *Archipel* 11: 113–154.

Glover, I. 1977. The late Stone Age in eastern Indonesia. *World Archaeology* 9: 42–61.

Glover, I. 1986. *Archaeology in Eastern Timor.* Terra Australis 11. Canberra: Department of Prehistory, Research School of Pacific Studies.

Golson, J. 1977. No room at the top. In J. Allen et al. eds, *Sunda and Sahul: Prehistoric Studies in Southeast Asia, Melanesia and Australia,* pp. 601–638. New York: Academic Press.

Gonzalez, A., Clark, G. et al. 2013. A 3000 year old dog burial in Timor-Leste. *Australian Archaeology* 76: 13–29.

Gunadi, N., Simanjuntak, H. et al. 1978. *Laporan Ekskavasi Gunung Piring (Lombok Selatan). BPA* 17.

Gunn, B., Baudouin, L. and Olsen, K. 2011. Independent origin of cultivated coconut (Cocos *nucifera* L.) in the Old World tropics. *PloS ONE* 6(6): e21143.

Haberle, S. 1993. Pleistocene vegetation change and early human occupation of a tropical mountainous environment. In M. Smith et al. eds, *Sahul in Review,* pp. 109–122. Canberra: Department of Prehistory, Research School of Pacific Studies, Occasional Papers 24.

Harrisson, B. 1967. A classification of Stone Age burials from Niah Great Cave, Sarawak. *Sarawak Museum Journal* 15: 126–200.

Harrisson, T. 1970. The prehistory of Borneo. *Asian Perspectives* 13: 17–46.

Hawkins, S. 2015. Human Behavioural Ecology, Anthropogenic Impact and

Subsistence Change at the Teouma Lapita Site, Central Vanuatu, 3000–2500 BP. Unpublished PhD thesis, Australian National University.

Headland, T. ed. 1992. *The Tasaday Controversy.* Washington: American Anthropological Association.

Heinsohn, T. 2003. Animal translocation: long-term human influences on the vertebrate zoogeography of Australasia. *Australian Zoologist* 32(3): 351–376.

Herrera, M., Thomson, V. et al. in press. Philippine origin and dispersal of Austronesian chickens indicated by mitochondrial DNA. *Nature Communications.*

Higham, C. 2014. *Early Mainland Southeast Asia.* Bangkok: River Books.

Higham, C. and Leach, B. 1972. An early center of bovine husbandry in Southeast Asia. *Science* 172: 54–56.

Hoffman, C. 1986. *The Punan: Hunters and Gatherers of Borneo.* Ann Arbor: UMI Research Press.

Hose, C. and McDougall, W. 1912. *The Pagan Tribes of Borneo.* 2 vols. London: Macmillan.

Huang, W., Li, C. et al. 1982. Re-examination of a microlithic site at Xiqiaoshan, Nanliai County, Guangdong. *Current Anthropology* 23: 487–492.

Hull, J. 2014. The Vertebrate Remains Recovered during the 1990–1996 Excavations of the Northern Moluccan Islands: Translocation and Its Implications. Unpublished MA thesis, Australian National University.

Hung, H-c. and Carson, M. 2014. Foragers, fishers and farmers: origins of the Taiwanese Neolithic. *Antiquity* 88: 1115–1131.

Hung, H-c., Carson, M. et al. 2011. The first settlement of remote Oceania: the Philippines to the Marianas. *Antiquity* 85: 909–926.

Ipoi, D. 1993. *Archaeological Excavations at Gua Sireh (Serian) and Lubang Angin (Gunung Mulu National Park), Sarawak, Malaysia. Sarawak Museum Journal* 45, Special Monograph 6.

Ipoi, D. and Bellwood, P. 1991. Recent research at Gua Sireh (Serian) and Lubang Angin (Gunung Mulu National Park), Sarawak. *Bulletin of the Indo-Pacific Prehistory Association* 11: 386–405.

Jones, S., Barton, H. et al. 2016. The cultural antiquity of rainforests. *Quaternary International.* 416: 80–94.

Jones, S., Hunt, C. and Reimer, P. 2013. A 2300 yr record of sago and rice use from the southern Kelabit Highlands. *The Holocene* 23: 708–720.

Kaudern, W. 1938. *Megalithic Finds in Central Celebes.* Ethnographical Studies in Celebes, vol. *V.* Gothenburg: privately published by the author.

Kijngam, A. 2011. The mammalian fauna. In C.F.W. Higham and A. Kijngam, eds, *The Origins of the Civilization of Angkor, Vol. IV: The Excavation of Ban Non Wat. Part II: The Neolithic Occupation,* pp. 189–197. Bangkok: The Thai Fine Arts Department.

Kirch, P. and Lepofsky, D. 1993. Polynesian irrigation: archaeological and linguistic evidence for origins and development. *Asian Perspectives* 32: 183–204.

Krigbaum, J. 2003. Neolithic subsistence patterns in northern Borneo reconstructed with stable isotopes of enamel. *Journal of Anthropological Archaeology* 22: 292–304.

Krigbaum, J. 2005. Reconstructing human subsistence in the West Mouth (Niah Cave, Sarawak) burial series using stable isotopes of carbon. *Asian Perspectives* 44: 73–89.

Kusmartono, V., Hindarto, I. et al. in press. Late Pleistocene to recent human activities in the interior equatorial rainforest of Kalimantan, Indonesian Borneo. *Quaternary International.* dx.doi.org/10.1016/j.quatint.2016.09.025.

Lape, P. 2000. Political dynamics and religious change in the late pre-colonial Banda Islands. *World Archaeology* 32: 138–155.

Larson, G., Cucchi, T. et al. 2007. Phylogeny and ancient DNA of *Sus* provides new insights into Neolithic expansion in Island Southeast Asia and Oceania. *Proceedings of the National Academy of Sciences* 104(12): 4834–4839.

Larson, G. and Fuller, D.Q. 2014 The evolution of animal domestication. *Annual Review of Ecological and Evolutionary Systematics* 45: 115–136.

Larson, G., Liu, R. et al. 2010. Patterns of East Asian pig domestication, migration, and turnover revealed by modern and ancient DNA. *Proceedings of the National*

Academy of Sciences 107(17): 7686–7691.

Latinis, K. 2000. The development of subsistence models for Island Southeast Asia and Near Oceania. *World Archaeology* 32: 41–67.

Lentfer, C., Pavlides, C. and Specht, J. 2010. Natural and human impacts in a 35000-year vegetation history in central New Britain, Papua New Guinea. *Quaternary Science Reviews* 29: 3750–3767.

Li, A. and Sun, G. (ed. and author). 2009. *Tianluoshan Site: A New Window of Hemudu Culture.* Hangzhou: Xiling Yinshe Press (in Chinese and English).

Li, K-t. 2002. Prehistoric marine fishing adaptation in southern Taiwan. *Journal of East Asian Archaeology* 3(1–2): 47–74.

Lloyd-Smith, L. 2013. The West Mouth Neolithic cemetery, Niah Cave, Sarawak. *Proceedings of the Prehistoric Society* 79: 105–136.

Maloney, B. 1985. Man's impact on the rainforests of West Malesia: the palynological record. *Journal of Biogeography* 12: 537–558.

Maloney, B. 1994. The prospects and problems of using palynology to trace the origins of tropical agriculture: the case of Southeast Asia. In J. Hather, ed., *Tropical Archaeobotany,* pp. 139–171. London: Routledge.

Mijares, A. 2007. *Unearthing Prehistory.* Oxford: BAR International Series 1613.

Mitchell, A. and Weitzell, V. 1983. Monkeys and men in the land of mud. *Hemisphere* 27(5): 308–114.

Mulvaney, D.J. and Soejono, R.P. 1970. The Australian-Indonesian archaeological expedition to Sulawesi. *Asian Perspectives* 13: 163–178.

Mulvaney, D.J. and Soejono, R.P. 1971. Archaeology in Sulawesi, Indonesia. *Antiquity* 45: 26–33.

Nance, J. 1975. *The Gentle Tasaday.* New York: Harcourt Brace Jovanovitch.

Needham, R. 1954. Penan and Punan. *Journal of the Malayan Branch Royal Asiatic Society* 27(1): 73–83.

Nicolaisen, I. 1976. The Penan of Sarawak. *Folk* 18: 205–236.

Noerwidi, S. 2009. Archaeological research at Kendeng Lembu, East Java, Indonesia. *Bulletin of the Indo-Pacific Prehistory Association* 29: 26–32.

Ochoa, J., Paz, *V.* et al. 2014. The archaeology and palaeobiological record of Pasimbahan-Magsanib Site, northern Palawan, Philippines. *Philippine Science Letters* 7(1): 22–36.

O'Connor, S. 2015. Crossing the Wallace Line. In Y. Kaifu et al. eds, *Emergence and Diversity of Modern Human Behavior in Palaeolithic Asia,* pp. 214–224. College Station: Texas A&M University Press.

Oskarsson M., Klütsch, C. et al. 2011. Mitochondrial DNA data indicate an introduction through mainland Southeast Asia for Australian dingoes and Polynesian domestic dogs. *Proceedings of the Royal Society of London B: Biological Sciences* 279: 967–974.

Pelzer, K.J. 1948. *Pioneer Settlement in the Asiatic Tropics.* New York: American Geographical Society.

Petchey, F., Spriggs, M. et al. 2015. The chronology of occupation at Teouma, Vanuatu. *Journal of Archaeological Science: Reports* 4: 95–105.

Piper, P., Amano, N. et al. 2013. The terrestrial vertebrate remains. In P. Bellwood and E. Dizon, eds, *Archaeology in the Batanes Islands: The Early Movements of Austronesian-speaking Populations,* pp. 169–200. Canberra: ANU Press.

Piper, P., Hung, H-c. et al. 2009. A 4000 year old introduction of domestic pigs into the Philippine Archipelago: implications for understanding routes of human migration through Island Southeast Asia and Wallacea. *Antiquity* 83: 687–695.

Reid, L. 1992. The Tasaday language: a key to Tasaday prehistory. In T. Headland, ed., *The Tasaday Controversy,* pp. 180–193. Washington: American Anthropological Association.

Reid, L. 1994. Terms for rice agriculture and terrace building in some Cordilleran languages of the Philippines. In A.K. Pawley and M. Ross, eds, *Austronesian Terminologies, Continuity and Change,* pp. 363–388. Canberra: Pacific Linguistics Series C-127.

Sacks B., Brown, S. et al. 2013. Y chromosome analysis of dingoes and Southeast Asian village dogs suggests a Neolithic continental expansion from Southeast Asia followed by multiple Austronesian dispersals. *Molecular Biology and Evolution*

30: 1103–1108.

Sand, C. 2010. *Lapita calédonien.* Paris: Société des Océanistes.

Sarjeant, C. 2014. *Contextualising the Neolithic Occupation of Southern Vietnam.* Terra Australis 42. Canberra: ANU Press.

Sather, C. 1995. Sea nomads and rainforest hunter-gatherers. In P. Bellwood et al. eds, *The Austronesians,* pp. 229–268. Canberra: ANU Press.

Savolainen, P., Leitner, T. et al. 2004. A detailed picture of the origin of the Australian dingo. *Proceedings of the National Academy of Sciences* 101: 12387–12390.

Sawada, J., Nguyen, K. and Nguyen, A. 2011. Faunal remains at Man Bac. In M. Oxenham et al. eds, *Man Bac: The Excavation of a Neolithic Site in Northern Vietnam, the Biology,* pp. 105–116. Terra Australis 33. Canberra: ANU Press.

Schapper, A. 2015. Wallacea, a linguistic area. *Archipel* 90: 99–151.

Sellato, B. 1994. *Nomads of the Borneo Rainforest.* Honolulu: University of Hawai'i Press.

Sellato, B. 2007. Resourceful children of the forest. In P. Sercombe and B. Sellato, eds, *Beyond the Green Myth,* pp. 61–90. Copenhagen: Nordic Institute of Asian Studies.

Sémah, A-M., Sémah, F. et al. 2003. A Late Pleistocene and Holocene sedimentary record in central Java. In S. Keates and J. Pasveer, eds, *Quaternary Research in Indonesia,* pp. 63–88. Leiden: Balkema.

Sen, A. 1995. Borneo's history in a handful of husks. *New Scientist* 1972: 10.

Sheppard, P., Chiu, S. and Walter, R. 2015. Re-dating Lapita movement into Renmote Oceania. *Journal of Pacific Archaeology* 6: 26–36.

Simanjuntak, T. 2016. *Harimau Cave and the Long Journey of Oku Civilization.* Yogyakarta: Gadjah Mada University Press.

Siswanto, J. and Fahriani, I. 1998. *Laporan Penelitian Arkeologi di Situs Bada. Berita Penelitian Arkeologi Manado* no. 03.

Skoglund, P., Posth, C. et al. 2016. Genomic insights into the peopling of the southwest Pacific. *Nature* 538: 510–513.

Solheim, W. 1965. The prehistoric earthenware pottery of Tanjong Kubor, Santubong.

Sarawak Museum Journal 12: 1–62.

Solheim, W., Harrisson, B. and Wall, L. 1959. Niah "Three Colour Ware" and related prehistoric pottery from Borneo. *Asian Perspectives* 3: 167–176.

Spencer, J. 1966. *Shifting Cultivation in Southeast Asia.* Berkeley: University of California Press.

Stevenson, J., Siringan, F. et al. 2010. Paoay Lake, northern Luzon, the Philippines: a record of Holocene environmental change. *Global Change Biology* 216: 1672–1688.

Storey, A., Quiroz, D. et al. 2013. Polynesian chickens in the New World: a detailed application of a commensal approach. *Archaeology in Oceania* 42(2): 101–119.

Stuijts, I. 1993. *Late Pleistocene and Holocene Vegetation of West Java, Indonesia.* Rotterdam: Balkema.

Sukendar, H. 1980. *Laporan Penelitian Kepurbakalaan di Sulawesi Tengah.* Berita Penelitian Arkeologi (Jakarta) 25.

Sutayasa, I. 1973. The study of prehistoric pottery in Indonesia. *Nusantara* 4: 67–82.

Sutayasa, I. 1979. Prehistory in west Java, Indonesia. *The Artefact* 4: 61–75.

Tanudirjo, D. 1991. Some Behavioural Aspects of the Bomo-Teleng Stone Adze Work-shop Site in East Java. Unpublished MA thesis, Australian National University.

Tanudirjo, D.A. 2001. Islands in Between: The Prehistory of the Northeastern Indonesian Archipelago. Unpublished PhD thesis, Australian National University.

Thomson, V., Lebrasseur, O. et al. 2014. Using ancient DNA to study the origins and dispersal of ancestral Polynesian chickens across the Pacific. *Proceedings of the National Academy of Sciences* 111: 4826–4831.

Valentin, F., Detroit, F. et al. 2016. Early Lapita skeletons from Vanuatu show Polynesian craniofacial shape: implications for Remote Oceanic settlement and Lapita origins. *Proceedings of the National Academy of Sciences USA* 113: 292–297.

Valentine, B., Kamenov, G. and Krigbaum, J. 2008. Reconstructing Neolithic groups in Sarawak, Malaysia through lead and strontium isotope analysis. *Journal of*

Archaeological Science 35: 1463–1473.

Van der Meer, N. 1979. *Sawah Cultivation in Ancient Java.* Canberra: ANU Press.

Van Heekeren, H. 1950. Rapport over de ontgraving te Kamasi, Kalumpang (West Central Celebes). *Oudheidkundig Verslag* for 1949, pp. 26–48.

Van Heekeren, H. 1972. *The Stone Age of Indonesia.* Second edition. The Hague: Nijhoff.

Veth, P., Spriggs, M. and O'Connor, S. 2005. Continuity in tropical cave use: examples from East Timor and the Aru Islands, Maluku. *Asian Perspectives* 44: 180–192.

Wang, Y., Zhang, S. et al. 2015. Lijiagou and the earliest pottery in Henan Province, China. *Antiquity* 89: 273–291.

Weisskopf, A., Qin, L. et al. 2015. Phytoliths and rice. *Antiquity* 347: 1051–1063.

Widianto, H. 2011. *Human Path after Sangiran Era.* Sangiran: Conservation Office of Sangiran Early Man Site.

Wurm, S. and Hattori, S. eds. 1983. *Language Atlas of the Pacific Area, Part II.* Canberra: Australian Academy of the Humanities.

Yang, D., Liu, L. et al. 2008. Wild or domesticated: DNA analysis of ancient water buffalo remains from north China. *Journal of Archeological Science* 35: 2778–2785.

Yen, D. and Nance, J. eds. 1976. *Further Studies on the Tasaday.* Makati: Panamin Foundation.

Zhang, H., Paijmans, J. et al. 2013. Morphological and genetic evidence for early-Holocene cattle management in northeastern China. *Nature Communications* 4: 2755.

第九章

Alkazi, R. 1983. *Ancient Indian Costume.* New Delhi: Art Heritage.

Ardika, I. 1987. Bronze artefacts and the rise of complex society in Bali. Unpublished MA thesis, Australian National University.

Ardika, I. 1991. Archaeological research in northeastern Bali, Indonesia. Unpublished

PhD thesis, Australian National University.

Ardika, I. and Bellwood, P. 1991. Sembiran: the beginnings of Indian contact with Bali. *Antiquity* 65: 221–232.

Ardika, I., Bellwood, P. et al. 1997. Sembiran and the first Indian contacts with Bali: an update. *Antiquity* 71: 193–195.

Ardika, I., Parimartha, I. and Wirawan, A. 2013. *Sejarah Bali.* Denpasar: Udayana University Press.

Begley, V. 1986. From Iron Age to Early Historical in the archaeology of South India. In J. Jacobsen, ed., *Essays in the Archaeology of India and Pakistan,* pp. 297–319. New Delhi: American Institute of Indian Studies.

Bellina, B. 2007. *Cultural Exchange between India and Southeast Asia: Production and Distribution of Hard Stone Ornaments, c. VI BCE – VI CE.* Paris: Editions de la Maison des sciences de l'homme.

Bellina, B. 2013. Circulation and exchanges in the China Sea during the Late Prehistoric period. In Aude Gros de Beler, ed., *Philippines — An Archipelago of Exchange,* pp. 60–65. Paris: Musée du quai Branly.

Bellina, B. 2014. Maritime Silk Roads' ornament industries: socio-political practices and cultural transfers in the South China Sea. *Cambridge Archaeological Journal* 24: 345–377.

Bellina, B., Epinal, G. and Favereau, A. 2012. Caractérisation préliminaire des poteries marqueurs d'échanges en mer de Chine méridionale à la fin de la préhistoire. *Archipel* 84: 7–33.

Bellina, B. and Glover, I. 2004. The archaeology of early contact with India and the Mediterranean world. In I. Glover and P. Bellwood, eds, *Southeast Asia: From Prehistory to History,* pp. 68–88. London: RoutledgeCurzon.

Bellwood, P. 1976. Archaeological research in Minahasa and the Talaud Islands, north-eastern Indonesia. *Asian Perspectives* 19: 240–288.

Bellwood, P. 1978. *Man's Conquest of the Pacific.* Auckland: Collins.

Bellwood, P. 1981. The Buidane culture of the Talaud islands. *Bulletin of the Indo-Pacific Prehistory Association* 2: 69–127.

Bellwood, P. 1988. *Archaeological Research in South-Eastern Sabah.* Kota Kinabalu: Sabah Museum Monograph 2.

Bellwood, P. 2006. Borneo as the homeland of Malay? The perspective from archaeology. In James Collins and Awang bin Sariyan, eds, *Borneo and the Homeland of the Malays: Four Essays,* pp. 45–63. Kuala Lumpur: Dewan Bahasa dan Pustaka.

Bellwood, P. 2007. *Prehistory of the Indo-Malaysian Archipelago.* Third edition. Canberra: ANU Press.

Bellwood, P. ed. forthcoming. *The Spice Islands in Prehistory: Archaeology in the Northern Moluccas, Indonesia.*

Bellwood, P., Cameron, J. et al. 2007. Ancient boats, boat timbers, and locked mortise and tenon joints from Bronze Age northern Vietnam. *International Journal of Nautical Archaeology* 36: 2–20.

Bellwood, P. and Dizon, E. 2013. *4000 Years of Migration and Cultural Exchange.* Terra Australis 40. Canberra: ANU Press.

Bellwood, P. and Hiscock, P. 2013. Australia and the Pacific Basin during the Holocene. In Chris Scarre, ed., *The Human Past.* Third edition, pp. 264–305. London: Thames and Hudson.

Bernet Kempers, A.J. 1988. *The Kettledrums of Southeast Asia. Modern Quaternary Research in Southeast Asia* 10.

Bintarti, D. 1985. Analisis fungsional nekara perunggu dari Lamongan, Jawa Timur. In *Pertemuan Ilmiah Arkeologi III,* 68–80. Jakarta: Pusat Penelitian Arkeologi Nasional.

Blust, R. 1994. The Austronesian settlement of mainland Southeast Asia. In K. Adams and T. Hudak, eds, *Papers from the Second Annual Meeting of the Southeast Asian Linguistics Society,* pp. 25–83. Tempe: Program for Southeast Asian Studies, Arizona State University.

Blust, R. 2005. Borneo and iron: Dempwolff's *besi revisited. Bulletin of the Indo-Pacific Prehistory Association* 25: 31–40.

Blust, R. in press. Longhouses and nomadism: is there a connection? *Borneo*

Research Bulletin.

Borao, J.E. 2001. *Spaniards in Taiwan,* vol. 1. Taipei: SMC Publishing Inc.

Bronson, B. and Glover I. 1984. Archaeological radiocarbon dates from Indonesia. *Indonesia Circle* 34: 37–44.

Bulbeck, D. 1978. Analysis of a Skeletal Assemblage from Leang Buidane, Talaud Islands, Indonesia. Unpublished BA Honours thesis, Australian National University.

Calo, A. 2014. *Trails of Bronze Drums across Early Southeast Asia.* Singapore: Institute of Southeast Asian Studies.

Calo, A. Prasetyo, B. et al. 2015. Sembiran and Pacung on the north coast of Bali. *Antiquity* 89: 378–396.

Carter, A. 2012. Garnet beads in Southeast Asia: evidence for local production? In L. Mai et al. eds, *Crossing Borders: Selected Papers from the 13th International Conference of the European Association of Southeast Asian Archaeologists,* vol. 1, pp. 296–306. Singapore: NUS Press.

Carter, A. 2016. The production and exchange of glass and stone beads in Southeast Asia. *Archaeological Research in Asia.* http: //dx.doi.org/10.1016/j.ara.2016.02.004.

Castillo, C., Tanaka, K. et al. 2015. Archaeogenetic study of prehistoric rice remains from Thailand and India. *Archaeological and Anthropological Sciences,* published online May 10, 2015.

Castillo, C., Bellina, B. and Fuller, D. 2016. Rice, beans and trade crops on the early maritime Silk Route in Southeast Asia. *Antiquity* 90: 1255–1269.

Coedès, G. 1975. *The Indianized States of Southeast Asia.* Canberra: ANU Press.

Collins, J. and Sariyan, A. eds. 2006. *Borneo and the Homeland of the Malays.* Kuala Lumpur: Dewan Bahasa dan Pustaka.

Dang Van Thang and Vu Quoc Hien. 1995. Excavation of the Giong Ca Vo site. *Khao Co Hoc* 1995(2): 3–19 (in Vietnamese).

Davison, G. 1991. Animal remains from the protohistoric community at Kuala Selinsing, Ferak. *Jurnal Arkeologi Malaysia* 4: 95–102.

De Bie, C. 1932. Verslag van de ontgraving der steenen kamers in de doesoen Tandjoeng Ara, Pasemah-Hoogvlakte. *Tijdschrift voor Indische Taal-, Land-en Volkenkunde* 72: 626–635.

Deraniyagala, S. 1986. Excavations in the Citadel of Anuradhapura. *Ancient Ceylon* 6: 39–47.

Dikshit, M.G. 1952. Beads from Ahichchhatra, U.P. *Ancient India* 8: 33–63.

Dizon, E. 1996. *Faces from Maitum.* Manila: National Museum of the Philippines.

Du Bois, C. 1944. *The People of Alor.* Minneapolis: University of Minnesota Press.

Evans, I. 1932. Excavations at Tanjong Rawa, Kuala Selinsing, Perak. *Journal of the Federated Malay States Museums* 15(3): 79–134.

Favereau, A. 2015. Interactions et Modalités des Échanges en Mer de Chine Méridionale (500 avant notre ère–200 de notre ère): Approche Technologique des Assemblages Céramiques. Unpublished PhD thesis, Muséum National d'Histoire Naturelle, Paris.

Favereau, A. and Bellina, B. 2016. Thai-Malay Peninsula and South China Sea networks (500 BC–AD 200). *Quaternary International.* http: //dx.doi.org/10.1016/j.quatint.2015.09.100.

Fox, R. 1970. *The Tabon Caves.* Manila: National Museum Monograph 1.

Glover, I. 1990. *Early Trade between India and South-East Asia.* Second edition. Hull: Centre for South-East Asian Studies, University of Hull.

Glover, I. 2015. Champa and its relations to preceding Iron Age cultures. In A. Reinecke, ed., *Perspectives on the Archaeology of Vietnam,* pp. 157–174. Bonn: German Archaeological Institute (in English and Vietnamese).

Glover, I. and Bellina, B. 2011. Ban Don Tha Phet and Khao Sam Kaeo: the earliest Indian contacts reassessed. In P. Manguin et al. eds, *Early Interactions between South and Southeast Asia*, pp. 17–47. Singapore: Institute of Southeast Asian Studies.

Higham, C. 2014. *Early Mainland Southeast Asia.* Bangkok: River Books.

Hung, H-c. and Bellwood, P. 2010. Movement of raw materials and manufactured goods across the South China Sea after 500 BCE: from Taiwan to Thailand, and back. In B. Bellina et al. eds, *50 Years of Archaeology in Southeast Asia: Essays in Honour of Ian Glover,* pp. 234–243. Bangkok: River Books.

Hung, H-c. and Chao, C.Y. 2016. Taiwan's early Early Metal Age and Southeast Asian trading systems. *Antiquity* 90: 1537–1551.

Hung, H-c. and Iizuka, Y. 2013. The Batanes nephrite artefacts. In P. Bellwood and E. Dizon, eds, *4000 Years of Migration and Cultural Exchange: The Archaeology of the Batanes Islands,* pp. 149–168. Terra Australis 40. Canberra: ANU Press.

Hung, H-c. and Iizuka,Y. in press. Nephrite and mica industries: links with the Austronesian world. In Bérénice Bellina-Pryce, ed., *Khao Sam Kaeo.* Paris: Ecole française d'Extrême-Orient.

Hung, H-c., Iizuka, Y. et al. 2007. Ancient jades map 3000 years of prehistoric exchange in Southeast Asia. *Proceedings of the National Academy of Sciences of the United States of America* 104(50): 19745–19750.

Hung, H-c., Nguyen, K.D. et al. 2013. Coastal connectivity: long-term trading networks across the South China Sea. *Journal of Island and Coastal Archaeology* 8(3): 384–404.

Imamura, K. 1993. Two traditions of Heger I type bronze drums. *Japan Society of Southeast Asian Archaeology* 13: 113–130.

Indrawooth, P. 2004. The archaeology of the early Buddhist kingdoms of Thailand. In I. Glover and P. Bellwood, eds, *Southeast Asia,* pp. 120–148. London: RoutledgeCurzon.

Kim, N. 2015. *The Origins of Ancient Vietnam.* New York: Oxford University Press.

Kress, J. 1978. The ceramics from Pilanduk cave and Sa'agung rockshelter, Quezon Municipality, Palawan Island. *Asian Perspectives* 21: 58–85.

Kusuma, P., Cox, M., Brucato, N. et al. in press. Western Eurasian genetic influences in the Indonesian archipelago. *Quaternary International* 416: 243–248.

Kusuma, P., Cox, M., Pierron, D. et al. 2015. Mitochondrial DNA and the Y chromosome suggest the settlement of Madagascar by Indonesian sea nomad populations. *BMC Genomics* (2015)16: 191.

Lal, B.B. 1954–1955. Excavations at Hastinapura and other explorations in the

Upper Ganga and Sutlej basins. *Ancient India* 10 – 11: 5 – 151.

Lam My Dzung. 2011. Central Vietnam during the period from 500B CE to CE 500. In P. Manguin et al. eds, *Early Interactions between South and Southeast Asia,* pp. 3 – 16. Singapore: Institute of Southeast Asian Studies.

Li, K.T. 2001. The significance of perforated human teeth unearthed from Kuei-shan. *Bulletin of the Institute of History and Philology Academia Sinica* 72(3): 699 – 722 (in Chinese).

Li, K.X. 2005. *Salvage Excavations in the Jiuxianlan Site, Taidong.* Taidong: County Government (in Chinese).

Lloyd-Smith, L. 2013. The West Mouth Neolithic cemetery, Niah Cave, Sarawak. *Proceedings of the Prehistoric Society* 79: 105 – 136.

Manguin, P. and Indradjaja, A. 2011. The Batujaya Site. In P. Manguin et al. eds, *Early Interactions between South and Southeast Asia,* pp, 113 – 136. Singapore: Institute of Southeast Asian Studies.

McConnell, J. and Glover, I. 1990. A newly found bronze drum from Bali, Indonesia: some technical considerations. *Modern Quaterary Research in Southeast Asia* 11: 1 – 38.

Miksic, J. 1990. *Old Javanese Gold.* Singapore: Ideation.

Milner, A. 2008. *The Malays.* Chichester: Wiley-Blackwell.

Mulia, R. 1980. Beberapa catatan tentang arca-arca yang disebut arca tipe Polinesia. In *Pertemuan Ilmiah Arkeologi,* pp. 599 – 646. Jakarta: Pusat Penelitian Arkeologi Nasional.

Nguyen Kim Dung 2001. Jewellery from late prehistoric sites recently excavated in South Viet Nam. *Bulletin of the Indo-Pacific Prehistory Association* 21: 107 – 113.

Nik Hassan Shuhaimi. 1991. Recent research at Kuala Selinsing, Perak. *Bulletin of the Indo-Pacific Prehistory Association* 11: 141 – 152.

Noorduyn, J. and Verstappen, H. 1972. Purnavarman's river-works near Tugu. *Bijdragen tot de Taal-, Land-en Volkenkunde* 128: 298 – 307.

Pham Huy Thong. 1990. *Dong Son Drums in Vietnam.* Ha Noi: Viet Nam Social Science Publishing House.

Pham Minh Huyen. 2004. The Early Metal Age in the north of Vietnam. In I. Glover and P. Bellwood, eds, *Southeast Asia: from Prehistory to History,* pp. 189–201. London: RoutledgeCurzon.

Prasetyo, B. 1994–1995. *Laporan Penelitian Situs Plawangan, Rembang, Jawa Tengah (1980 – 1993).* Jakarta: Berita Penelitian Arkeologi (Jakarta) 43.

Ray, H.E. 1997. The emergence of urban centres in Bengal: implications for the late prehistory of Southeast Asia. *Bulletin of the Indo-Pacific Prehistory Association* 16: 43–48.

Santoso, S. 1985. The pottery from Gilimanuk, Bali. *Bulletin of the Indo-Pacific Prehistory Association* 6: 46–54.

Satari, S. 1981. New finds from north-central Java. *SPAFA Digest* 2(2): 23–28.

Schmeltz, J. 1904. Einige vergleichende Bemerkungen über die Kesseltrommel von Saleyer. *Internationales Archiv für Ethnographie* 16: 158–161.

Selvakumar, V. 2011. Contacts between India and Southeast Asia in ceramic and boat building traditions. In P. Manguin et al. eds, *Early Interactions between South and Southeast Asia,* pp, 197–220. Singapore: Institute of Southeast Asian Studies.

Serva, M., Petroni, I. et al. 2012. Malagasy dialects and the peopling of Madagascar. *Journal of the Royal Society Interface* 9: 54–67.

Sieveking, G. 1956a. The Iron Age collections of Malaya. *Journal of the Malaysian Branch of the Royal Asiatic Society* 29(2): 79–138.

Sieveking, G. 1956b. Recent archaeological discoveries in Malaya (1955). *Journal of the Malaysian Branch of the Royal Asiatic Society* 29(1): 200–211.

Simanjuntak, T. 2016. *Harimau Cave and the Long Journey of Oku Civilization.* Yogyakarta: Gadjah Mada University Press.

Soejono, R.P. 1977. *Sarkophagus Bali dan Nekropolis Gilimanuk.* Jakarta: Pusat Penelitian Purbakala dan Peninggalan Nasional.

Soejono, R.P. 1979. The significance of excavations at Gilimanuk (Bali). In R.B. Smith and W. Watson, eds, *Early South East Asia,* pp. 185–198. New York: Oxford University Press.

Soejono, R.P. 1991. Important prehistoric discoveries in Indonesia. *Jurnal Arkeologi*

Malaysia 4: 16–22.

Soejono, R.P. 1995. A late prehistoric burial system in Indonesia: additional notes on Gilimanuk, Bali. In *Conference Papers on Archaeology in Southeast Asia,* pp. 180–190. Hong Kong: University of Hong Kong Museum and Art Gallery.

Soeroso. 1997. Recent discoveries of jar burial sites in South Sumatra. *Bulletin de l'Ecole française d'Extrême-Orient* 84: 418–422.

Solheim, W. 1967. Two pottery traditions of late prehistoric times in Southeast Asia. In F.S. Drake, ed., *Symposium on Historical, Archaeological and Linguistic Studies on Southern China, Southeast Asia, and the Hong Kong Region,* pp. 15–22. Hong Kong: Hong Kong University Press.

Solheim, W. 1990. Earthenware pottery, the T'ai and the Malay. *Asian Perspectives* 29: 25–36.

Solheim, W. 2002. *The Archaeology of Central Philippines.* Manila: Archaeological Studies Program, University of the Philippines, Diliman.

Sukarto, K. and Atmodjo, M. 1979. Notes on a protohistoric sarcophagus at Selasih in Bali. *Majalah Arkeologi* 2(4): 61–74.

Sukendar, H. 1979. *Laporan Penelitian Kepurbakalaan Daerah Lampung.* Berita Penelitian Arkeologi (Jakarta) 20.

Sukendar, H. 1985. *Peninggalan Tradisi Megalitik di Daerali Cianjur, Jawa Barat.* Jakarta: Pusat Penelitian Arkeologi Nasional.

Sukendar, H. and Awe, R. 1981. *Laporan Penelitian Terjan dan Plawangan, Jawa Tengah.* Berita Penelitian Arkeologi (Jakarta) 27.

Suleiman, S. 1976. *Monuments of Ancient Indonesia.* Jakarta: National Research Center of Archaeology.

Sutaba, I. 1997. Preliminary notes on ancestor statues in Bali. *Bulletin of the Indo-Pacific Prehistory Association* 16: 229–232.

Tenazas, R. 1974. A progress report on the Magsuhot excavations in Bacong, Negros Oriental. *Philippine Quarterly of Culture and Society* 2: 133–155.

Thurgood, G. 1999. *From Ancient Cham to Modern Dialects: Two Thousand Years of Language Contact and Change.* Oceanic Linguistics Special Publication 28.

Honolulu: University of Hawai'i Press.

Van der Hoop, A. 1932. *Megalithic Remains in South-Sumatra.* Zutphen: Thieme.

Van Heekeren, H. 1955. Proto-historic sarcophagi on Bali. *Berita Dinas Purbakala* 2: 1–15. Jakarta.

Van Heekeren, H. 1956. The urn cemetery at Melolo, East Sumba. *Berita Dinas Purbakala* 3. Jakarta.

Van Heekeren, H. 1958. *The Bronze-Iron Age of Indonesia.* The Hague: Nijhoff.

Van Tricht, B. 1929. Levende antiquiteiten in west Java. *Djawa* 9: 43–120.

Von Heine Geldern, H. 1947. The drum named Makalamau. *India Antiqua* 1947: 167–179. Leiden.

Walker, M. and Santoso, S. 1977. Romano-Indian rouletted pottery in Indonesia. *Asian Perspectives* 20: 228–235.

Wang, K.W. and Jackson, C. 2014. A review of glass compositions around the South China Sea region (the late 1st millennium BCE to the 1st millennium ce). *Journal of Indo-Pacific Archaeology* 34(2014): 51–60.

Wheeler, R., Ghosh, A. and Deva, K. 1946. Arikamedu: an Indo-Roman trading station on the east coast of India. *Ancient India* 2: 17–124.

Wong, J.Y. trans. 1995. Selected documents of Spanish and Dutch. In M.Y. Huang, ed., *Reference Collection of Ketagalan,* pp. 104–121. Taipei (Banqiao): Taipei County Culture Center (in Chinese).

Wong, J.Y. 1999. Trade and indigenous people of northern Formosa in the early modern era. In F.S. Huang and J.Y. Wong, eds, *The Trade Tradition of Taiwan,* pp. 45–80. Taipei: Institute of Taiwan History (Planning Bureau) (in Chinese).

Yamagata, M. 2012. Some thoughts on the Sa Huynh and related pottery. In M. Yamagata et al. eds, *The Excavation of Hoa Diem in Central Vietnam,* pp.261–268. Showa Women's University Institute of International Culture Bulletin 17. Tokyo: Showa Women's University Institute of International Culture.

Yamagata, M., Bui, C.H. and Nguyen K.D. eds. 2012. *The Excavation of Hoa Diem in Central Vietnam.* Showa Women's University Institute of International Culture Bulletin 17. Tokyo: Showa Women's University Institute of International Culture.

Yin, H.Y. 2007. Preliminary study on the manufacturing technology for silver ornaments of Miao People. *Journal of Guangxi University for Nationalities* (Philosophy and Social Science Edition) 12: 52–53 (in Chinese).

第十章

Bellwood, P. 1997. *Prehistory of the Indo-Malaysian Archipelago.* Second edition. Honolulu: University of Hawai'i Press.

Bellwood, P. 2005. *First Farmers.* Malden: Blackwell.

Bellwood, P. 2013. *First Migrants.* Chichester: Wiley-Blackwell.

Bellwood, P. 2015. Vietnam's place in the prehistory of Eastern Asia — a multidisciplinary perspective on the Neolithic. In A. Reinecke, ed., *Perspectives on the Archaeology of Vietnam,* pp. 47–70. Bonn: German Archaeological Institute (in English and Vietnamese).

Bellwood, P., Oxenham, M. et al. 2011. An Son and the Neolithic of southern Vietnam. *Asian Perspectives* 50: 144–175.

Bellwood, P. and Renfrew, C. eds. 2002. *Examining the Farming/Language Dispersal Hypothesis.*

Cambridge: McDonald Institute for Archaeology.

Geertz, H. 1963. Indonesian cultures and communities. In R. McVey, ed., *Indonesia,* pp. 24–96. New Haven: Yale University Press.

Oxenham, M., Piper, P. et al. 2015. Emergence and diversification of the Neolithic in southern Vietnam: insights from coastal Rach Nui. *Journal of Island and Coastal Archaeology* 10(3): 309–338.

Piper, P., Nguyen, K. et al. submitted. The Neolithic settlement of Loc Giang on the Vam Co Dong River and its broader regional context. *Archaeological Research in Asia.*

索　　引

译 后 记

2020年，广西文物保护与考古研究所和广西师范大学组成的翻译团队完成了彼得·贝尔伍德教授的名著《最早的农人——农业社会的起源》的汉译工作，并由上海古籍出版社出版，为国内东南亚考古研究提供了重要资料，在学术界引起了很好的反响。受此鼓舞和启发，广西文物保护与考古研究所决定继续推进东南亚考古资料的译介工作，以期能够较为全面地介绍国际考古学界关于东南亚考古的最新研究成果。

我们选择的重点仍是东南亚及太平洋考古研究的巨擘彼得·贝尔伍德教授的著作，之所以如此，除了贝尔伍德教授世所公认的学术造诣之外，主要是考虑到他的著作特别适合中国考古界。其一，贝尔伍德教授对中国的考古资料在西方考古学家中少见地熟悉，在著作中运用很多，而且他对中国考古资料的解读能够和东南亚、太平洋地区结合起来，对我们的研究推动作用很大；其二，他的研究风格比较偏传统，一切从材料出发，文化传播论运用娴熟而有度，和中国考古学的传统比较契合，很容易为我们所接受；其三，贝尔伍德教授考古学、语言学、遗传学相结合的综合研究方法十分成熟，已经产出了重要成果，而我国在这方面方兴未艾，他的研究可以给我们以很大的启发和指引。

作为一位笔耕不辍的学者，彼得·贝尔伍德教授著作等身。近二十年来他影响最大的作品是"最早三部曲"系列，即《最早的农人——农业社会的起源》(*First Farmers: the Origins of Agricultural Societies*, 2004)、《最早的移民：古代世界人类迁徙》

（*First Migrants: Ancient Migration in Global Perspective*, 2013）和
《最早的岛民：岛屿东南亚史前史和人类迁徙》（*First Islanders: Prehistory and Human Migration in Island Southeast Asia*, 2017）。
他从东亚、东南亚、太平洋地区的材料出发，采用多学科的方法，
对于史前和历史早期农业和人群扩散做了全面的研究，他的新观
点，对于理解现代世界民族、语言和文化的形成，具有开创性的作
用和意义。"最早三部曲"的第一部《最早的农人——农业社会的
起源》的汉译我们已经较为圆满地完成，完成其余两部的翻译也
成为一个责无旁贷的任务。为了满足国内学术界对于东南亚考古
资料的急需，我们这次选择了2017年出版的《最早的岛民：岛屿
东南亚史前史和人类迁徙》进行翻译。这部书全景式扫描了岛屿
东南亚从旧石器时代到金属时代早期的发展历史，复原了岛屿东
南亚早期社会和族群的形成过程。关于大陆东南亚同一时期的考
古著作，已经有新西兰考古学家查尔斯·海厄姆（Charles Higham）
的《东南亚大陆早期文化：从最初的人类到吴哥王朝》（*Early mainland Southeast Asia: From First Humans to Angkor*, 2014）中译
本问世（云南省文物考古研究所学术丛书，蒋璐、孙漪娜翻译，文
物出版社，2017年）。两部著作的风格、体例、时间段类似，都是大
师名著，两者互相配合，可以让读者对整个东南亚的考古资料和研
究现状有一个比较全面的了解。

　　本书的翻译工作由广西师范大学陈洪波教授、广西文物保护
与考古研究所谢光茂研究员、广西出版传媒集团杜芳芳女士合作
完成，谢光茂和杜芳芳主要负责第1～5章，陈洪波负责第6～10
章；此外，广西民族博物馆宋秋莲副研究员和广西文物保护与考
古研究所陈晓颖副研究员也参加了部分翻译工作；最后的统稿由
陈洪波教授完成。这本书的翻译难度可谓不小。第一，涉及学科
多，包括考古学、语言学、遗传学、民族学、古生物学和地质学等多

个领域,理解起来很有挑战性;第二,涉及国家和语言多,特别是书中有越南、印度尼西亚、马来西亚、菲律宾等多个国家的遗址名称,多为闻所未闻的小地名,另外还有很多土著民族和语言名称,要准确翻译殊非易事。错误之处,还请读者批评指正。

　　本书的翻译工作始终得到广西文物保护与考古研究所林强所长等领导的大力支持。原书作者彼得·贝尔伍德教授撰写了中译本序言,补充了岛屿东南亚考古的最新进展,同时提供了著作原稿文字和图片,并帮助解决版权问题。我们就翻译过程中遇到的难题多次向澳大利亚国立大学洪晓纯博士、越南学者范氏周红博士请教,并得到她们的热心帮助。上海古籍出版社编辑贾利民先生为本书的编辑出版付出了艰辛的劳动。我们在此谨致谢忱!

译　者
2022 年 12 月 20 日

专家评语

查尔斯·海厄姆

新西兰奥塔哥大学教授

只有大师级的史前学家才能如此权威地描绘出岛屿东南亚人类史前史的波澜壮阔，而彼得·贝尔伍德显然已经做到了这一点。在更新世时期，世界上没有任何一个地方受到气候变化的影响如此之大，随着海洋的大幅度升降，大片的陆地也时隐时现。贝尔伍德告诉我们，一百多万年前早期原始人从非洲故乡初次来到此地，后来解剖学意义上的现代人又到达这里，然后遇到了遥远的人类祖先——神秘的丹尼索瓦人，可能还有弗洛里斯人和吕宋岛的小矮人。五万年来，这些狩猎采集者生活在资源丰富的海滨，并在森林茂密的内陆季节性流动，直到第三波移民到来，后者从北方带来了家畜、水稻、猪和狗。本书最引人入胜的一个方面是对古DNA和头骨研究新成果的运用，还原了两个人类种群的融合。再到后来，与印度和中国的贸易跨越了海洋，随着香料群岛和海上"丝绸之路"的蓬勃发展，不可避免地带来了贸易港口的繁荣和王室精英的崛起。贝尔伍德特邀请了十二位专家一起来书写岛屿东南亚数十万年以来纷繁复杂的历史，相信在未来的几年中,这本书都会无与伦比。

**帕特里克 V.
基尔希**
*加州大学伯克利分校
教授*

彼得·贝尔伍德毫无疑问是岛屿东南亚考古学和史前史领域的权威,他的杰作《最早的岛民》对这个岛屿世界的人类历史进行了引人入胜的综合性研究,从一百万年前早期古人类的到来,到农业的发展和南岛人的扩张,直至金属时代早期。贝尔伍德将这片广袤地区迷人的史前世界展现得栩栩如生,这是其他考古学家无法做到的。《最早的岛民》应该是每一位史前史学者的必读书。

焦天龙
*香港故宫文化博物馆
首席研究员*

这本书是目前关于东南亚岛屿史前考古最具权威性的著作。作者贝尔伍德教授是东南亚和太平洋考古的权威,他邀请了多位在这个区域从事相关研究的前沿专家一起,从多学科的角度深度探讨了东南亚岛屿居民在过去150万年间的文化迁徙和演变过程,其中关于中国东南沿海和南岛语族起源和扩散关系的论述尤其值得中国读者关注。

邓晓华
*厦门大学、福建工程
学院 特聘教授
"人类学终身成就奖"
获得者*

以东南亚群岛为纽带的亚太海洋地带,地处欧亚大陆与印太邻海之间,是人类自远古以来多次陆岛迁徙、海洋迁徙最广阔、最复杂的海洋互动圈。从考古学、民族学、语言学、体质人类学等多学科角度,调查、研究、探索这一激动人心的跨界海洋区域人类开发史、活动史,始终是二百年来欧美人类学传统的显学,彼得·贝尔伍德教授无疑是这一传统显学中为数不多的集大成者。继《人类征服太平洋》(1978)、《史前时期的印度—马来群岛》(1985)、《最早的农人》(2005)等亚太史前史的宏篇巨著之后,他再次以极高的效率推出这本气势磅礴的《最早的岛民》,重绘百万年以来亚太环境史、土著人类史、农耕社会史、南岛语族迁徙史、海洋文化史,堪称亚太区域人类史、文化史研究的新百科全书。

付巧妹

中科院古脊椎动物与古人类研究所研究员分子古生物学实验室主任

彼得·贝尔伍德的《最早的岛民》集成了各学术领域有关东南亚史前历史的最新研究进展,从纷繁复杂的证据里梳理出从远古人类出现在印尼爪哇开始,到晚更新世现代人到达东南亚岛屿,再到全新世时期各种不同文化人群大规模迁徙流动的历史脉络,为这一地区绘制出一幅生动非凡的史前图景。这本书结合了古基因组学的最新成果,相关证据揭示的东南亚和平文化觅食者与东亚人群之间的早期联系,以及南岛语族从中国南部出发、扩散到东南亚和太平洋群岛的迁徙版图,点亮了中国在东南亚人群迁徙中所扮演的重要角色。作为人类迁徙之地,东南亚的史前历史仍为我们留下了许多亟待探索的问题,让我们期待更多历史细节的揭开。